中国与哈萨克斯坦农业比较研究

魏　凤等　编著

中国农业出版社

本书获得以下基金资助

国家自然科学基金面上项目：西部与丝路经济带前段国家农业互补性合作研究：潜力测度与机制优化（项目编号：71673222）

教育部人文社科规划基金项目：新丝绸之路经济带框架下西北与中亚和俄罗斯农业合作模式研究（项目编号：15XJA790005）

陕西省软科学研究计划项目："一带一路"框架下陕西省与中亚农业科技合作模式研究（项目编号：2016KRM025）

西北农林科技大学西部发展研究院项目：中俄农业科技合作模式研究（项目编号：2016XBYD004）

《中国与哈萨克斯坦农业比较研究》

编　委　会

主　编：魏　凤

编　委（按姓氏笔画排序）：

王美知　冉高成　李根丽　董玉溪

韩敬敬　景文奇　裴羚孜　廖梦婷

内容简介

本书对中国与哈萨克斯坦两国农业进行了比较分析。主要有三方面内容，第一是对两国地理环境、农业在国民经济中的地位、农业资源及特点、农业生产结构及变动、农业政策体系、农业国际合作进行了描述和总结，比较分析了两国在这几方面的特点和异同；第二是对中哈两国农产品国际贸易进行实证分析，运用市场占有率指数、贸易竞争指数分析两国农产品贸易的国际竞争力，运用显示性比较优势指数、出口产品相似度指数、贸易互补性指数和产业内贸易指数分析两国农产品贸易的竞争性和互补性，并运用拓展贸易引力模型测算两国农产品贸易的潜力；第三是对两国未来农业合作提出了对策建议。

本书适合从事国别和区域研究的学者、外国农经教学研究的教师、政府相关决策部门工作人员、从事农产品国际贸易领域人员、农业企业经营者和其他对哈萨克斯坦研究以及中哈农业合作感兴趣的读者参考。

序

PREFACE

哈萨克斯坦横跨欧亚大陆，是丝绸之路必经之地和进入丝绸之路经济带国际段的桥头堡。独特的区位优势、与我国经济结构的互补性，其“光明大道”经济计划与“一带一路”倡议的高度契合都使其处于丝绸之路经济带建设中的枢纽地位。因此，探讨与哈萨克斯坦的合作显得非常重要。

目前我国与哈萨克斯坦的合作主要集中于能源、交通、贸易、文化等方面，针对农业方面的合作较少。哈萨克斯坦土地面积大，是世界粮食主要出口国。哈萨克斯坦自然条件使其具备了发展畜牧业的先天条件，饲养的牲畜以牛、马、骆驼和猪为主。我国与哈萨克斯坦在农产品贸易、农业投资、农业科技等方面的合作互补性强，且具有广阔的前景。

2016 年西北农林科技大学发起成立了包括 14 个丝路沿线国家 72 个单位的丝绸之路农业教育科技创新联盟，2017 年在哈萨克斯坦的阿斯塔纳成功召开联盟第二次会议，同年 6 月教育部备案批准设立西北农林科技大学哈萨克斯坦研究中心，该中心围绕哈萨克斯坦自然资源与环境、社会制度与经济政策、农业和食品产业、科技发展和文化教育四个方面展开研究，本书为中心研究成果之一。

该书从中哈农业对比和合作的视角，对两国地理环境、农业的经济贡献、农业资源与生产结构、农业政策与国际合作，以及农业在国民经济中的地位与贡献等进行了详细的比较，对两国农产品国际竞争力、农产品贸易竞争性与互补性及其贸易潜力进行了分析。

该书有两个特点，一是提供了客观翔实的数据资料分析。书中很多数据时间尺度跨越20年，且大部分直接来源于俄文资料，这为进一步研究哈萨克斯坦农业以及开展中哈农业对照研究提供了重要基础资料。二是回答了政府、研究者以及农业企业经营者等多层面读者关心的一些基本问题，如中哈两国农业资源、农业生产结构、农业政策等方面之异同，两国主要农产品、国际竞争力以及农产品贸易的竞争性、互补性及其贸易潜力等。该书可作为了解哈萨克斯坦农业发展和开展中哈两国农产品贸易的重要参考资料。该书的出版对于促进中哈两国农业领域的相互合作和了解，推动双边关系建设具有重要的现实意义。

很高兴这本书得以出版，并乐于为之作序，也希望更多的专家学者能够关注对中亚国家乃至丝绸之路经济带沿线国家农业问题的研究和探讨，为服务“一带一路”建设，贯彻习近平总书记“构建人类命运共同体”理念做出新的贡献。

西北农林科技大学校长

2018年2月25日

前言

FOREWORD

2013年9月7日，中国国家主席习近平在哈萨克斯坦纳扎尔巴耶夫大学作演讲，提出共同建设“丝绸之路经济带”倡议。2014年11月，哈萨克斯坦总统纳扎尔巴耶夫提出了“光明之路”新经济政策。该政策旨在发展哈萨克斯坦国内交通、工业以及社会等各领域的基础设施建设，同时开发哈萨克斯坦作为中转运输枢纽的潜力。这一政策的提出恰好呼应了“一带一路”倡议。中国的“一带一路”合作倡议与哈萨克斯坦的“光明之路”经济计划高度契合。

中亚是“一带一路”合作倡议重要地区，是连接中国与欧洲的巨大中转枢纽和欧亚大陆的桥梁，处于关键地段。哈萨克斯坦作为中亚地区的主要国家和首屈一指的经济强国，也是我国“一带一路”倡议向西延伸的第一站，其作用则更加重要。

哈萨克斯坦地广人稀，全国可耕地面积超过2 000万hm^2，每年农作物播种面积1 600万～1 800万hm^2，粮食产量在1 800万t左右。主要农作物包括小麦、玉米、大麦、燕麦、黑麦。农业既是哈萨克斯坦至关重要的经济部门，也是主要的出口项目。中国与哈萨克斯坦主要合作方向中包括农业合作，但在农业方面的合作远远落后于其他方面，其中一个重要的原因在于对其农业资源和农业发展的不了解。因此，深入了解哈萨克斯坦农业发展，分析和比较中哈两国农业资源、农业发展历程、农业生产结构、农业政策、农业国际合作、农产品贸易等特点，对丝绸之路经济带建设具有重要的现实意义。

目前国内对哈萨克斯坦农业的研究较少，本书从中国和哈萨克斯坦两国农业比较的视角，详细介绍和对比了两国地理环境、农业在国民经济中的地位、农业资源特点、农业生产结构及其变动、农业政策、农业国际合作、农产品国际竞争力、农产品贸易的竞争性和互补性、农产品贸易潜力、两国农业合作展望等方面，本书的出版为开展与哈萨克斯坦乃至中亚的农业合作提供了理论依据，对于中国深入认识哈萨克斯坦农业发展状况、开展两国农产品贸易及更大范围开展农业国际合作都有重要的借鉴意义。

西北农林科技大学哈萨克斯坦研究中心主任魏凤教授设计了本书的提纲并对全书进行了统稿，各章节分别由以下人员撰写：第1章，董玉溪；第2章，裴羚孜；第3章，魏凤、董玉溪；第4章，魏凤、裴羚孜；第5章，景文奇；第6章，王美知、廖梦婷；第7章，冉高成；第8章，韩敬敬；第9章，李根丽；第10章，廖梦婷、王美知。

本书是在国家自然科学基金项目“西部与丝路经济带前段国家农业互补性合作研究：潜力测度与机制优化”（71673222）、教育部人文社科项目“新丝绸之路经济带框架下西北与中亚和俄罗斯农业合作模式研究”（15XJA790005），以及西北农林科技大学西部发展研究院项目等课题的支持下完成的。本书编写历时两年多，来自俄罗斯、哈萨克斯坦的一些学者、留学生在获取本书的数据和资料方面给予了大力支持，在此一并表示感谢！

由于存在语言翻译和研究水平的限制，书中难免有疏漏和不足之处，敬请读者予以指正。

编著者 魏凤

2018年2月1日

CONTENTS 目录

第1章 中国与哈萨克斯坦地理环境概况

地理环境是指一定社会所处的地理位置以及与此相联系的各种自然条件的总和，包括气候、土地、河流、湖泊、山脉以及动植物资源等，是地球上人类赖以生存的基础。农业的发展受到气候、土壤、河流、光照等地理环境的制约。

从地理位置来讲，中国和哈萨克斯坦同位于北半球、同属于亚洲国家。中国地理位置优越，地处东亚，自然条件得天独厚，海上交通便利，还有很多天然良港。对于中国而言，向北发展可与北方邻国形成东北亚经济贸易圈。哈萨克斯坦地处中亚，是中亚五国中最具代表性的国家，具有相对充裕的油气能源资源，在地理位置上与中国西北边疆接壤。中国与哈萨克斯坦之间有着长达 1 700 多 km 的共同边界，是中国的第二大邻国。中国与哈萨克斯坦建交 25 周年间两国经贸关系稳中求进，历史遗留的边界问题已在 1999 年彻底解决。由于两国在自然资源、劳动力资源、生产力发展水平和经济发展水平上的差异，为两国的经贸合作提供了可能。

对中国和哈萨克斯坦两国的地理环境进行了解，有助于我们对两国的农业发展、农业政策、农业互补性等方面深入理解。本章将从两国的国家概况、地形地貌及气候特征等三方面进行分析介绍。

1.1 中国地理环境

1.1.1 中国国家概况

中国位于东半球，亚欧大陆东部，太平洋西岸（73°33′E～135°05′E，3°51′N～53°33′N）。北起漠河以北的黑龙江主航道，南到南沙群岛的曾母暗沙，南北相距约 5 500km；东起黑龙江与乌苏里江的汇合处，西到新疆维吾尔自治区西部的帕米尔高原，东西相距约 5 200km。中国同俄罗斯、哈萨克斯坦等 14 个国家陆地接壤，与朝鲜、韩国等 8 个国家隔海相邻。中国陆地边界长约 22 800km，东部和南部大陆海岸线 1.8 万多 km。中国漫长的海岸线沿岸有许多优良的海湾和港口城市，这些沿海城市自然条件、经济基础优越，进行海外运输和国际贸易便利，是中国对外开放的桥头堡和先行区。

世界银行 2015 年统计数据显示，中国国土面积约为 9 562 911km^2（包括陆地和内陆水体面积 9 388 211km^2，边海水域面积 174 700km^2），仅次于俄罗斯联邦和加拿大，排在世界第三位，面积接近于整个欧洲的总和。但中国人均国土面积较小，约为每平方千米 143.4 人。中国除了广阔的陆地以外，还有辽阔的领海和众多的岛屿。海域分布有大小岛屿 7 600 多个，其中台湾岛最大，面积 35 798km^2；海南岛次之，面积 33 000 多 km^2。

中国省级行政区共划分为 34 个。其中，直辖市 4 个，分别为北京市（首都）、上海市、天津市、重庆市；自治区 5 个，分别为广西壮族自治区、宁夏回族自治区、西藏自治区、新疆维吾尔自治区、内蒙古自治区；特别行政区 2 个，分别为香港特别行政区和澳门特别行政区；其余的国土包括 23 个省份，每个省份都有自己的特色。

据中国统计局统计，2016 年末中国国内总人口为 138 271 万，是世界上人口最多的国家。其境内长期居住着 56 个民族，是一个多民族的国家。其中汉族人口最多，约占全国人口总数的 91.51%。在中国，由于汉族以外的 55 个民族相对汉族人口较少，习惯上被称为“少数民族”，其人口总数约占全国人口总数的 8.49%。中国少数民族主要分布在西北、西南和东北等地区。

1.1.2 中国地形地貌

1.1.2.1 地形特征

中国大陆地形的突出特点是西高东低、复杂多样。各种地形所占的比例为山地 33%，高原 26%，盆地 19%，平原 12%，丘陵 10%。纵横交错的崇山峻岭，按照不同的走向构成了中国地形的骨架，形成了许多山系。

高原、盆地、平原、丘陵的轮廓在一定程度上受山脉的影响，各种不同走向的山脉，成为中国重要的地理分界线和农业生产分界线。如果从高空俯瞰中国的地形，会呈现出“阶梯”状的形态，从西向东大致可分为四个阶梯。中国阶梯状地势分布的特点，有利于湿润空气深入内陆，供给大量水汽，使江河滚滚东流，沟通东西交通。大河由高一级阶梯流入低一级阶梯的地段，水流湍急，产生巨大的水能，为中国水电领域的发展提供地势基础。根据地形条件的不同，可以把中国划分为四大地理区域，即北方地区、南方地区、西北地区和青藏地区。其中，秦岭-淮河一线是北方地区和南方地区的分界线；大兴安岭-阴山-贺兰山为北方地区和西北地区的分界线；青藏地区和西北地区、北方地区、南方地区的分界线，大致以第一级阶梯和第二级阶梯的分界线为界（周立三，2000）。

1.1.2.2　主要山脉分布

中国是个多山脉的国家，大大小小的山脉有上千座，其具有代表性的山脉如表 1－1 所示。全世界海拔超过 8 000m 的高山峰共 12 座，中国境内就有 7 座。包括东西走向的三列：由北而南为天山-阴山-燕山、昆仑山-秦岭、南岭。东北-西南走向的三列：从西而东为大兴安岭-太行山-巫山-雪峰山、长白山-武夷山、台湾山脉。南北走向的 2 条：贺兰山、横断山。西北-东南走向的有 2 条：阿尔泰山、祁连山。

表 1－1　中国主要山脉

山脉名称	平均海拔（m）	山脉名称	平均海拔（m）
喜马拉雅山	6 000	喀喇昆仑山	6 000
昆仑山	5 000～7 000	阿尔金山	3 500～4 000
天山	3 000～5 000	祁连山	4 000
阿尔泰山	1 000～5 000	秦岭	2 000～3 000
冈底斯山	6 000	大兴安岭	1 500
念青唐古拉山	5 000～6 000	太行山	1 500～2 000
唐古拉山	6 000	南岭	1 000
可可西里山	5 000	台湾山	3 000～3 500
巴颜喀拉山	5 000～6 000	阴山	1 000～2 000
横断山	2 000～6 000	长白山	1 000
大雪山	4 000～5 000		

1.1.2.3 高原、平原、盆地和丘陵

（1）四大高原的特点和分布。青藏高原位于中国西南部，平均海拔在4 000m以上，是中国最大、世界最高的大高原。其特点是高峻多山，雪山连绵，冰川广布，湖泊众多，草原辽阔，水源充足；内蒙古高原在中国北部，包括内蒙古大部和甘、宁、冀的一部分，海拔1 000m左右，是中国第二大高原。其特点是地面开阔平坦，地势起伏不大，多草原和沙漠；黄土高原海拔为1 000～2 000m，地面覆盖着疏松的黄土层，是世界上黄土分布最广阔、最深厚的地区。水土流失严重，千沟万壑；云贵高原岩溶地形广布，山岭起伏，崎岖不平。

（2）四大盆地的分布及特点。四川盆地位于四川东部，因广布紫色砂页岩，有“红色盆地”和“紫色盆地”之称，是中国地势最低的大盆地；塔里木盆地位于新疆南部，围绕着塔克拉玛干沙漠呈环状分布，是中国最大的内陆盆地；柴达木盆地位于青海省西北部，大部分为戈壁、沙漠，东部多沼泽、盐湖，是中国地势最高的典型的内陆高原盆地。

（3）三大平原的分布和特点。东北平原位于大、小兴安岭和长白山地之间，北起嫩江中游，南至辽东湾，海拔大多低于200m，南北长约1 000km，东西宽约400km，面积达35万km^2，是中国最大的平原。东北平原土层厚，土地肥沃，耕地广阔，属于世界三大黑土区之一。东北平原处于中温带，属于温带季风性气候，夏季温热多雨，冬季寒冷干燥；华北平原是中国第二大平原，面积约31万km^2，位于黄河下游，西起太行山脉和豫西山地，东到黄海、渤海和山东丘陵，北起燕山山脉，西南到桐柏山和大别山，东南至苏、皖北部，与长江中下游平原相连，跨越黄河、海河、淮河等流域。华北平原地势平坦，河湖众多，交通便利，经济发达，人口和耕地面积约占中国的1/5。华北平原属暖温带季风气候，四季变化明显；长江中下游平原位于长江中下游沿岸，地势低平，河网密布，湖泊众多。长江中下游平原的气候大部分属北亚热带，小部分属中亚热带北缘，气候温和，江南可种植双季稻，粮、棉、水产在全国占重要地位。

（4）三大丘陵的分布和特点。辽东丘陵位于辽宁省的东南部，西临渤海，东靠黄海，南面隔渤海海峡与山东半岛遥遥相望，仅西北和北部以营口、鞍山、抚顺、宽甸至鸭绿江江边一线与辽河平原和长白山地相连，成

一半岛，面积约 3.35 万 km^2。山地海拔较低，植被垂直带谱比较简单。海洋影响显著，气候温和湿润，年降水量 600～1 000mm；山东丘陵位于黄河以南、大运河以东的山东半岛上，面积约占半岛面积的 70%。气候属暖温带季风气候类型，降水集中、雨热同季，春秋短暂、冬夏较长。年平均气温 11～14℃，年平均降水量一般在 550～950mm。山东丘陵地区粮食作物以小麦、薯类、玉米为主，经济作物主要有大豆、花生、烟草等。山东丘陵地区还盛产多种农林产品，是中国温带果木的重要产地；东南丘陵是北至长江，南至两广，东至大海，西至云贵高原的大片低山和丘陵的总称。海拔多在 200～600m，其中主要的山峰超过 1 500m。东南丘陵地处亚热带，降水充沛，热量丰富，是中国林、农、矿产资源开发、利用潜力很大的山区。丘陵多呈东北-西南走向，丘陵与低山之间多数有河谷盆地，适宜发展农业。

1.1.3　中国气候特征

1.1.3.1　气候类型及特征

中国大部分地区处在季风性气候区，冬夏气温分布差异较大。各地湿度与温度差别明显，有湿润、半湿润、干燥、半干燥之分。东北的黑龙江省，夏季不热而短促，冬季严寒而漫长；南部的台湾省、广东省、云南省南部，没有冬季，一年四季炎热多雨，树木常青；长江中下游、淮河流域，冬冷夏热，四季分明；西北内陆地区，常年干旱、多沙，日温差比较大，青藏高原是中国较为特殊的高寒地区，空气稀薄，终年积雪。中国气候有两个明显的特征。

第一，大陆性季风气候显著。中国的气候具有夏季高温多雨、冬季寒冷少雨、高温期与多雨期一致的季风气候特征。由于中国位于亚欧大陆东部，又在太平洋西岸，西南距印度洋较近，因此气候受大陆、大洋的影响非常显著。冬季盛行从大陆吹向海洋的偏北风，夏季盛行从海洋吹向陆地的偏南风。冬季风产生于亚洲内陆，性质寒冷、干燥、在其影响下，中国大部地区冬季普遍降水少，气温低，北方更为突出。夏季风来自东南面的太平洋和西南面的印度洋，性质温暖、湿润，在其影响下，降水普遍增多，雨热同季。中国受冬、夏季风交替影响的地区广，是世界上季风最典型、季风气候最显著的地区。和世界同纬度的其他地区相比，中国冬季气温偏低，而夏季气温又偏高，气温年较差大，降水集中于夏季，这些又是大陆性气候的特征。因此中国的季风气候，大陆性较强，也称作大陆性季风气候。

第二，气候类型复杂多样。中国幅员辽阔，跨纬度较广，距海远近差距较大，加之地势高低不同，地形类型及山脉走向多样，因而气温降水的组合各异，形成了多种多样的气候。从气候类型上看，东部属季风气候（又可分为亚热带季风气候、温带季风气候和热带季风气候），西北部属温带大陆性气候，青藏高原属高寒气候。从温度带划分看，有热带、亚热带、暖温带、中温带、寒温带和青藏高原区。从干湿地区划分看，有湿润地区、半湿润地区、半干旱地区、干旱地区之分。而且同一个温度带内，可含有不同的干湿区；同一个干湿地区中又含有不同的温度带。因此在相同的气候类型中，也会有热量与干湿程度的差异。地形的复杂多样，也使气候更具复杂多样性（李会忠，2006）。

1.1.3.2 气温与降水

由于中国处在季风性气候区，冬夏气温分布差异很大，且雨热同季（图 1-1）。气温分布特点为：冬季气温普遍偏低，南热北冷，南北温差

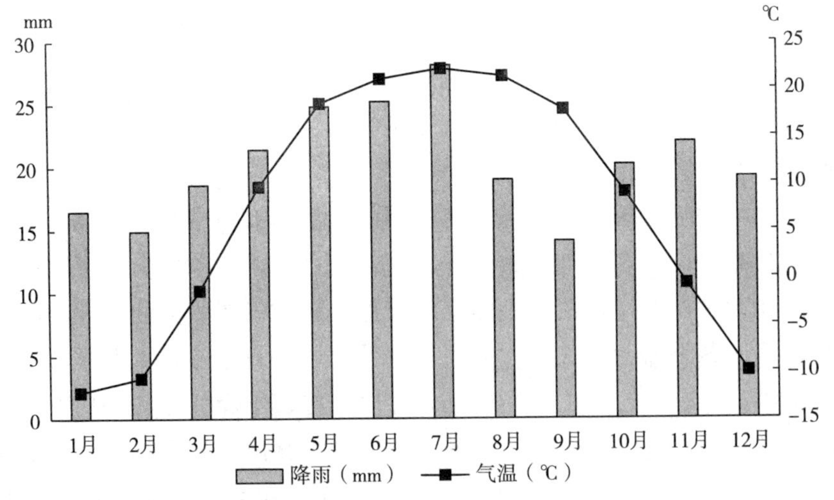

图 1-1 中国降雨-气温月均分布

资料来源：世界银行数据库。

大，超过 50℃。主要原因在于：冬季太阳直射南半球，北半球获得太阳能量少，冬季盛行冬季风。夏季全国大部分地区普遍高温（除青藏高原外），南北温差不大。主要原因在于：夏季太阳直射北半球，北半球获得热量多，夏季盛行夏季风。冬季最冷的地方是漠河镇，夏季最热的地方是吐鲁番，重庆、武汉、南京号称中国“三大火炉”。

中国年降水量的空间分布具有由东南沿海向西北内陆递减的特点。中国东南临海，西北深入到亚欧大陆内部，使得中国的水分循环自东南沿海向西北内陆逐渐减弱。另一方面，能带来大量降水的夏季风，受重重山岭的阻挡和路途越来越远的制约，影响程度自东南沿海向西北内陆逐渐减小。中国各地降水量季节分配很不均匀，全国大多数地方降水量集中在 5—10 月。这个时期的降水量一般要占全年的 80%。就南北不同地区来看，南方雨季开始早而结束晚，北方雨季开始晚而结束早。中国降水量的这种时间变化特征，是与季风因锋面移动产生的雨带推移现象分不开的。

中国降水量的地区分布极不均匀，年降雨量从西北部向东部、南部、东南部逐渐增加。东北地区年降雨量多在 400～1 000mm。黄河流域年降雨量在 600～800mm。东南沿海和台湾岛、海南岛许多地方，年降雨量超过了 2 000mm。降水量最多的地方是台湾的火烧寮，最少的地方则是新疆吐鲁番盆地中的托克逊。根据降水量与蒸发量的关系，中国从东南沿海到西北内陆可划分为四类干湿地区。概况如表 1－2 所示。

表 1－2　中国干湿地区分布

干湿地区类型	年降水量	分布地区	植被景观	农业特色
湿润地区	800mm 以上	秦岭-淮河一线以南地区，东北三省东部	森林	水田耕作业为主
半湿润地区	400～800mm	东北平原、华北平原和青藏高原的东南部	森林草原	以旱作为主
半干旱地区	200～400mm	内蒙古高原、黄土高原和青藏高原的大部分	草原	牧区与半农半牧区
干旱地区	200mm 以下	新疆、内蒙古高原西部和青藏高原西北部	荒漠绿洲	畜牧业为主

1.1.3.3 风

地理位置的多样性决定了中国季风的复杂性。冬季风主要来自西伯利亚和蒙古等中高纬度的内陆，多为西北风。每年冬季都会有几次大幅度的强冷空气南下，主要影响中国西北、东北和华北地区。夏季风主要来自太平洋的东南风和印度洋和南海的西南风。中国南部及东南沿海地区每年都受到热带风暴的影响，造成农业经济损失严重。

中国地域辽阔，风能资源比较丰富（表 1－3）。特别是东南沿海及其附近岛屿，不仅风能密度大，年平均风速也高，发展风能利用的潜力较大。在中国内陆，从东北、内蒙古，到甘肃走廊及新疆一带的广阔地区，风能资源也很好。中国风能丰富的地区主要分布在西北、华北和东北的草原或戈壁滩，以及东部和东南沿海及其岛屿。在时间上，冬春季风大，夏季风小。

表 1－3　中国风力资源比较丰富的省区

省区	风力资源（万 kW）	省区	风力资源（万 kW）
内蒙古	6 178	山东	394
新疆	3 433	江西	293
黑龙江	1 723	江苏	238
甘肃	1 143	广东	195
吉林	638	浙江	164
河北	612	福建	137
辽宁	606	海南	64

资料来源：据中国气象局第三次全国风能资源普查资料整理。

1.2 哈萨克斯坦地理环境

1.2.1 哈萨克斯坦国家概况

哈萨克斯坦共和国（简称哈萨克斯坦）位于东半球（45°27′E～87°18′E，40°56′N～55°26′N），地处欧亚大陆结合部，国土面积的绝大部分在亚洲，很小部分在欧洲，该国西部的阿特劳市横跨两洲界河——乌拉尔河，河东部为亚洲部分，西部为欧洲部分，是世界上最大的内陆国家。从最东面的伏尔加河三角洲西部到阿尔泰山脉东，东西宽大约3 000km；自西伯利亚平原南部直到乌拉尔北部天山山脉和在南部的沙漠地区，南北长大约1 700km。哈萨克斯坦北部和西北部与俄罗斯联邦接壤，南部与吉尔吉斯斯坦和乌兹别克斯坦接壤，西南部与土库曼斯坦和里海接壤，并与外高加索国家隔水相望，东部与中国新疆维吾尔自治区接壤，被称为“当代丝绸之路”的“欧亚大陆桥”横贯哈萨克斯坦全境。哈萨克斯坦与中国新疆维吾尔自治区约有1 753km的共同边界。哈萨克斯坦没有直接出海口，但从里海的阿克套港乘船通过里海可到达阿塞拜疆、土库曼斯坦和伊朗，通过伏尔加河与伏尔加-顿河运河可抵达亚速海和黑海。从这个意义上讲，哈萨克斯坦在水路上也与世界相连（胡汝骥，2014；赵常庆，2015）。

哈萨克斯坦国土辽阔，据世界银行2015年统计数据显示，哈萨克斯坦国土总面积约为2 724 902km^2（包括陆地及内陆水体面积2 699 700km^2，边海水域面积25 202km^2），是独联体的第二大国，仅次于俄罗斯联邦。在中亚五国中面积最大，也是世界上第九大国，约占地球表面积的2%，相当于整个西欧国家面积之和。其土地资源居世界前列，人均国土面积较大，平均每平方千米有5.6人。哈萨克斯坦领土上拥有众多的河流湖泊，除了著名的里海、咸海（其面积在迅速变小）作为渔业发展基地外，乌拉尔河、伊犁河、额尔齐斯河、锡尔河等以及巴尔喀什湖、斋桑泊等均可引水灌溉，可供开发利用的地下水蕴藏量也相当大。肥沃的土地，温和的气候，茂盛的植被，丰富的矿藏，使其在中亚五国中自然条件也最为优越。此外，哈萨克斯坦境内还蕴藏着丰富的森林和野生动物资源。

目前哈萨克斯坦行政区包括14个州、2个直辖市（首都阿斯塔纳市、阿拉木图市）、1个外租市（拜科努尔市①）、160个行政地区、86个城市、174个村镇、7 660个居民点（表1-4）。

---

① 拜科努尔市位于哈萨克斯坦境内，是拜科努尔航天城的组成部分。拜科努尔航天发射场曾经是苏联的航天发射场和导弹试验基地。苏联解体后，拜科努尔航天城划归哈萨克斯坦所有。哈俄两国1994年签署协议，俄方租赁拜科努尔航天城，租期20年。2004年，两国续签协议，租期延长至2050年。

表 1-4　哈萨克斯坦各州土地面积、行政区和居民点数量

州名称	土地面积（万 hm²）	地区（个）	城市（个）	村镇（个）	农村居民点（个）
阿克莫拉州	1 462.19	17	10	15	689
阿克托别州	3 006.29	12	8	2	441
阿拉木图州	2 239.24	16	10	15	826
阿特劳州	1 186.31	7	2	11	198
东哈萨克斯坦州	2 832.26	15	10	25	857
江布尔州	1 442.64	10	4	12	382
西哈萨克斯坦州	1 513.39	12	2	5	517
卡拉干达州	4 279.82	9	11	39	506
克孜勒奥达尔州	2 260.19	7	3	12	766
科斯塔奈州	1 960.01	16	5	12	274
曼吉斯套州	1 656.42	4	3	6	40
巴甫洛达尔州	1 247.55	10	3	7	509
北哈萨克斯坦州	979.93	13	5	—	759
南哈萨克斯坦州	1 172.49	12	8	11	896
阿拉木图市	3.19	—	1	—	—
阿斯塔纳市	7.10	—	1	2	—
合计	27 249.02	160	86	174	7 660

资料来源：哈萨克斯坦统计署。

据世界银行数据显示，2015 年末，哈萨克斯坦总人口为 1 754.4 万，是中亚中人口第二大的国家，仅次于乌兹别克斯坦。哈萨克斯坦是一个多民族国家，共有 125 个民族，主要有哈萨克族、俄罗斯族、乌孜别克族、乌克兰族、维吾尔族。哈萨克斯坦民众普遍信仰宗教，主体民族哈萨克族信仰伊斯兰教，约占人口总数的 68%。长期以来，哈萨克斯坦人民过着食肉饮酪的生活，以食羊肉、马肉、牛肉和喝奶为主，食用粮食较少。从苏联时期至独立后，受俄罗斯人影响，哈萨克斯坦人民饮食结构发生了较大的变化，但仍保留着其自身的特点。

1.2.2　哈萨克斯坦地形地貌

1.2.2.1　地形特征

哈萨克斯坦地形复杂，境内有山脉、丘陵、盆地、低地、沙漠、河流等各种地形，但大部分为平原和低地，占国土面积的 80%。哈萨克斯坦全境处于平原向山地的过渡地带，国土沙化严重。荒漠与半荒漠在哈萨克斯坦（尤其是南部）分布很广，从里海延伸到阿尔泰山的半荒漠，约占国土面积的 15%。

哈萨克斯坦地势呈现出东南高西北低的特点。里海沿岸低地向南朝里海方向逐渐下降，沿里海地带低于海平面达 28m，最低点卡拉基耶盆地低于海平面 132m。向南又逐渐升高，形成海拔 200～300m 的于斯蒂尔特高原和曼格斯拉克半岛上的阿克套山（海拔约为 555m）。该国东北部有图兰低地，它从哈萨克斯坦东北部经中部逐渐向哈萨克丘陵过渡，再向东南部的天山山脉延伸。在北部，哈萨克丘陵与西西伯利亚平原南缘连接在一起。东部和东南部是有着崇山峻岭和山间盆地的山地，这里矗立着阿尔泰山、塔尔巴哈台山、准噶尔-阿拉套山、外伊犁阿拉套山、天山等。

1.2.2.2　主要山脉分布

阿尔泰山系在哈萨克斯坦境内分为南阿尔泰山和北阿尔泰山，高度在海拔 2 300～2 600m 之间，其最高峰别卢哈峰海拔 4 506m；准噶尔-阿拉套山脉总长 450km，宽 100～350km，被科克苏河和博拉塔尔河分割成北准噶尔阿拉套山和南准噶尔阿拉套山。其最高峰别斯巴坎峰海拔 4 464m。准噶尔-阿拉套山的特征是地势险峻，在海拔 750～1 400m 处有绵延起伏的山麓倾斜平原。其中部和北部区域是由黄土和黄土状土壤组成，而西部和南部斜坡上由石质砂岩和碎石冲积物组成。天山山系位于哈萨克斯坦的东南瑞，是中国、哈萨克斯坦、吉尔吉斯斯坦三国的国界山。最高峰汗腾格里峰海拔 6 995m，同时也是哈萨克斯坦境内的最高峰。西天山山脉（塔拉斯阿拉套山、乌加姆岭、卡尔让套、南卡拉套山等）也被海拔 300～400m 至 800～1 000m 的宽条带丘陵起伏的山前平原包围。从天山山系向西北延伸着山势不高的楚-伊犁山脉，东北部也有一些低矮的山脉，如巴彦阿乌尔山、耶尔缅套山，中部有卡尔卡拉林山脉、成古斯套山等。

1.2.2.3 高原、平原、丘陵和盆地

（1）高原。哈萨克斯坦有两大高原，分别为图尔盖高原和于斯蒂尔特高原，其中以图尔盖高原最为典型。图尔盖高原在哈萨克斯坦和俄罗斯境内。西以南乌拉尔山、穆戈扎雷山东麓为界，东接哈萨克丘陵，北连西西伯利亚平原，南到图兰低地。南北长600km，宽300km。面积约15万km^2，平均海拔310m。境内有北流的乌巴甘河和南流的图尔盖河。图尔盖高原成桌状高原和平顶残丘，多盐湖、干谷、峡谷和盆地。中部有图尔盖洼地，南北方向延伸。北部属草原带，为农垦区，南部是半荒漠地带，用作牧场。

（2）平原。哈萨克斯坦境内平原面积占比较小，以图兰平原和里海（北部）沿岸低地最为典型。图兰平原又称图兰低地，是哈萨克斯坦西南部和乌兹别克斯坦、土库曼斯坦西北部的广袤低地。北起哈萨克丘陵，东接天山山脉和帕米尔高原，南抵伊朗高原北部之科佩特山脉，西临里海，是一个广大的内陆盆地，面积约150万km^2，处于北纬35°至北纬47°，东经70°至东经55°之间。地势自东向西逐渐降低，东部海拔为200～300m，中部广大地区为100～200m，里海东岸的卡拉吉耶低地低于海平面132m。由于远离海洋，深居内陆地区，故气候干旱。冬季寒冷，夏季炎热，冬夏温差大，年降水量100～200mm。低地中沙漠约占50%，荒漠草原、盐沼广布。较大的沙漠主要有位于土库曼斯坦境内的卡拉库姆沙漠和地跨乌兹别克斯坦、哈萨克斯坦的克孜勒库姆沙漠。中亚两大内流河阿姆河、锡尔河源于帕米尔高原，纵穿沙漠注入咸海，沿岸形成狭窄的绿洲，是灌溉农业发达地区。

里海北部沿岸低地位于哈萨克斯坦西部，是中亚同类地区中最大的一块低地，面积约20万km^2。地势低平，自北而南由海拔100m渐降至海平面以下28m。个别地区有盐丘分布。库马河和恩巴河河口处有沙丘。气候干燥，大陆性强，年蒸发量（1 000mm左右）大于年降水量（150～350mm）。里海沿岸低地大部属荒漠和半荒漠，多盐湖（阿拉尔盐湖最为著名）。里海沿岸低地在里海北端，乌拉河和伏尔加河都流经这里，

注入里海。仅在零星绿洲上有发达的种植业，还有牧羊业。

（3）丘陵。哈萨克丘陵是哈萨克斯坦境内最为典型也是唯一的丘陵区。哈萨克丘陵，亦称“哈萨克褶皱地”，是世界上最大的丘陵。位于哈萨克斯坦中部，北接西西伯利亚平原，东缘多山地，西南部为图兰低地和里海低地。东西长约 1 200km，南北宽约 400～900km。西部较平坦，平均海拔 300～500m，宽达 900km；东部较高，平均海拔 500～1 000m，宽 400km。面积约占哈萨克斯坦的 1/5，有克孜勒塔斯（海拔 1 566m）、卡尔卡拉雷（海拔 1 403m）、乌卢套、肯特（海拔 1 469m）和科克切塔夫等山。经过长时间的风化侵蚀，地表较平坦，多沙丘和盐沼。由于深居内陆，地面又坦荡单调，年降水量仅 200mm 左右。7 月平均气温 24℃，冬季由于北部没有高山屏障，北方冷气团长驱直入，气温可降至－30℃以下，气温年较差大，是典型的大陆性干旱半干旱气候，属荒漠、半荒漠地带。自北向南分属草原带（已开辟大片耕地）、半荒漠带。东南部在巴尔喀什湖附近为荒漠带。山区有松林，生荒地用作牧场。

（4）盆地。斋桑盆地是哈萨克斯坦最为典型的盆地类型，属于哈萨克斯坦东部的山间盆地。位于南阿尔泰山、塔尔巴哈台山和萨乌岭之间。东部较狭窄，向西逐渐开阔。东西长 250km，宽 90km。海拔 370～1 000m。最低处为斋桑泊。斋桑盆地的气候特征是极度干旱，只是因为受到了山脉的封锁，山脉阻挡了来自西北的潮湿气流。此外，来自曼拉克山干燥的热风加剧了气候的干旱。大气降水量最小的地方是在中部区域，降水量不足 180～200mm。大部分地区为半沙漠地带，用作牧场，盆地边缘山麓植被较为茂密。

1.2.3　哈萨克斯坦气候特征

1.2.3.1　气候类型及特征

哈萨克斯坦位于北温带，由于处在大陆深处，远离海洋，其气候为典型的干旱大陆性气候。夏季温度很高，气压很低，非常炎热，且湿度较小；冬季受冷高压控制，寒冷少雪，较为干燥。

哈萨克斯坦的气候特点在一年四季中表现得非常鲜明。北纬 48°～50° 地区为过渡性气候带，冬季的气候差别最大。这一地区的北部冬季长达 5

个月，温度有时达到－55～－45℃，常刮西南风和南风，风速很大。这个过渡气候带稍南一些地区，冬季时间逐渐缩短，到最南部只有两个月（1月和2月）。冬季天气少数年份气温可达－30～－20℃，寒冷的天气和化雪的天气经常交替出现。

1.2.3.2 气温与降水

哈萨克斯坦地处欧亚大陆腹地，大气中水分来源于海洋。因此，哈萨克斯坦有着显著的大陆性气候，年气象参数变化以及年际波动剧烈。据阿里索夫（1957）研究，哈萨克斯坦南部属于大陆性北图兰区，它的气候在很大程度上受辐射因素和温带、热带地区不同季节的影响。在天山南麓温带荒漠草原带，太阳辐射量的最高值和辐射平衡分别为每年140～150kJ/cm^2和30～40kJ/cm^2。山区地形使得气旋活动加剧，有利于降水增加。哈萨克斯坦的山区气候表现为高度地带性。低海拔区地处于相同的气团和气旋的影响下，邻近荒漠平原，在海拔略高的坡地，正面过程被激活，使得降水增加、气温降低（表1-5）。

表1-5 哈萨克斯坦天山山麓月和年平均气温

单位：℃

气象站	月份						平均
	1	3	5	7	9	11	
准噶尔阿拉套山							
卡帕尔	－6.7	－0.2	13.6	20.5	14.2	－0.7	6.8
萨尔坎德	－7.9	0.4	15.7	21.9	15.5	1.2	7.8
塔尔迪库尔干	－12.1	0.9	16.1	22.4	15.0	－0.8	6.8
乌恰拉尔	－14.9	－2.2	16.2	23.9	15.5	－1.1	6.1
外伊犁阿拉套山							
卡缅斯科耶高原	－3.7	1.2	13.6	20.3	14.8	2.4	8.1
阿拉木图市	－8.8	－0.1	15.7	22.2	15.3	－0.8	7.3
阿拉木图机场	－12.7	0.0	15.7	22.4	15.1	－1.8	6.6
库尔特	－13.8	－1.1	17.0	24.7	15.9	－1.4	7.1

（续）

气象站	月份						平均
	1	3	5	7	9	11	
吉尔吉斯阿拉套山							
布尔诺耶	−8.6	−0.1	13.9	21.5	13.1	−0.2	6.7
梅尔克	−7.5	1.8	15.7	22.7	15.7	1.5	8.4
扎姆贝尔	−5.1	3.2	17.2	23.4	15.7	2.4	9.5
楚河	−9.2	3.3	18.4	25.4	17.8	1.4	9.6
西天山							
列宁斯克	−3.8	5.4	17.7	25.6	17.6	4.3	11.4
奇姆肯特	−4.3	6.0	18.3	26.3	18.6	5.0	11.8
达尔巴扎	−2.5	7.1	19.7	28.6	20.2	5.8	13.2
阿雷西	−5.7	5.8	20.7	28.9	18.9	3.4	12.2

资料来源：陈曦，等．哈萨克斯坦土壤现状及其利用［M］．北京：中国环境出版社，2017.

由于哈萨克斯坦大陆性气候显著，所以年气温或日气温差别较大。在气温的年变化中，最暖月和最冷月分别出现在7月和1月（图1-2）。7月份平均气温为19～26℃，而1月份平均气温为−19～−4℃。在哈萨科斯坦，有历史记录的最高和最低气温分别为49℃和−57℃。哈萨克斯坦境内各地气候又有较大的差异，北方少数城市（如彼得罗巴甫洛夫斯克、科斯塔奈、科克奇塔夫、巴弗洛达尔和阿斯塔纳等）因接近西伯利亚，气候较为寒冷，1月份平均气温为−19℃，7月份平均气温为19℃；南部地区（如西姆肯特、克孜勒奥尔达等地）气温比较温和，1月份平均气温为−4℃，7月份平均气温为26℃。四季和昼夜温差比中国大，在其沙漠地区尤为明显，最低和最高气温差在80～90℃，山区则较为平稳。无霜期在南部195d和265d之间变化，在北部为245～275d。种植期限为一个季节，南部为3～10月，北部为4—9月（赵常庆，2015）。1990—2015年间，哈萨克斯坦长期平均气温为5.5℃，月最低最高气温相差较大，且起伏较小（表1-6）。

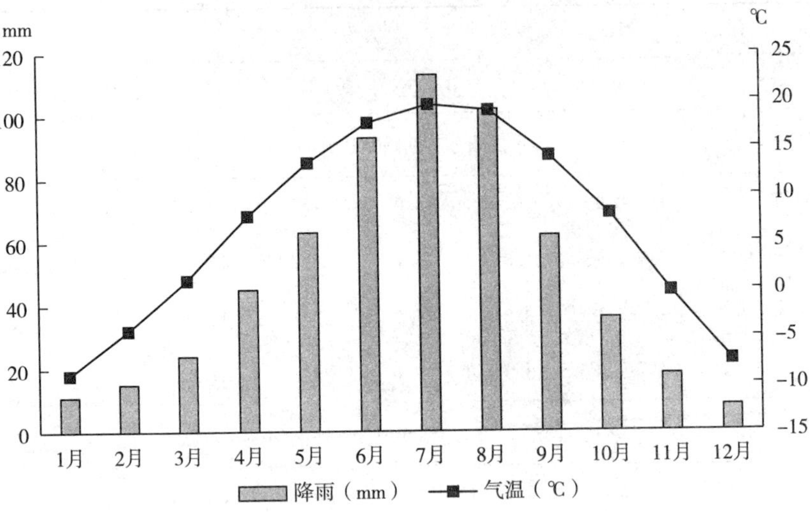

图 1－2　哈萨克斯坦降雨-气温月均分布

资料来源：世界银行数据库。

表 1－6　1990—2015 年哈萨克斯坦年平均气温表

单位：℃

	1990	1995	2000	2005	2010	2011	2012	2013	2014	2015
1990—2015 年的长期平均气温						5.5				
年平均气温	6.5	6.9	6.4	6.7	6.3	5.5	5.9	8.0	6.4	7.1
平均每年偏离长期平均气温	1	1.4	0.9	1.2	0.8	0	0.4	2.5	0.9	1.7
月平均气温最高	22.3	23.3	22.7	23.6	22.6	23.2	24.2	22.6	29.4	23.5
月平均气温最低	−12	−12.4	−10.2	−15.2	−14.6	−16	−16.5	−9.2	−22.5	−10.2

资料来源：哈萨克斯坦国民经济统计署，http：//www.stat.gov.kz/.

哈萨克斯坦自北向南，年平均日照时间为 2 000～3 000h，光热同季。哈萨克斯坦南部气候与中国新疆地区较为相似，光热资源最为丰富，昼夜温差大，十分有利于农作物生长和养分积累，尤其有利于优质粮棉、果品、花卉等的生长，是哈萨克斯坦林果的主要种植区。

降水在哈萨克斯坦各地区差异也比较明显，在北方地区降水比较集中，而在南方地区却降水很少。除了山区外，全国绝大地区年平均降水量不足 250mm。哈萨克斯坦境内最大降水时间为 2～9d，雨季最长为 8～9d。哈萨克斯坦的西部和东南部的无雨期一般为 61～89d，最长的无雨期可达到 90～142d。

1.2.3.3　风

根据克拉斯诺瓦达帕德气象站平均数据表明，南哈萨克斯坦州大风天数在秋冬季节相对于春夏节较为频繁，且风速较大（表 1－7）。在阿拉木图州中部和北部地区，年平均风速为 2.2～3.8m/s。一年中风速超过 15m/s 的天数达到 16～21d，因此在轻质颗粒组成的耕地，经常会遭遇沙尘暴。冬季盛行东北风和东风，春季盛行南风和东南风。在准噶尔盆地有特别大的东风和西北风，甚至可以达到飓风的强度（30～40m/s）。曼吉斯套州一年中大部分时间，甚至长达 4～9 个月盛行东风和东南风，夏季盛行北风和西北风，且风力活动过程较为强烈。里海沿岸多年平均风速是 5.1～6.2m/s，平原是 2.9～4.9m/s。夏天随处可发生风速大于 15m/s 的大风，在整个地区会引起沙尘暴。大风会加快土壤干旱、增加空气含尘量。几乎哈萨克斯坦的整个领土的特点是强风，夏季多刮干燥热风，冬季多刮刺骨寒风，有的阵风速度可能将超过 40m/s。

表 1－7　南哈萨克斯坦州大风天数

监测地点：克拉斯诺瓦达帕德气象站

月份	10 月	2 月	5 月	8 月	全年平均风速	风速超过 15m/s
大风天数（d）	3.6	4.6	2.0	1.9	2.8m/s	16～21

哈萨克斯坦全境受风蚀的影响，最为严重的风蚀多发生在早春时期，30%的沙尘暴都发生在这一时期，与此同时，还会伴随着空气相对湿度的降低。一般在重壤土荒漠草原带通常不常见风蚀现象发生，然而春天的风力活动有助于加快有效水分的流失，夏天会产生干热风，年平均周期盛行东北风。风蚀作用产生的可能性与风力活动有关，在长达半年暖季的时间内，冬季降水和蒸发从土壤表面发生转移。在荒漠带西南部地区（南哈萨克斯坦州）盛行东北风和西南风。东北风是四季盛行风，然而在冬季更活跃。西南风伴随着夏季高温会导致空气相对湿度降低为 10%。

1.3　中国与哈萨克斯坦地理环境比较

1.3.1　地理概况

中国与哈萨克斯坦两国国土面积都位于世界前列，中国国土面积约为956万 km^2，是世界上面积第三大国家，哈萨克斯坦国土面积约为272万 km^2，列于世界第九位。中国陆地面积大约为哈萨克斯坦国土面积的3.5倍，但哈萨克斯坦地广人稀，各州（市）人口分布差异较大，哈萨克斯坦人均国土面积约为中国人均国土面积的22.5倍（表1-8）。从地理境域来看，中国位于欧亚大陆东侧，太平洋西岸，拥有漫长的海岸线。而哈萨克斯坦位于亚欧大陆腹地，中亚地区的北部，横跨欧亚两大洲，属于内陆国家，远离海洋，与世界海上联通不足。但由于地处亚欧大陆结合部，哈萨克斯坦一直为欧亚交通的枢纽和中转站。

表1-8　中国与哈萨克斯坦地理概况比较

	中　　国	哈萨克斯坦
地理位置	欧亚大陆东侧，太平洋西岸	亚欧大陆结合部，中亚北部
国土面积	9 562 911 km^2	2 724 902 km^2
人口	138 271万	1 754.4万
人均国土面积	0.006 9 km^2	0.155 3 km^2
主要民族	汉族	哈萨克族、俄罗斯族
边界线长度	陆地边界线约22 800km，海岸线约18 000km	陆地边界线约1.05万km

资料来源：中国统计年鉴，世界银行数据库。

中国行政区包括34个省级区划（23个省、4个直辖市、5个省级自治区、2个特别行政区）、334个地级区、293个地级城市、39 862个乡镇。哈萨克斯坦行政区包括14个州、2个直辖市（阿斯塔纳市和阿拉木图市）、1个外租市（拜科努尔市）、160个行政地区、86个城市、174个村镇、7 660个居民点；中国与哈萨克斯坦都是多民族国家，中国有56个民族，汉族人口数量最多，其次是壮族和回族。哈萨克斯坦则有125个民族，人口数量最多的依次为哈萨克族、俄罗斯族、乌孜别克族、乌克兰族、维吾尔族；在中国信仰宗教的民众很少，一部分少数民族信仰伊斯兰教。哈萨克斯坦大部分民众信仰伊斯兰教，国内饮食等风俗习惯与伊斯兰国家类似。中国与哈萨克斯坦长期保持着密切的经济文化往来，尤其是中国西北地区的一些少数民族民众与哈萨克斯坦人民具有相同的语言环境，且风俗习惯相近，双方在文化习俗方面具有同源性和相似性。

1.3.2　地形地貌

两国境内地形类型复杂多样，高山、平原、低地、丘陵、荒漠等地形在其境内都有大面积分布。中国大陆地势突出的特点是西高东低，呈阶梯状分布。哈萨克斯坦地势则呈现出东南高、西北低的特点；中国地形以山地为主，山地高原约占中国国土面积的一半以上。而哈萨克斯坦境内大部分地区为平原低地，全境处于平原向山地过渡地段，土地沙化较为严重，15%的土地为沙漠和半沙漠；根据地形条件的不同，中国可以划分为三大自然区，即东部季风区、西北干旱半干旱区、青藏高寒区。哈萨克斯坦则大致可分为 5 个自然区：北哈萨克斯坦区、西哈萨克斯坦区、中哈萨克斯坦区、东哈萨克斯坦区和南哈萨克斯坦区。其中北、中、西为草原区，东哈萨克斯坦区为山区，南哈萨克斯坦区为沙漠区（表 1-9）。哈萨克斯坦最北部为平原，中部为东西长 1 200km 的哈萨克丘陵，西南北部多低地，东部多山地。哈萨克斯东南部山区，分布着大大小小的山丘，总面积约占其领土面积的 10%。

表 1-9　中国与哈萨克斯坦自然区划分对比

中国		哈萨克斯坦	
自然区名称	地势特征	自然区名称	地势特征
东部季风区	海拔较低，大部分海拔在 1 000m 以下，并有众多广阔的平原，属地势第二、三级阶梯	北哈萨克斯坦区	地势较低，拥有广阔的平原和低地，北部低，南部高。属草原区
西北干旱半干旱区	海拔较高，但差别显著。属地势第二级阶梯	西哈萨克斯坦区	地势较低，拥有广阔的平原。属草原区
青藏高寒区	平均海拔在 4 000m 以上，属地势第一级阶梯	中哈萨克斯坦区	分布众多平原、丘陵，地势起伏。属草原区
		东哈萨克斯坦区	多为山地地形，地势较高。属山区
		南哈萨克斯坦区	多为起伏的荒漠和半荒漠化平原，地势较低。属沙漠区

1.3.3 气候特征

中国气候类型复杂多样，东部属季风气候（又可分为亚热带季风气候、温带季风气候和热带季风气候），西北部属温带大陆性气候，青藏高原属高寒气候。而哈萨克斯坦全境处在北温带气候区，大陆性气候显著。由于其远离海洋，境内地形各异，其气候涵盖了温带和寒带气候的所有特征。从哈萨克斯坦西部向东部来看，气候则从草原地带气候逐渐向沙漠地带干旱气候过渡。

中国大部分地区与哈萨克斯坦相同，大陆性气候特征显著。一年内四季分明，雨热同期，夏季高温多雨、冬季低温少雨，各地气温差异较大。中国由于其广袤的国土面积，不同地区尤其是南北部之间气候特征差异较大。北方年气温差别较大，夏季温度很高，冬季温度很低，昼夜温度相差较大；南方地区气温则较为平稳，夏季湿热，冬季温暖，昼夜温差较小。而哈萨克斯坦无论夏季还是冬季，昼夜温度一般相差10℃以上。北部少数城市由于受西伯利亚寒流影响，气温较为寒冷，南部地区则较为温和。两国在春、秋季节经常盛行大风天气。

中国与哈萨克斯坦年降水量各地区分布极不均衡。中国东南部降水较为充足，西北部降水较少；哈萨克斯坦中部荒漠地带年降水量不足100mm，北部降水不足南部山区的1/2。虽然两国都拥有众多河流湖泊，但中国西北五省与哈萨克斯坦大部分区域都处在干旱、半干旱地区，降水少而不均，属于缺水地区。

第 2 章　中国与哈萨克斯坦农业在国民经济中的地位

国民经济是指一个现代国家范围内各社会生产部门、流通部门和其他经济部门所构成的互相联系的总体。工业、农业、服务业、建筑业、运输业、邮电业、商业、对外贸易、城市公用事业等，都是国民经济的组成部分。产业结构是指上述国民经济各产业部门之间以及各产业部门内部的构成。这些不同的生产部门，受到各种因素的影响和制约，在增长速度、就业人数、占经济总量中的比重、对经济增长的推动作用等方面表现出很大的差异。因此，在一个经济实体当中，不同经济发展阶段，组成国民经济的产业部门是有很大不同的。各产业部门的构成及相互联系、比例关系不尽相同，对经济增长的贡献大小也不同。

现阶段在中国，农业属于第一产业，是提供支撑国民经济建设与发展的基础产业，对国民经济发展具有产品贡献、要素贡献、市场贡献和外汇贡献。在哈萨克斯坦，农业是国民经济发展的重要部门，农业每年带来的收入占其国民总收入的 38%，农业总产值占国内生产总值的比重基本上保持在 7%左右。本章将从两国的国民经济发展整体水平、产业经济结构变动情况以及农业在国民经济中的地位和贡献等三个方面进行介绍。

2.1　中国农业在国民经济中的地位

2.1.1　国民经济发展水平

2.1.1.1　国民经济发展整体水平

中国是世界经济大国，目前正处在由经济大国迈向经济强国的关键时期。国民经济发展的特点为，经济总量大，人均国内生产总值少。经过核算，2016年中国国内生产总值（GDP）首次迈上“70万亿”台阶，为744 127亿元，世界排名第二。按可比价格计算，比上年增长6.7%。分季度看，前三个季度同比增长均为6.7%，四季度同比增长6.8%。世界银行预测，2016年全球经济增速为2.4%左右，按2010年美元不变价计算，2016年中国经济增长对世界经济增长的贡献率达到33.2%，对世界经济增长的贡献率仍居首位。但中国人均GDP为8 865.999美元，排名世界第69位，显然和经济发达国家还有着很大的差距。

从结构发展来看，改革开放前，最终消费和资本形成总额的比重一直有一定的波动，但总体还是呈现此消彼长的态势，而货物和服务净出口所占比重变化不大。1978年以后，投资率和消费率虽然出现了几次波动，但前者基本上是呈上升趋势，后者呈下降的趋势；净出口率在1995年以前一直波动较大，但从1996年开始基本上保持平稳。中国目前还处在工业化进程中的阶段，同时又要推进城市化，因此对投资有更多的依赖。

从GDP的使用结构来看，主要有以下两个特点。第一，消费率偏低，投资率偏高，投资和消费的比例关系不协调。第二，外贸发展不平衡，贸易顺差过大。外贸发展不平衡主要表现在以下两个方面，一是在进出口贸易中，货物贸易比重过高，服务贸易比重过低。改革开放以来，在整个进出口贸易额中，货物贸易额约占90%，服务贸易额约占10%。二是近几年出口增长持续快于进口，导致贸易顺差不断扩大。

从GDP的地区结构来看，中国国民经济发展的地区差异较大。从经济总量来看，改革开放前，东部、中部、西部的GDP在中国国内生产总值中所占的比重相对较为平稳。从1978年开始，上述三个地区的GDP所占的比重逐渐发生了变化，东部所占比重逐渐上升，中部和西部所占比重不断下降。从人均GDP的变化情况看，三个地区在发展中体现出来的差距更加明显。1978年以前，各地区的人均GDP都处于一个较低的水平。从1978年开始，东部的人均GDP增长明显快于中部和西部，而中部的增长又快于西部。地区经济结构不合理，地区之间的经济发展差距不断扩大。地区经济结构不合理突出表现在产业结构趋同，重复建设严重。

从GDP的所有制结构来看，公有制经济在中国经济中占主导地位。改革开放以来，通过鼓励和支持个体、私营等非公有制经济发展，中国公有制经济和非公有制经济之间的关系得以调整和改进。公有制经济在国民经济中的比重有所下降，非公有制经济比重迅速上升。呈现出以下几个特点：第一，公有制经济在国民经济中的比重逐年下降，但仍处于主体地位。第二，非公有制经济快速发展，逐渐成为促进国民经济持续、快速、健康发展的重要力量。非公有制经济不仅在总量上增长较快，而且扩展到国民经济的许多领域。但现行所有制结构还存在不合理和不完善的地方。虽然非公有制经济创造的增加值已占整个GDP的1/3左右，但与经济发展的要求相比，该比例仍然偏低。非公有制经济在市场准入、融资等方面仍然受到许多不公正和不平等待遇，非公有制经济的发展仍有很大潜力。另外，所有制结构在不同地区有明显的差异（施发启，2006）。

2.1.1.2　不同产业部门发展情况

（1）农业历史悠久，在国民经济中占有重要地位。农业在中国国民经济中占有重要的基础地位。中华人民共和国成立初期，中国是典型的农业国，农业在社会总产值中的比重高达58.5%，是国民经济增长的重要源泉。到改革开放初期，农业创造的产值在国内生产总值中比重降为30%左右，农业的经济创收功能已明显落后于工业。至2008年，农业所创造的产值仅占GDP的11.3%。以改革开放为时间节点，前30年农业所创造的产值占社会总产值的40%左右，与工业基本相当；后30年为22%左右，约为工业的50%（孙新章，2010）。

（2）工业推动中国经济高速增长，工业化进入新阶段。改革开放以来，中国工业进入了飞速发展的时代。2001年中国加入世界贸易组织，标志着中国终于成为世界贸易组织新成员，经济发展走上了经济全球化的方向。中国工业经济增长一路"领跑"，不仅领跑中国经济，而且领跑世界经济。尽管面临2003年的"非典"和2008年以来的国际金融危机，中国工业仍然强有力地牵引GDP高速增长，使中国经济总量超越一个又一个发达国家。另外，中国工业的出口竞争力显著增强，"中国制造"成功地走向了全世界，持续保持贸易顺差，获取了巨额外汇收入，使中国成为官方外汇储备最多的国家。

当前，中国经济年均增长率已经由过去一二十年的两位数下降到8%以下，经济发展已经实质性地进入了一个新阶段，在这样的背景下，"稳中求进”成为中国工业经济发展最突出的特征之一，不仅从工业经济运行状况和增长态势看具有减速趋稳的特征，而且，工业发展的政策取向也从追求高速增长转向“稳增长、调结构”。这表明，中国工业化正进入一个新阶段，工业发展的一个新时代已经到来。同时，工业经济增长的走势、工业经济体制机制、工业经济政策的理念等都将发生重大变化（金碚，2013）。

（3）服务业增速逐年增加，发展潜力和发展空间巨大。改革开放后的30多年间，中国经济实现了年平均增长超过9%的奇迹，经济的发展带来了产业结构的优化升级，以服务业为代表的第三产业的增长速度逐年增加。期间，服务业年平均增速近18%，远高于同期国内生产总值的平均增速，2011年中国服务业创造的产值占GDP的比重已达到43.3%。但这些进步与发达国家相比，还处在低级发展阶段，服务业越来越成为中国经济发展的“瓶颈”。

经济的发展促进了产业结构的优化升级，产业结构的优化升级带来了就业结构的变化。中国服务业的就业比重不断上升，从1998年开始超过第二产业的就业率，到2011年达到34.7%；相比之下，2011年第二产业的就业率为28.7%；而第一产业的就业率为33.8%。这说明中国的就业结构随着产业结构的优化也在不断地优化，特别是服务业在吸纳劳动力方面起着非常积极的作用，有效地吸收了从第一产业中分出来的劳动力，为中国国民经济的发展和城市化进程的加快做出了积极的贡献（金恩斌，2013）。

2.1.2 产业经济结构变动

从产业结构来看，中国国民经济发展的整体情况依据其特点大体可以分为两个阶段：中华人民共和国成立之初，中国是个典型的农业国；改革开放以来，中国产业结构逐渐趋于合理，并向优化和升级的方向发展。1949年以来，中国生产结构中的三大产业结构变化，主要呈现以下几个特点：第一，中国第一产业比重下降，而第二产业、第三产业比重上升。国民经济总量增长从主要由第一、二产业带动转为主要由第二、三产业带动；第二，第二产业特别是工业的增长成为中国经济快速增长的主要动力之一；第三，中国第三产业正快速发展，总产值占GDP总量已经超过50%。

表 2－1　中国按 GDP 划分的产业结构的演变过程

阶段	第一阶段 1952—1957 年	第二阶段 1958—1961 年	第三阶段 1962—1969 年	第四阶段 1970—1984 年	第五阶段 1985—2010 年	2016 年
结构类型	一三二	二一三 二三一 一三二	一二三	二一三	二三一	三二一
年均增长率（%）	3.84	－8.02	5.72	4.44	3.69	3.3
（按一、二、三产业的顺序排列）	19.69	4.14	9.19	10.32	12.03	6.1
	9.62	1.41	4.54	8.23	9.54	7.8

注：结构类型：一、二、三表示产业结构的类型，即三大产业所占比重和重要程度。
资料来源：《中国统计年鉴》。

由表 2－1 可以看出，中国产业结构经历了五个发展阶段，即“一三二”、“摇摆型结构”、“一二三”、“二一三”和“二三一”阶段，到 2016 年，已基本实现结构类型最高形态“三二一”。改革开放前，由于经济体制的限制，缺乏产业结构调整的市场机制，计划经济尚未充分发挥作用，没有很好地推进工业化进程。这一阶段，第一产业还是处在主体地位，第二、三产业也实现了一定的增长。改革开放之后，随着经济体制改革的逐渐深化，政府对经济的管理方式也做出了重大调整，以经济建设为中心的政治导向在产业结构的构成上也有所体现，中国的产业结构不断优化升级，第二产业逐渐成为国民经济主导产业，第三产业发展较快，而第一产业增长速度却相对放缓，这一趋势说明中国的产业结构趋于良性循环（朱晓华，2013）。但是中国第三产业的发展与发达国家相比依然存在很大差距。中国第三产业中产值领先的是低附加值的初级服务业，而不是金融、医疗等现代服务业。这说明，中国第三产业不仅在总量上有显著的上升空间，在结构上也存在很大的调整空间。

2.1.3　农业的贡献

改革开放 30 年，中国农业在国民经济发展中起到了重要的基础性作用。农村经济体制改革的成功，集中表现在农业对国民经济的贡献上，具体表现为产品、市场、要素和外汇四大方面的贡献。

2.1.3.1 产品贡献

农业具有提供粮食、农副产品的基本功能。自1978年起，中国农业连续登上几个台阶，解决了中国农产品短缺的问题，并在几个不同时期表现出农产品，特别是粮食产品的结构性过剩。20世纪90年代中期，中国农产品供求格局发生根本性转变，从长期短缺转向总量基本平衡、丰年有余，农业发展进入新阶段。

农业为其他部门的发展提供原料。中华人民共和国成立以来，中国的工业在很长一段时间里都以农副产品加工部门作为主导部门，中国工业生产所需的原料约有30%直接来自农业，轻纺工业占80%以上。还有一些工业部门虽然不直接以农副产品为原料，但它们依赖于以农副产品为原料的那些部门的增长而增长。所以农业品的生产规模及其增长决定了工业品的生产规模和增长。另外，农业的产品贡献，支撑着工业化和城市化发展进程。

2.1.3.2 市场贡献

作为一个人口众多的农业大国，农村必然是国内工业产品的主要消费市场。农业人口需要购买服装、日用品等生活资料；而农业的扩大发展需要化肥、农药、农业机械及房屋建筑材料等生产资料的消费。经济的发展和农民生活水平的提高为农村消费品市场增加了强大的需求拉动；同时，在农业生产中的物质投入不断增加，农业发展对工业产品的需求不断增长，刺激了工业的扩张，对工业化和国民经济增长作出了巨大贡献。

2.1.3.3 要素贡献

中国农业对国民经济的要素贡献主要体现在资本贡献、劳动力贡献和土地贡献三个方面。

（1）资本贡献。第一，工业化初期，外部投资短缺，在“高积累、低消费”的政策主导下，中国通过税收和工农产品价格“剪刀差”的形式从农业中汲取资金用于发展工业。第二，低价向农民征收土地。1993年的分税制改革后中央把土地出让金全部划归地方政府，这一时期，政府以较低价格向农民征地，这个价格与土地进入一级市场的价格之间存在较大的差价。据统计，通过其间的价格差，农民利益损失 20 000 亿元以上。这部分资金间接成为农村为中国经济发展的部分资本原始积累。

（2）劳动力贡献。随着农业劳动生产率的提高，农业部门的剩余劳动力逐步转向非农业部门，农民工已经成为中国工业部门所需劳动力资源的重要来源，这也带来了中国就业结构的重大变化。

（3）土地贡献。在工业化初期，中国城市面积、规模较小，城市人口比重较少。而随着工业化的发展，农村剩余劳动力向城市大规模转移，城市逐渐向周边农村扩张。农村贡献了大量的土地要素以满足城市面积不断向外扩张的需要。正是农村的土地贡献，推动了城镇化进程的快速发展。

2.1.3.4　外汇贡献

1949 年以来，农业对于国民经济的外汇贡献主要以节约外汇支出和通过出口换汇增加外汇收入两种方式实现。节约外汇支出主要通过本国生产的粮食、农副产品及原料等农业产品满足国内消费，以此减少或者替代进口，从而节约了大量外汇，减少了外汇从本国流出。增加外汇收入，一方面，在工业化初期，国家工业基础薄弱，急需从国外进口先进的机器设备、国内短缺的原材料及高水平的生产技术，因而需要大量外汇。在外部投资不足的情况下，工业化发展所需要的外汇很大程度上依赖于初级农业产品的出口换汇。另一方面，由于中国大部分工业产品的科学技术含量不高，国际竞争力较弱，农业的出口创汇是平衡中国外汇收支的重要手段（刘铮，2009）。

2.2　哈萨克斯坦农业在国民经济中的地位

2.2.1　国民经济发展水平

2.2.1.1　国民经济发展整体水平

哈萨克斯坦是中亚最大的经济体，煤炭、石油、天然气、矿产和金属等自然资源储量丰富。主要产业部门包括：工业、农业、畜牧业、建筑业、运输业、通信业和旅游业等。

独立后的 20 多年来，哈萨克斯坦的经济取得了巨大成就。经济沿袭苏联传统的以重型工业为主的模式，重工业较为发达，轻工业较为落后。自然资源十分丰富，大部分耕地种植以春小麦为主的粮食作物，也种植棉花、甜菜和烟草等经济作物。原本比较发达的牲畜饲养业有诸多亟待解决的问题，制约着畜牧业的进一步发展和肉产品的出口。目前，哈萨克斯坦正积极采取各种有效措施，以促进这一传统行业的发展（曲春江，2014）。

在21世纪，由于哈萨克斯坦的三大主要出口产品：石油、金属和粮食的世界市场价格上涨，该国经济形势好转，国内生产总值大幅度上升。2000年，哈萨克斯坦的国内生产总值增长了9.6%，远远高于1999年的1.7%。2006年，国内生产总值增长了10.6%，极高的增长率逐渐稳定下来。与相对繁荣的俄罗斯、中国以及邻国独联体国家间的贸易，有助于推动这一增长。经济的快速增长也有利于政府财政的逆转，政府预算从1999年占国内生产总值的3.7%的现金赤字转向了2000年的0.1%的盈余。国际金融危机发生后，哈萨克斯坦政府制订和实施了最有效的反危机计划纲要，从而避免了经济萧条的出现，在2008年和2009年的国际金融危机期间，经济仍保持了3.3%和1.2%的增长。2010年，哈萨克斯坦经济迅速恢复到危机前水平，GDP增长率达到了7.3%。2012年哈萨克斯坦GDP为2 035亿美元，世界排名第45位。2014年，受到石油价格下降和乌克兰危机的影响，该国经济增长放缓。进而影响了该国货币的价值，哈萨克斯坦坚戈在2004年贬值了19%，在2015年贬值了22%。

2015年，世界经济论坛编制了全球竞争力排名，哈萨克斯坦在144个国家中排名第50位。在世界知识产权组织（WIPO）与康奈尔大学和欧洲工商管理学院发布的2015年全球创新指数（GII）中，哈萨克斯坦在中亚和中南亚地区名列第二。另外，哈萨克斯坦在彭博社发布的2015年全球创新指数中被列入50个最具创新性的经济体。

哈萨克斯坦由五个大的经济区组成。每个经济区由于自然环境、资源储备等条件的不同，从事的主要经济活动不同，但都是哈萨克斯坦经济的重要组成部分，在该国经济的发展中做出了很大的贡献。北哈萨克斯坦：高效的粮食经济，铁矿石和煤炭的开采，机械工程，石油产品和铁合金的生产，能源；东哈萨克斯坦：有色冶金，能源，工程和林业；西哈萨克斯坦：最大的石油和天然气生产区，机械工程，仪器工程，建筑材料生产，特别是石灰石，白垩和水泥；哈萨克斯坦中部：黑色和有色金属冶金，机械，牲畜；南哈萨克斯坦：棉花，水稻，羊毛，粮食，水果，蔬菜，烟草，葡萄，大麻，有色金属冶金，仪器仪表，轻工食品工业，渔业和林业等。

2.2.1.2　不同产业部门发展情况

（1）经济以农业为主，具有很大发展潜力。地广人稀，全国可耕地面积超过 2 000 万 hm^2，每年农作物播种面积约 1 600 万～1 800 万 hm^2，粮食产量 1 800 万 t 左右。主要粮食作物包括小麦、玉米、大麦、燕麦、黑麦，其中，小麦的产量占粮食作物总产量的约 90%。粮食主产区在北部的科斯塔奈州、北哈萨克斯坦州和阿克莫拉州；南部地区光照充沛、气候干旱、昼夜温差大，是各类林果非常理想的种植区域，成为哈萨克斯坦主要的林果产区，主要种植苹果、梨、桃、杏、葡萄和核桃等，也种植水稻、棉花、烟草等。

（2）传统的畜牧业发达国家，但近些年出现衰退。哈萨克斯坦是传统的畜牧业发达国家，是苏联的肉、毛的主要生产国，牲畜被视为哈萨克斯坦人财富的象征。拥有广阔的草场和牧场，草场面积 502.3 万 hm^2，牧场面积 1.88 亿 hm^2，适合畜牧业的发展，为畜产品的生产提供了良好的自然条件。但近年来，哈萨克斯坦市场的肉奶制品国内供给严重不足，开始大量进口肉奶制品。整个畜牧业呈现衰退的趋势，牲畜存栏数和畜产品产值均出现不同程度的下降。奶牛存栏量的下降，给乳制品的生产带来了影响，另外，很多农村地区没有对牛奶进行加工的设备和生产线，奶制品企业只能依靠购买进口奶粉作为原材料，这也使得哈萨克斯坦的乳制品业逐渐萧条。

（3）哈萨克斯坦工业基础极为薄弱，发展缓慢，以能源产业为主。工业基础极为薄弱，发展缓慢，采掘业“一业独大”，加工工业和轻工业相对落后，工业结构没有得到改善，仍然属于资源驱动型经济，处于农业国向工业国的转型阶段。工业发展主要依赖于自然资源的开采和加工，能源产业是哈萨克斯坦重要的工业部门。由于拥有丰富的油气资源，其原油产量在中亚五国中居于首位，独立后每年都占中亚五国地区产量的六成以上。受开发投资和引进外资力度加大的影响，其原油产量大幅增加；另外，哈萨克斯坦拥有一个相对较大的机械制造部门，专门从事建筑设备、拖拉机、农业机械和一些军事物资的生产制造。

（4）建材业和建筑业发展迅速。近年来，随着哈萨克斯坦基础设施建设的大力发展，水泥、混凝土和玻璃等建材产品的消费需求大幅度增长。特别是由于住房需求的不断提高，建筑市场不断扩大，在很大程度上刺激了建筑业的发展。哈萨克斯坦建材基础比较薄弱，除部分水泥外，大多需要进口。总体来看，哈萨克斯坦建材业仍然处于初级阶段，建材生产以中低档产品为主，而且由于中间环节较多等原因导致零售价格较高。

（5）贸易发展迅速。哈萨克斯坦的贸易合作伙伴主要为其关税同盟成员国俄罗斯、白俄罗斯。进口对象国前三位分别是：俄罗斯（38.4%）、中国（16.8%）和乌克兰（6.6%）。从商品结构上看，主要出口商品：矿产品（包括石油及石油产品），金属及其制品，化学制品、塑料和橡胶，动植物产品和成品粮，机械、设备、交通工具、仪器和仪表等。主要进口商品：机械、设备、交通工具、仪器和仪表，化工产品（包括橡胶和塑料），矿产品，金属及其制品，动植物产品和成品粮等（表 2－2）。

表 2－2　2016 年哈萨克斯坦主要产业部门增长指数

产业部门	工业	农业	建筑业	运输业	通信业	贸易
增长指数（%）	98.9	105.5	107.9	103.8	98.0	98.6

数据来源：哈萨克斯坦统计署。

2.2.2　产业经济结构变动

目前，哈萨克斯坦的经济以农牧业为主，并且仍然有很大的发展潜力。但工业基础薄弱，发展缓慢，加工工业和轻工业相对落后，工业结构没有得到改善，处于农业国向工业国的转型阶段。第三产业如交通运输业、通信业和旅游业等发展十分迅速。

2.2.2.1　农业

农业是国民经济发展的重要部门，农业每年带来的收入占其国民总收入的 38%，农业总产值占国内生产总值的比重基本上保持在 7%左右。不仅确保国家的内部资源和人民生活水平的改善，而且确保其在外部市场中的地位。哈萨克斯坦的农业由四个主要部门组成：种植业、畜牧业、林业和渔业。种植业是哈萨克斯坦主要的农业生产部门，全国可耕地面积超过 2 000 万 hm^2，每年农作物播种面积约 1 600 万～1 800 万 hm^2，粮食产量 1 800 万 t 左右；畜牧业较发达，拥有大面积的草场和牧场，畜产品种类丰富；林业发展以生态功能为主，森林面积较小，森林资源比较珍贵，部分林业产品依赖进口；拥有丰富的渔业资源，为渔业发展提供良好的条件，鱼类养殖活动和渔业生产方式多样化。

该国自然和气候条件的复杂多样，不同地区的农业发展条件不同，保证了农产品的多样性。南哈萨克斯坦多位于高山区，光照充沛、气候干旱、昼夜温差大，加上良好的灌溉条件，可以实现高性能的棉花、大米、甜菜和烟草的种植。另外，南部地区也是最适合园艺和葡萄栽培发展的地方；西哈萨克斯坦的农业发展主要由畜牧业代表，拥有广阔的牧场和草地面积，因而该地区的羊、马和骆驼养殖业十分发达；北哈萨克斯坦的气候条件十分适合农业发展。最发达的是乳牛和肉牛养殖以及鸟类繁殖和育种，主要生产活动是牧羊，种植业领域被棉花和谷物作物占据，这里也拥有种植蔬菜、水果和甜瓜的非常有利的条件；东哈萨克斯坦的农业主要是雨养农业，种植业比较发达，向日葵作物的种植占据了最大的土地面积，在山谷有相当多的麦田、燕麦、豌豆和蔬菜作物。另外，该地区的奶牛养殖业、养猪业和养马业也快速发展。

2.2.2.2　工业

哈萨克斯坦的工业主要由以下几个部分构成：机械工业、汽车工业、黑色金属冶金业、有色金属冶金业、化学工业、建材业和建筑业、能源产业和轻工业。

（1）机械工业。哈萨克斯坦工业生产中的工程产品约占 8%。主要是为其采矿业生产所需要的设备，如：压制设备、机床、电池、离心泵、X 光设备等。在哈萨克斯坦西部的乌拉尔斯克市，近年来对工程行业的重视程度加大，计划发展大型工程。因为在乌拉尔斯克有很多的大型工厂，如“天顶”、“金属家”、“欧米茄”、“雷姆扎沃德”等。在苏联时代，这些工厂受到国家的重视，但随着苏联的解体，这些工厂的产量已经下降了 70%以上。

(2) 汽车制造业。在哈萨克斯坦的民族工业中，汽车制造业近年来的发展速度较快。2013 年，该国共生产载重车和轻型乘用车合计 2.2 万辆左右，比上年同期增长约 130%。哈萨克斯坦最大的汽车制造企业是东哈州的亚洲汽车厂，主要生产斯柯达、雪佛兰等轻型乘用车。

(3) 黑色金属冶金业。哈萨克斯坦的黑色金属冶炼产量占全国工业产品总量的 12.5%以上。该国的铁矿石储量位居世界第八位，其在世界铁矿石储量中所占的份额为 6%。该国 70%以上的铁矿石用于出口。铁矿石开采具有以下趋势：1990 年为 2 380 万 t，1999 年为 960 万 t，2012 年为 2 300 万 t。在这样的情况下，该国 1990 年到 2012 年钢铁产量从每年 680 万 t 下降到每年 380 万 t，生铁产量从每年 520 万 t 下降到每年 270 万 t。

(4) 有色金属冶炼。哈萨克斯坦有色金属冶金在全国工业总产值中的比重超过 12%。制造 4 种主要的有色金属：铝、铅、锌和铜。哈萨克斯坦是世界上最大的精炼铜生产国和出口国之一，铜的主要进口国是意大利和德国。该国也是黄金的主要生产国，特别是由“Altynalmas”公司制造的首饰，该国注册了 171 个金矿床。

(5) 化学工业。化工和石油化工行业主要包括生产塑料、化纤和线、汽车轮胎、农业机械、橡胶制品、铬化合物、电石、苛性钠的企业。哈萨克斯坦有三个炼油厂生产汽油、柴油、锅炉燃料、航空煤油、石油和其他石油产品。还有经营磷酸盐矿石的大型复杂加工企业，主要生产黄磷和肥料，合成洗涤剂。

(6) 建材业。建筑材料工业产品在全国工业总产值中所占比例超过 4%。哈萨克斯坦有足够的用于生产建筑材料的各种原材料储备。建材业主要生产水泥、石板、石棉水泥管、软屋面材料、油毡、卫生和建筑用品、用于建筑物的地板和覆层的饰面瓷砖、用于大型面板建筑的面板、用于造纸工业的高岭土、散热器、对流器和其他类型的建筑材料和结构。1990 年到 2012 年砾石和碎石的产量从 $51.5\times10^6 m^3$ 下降到 $34.4\times10^6 m^3$。并且在建筑材料的生产中发现在工业废物中广泛应用：冶金和化工厂的废物、火力发电厂的粉煤灰和其他二次资源。

(7) 能源产业。能源产业是哈萨克斯坦的支柱性产业。从 1990 年至 2012 年，石油和天然气精矿实现了从 2 170 万 t 到 7 920 万 t 的大幅增加，同期天然气产量从 71 亿 m^3 增加到 403 亿 m^3，煤炭产量从 1.134 亿 t 降至1.250亿t，发电量略有增加，从874亿kW·h增加到906亿kW·h，而石油产量则从1 790万t减少到1 370万t。

（8）轻工业。哈萨克斯坦的轻工业相对落后。从1990年到2012年，该国轻工业经历了首次下跌后部分恢复。在这一时期，织物的生产从32 550万m^2下降到2 370万m^2，袜子的生产由8 770万双下降到30万双。

2.2.2.3　服务业

哈萨克斯坦的服务业主要是交通运输业、通信业和旅游业。近年来发展都比较迅速。

（1）交通运输业迅速发展，运输体系不断完善。哈萨克斯坦的交通运输体系主要由公路、铁路、航空这三种基本运输方式组成。其中，铁路运输是各类运输中最重要的一种运输形式。哈萨克斯坦的铁路网发展迅速，2012年铁路总长已达到14 300km，承担大量的运输任务，2013年铁路网共运输了1 600万t货物。大型经济中心与各中心城市间的短途铁路运输发展很快，另外，哈萨克斯坦目前境内主要有5条国际铁路运输走廊。

作为世界上最大的内陆国家，哈萨克斯坦境内地广人稀，因此，公路运输是另外一种十分重要的运输手段。拥有号称仅次于俄罗斯的第二长公路网，早在苏联时期就已经建设得比较完善。近些年更是在公路建设上不断加大投入，修缮原有公路、新建部分路段的公路、将现有公路同邻国的公路连接起来。截至2012年年底，哈萨克斯坦的公路总里程达到97 416km。

由于国土面积较大，航空运输对哈萨克斯坦也非常重要。在苏联时期，就已建成了相对完整的国内航空网。哈萨克斯坦的国内和国际航空网主要以阿拉木图市和阿斯塔纳市为中心，除了原有的独联体国家间的航线外，还与独联体外的13个国家的27个城市有航班往来，包括北京、法兰克福、曼谷、首尔和迪拜等。

（2）通信业整体发展水平不高，但发展前景好，发展速度快。哈萨克斯坦的互联网和移动通信这两个方向的发展都十分迅速。从2006年开始，互联网经历了一个飞速发展的时期，截至2013年，互联网用户已达191万人，通信基础设施在农村州的进一步覆盖，使得互联网在农村州也得到广泛开展。另外，哈萨克斯坦移动通信的发展在中亚五国中处于前列，2003年，哈萨克斯坦的移动用户数仅为133万人，到2013年，已达2 970万人。

（3）旅游业发展水平在中亚五国中居于首位。在中亚五国中，哈萨克斯坦旅游业的发展水平明显高于其他国家。根据官方统计来看，哈萨克斯坦的旅游产品主要有四类：一是疗养旅游度假为一体的医疗保健类旅游产品；二是运动综合类的旅游产品；三是依托9 000多个考古遗址的历史类旅游产品，四是近些年开始兴起的生态旅游。从地区分布上来看，北部地区的库罗尔特、科克舍套、巴彦阿多尔等地都设有疗养院，适合重点开展医疗保健旅游。南部的阿拉木图市是中亚第一大城市，也是整个中亚的金融、贸易和教育中心，自然环境优美，梅德尔滑冰场是全世界著名的滑雪和冰上运动中心，可以开展运动旅游。举世闻名的巴尔喀什湖位于哈萨克斯坦的中部，因湖水一半为咸水湖一半为淡水湖，东半部分与西半部分颜色不同而独具特色，湖畔动物种类繁多，有天鹅、野兔和狐狸等，湖内鱼类资源十分丰富，因此，整个湖区成为哈萨克斯坦著名的疗养和旅游胜地。

2.2.3 农业的贡献

哈萨克斯坦的农业是国家经济的基本部门之一。应该指出，农业每年带来的收入占其国民总收入的38%。由于高水平的机械化和自动化，这个部门仅雇佣了约16%的国家劳动力。值得注意的是，该国共有约3.1万个农业企业，以及约3.2万个农场。哈萨克斯坦的气候和自然资源有助于种植业和畜牧业的发展。巨大的可耕地面积、草场面积和牧场面积，使哈萨克斯坦在世界粮食市场上占据领先地位。

近些年，哈萨克斯坦农业总产值占国内生产总值（GDP）的比重基本上保持在7%左右，2011年该比重为8.3%，2012年这一比重有所下降，为6.6%。虽然2014年农业对国内生产总值的贡献微不足道，仅有4.2%，但农业却是哈萨克斯坦经济中最重要的部门之一。主要有以下三点原因，首先，该国有43.4%的农村人口；第二，由于该国农业仍然有巨大的增长潜力，不仅可以实现农业的增长，还可以带动该国整体经济的发展。最后，大力发展农业是发展市场关系、形成有利的竞争环境和国家政策的要求。政府对农业支持的目标应该是生产率的提高、生产过程的集约化和鼓励引进现代农业技术。

尽管农业在哈萨克斯坦的经济中具有根本性作用，但基于实际情况分析，哈萨克斯坦在农业行业目前存在一些问题，导致农业发展速度较慢。主要困难之一是向现代农场的不完全过渡，自然资源和人力资源的低效和不完全利用。第二是行业缺乏投资，用于农业发展的资金不足。

2.3　中国与哈萨克斯坦农业在国民经济中的地位比较

两国国民经济发展水平和产业经济结构的差异反映了两国经济目前处于不同的发展阶段，因此，两国农业有着不同的发展背景和基础，农业在国民经济中的作用和地位存在着很大的差异。同时，也具备很多相似性，农业的发展都为国民经济做出了很大的贡献。

2.3.1　国民经济发展水平

两国经济增长速度都较快，同属目前全球 20 个增速最快的经济体。相对来说，中国的经济增速更快，位于世界第一位，哈萨克斯坦位于第十一位。中国是世界经济大国，目前正处在由经济大国迈向经济强国的关键时期。国民经济发展具有经济总量大，人均国内生产总值少的特点。经过核算，2016 年中国国内生产总值首次迈上“70 万亿”台阶，为 744 127 亿元，世界排名第二。哈萨克斯坦是中亚最大的经济体，在 2015 年世界经济论坛编制的全球竞争力排名中，哈萨克斯坦在 144 个国家中排名第 50 位。哈萨克斯坦国内生产总值于 2013 年达到近 30 年来最高水平，为 2 366亿美元。但之后几年呈现快速下降趋势，到 2016 年该国国内生产总值为 1 336 亿美元。

2.3.2　产业经济结构

两国在发展过程中都经历了产业经济结构的调整和变动，农业、工业、服务业三大产业在国民经济中的地位和作用有很大的不同。中国产业经济结构大体可以分为两个阶段，中华人民共和国成立之初是个典型的农业国，改革开放以来中国产业结构逐渐趋于合理，并向优化和升级的方向发展。而哈萨克斯坦目前的经济仍然以农业为主，并且有很大的发展潜力，另外，哈萨克斯坦是传统的畜牧业发达国家，但近些年呈现衰退的趋势，各类牲畜的存栏数和畜产品的产值都出现了不同程度的下降。

中国生产结构中三大产业结构主要呈现以下几个特点，第一产业比重下降，而第二产业、第三产业比重上升。国民经济总量增长从主要由第一、二产业带动转为主要由第二、三产业带动；第二产业特别是工业的增长成为中国经济快速增长的主要动力之一；第三产业正快速发展，总产值占 GDP 总量已经超过 50%。相比而言，哈萨克斯坦三大产业结构有以下几个特点，以第一产业为主；第二产业基础薄弱，发展缓慢，以能源产业为主，加工工业和轻工业相对落后，工业结构没有得到改善，处于农业国向工业国的转型阶段；第三产业如交通运输业、通信业和旅游业等发展十分迅速；在此基础上，该国的国际贸易也得到了发展，其贸易合作伙伴主要为关税同盟成员国。

表 2-3 说明了 2016 年中国与哈萨克斯坦主要产业部门增长率的比较情况。中国三大产业 2016 年均比 2015 年有所上涨，其中，第三产业上涨速度最快，第一产业上涨速度最慢，具体来说，第一产业 2016 年比 2015 年增长了 3.3%，第二产业增长了 6.1%，第三产业增长了 7.8%。产业结构更加优化，2016 年中国第三产业增加值占 GDP 的比重达到 51.6%。而哈萨克斯坦的第二产业下降了 1.1 个百分比，第一产业和第三产业 2016 年比 2015 年则分别上涨了 5.5 个和 8.3 个百分比。

表 2-3　2016 年中国与哈萨克斯坦主要产业部门增长率比较

	第一产业	第二产业	第三产业
中国	3.3%	6.1%	7.8%
哈萨克斯坦	5.5%	−1.1%	8.3%

资料来源：《2016 年中国统计年鉴》、《2016 年哈萨克斯坦统计年鉴》。

2.3.3　农业对国民经济的贡献

两国农业都是本国国民经济发展的基础，是第二产业和第三产业发展的必要条件，是支撑整个国民经济不断进步的保障。农业在中国国民经济中占有重要的基础地位，2016 年农业产值为 63 671 亿元，占中国国内生产总值的 8.56%。哈萨克斯坦的农业是国家经济的基本部门之一。从

1990 年到 2013 年，该国农业产值从 190 万美元增加到 1 568 470 万美元，年均增长率达到了 47.88%。该国有 43.4%的农村人口，农业每年带来的收入占其国民总收入的 38%。近些年哈萨克斯坦农业总产值占国内生产总值的比重基本上保持在 7%左右，2011 年该比重为 8.3%，2012 年这一比重有所下降，为 6.6%。虽然 2014 年农业对国内生产总值的贡献微不足道，仅有 4.2%，但农业始终是哈萨克斯坦经济中最重要的部门之一。该国农业仍然有巨大的增长潜力，在实现农业增长的同时，还可以带动该国整体经济的发展。

两国农业对于国民经济贡献的实现方式有较大差异。中国农业对国民经济的贡献具体表现为产品、市场、要素和外汇四大方面的贡献。农业具有提供粮食、农副产品的基本功能，食品贡献率较高，基本处于自给状态。农业为其他部门的发展提供原料，工业生产所需的原料，约有 30%直接来自农业，轻纺工业占 80%以上。农村和农民为工业产品提供了广阔的消费市场。农业的要素贡献主要体现在资本贡献、劳动力贡献和土地贡献三个方面。农业对于国民经济的外汇贡献主要以节约外汇支出和通过出口换汇增加外汇收入两种方式实现。哈萨克斯坦农业经济的发展主要依靠种植业和畜牧业。1990 年到 2013 年，种植业产值从 110 万美元增长到 863 080 万美元，年均增长率 47.57%；畜牧业产值从 80 万美元增长到 699 630 万美元，年均增长率 48.72%。

第3章　中国与哈萨克斯坦农业资源及其特点

农业的发展离不开农业资源，一国的农业资源拥有量决定了该国的农业类型和农业发展程度，而两国或多国间的农业资源的互补性，则可以为双边或多边的农业合作带来机遇。农业资源是指农业在自然再生产和经济再生产过程中涉及的农业自然资源和社会经济资源的总称，是人类从事农业生产或农业经济活动所利用或可利用的各种资源。农业自然资源就是为农事活动或农业生产提供原料、能量和条件的资源总称。社会经济资源包括劳动力（体力和智力）、物化劳动（资金和设备）、科学技术等方面，是“除农业自然资源外的，人类可参与其中的所有其他资源的总称[①]”。农业生产除了利用农业自然资源外，还要利用社会、经济和科学技术中可以用于农业生产的各种因素，农业物化劳动等同于农业资本，指投入农业生产的各种人类加工物和能量，在此称为社会经济资源。本章主要从土地资源、水资源、农业劳动力资源和农业科技等方面介绍了中国与哈萨克斯坦两国的农业资源。

3.1　中国农业资源及其特点

3.1.1　土地资源状况及其特点

3.1.1.1　土地资源的总量及构成

根据2015年土地利用变更调查结果，中国共有农用地64 574.11万 hm^2，其中耕地13 505.73万 hm^2（20.26亿亩），园地1 437.82万 hm^2，林

① 农业资源概念来源于商务印书馆的《现代地理学辞典》和王海燕博士的研究成果。

地 25 307.13 万 hm^2，牧草地 21 946.60 万 hm^2；建设用地 3 811.42 万 hm^2，其中城镇村及工矿用地 3 105.66 万 hm^2，其构成比例如图 3－1 所示。与 2014 年相比，2015 年农用地减少 42.73 万 hm^2，耕地减少 10.61 万 hm^2，园地减少 9.07 万 hm^2，林地减少 18.26 万 hm^2，牧草地减少 4.79 万 hm^2，建设用地增加 65.78 万 hm^2，其中城镇村及工矿用地增加 44.93 万 hm^2。

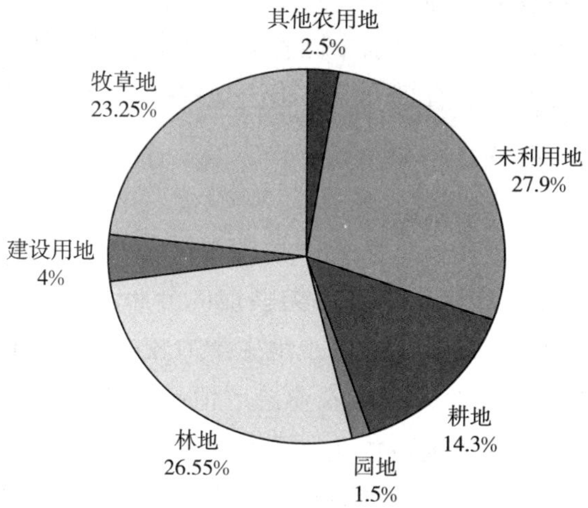

图 3－1　2015 年中国土地构成现状

资料来源：2015 年中国国土资源公报。

中国土地资源总量可观，但是由于城市化和工业化的快速发展和历史上农业粗放式的发展，再加上一些自然灾害的毁坏，中国农业土地资源尤其是耕地资源呈现出逐渐减少的态势。例如，仅 2014 年全国因非农建设占用、灾毁、生态退耕、农业结构调整等原因减少耕地面积 38.80 万 hm^2。所以，中国对于土地资源的保护十分重视，中国政府要严守耕地保护红线，大力推进土地整治，划定重点城市永久基本农田，提升耕地数量质量管护水平。保障稳增长重点建设项目用地，创新产业用地政策，促进新产业新业态发展，推动形成经济发展新动能。在 2015 年通过土地整治、农业结构调整等措施增加耕地面积 28.07 万 hm^2，年内净减少耕地面积 10.73 万 hm^2。

中国不同地区的自然条件和土地资源差异很大，经过多年的开发利用，中国土地利用逐步形成了以下几个特点：第一，利用结构复杂。主要体现在草原约占全国土地总面积的 37%，耕地约占 10%，而城市道路居民占用地和水域约占8%。中国难以利用的土地比重较大，约占25%，总的来看中国是一个耕地面积少、林地比重低的国家；第二，不同地区土地利用状况差异显著。在中国东南部，是耕地、林地、外流河道以及城市居民点、铁路等集中分布的地区，是大农业最集中的重要产区。而在中国的西北地区有大面积的（半）沙漠、戈壁等，这里也集中了中国的大部分草原。因此该地区畜牧业用地最多，且垦殖指数较低；第三，土地利用有较大的潜力。有关资料表明，目前中国各类土地资源的利用一般都不够合理和充分，如果能够充分、合理利用各类土地资源，中国的土地资源利用的潜力较大（夏咏，2010）。

3.1.1.2 土地资源的区域分布

如表3-1所示，中国土地资源类型地区分布不平衡，土地生产力地区间差异显著。中国东南部季风区土地生产力较高，目前已集中全国耕地与林地的92%左右，农业人口与农业总产值的95%左右，是中国重要的农区与林区，而且实际也为畜牧业比重大的地区。森林资源分布不均，在东南部季风区内，土地资源的性质和农业生产条件差别也很大。西北内陆区光照充足，热量也较丰富，但干旱少雨，水源少，沙漠、戈壁、盐碱面积大，其中东半部为草原与荒漠草原；西半部为极端干旱的荒漠，无灌溉即无农业，土地自然生产力低。青藏高原地区大部分海拔在3 000m以上，日照虽充足，但热量不足，高而寒冷，土地自然生产力低，而且不易利用。总之，中国土地资源分布不平衡，土地组成诸因素大部分不协调，区域间差异大（邹正，2008）。

表3-1 中国土地资源的区域分布概况

区域简称	主要土地类型	土地功能区
东北区	东北山地、平原有林地与旱地	农林用地
华北区	华北平原水浇地、旱地与居民工矿地	农业和建设用地
黄土高原区	黄土高原旱地、牧草地与有林地	农牧林业用地
长江中下游区	长江中下游平原水田、水域与居民工矿地	农渔和建设用地
川陕盆地区	川陕盆地有林地、旱地与水田	农林用地
江南丘陵山地区	江南丘陵山地有林地与水田	林农用地

（续）

区域简称	主要土地类型	土地功能区
云贵高原区	云贵高原有林地、灌木林地与旱地	林农用地
东南沿海区	东南沿海有林地、水田园地与居民工矿地	农林渔果和建设用地
西北干旱区	西北干旱区牧草地与水浇地	牧业和绿洲农业
青藏高原区	青藏高原牧草区	牧业用地
藏东南-横断山区	藏东南-横断山有林地与牧草地	林牧用地
内蒙古高原区	内蒙古高原牧草地与旱地	牧业用地

中国土地资源区域分布极其不平衡：全国东、中、西部三个地带土地资源状况存在着较大差异。其中东部地区 12 个省（自治区、直辖市），占全国土地总面积的 13.9%；中部 9 个省区，占全国土地总面积的 29.6%；西部地区 10 个省区，占全国土地总面积的 56.5%。如表 3－2 所示，全国耕地、园地、林地区域分布也不均衡。

表 3－2　2015 年中国耕地、园地、林地区域分布

单位：万 hm^2，%

地区	耕地		园地		林地	
	面积	比例	面积	比例	面积	比例
全国	13 505.73	100.0	1 437.82	100.0	25 307.13	100.0
华北	2 133.91	15.8	—	—	—	—
东北	2 241.95	16.6	—	—	4 175.68	16.5
华东	2 660.63	19.7	445.72	31.0	—	—
中南	2 647.12	19.6	416.97	29.0	5 061.43	20.0
西南	2 160.92	16.0	207.05	14.4	7 111.30	28.1
西北	1 661.20	12.3	—	—	—	—

注：“—”表示统计数据缺失。

资料来源：根据相关资料整理。

土地开发利用程度的区域差异较大。中国水土资源分布不均衡，直接影响了土地的开发利用的区域差异。东部为沿海地带，地处暖温带及亚热带湿润、半湿润地区，水热条件优越，人口密集，经济发达，土地利用程度高，牧草地、未利用土地面积少；中部地区山地、丘陵多，土地利用率较高，牧草地、未利用土地面积占 37.79%；西部地区大部分是高寒山地、沙漠、戈壁区，土地利用率极低。

土地利用的经济效益区域差异巨大。土地综合经济效益在各地区和省

（自治区、直辖市）之间呈现出较大差异。按已利用土地面积计算，华东区为最高，其次是中南区、东北区、华北区、西南区，西北区最低。按地带已利用土地计算，东部沿海地带为最高，每平方公里为351.1万元，中部地带为78.1万元，西部则为29.0万元。

3.1.1.3 农业土地资源

（1）耕地资源。中国现有耕地面积约135.05万km^2，约占全国土地面积的14.12%。平原耕地约占整个耕地面积的55%，丘陵、山地耕地面积约占45%。东北平原、华北平原、长江中下游平原“三大平原”及珠江三角洲、四川盆地，是中国耕地最集中的地区。东北平原由松花江和辽河冲积而成又称松辽平原，那里大部分是黑色沃土，盛产小麦、玉米、高粱、大豆等农作物，还有亚麻和甜菜等经济作物。华北平原地势平坦、土层深厚，它由黄河、海河、淮河等河流的泥沙沉积造成，农作物有小麦、谷子、高粱、棉花等，水果有苹果、梨、葡萄、柿子等。长江中下游平原地势低平，湖泊、河流多，有中国最大的两个淡水湖鄱阳湖和洞庭湖。这里盛产水稻、柑橘、油菜、蚕豆，并且，淡水鱼产量最多。

中国耕地资源在地区分布上呈现出不均衡的状态。如表3-3所示，中国耕地资源主要分布在黄河中下游地区、长江中下游地区和东北地区，这三大地区大约占了全国68.5%的耕地面积。而在西北干旱区、东北温湿带和西南温湿带的未利用的可耕地的面积高达4.3亿亩。

表3-3 中国耕地资源分布

地　　区	占全国耕地面积（%）	未利用的可耕地（亿亩*）
黄河中下游	30	0.4
东北温湿带	18.5	1.5
西北干旱区	10	1.8
长江中下游	21	0.5
华南湿热带	7	0.5
西南湿热带	11	1
青藏高原地区	0.8	0.4

资料来源：《中国统计年鉴》。

* 亩为非法定计量单位，1亩=1/15hm^2。——编者注

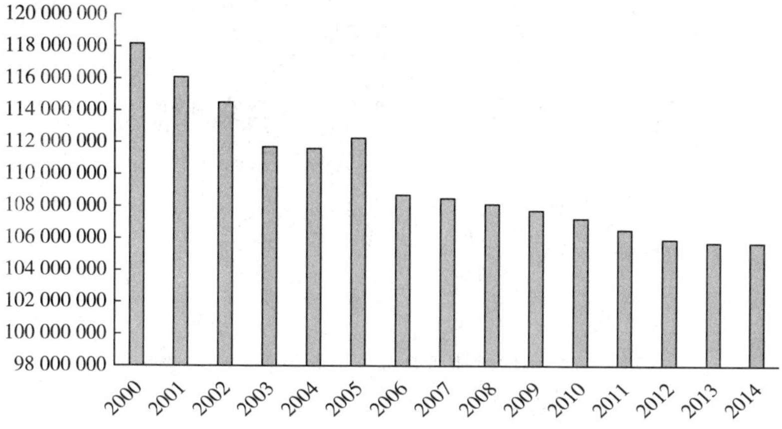

图 3－2　2010—2014 年中国耕地面积变化情况（hm^2）

资料来源：世界银行数据库。

如图 3－2 所示，中国近几年耕地面积呈现逐年递减的变化趋势。全国土地利用数据预报结果显示，截止到 2015 年末，全国耕地面积为 20.25 亿亩，2015 年全国因建设占地、灾毁、生态退耕、农业结构调整等原因减少耕地面积 450 万亩，通过土地整治、农业结构调整等增加耕地面积 351 万亩，年内净减少耕地面积 99 万亩；全国建设用地面积为 5.78 亿亩，新增建设用地 760 万亩。全国耕地质量等别年度更新评价成果显示，2014 年全国耕地平均质量等别为 9.97 等，总体偏低。优等地面积为 386.5 万 hm^2，占全国耕地评定总面积的 2.9%；高等地面积为 3 577.6 万 hm^2，占全国耕地评定总面积的 26.5%；中等地面积为 7 135.0万 hm^2，占全国耕地评定总面积的 52.9%；低等地面积为 2 394.7万 hm^2，占全国耕地评定总面积的 17.7%，各耕地等级比例如图 3－3 所示。

中国耕地主要土壤类型有潮土、褐土、盐渍土、黑土、黑钙土、栗钙土、紫色土等（表 3－4）。潮土属于半水成土壤，在中国华北平原分布十分广泛。各大河流的中下游平原、湖泊周围以及地势低平和地下水位较高之处，均有潮土分布，是中国主要的农业土壤和粮棉生产的重要基地；褐土又称立黄土等，是半湿润、半干旱区旱生林下形成的自然褐土经长期耕种熟化演变而成的古老的农业土壤。主要分布于暖温带半干旱半湿润的山区和丘陵地区，广泛分布于中国的华北地区的燕山、太行

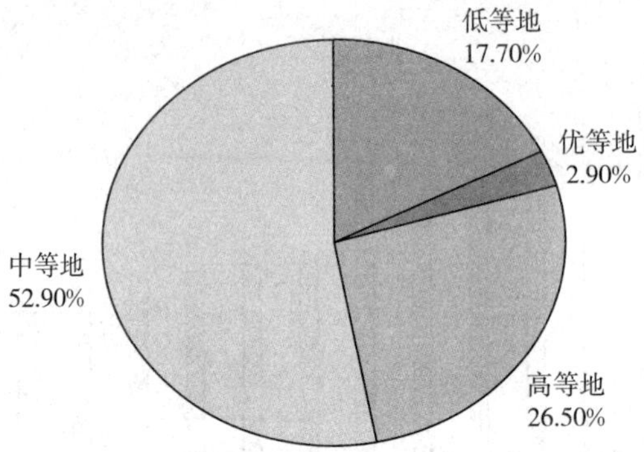

图 3-3　中国耕地质量各等别面积所占比例情况

资料来源：2016 年中国土地资源公报。

注：全国耕地评定为 15 个等别，1 等耕地质量最好，15 等耕地质量最差。1～4 等、5～8 等、9～12等、13～15 等耕地分别划为优等地、高等地、中等地、低等地。

山、吕梁山、伏牛山和秦岭山地；盐渍土是干旱地区分布的一种隐域性水成土壤。中国盐渍土广泛分布于长江以北的广大内陆地区和沿海岸线的滨海地带，台湾、海南岛的沿海地带也有零星分布。在北方内陆地区，盐渍土主要分布在淮河以北、西北及青藏高原等地的干旱、半干旱地区的河流冲积平原、盆地和湖泊沼泽地区。盐渍土由于含有高浓度的可溶性盐分，影响作物正常发育，造成减产，甚至颗粒无收。中国经过多年的耕作治理已经将 2 730 万 hm^2 的盐渍土改良为正常耕地；黑土集中分布在松嫩平原和三江平原。黑土地区气候比较湿润，年降水量一般是 500～600mm，绝大部分集中在暖季，是中国北方重要的粮、油、经济作物生产基地；黑钙土是中国温带半湿润半干旱条件下形成的草原土类型，主要分布在东北大兴安岭山地两侧及松嫩平原地区；红壤是中国中亚热带的地带性土壤，分布范围广阔，主要分布在长江以南至南岭山地的辽阔地带的低山丘陵区，其中包括江西、湖南两省的大部分地区，云南、广西、广东、福建等省份的北部，以及贵州、四川、浙江、安徽、湖北省的南部，其范围在北纬 25°～31°之间；黄壤广泛分布于中国热带、亚热带的山地和高原。以川、黔两省最多，滇、湘、鄂、桂、浙、赣、闽、粤和台湾等省份也有分布；栗钙土主要分布在内蒙古高原、鄂尔多斯东部，甘肃、宁夏、青海及新疆也有分布；紫色土分布于四川、云南、贵州、湖南、湖北、江西、浙江、安徽、福建、广东、广西等省份，而集中分布在四川中部、贵州北部。这类土壤矿质养分丰富，肥力较高，适种作物多，是中国南方重要的耕地土壤之一（熊顺贵，2005）。

表 3-4　中国耕地土壤类型及主要分布

土壤类型	潮土	盐渍土	黑土	黑钙土	红壤	黄壤	栗钙土	紫色土
分布地区	华北平原	长江以北内陆地区和沿海岸线的滨海地带；台湾、海南岛；淮河以北、西北及青藏高原等地的干旱、半干旱地区的河流冲积平原、盆地和湖泊沼泽地区	松嫩平原和三江平原	东北大兴安岭山地两侧及松嫩平原地区	长江以南至南岭山地的辽阔地带的低山丘陵区	川、黔两省最多，滇、湘、鄂、桂、浙、赣、闽、粤和台湾等省份也有分布	内蒙古高原、鄂尔多斯东部；甘肃、宁夏、青海及新疆	四川、云南、贵州、湖南、湖北、江西、浙江、安徽、福建、广东、广西等省份

资料来源：根据熊顺贵（2005）《基础土壤学》整理。

（2）森林资源。中国现有森林面积 116 万 km^2，森林覆盖率为 13.4%，森林蓄积量额为 110 亿 m^3。世界平均森林覆盖率为 30.9%，与之相比，中国是属于森林覆盖率比较低的国家。但是，中国有可以造林的荒山荒地约 78 万 km^2，发展林业有很大的潜力。据林业部门调查，中国可供进一步发展生产的后备土地资源约 1.225 亿 hm^2，其中包括疏林地 0.156 亿 hm^2，灌木林地 0.296 亿 hm^2。宜林宜牧的荒山荒地约 9 000 万 hm^2。这些土地按其性质主要应作为林牧用地，每人平均亦仅占有 0.12hm^2 左右。而宜于种植作物、人工牧草的后备土地资源，从多方面材料估算仅约 0.33 亿 hm^2，其中可以作为粮棉等农作物生产基地建设的毛面积约 0.13 亿 hm^2，净面积也只有 0.067 亿 hm^2 的潜力。相反，如流动沙丘、戈壁和海拔在 3 000m 以上人类不易利用的土地等这类无效的土地面积共约 3.487 亿 hm^2，约占中国土地总面积的 36.3%，所占比例相当大。从中国鼓励退耕还林和植树造林政策开始，其森林面积从 2000 年起每年都呈现出较大的增长趋势（图 3-4）。

中国的森林资源很不平衡，集中于边远地区。从总的分布情况来看，有四大林区：东北林区，包括大兴安岭和长白山地区，林木以松树、云

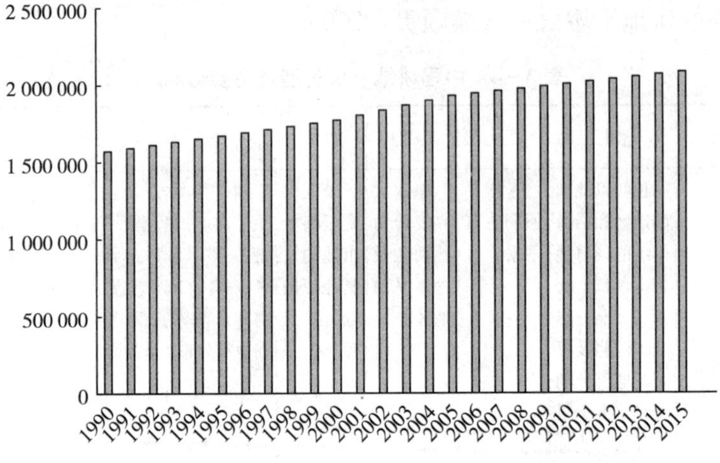

图 3-4 中国 1990—2015 年森林资源面积（km^2）

资料来源：世界银行数据库。

杉、桦树为主，是最大的天然林区，被称为“林海”；西南林区，包括横断山脉、藏东南与滇南林地，是中国树的种类最多的林区；南方林区，主要包括秦岭以南、云贵高原以东的林区，是中国以人工为主的最大经济林区；防护林区：包括“三北”（华北、西北、东北）、东南沿海防护林等。“四大林区”中，东北林区、西南林区约占全国森林面积的一半、森林蓄积量的 3/4。中国的森林植物类型繁多，共有 8 000 余种。

（3）草原资源。中国的草原面积约为 31.9 万 km^2，其中已开发利用的，约 24.1 万 km^2，未开发利用的，约 7.8 万 km^2。草原主要分布在海拔 1 000～5 000m 的高原上，属于温带半干旱地区，从东北到西南，包括黑龙江西部、内蒙古、宁夏、甘肃、青海、新疆、西藏等省区，草原绵延 3 000 多 km。在广阔的草原上分布着许多畜牧业基地。

中国最著名的天然牧场是内蒙古大草原，面积 8.7 万 km^2，占全国天然草场的 1/4。内蒙古草原气候虽也很干旱，但全年降雨量比中国西部多，到处生长着高矮、疏密的草，草场的质量非常好，这里出产著名的三河牛、三河马和内蒙古绵羊。其次，新疆北部天山和阿尔泰山之间的准噶尔盆地、塔里木盆地四周的山坡和谷地，也是著名的天然牧场和良种基地，这里出产著名的伊犁马和新疆细毛羊。此外，青藏高原东南部草原面积也很大，畜牧业成为青海、西藏的主要经济支柱，占农业总产值的一半左右。

3.1.1.4　土地资源的特点

（1）土地辽阔，类型多样。中国国土面积广阔，南北跨度约为50个纬度，由寒温带至赤道带，约70%为温带（占25.9%）、暖温带（占18.5%）和亚热带（约占26%），有优越的热量条件；东西跨将近62个经度，由太平洋沿岸到欧亚大陆的中心，包括土地面积几乎相等的湿润（占32.2%）、半湿润（占17.8%）与半干旱（占19.2%）、干旱（30.8%）两大地理区域。由于土地的水、热条件组合的差异和复杂的地形地质条件，形成了中国极其多种多样的土地资源类型，极有利于农林牧副渔生产的全面发展，同时也充分说明了因地制宜的重要性。

（2）山地多，平地少。中国是多山国家。据粗略估算，山地、高原、丘陵的面积约占土地总面积的69%，平地约占31%。山地一般高差大，坡度陡，土层薄，土地的适宜性单一，宜耕性差，农业发展受到较大限制，生态系统一般较脆弱，利用不当，极易引起水土流失和资源破坏。但山地，尤其是中国南方山地，水热条件好，适宜于林木生长和多种经营的发展。西北地区的山地是中国主要牧场，又为平原地区农业灌溉水源的集水区，因而，山地在西北地区农业自然资源的组成中和农业生产结构中占有特殊重要地位（石玉林，1980）。

（3）农业用地绝对数量多，人均占有量少。中国现有耕地约13 505万 hm^2，为世界耕地总面积的7.7%，占世界第4位；仅中国北部和西部的牧区与半农半牧区的天然草地约3.17亿 hm^2，为世界草地总面积的10%，居世界第3位；中国有林地面积约1.25亿 hm^2，占世界森林总面积的4.1%，居世界第8位。但中国人均耕地按统计约0.1hm^2，仅为世界平均值的1/3（图3-5）；森林覆盖率仅13%（世界平均覆盖率为22%），列世界第121位，中国每人占有林地约0.12hm^2，仅为世界平均数的1/5；天然草地稍多，中国每人占有约0.35hm^2，也不及世界平均数的1/2。农、林、牧用地总和，中国平均每人占有0.54hm^2，仅为世界的1/4。

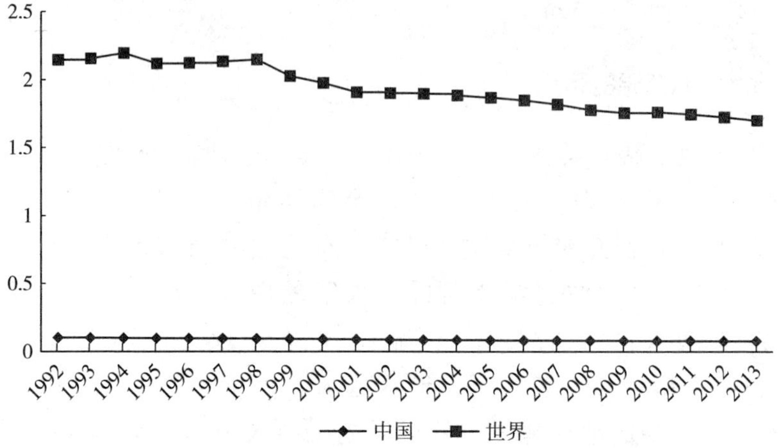

图 3-5　中国与世界人均耕地面积对比（hm^2）

资料来源：世界银行数据库。

3.1.2　水资源状况及其特点

3.1.2.1　地表水

（1）河川径流。中国的江、河、湖、川纵横密布，淡水总面积约为2.5亿亩，其中可供养殖的面积约 7 500 万亩。大小河流总长度达43万 km。其中流域面积在 1 000 km^2 以上的河流有 1 500 多条，径流量仅次于巴西、俄罗斯、加拿大、美国、印度尼西亚，居世界第六位。由于主要河流多发源于青藏高原，水流落差很大，因此，中国的水力资源非常丰富，蕴藏发电量达 6.8 亿 kW・h，居世界第一位。

中国的河流可分为两大部分，流入海洋的叫外流河，占大部分。主要有：长江、黄河、黑龙江、珠江、澜沧江等（表 3-5），向东流入太平洋；青藏高原上的怒江、雅鲁藏布江等，向南流出国境进入印度洋；新疆的喀尔齐斯河向北流出国境注入北冰洋。流入内陆湖泊或消失于沙漠之中的称为内陆河，数量比较少，如新疆的塔里木河。

表3-5　中国主要河流概况

名称	长度（km）	流域面积（km²）	年径流量（×10⁸m³）	注入地
长江	6 300	1 807 199	9 755	东海
黄河	5 464	752 443	592	渤海
黑龙江	3 420	1 620 170	3 430	鄂霍次克海
珠江	2 197	452 616	3 360	南海
澜沧江	2 153	161 430	760	南海
雅鲁藏布江	2 057	240 480	1654	孟加拉湾
怒江	2 013	124 830	703	孟加拉湾

资料来源：根据百度百科资料整理。

（2）湖泊。中国湖泊也很多，面积在 1 km^2 以上的有 2 800 多个，其中面积大于1 000 km^2 的有 13 个，总面积达 71 230 km^2。湖泊分外流湖和内陆湖两大类。外流湖多为淡水湖，水产丰富，例如江西的鄱阳湖、湖南的洞庭湖、安徽的巢湖、江苏的太湖与洪泽湖被称为中国的“五大淡水湖”（表 3-6）。五大湖地处长江和淮河中下游，湖泊面积共计10 349.5 km^2，流域面积共计 633 406 km^2，占全国国土面积的 6.55%。五大淡水湖流域是中国人口密度较大、经济发展迅速、社会转型激变的地区（高明，2012）。

表3-6　中国五大淡水湖

名称	面积（km²）	湖长（km）	平均宽（km）	水位（m）		容积（亿 m³）	流域面积（km²）
				平均	最大		
鄱阳湖	2 933	170.0	17.3	5.1	29.19	149.6	162 225
洞庭湖	2 625	143.0	17.01	6.39	23.5	167.0	262 800
洪泽湖	1 597	65.0	24.6	1.90	4.50	30.4	158 000
巢湖	768.5	61.7	12.47	2.69	3.77	20.7	13 486
太湖	2 425	68.0	35.7	2.12	3.30	51.4	36 895

注：计算时水位按鄱阳湖湖口水位 21.69m，洞庭湖岳阳水位 33.50m，洪泽湖水位 12.50m，巢湖水位 8.37m，太湖水位 3.14m。

资料来源：高明．中国农业水资源安全管理［M］．北京：社会科学文献出版社，2012.

内陆湖多为咸水泊，位于中国青海省内青藏高原东北部的青海湖，是中国最大的湖泊，也是中国最大的咸水湖、内流湖，由祁连山的大通山、日月山与青海南山之间的断层陷落形成。青海湖中的海心山和鸟岛都是游览胜地。2012年7月30日，青海省气象科学研究所的遥感监测结果显示，中国最大的内陆咸水湖青海湖面积持续8年增大，面积4 583 km^2。此外还有兴凯湖（中俄界湖）、呼伦湖、纳木湖等。除了天然湖以外，中国还是世界上水库最多的国家之一，大小水库近85 000座，中国前十大水库见表3-7。最著名的是三峡水库，是三峡水电站建成后蓄水形成的人工湖泊，总面积1 084 km^2。大坝总长3 035m，坝顶高185m；正常蓄水位初期156m，后期175m；总库容393亿 m^3，其中防洪库容221.5亿 m^3。

表3-7 中国十大水库

排名	名称	所属省	流域	库容量（亿 m^3）
1	三峡水库	湖北	长江	393.0
2	龙滩水库	广西	珠江	272.7
3	龙羊峡水库	青海	黄河	247.0
4	新安江水库	浙江	钱塘江	220.0
5	丹江口水库	湖北	长江	209.7
6	大七孔水库	贵州	长江	190.0
7	永丰水库	辽宁	鸭绿江	146.7
8	新丰江水库	广东	珠江	139.8
9	小浪底水库	河南	黄河	126.5
10	丰满水库	吉林	松花江	107.8

3.1.2.2 地下水

中国每年可获得降水补给的浅层地下水多年平均年资源量为8 288亿 m^3，其中山地丘陵地区的地下水年资源量为6 762亿 m^3，平原地区为1 873亿 m^3，两者重复量约为347亿 m^3。人们将单位面积上单位时间内能够产生的地下水补给量叫做地下水补给模数，大范围看地下水补给模数有自东南向西北逐渐减少的趋势，其地下水补给模数的大小与地区降水量、植被及水文地质条件有关。中国地下淡水天然资源量占国内水资源总量的1/3，地下淡水资源量多年平均为8 837亿 m^3，并呈“南多北少”格局。南方地下淡水天然资源量占全国地下淡水天然资源量的69%，地下淡水可开采资源量达 1 991 亿 m^3。北方地下淡水天然资源量仅占全国地下淡水天然资源量的 31%，可开采资源量也只相当于南方的 77%。面积占全国总面积 35% 的西北地区地下淡水天然资源仅占全国总量的 13%。

3.1.2.3 降水

降水是水资源的最主要的来源，中国多年平均降水量为61 889 亿 m^3，平均年降水深度为 684mm，为世界年平均降水深度（800mm）的 81%，为亚洲陆地平均降水深度（740mm）的 88%，而且时空分布极不均匀。由于受季风气候的影响，降水量自东南沿海向西北内陆递减，降水量等值线呈东北-西南走向，全国分为干旱半干旱西北部地区和湿润半湿润东南部地区。东南部地区夏季季风频繁，水气被大量带到了这一地区上空，降水量多，气候湿润，东南沿海及西南部分多年平均年降水量超过 2 000mm，长江中下游也有 1 000mm 以上，秦岭-淮河一带为 800～900mm。西北部地区由于受到高山与高原的阻挡，季风很少到达，形成了大陆性气候，干旱少雨，华北平原、东北、山西、陕西大部分以及甘肃、青海东南部、新疆北部和西部，四川北部和西藏东南部，多年平均降水量在 400～800mm，东北西部和内蒙古、甘肃以西年降水量小于 400mm，新疆塔里木盆地和青海柴达木盆地年平均降水量小于 25mm。

中国年降水量在年内分配也不均衡，夏季降水量明显高于冬季，干湿季节分明。多数地区汛期 4 个月内的降水量占全年降水量的 60%～80%，由南向北的汛期大都为 4 个月左右，但出现的时期不同，分别集中在 4—7 月，5—8 月，6—9 月，7—10 月不等。全年连续三个月最小降水量占全年降水量的比值，则由南向北的变化为 10%～5%。各地区历年最大年降水深和历年最小年降水深的比值，以西北地区最大，一般可超过 8，华北地区为 4～6，东北地区为 3～4，南方一般为 2～3，只有西南地区小于 2。和世界其他同纬度地区相比，中国降水量的年实际值变化要更大。

2015 年，全国平均降水量 660.8mm，比常年值偏多 2.8%。从水资源分区看，松花江区、辽河区、海河区、黄河区、淮河区、西北诸河区 6 个水资源一级区（以下简称北方 6 区）平均降水量为 322.9mm，比常年值偏少 1.6%；长江区（含太湖流域）、东南诸河区、珠江区、西南诸河区4个水资源一级区（以下简称南方4区）平均降水量为1 260.3mm，比常年值偏多5.0%。从行政分区看，降水量比多年平均偏多的有12个省（自治区、直辖市），其中上海、浙江、江西、江苏和广西5个省（自治区、直辖市）偏多20%以上；与多年平均接近的有湖北、宁夏和青海3个省（自治区）；比多年平均偏少的有16个省（自治区、直辖市），其中海南、辽宁和山东3个省偏少15%以上。

3.1.2.4 水资源总量

根据2001—2016年《中国统计年鉴》数据显示（表3-8），中国年平均地表水资源量约为25 912亿 m^3，平均地下水资源量约为7 983亿 m^3，扣除地表水与地下水平均重复量约为6 735亿 m^3，得出年平均水资源总量约为26 972亿 m^3。

表3-8 2000—2015年中国水资源情况

单位：亿 m^3

年份	水资源总量	其中			人均水资源量（m^3）
		地表水资源量	地下水资源量	地表水与地下水重复量	
2000	27 700.8	26 561.9	8 501.9	7 363.0	2 193.9
2001	26 867.8	25 933.4	8 390.1	7 455.7	2 112.5
2002	28 261.3	27 243.3	8 697.2	7 679.2	2 207.2
2003	27 460.2	26 250.7	8 299.3	7 089.9	2 131.3
2004	24 129.6	23 126.4	7 436.3	6 433.1	1 856.3
2005	28 053.1	26 982.4	8 091.1	7 020.4	2 151.8
2006	25 330.1	24 358.1	7 642.9	6 670.8	1 932.1
2007	25 255.2	24 242.5	7 617.2	6 604.5	1 916.3
2008	27 434.3	26 377.0	8 122.0	7 064.7	2 071.1
2009	24 180.2	23 125.2	7 267.0	6 212.1	1 816.2
2010	30 906.4	29 797.6	8 417.1	7 308.3	2 310.4
2011	23 256.7	22 213.6	7 214.5	6 171.4	1 730.2
2012	29 526.9	28 371.4	8 416.1	7 260.6	2 186.1
2013	27 957.9	26 839.5	8 081.1	6 962.8	2 059.7
2014	27 266.9	26 263.9	7 745.0	6 742.0	1 998.6
2015	27 962.6	26 900.8	7 797.0	6 735.2	2 039.3

资料来源：《2016年中国统计年鉴》。

3.1.2.5 水资源特点

(1) 人均量少。根据中国水利部于1986年完成的全国水资源评价研究结果，中国多年平均年径流总量为27 115亿m^3，年平均地下水资源量为8 288亿m^3，扣除重复计算，多年来年平均水资源量为28 124亿m^3。中国河川径流居世界第6位，约占全球河川径流量的5.8%，平均径流深度为184mm，居世界第七位。因此，中国河川径流总量丰富。

虽然中国水资源总量比较丰富，但按人均和耕地面积分配，水资源数量却极为有限。按耕地面积平均，每公顷耕地占有径流量为28 320m^3，仅为世界平均的80%。年平均每人占有的径流量为2 260m^3，仅为世界平均10 800m^3的20.9%，列为世界第109位，约相当于英国每人平均占有量的1/6，巴西的1/19，加拿大的1/58。尤其是中国华北地区的海滦河流域，人均占有水资源量仅为367m^3，与世界最缺水的以色列（人均382m^3）、沙特阿拉伯（254m^3）相近。按照国际公认的标准，人均水资源量低于3 000m^3为轻度缺水；低于2 000m^3为中度缺水；低于1 000m^3为严重缺水；低于500m^3为极度缺水。中国有16个省人均水资源量（不包括过境水）低于严重缺水线，有6个省份（宁夏、河北、山东、河南、山西、江苏）人均水资源低于500m^3。

(2) 时空分布不均。从空间上看，中国水资源南北相差悬殊，北方水资源贫乏，南方水资源相对丰富。长江及其以南地区的流域面积占全国总面积的36.5%，却拥有占全国80.9%的水资源总量，西北地区面积占全国的1/3，拥有的水资源总量仅占全国的4.6%。按面积平均，北方的水资源量远远低于全国平均水平，如海滦河区仅为全国平均的1/2；黄河区还不到全国平均值的1/3。

南方长江、珠江、浙闽台诸河、西南诸河等四个流域片，平均年径流深度均超过500mm，其中浙闽台诸河超过1 000mm，淮河流域平均年径流深225mm，黄河、海河、辽河、黑龙江四个流域片平均年径流深仅为100mm，内陆诸河年平均径流深更小，仅为32mm。从水资源总量产水模数看，南方四个流域片平均为65.4万m^3/km^2，北方六个流域片平均为8.8万m^3/km^2，南北相差7.4倍。全国以浙闽台诸河流域片平均年产水模数108.1万m^3/km^2为最大，内陆河流域片平均年产水模数3.6万m^3/km^2为最小，前者为后者的 30 倍。20 世纪 90 年代黄河进入枯水期，中上游来水偏少，黄河下游断流的频数、历时和河长不断增加。1997 年黄河出现了近 50 年来的枯水年份，中上游来水比正常年份偏少一半，黄河下游断流 13 次，断流河段长达 704km，有的河段断流时间长达 226d。

水资源年际内变化很大。中国南方地区最大年降水量与最小年降水量的比值达 2～4 倍，北方地区达到 3～6 倍；最大年径流量与最小年径流量的比值，南方为 2～4 倍，北方为 3～8 倍。南方汛期水量可占年水量的 60%～70%，北方汛期水量可占年水量的 80%以上。大部分水资源集中汛期以洪水的形式出现，资源利用困难，且易造成洪涝灾害。南方伏秋干旱，北方冬春干旱，降水量少，河道流量枯竭（北方有的河流断流）。中国水资源量的年际差别悬殊和年内变化剧烈，是中国农业生产不稳定、水旱灾害频繁的根本原因。

（3）水资源分布与人口、土地资源配置不相称。中国北方流域片人口占全国总人口的 2/5 以上，但水资源占有量不足全国水资源总量的 1/5，南方四个流域片，耕地占全国的 36%，人口占全国的 54.4%，拥有的水资源量却占到全国的 81%，特别是其中的西南诸河流域，耕地只占全国的 1.8%，人口只有全国的 1.5%，而水资源量占全国的 20.8%，人均占有量为全国平均占有量的 15 倍。北方片人均水资源拥有量为 1 127 亿 m³，仅为南方片的 1/3。华北区人口稠密，人口占全国的 26%，但水资源量只有全国的 6%，人均水量仅为 556m³，不足全国人均的 1/4，是全国缺水最为严重的地区之一。辽河、海河、黄河、淮河四个流域片，耕地为全国的 45.2%，人口为全国的 38.4%，而水资源量仅有全国的 9.6%。西南区人口不足全国的 20%，而水资源量却占全国的 46%，人均水量高达5 722m³，是华北地区的 10 倍。

表 3－9　2015 年中国水资源与人口组合状况

片名	区名	省份	水资源总量（亿 m³/年）	人口	
				数量（万人）	人均水量（m³）
北方区	东北区	黑龙江	814.10	3 812	2 129.84
		吉林	331.30	2 753	1 203.48
		辽宁	179.00	4 382	408.05
		小计平均	441.47	3 649	1 247.12
	占全国比例（%）		4.7	8.0	61.2

（续）

片名	区名	省份	水资源总量（亿 m^3/年）	人口	
				数量（万人）	人均水量（m^3）
北方区	华北区	北京	26.80	2 171	124.01
		天津	12.80	1 547	83.56
		河北	135.10	7 425	182.46
		内蒙古	537.00	2 511	2 141.21
		山西	94.00	3 664	257.11
		山东	168.40	9 847	171.52
		河南	287.20	9 480	303.66
		小计平均	180.19	5 235	466.22
	占全国比例（%）		4.5	26.7	22.9
	西北区	陕西	333.40	3 793	881.06
		甘肃	164.80	2 600	635.03
		宁夏	9.20	668	138.41
		新疆	930.30	2 360	3 994.25
		青海	589.30	588	10 057.60
		小计平均	405.40	2 001.80	3 141.27
	占全国比例（%）		7.3	7.3	154.0
南方区	西南区	四川	2 220.50	8 204	2 717.17
		重庆	456.20	3 017	1 518.65
		贵州	1 153.70	3 530	3 278.70
		云南	1 871.90	4 742	3 959.30
		广西	2 433.60	4 796	5 096.54
		西藏	3 853.00	324	120 120.96
		小计平均	1 998.15	4 102.17	22 781.89
	占全国比例（%）		42.9	18.0	1 117.2
	东南区	上海	64.10	2 415	264.82
		江苏	582.10	7 976	730.53
		安徽	914.10	6 144	1 495.28
		湖北	1 015.60	5 852	1 740.90
		湖南	1 919.30	6 783	2 839.14
		江西	2 001.20	4 566	4 394.48

（续）

片名	区名	省份	水资源总量（亿 m^3/年）	人口	
				数量（万人）	人均水量（m^3）
南方区	东南区	浙江	1 407.10	5 539	2 547.48
		福建	1 325.90	3 839	3 468.67
		广东	1 933.40	10 849	1 792.43
		海南	198.20	911	2 184.86
		小计平均	1 136.10	5 487.40	2 145.86
	占全国比例（%）		40.6	40.0	105.2
全国			27 962.60	137 088	2 039.25
北方区			4 612.7	57 601	1 514.08
北方区占全国比例（%）			16.5	42.0	74.2
南方区			23 349.9	79 487	9 884.37
南方区占全国比例（%）			83.5	58.0	484.7

注：人均水量百分比为地区人均水量与全国人均水平的比值。

资料来源：《中国统计年鉴》、联合国粮农组织数据库。

各地区水资源分布与经济发展状况也极不相称，从表 3－9 中可以看出，东北和华北水资源总量仅分别占全国的 4.7%和 4.5%，但其工农业产值分别占全国的 10.92%和 26.86%，而西南水资源总量占全国的 42.9%，其工农业总产值却仅占全国的 10.28%。南方区耕地每公顷水量为 28 695m^3，而北方区耕地每公顷水量仅为 9 465m^3，前者是后者的 3 倍；西南区耕地每公顷水量高达 92 292m^3，而最少的华北区只有 5 646m^3，前者是后者的 16 倍多；华北地区土地平坦，土地垦殖率达到 16.2%，而西南仅为 5.4%，华北地区除内蒙古以外，水资源开发程度已达到 70%以上（石玉波，2007）。

（4）水资源质量不高。第一，河流水质。根据 2015 年中国水资源公报，2015 年，对全国 23.5 万 km 的河流水质状况进行了评价。全年Ⅰ类水河长占评价河长的 8.1%，Ⅱ类水河长占 44.3%，Ⅲ类水河长占 21.8%，Ⅳ类水河长占 9.9%，Ⅴ类水河长占 4.2%，劣Ⅴ类水河长占 11.7%。从水资源分区看，Ⅰ～Ⅲ类水河长占评价河长比例为：西北诸河区、西南诸河区在 97%以上；长江区、东南诸河区、珠江区为 79%～

85%；黄河区、松花江区为66%～70%；辽河区、淮河区、海河区分别为52%、45%和34%。从行政分区看，Ⅰ～Ⅲ类水河长占评价河长比例为：重庆、新疆、西藏、湖南等8个（自治区、直辖市）在90%以上；四川、云南、北京、贵州等10个省（自治区、直辖市）为70%～90%；陕西、吉林、黑龙江、安徽、河南5个省为50%～70%；天津、山西、江苏、宁夏等8个省（自治区、直辖市）不足50%，其中，山西和天津分别为27%和9%。

第二，湖泊水质。2015年，对116个主要湖泊共2.8万km^2水面进行了水质评价。全年总体水质为Ⅰ～Ⅲ类的湖泊有29个，Ⅳ～Ⅴ类湖泊60个，劣Ⅴ类湖泊27个，分别占评价湖泊总数的25.0%、51.7%和23.3%。对115个湖泊进行营养状态评价，处于中营养状态的湖泊有25个，占评价湖泊总数的21.7%；处于富营养状态的湖泊有90个，占评价湖泊总数的78.3%。

第三，水库水质。2015年，对全国289座大型水库、424座中型水库及23座小型水库，共736座主要水库进行了水质评价。全年总体水质为Ⅰ～Ⅲ类的水库有596座，Ⅳ～Ⅴ类水库104座，劣Ⅴ类水库36座，分别占评价水库总数的81.0%、14.1%和4.9%。对710座水库的营养状态进行评价，处于中营养状态的水库有451座，占评价水库总数的63.5%；处于富营养状态的水库259座，占评价水库总数的36.5%。

第四，省界断面水质。2015年，各流域水资源保护机构对全国530个重要省界断面进行了监测评价，Ⅰ～Ⅲ类、Ⅳ～Ⅴ类、劣Ⅴ类水质断面比例分别为66.0%、16.5%和17.5%。各水资源一级区中，西南诸河区、珠江区为优，松花江区、东南诸河区、长江区为良，黄河区、辽河区、淮河区为差，海河区为劣。

第五，水功能区水质达标状况。2015年全国评价水功能区5 909个，满足水域功能目标的3 257个，占评价水功能区总数的55.1%。其中，满足水域功能目标的一级水功能区（不包括开发利用区）占61.4%，各水资源一级区水资源量见表3-10；二级水功能区占50.7%。评价全国重要江河湖泊水功能区3 048个，符合水功能区限制纳污红线主要控制指标要求的2 158个，达标率为70.8%。其中，一级水功能区（不包括开发利用区）达标率为72.9%，二级水功能区达标率为69.3%。

第六，地下水水质。2015年，长江、黄河、淮河、海河和松辽等流域机构按照水利部统一部署，开展了流域地下水水质监测工作，对分布于松辽平原、黄淮海平原、山西及西北地区盆地和平原、江汉平原重点区域的2 103眼地下水水井进行了水质监测，监测对象以易受地表或土壤水污染下渗影响的浅层地下水为主，水质综合评价结果总体较差。水质优良、良好、较好、较差和极差的测站比例分别为0.6%、19.8%、0.0%、48.4%和31.2%。"三氮"污染较重，部分地区存在一定程度的重金属和有毒有机物污染（2015年中国水资源公报）。

表3-10　2015年各水资源一级区水资源量

单位：亿 m^3

水资源一级区	降水量	地表水资源量	地下水资源量	地下水与地表水资源不重复量	水资源总量
全国	62 569.4	26 900.8	7 797.0	1 061.8	27 962.6
北方6区	19 553.6	3 836.2	2 357.8	897.3	4 733.5
南方4区	43 015.8	23 064.6	5 439.2	164.5	23 229.1
松花江区	4 721.2	1 275.8	473.6	204.4	1 480.2
辽河区	1 504.1	226.4	162.7	77.2	303.6
海河区	1 653.3	108.4	213.6	152.0	260.3
黄河区	3 273.6	435.0	337.3	106.1	541.0
淮河区	2 678.1	607.3	374.2	247.0	854.2
长江区	20 223.2	10 190.0	2 546.0	139.7	10 329.7
其中：太湖流域	599.1	311.6	59.3	30.7	342.4
东南诸河区	4 281.7	2 536.9	554.3	11.3	2 548.2
珠江区	10 088.3	5 323.4	1 162.5	13.6	5 337.0
西南诸河区	8 422.5	5 014.3	1 176.4	0.0	5 014.3
西北诸河区	5 723.3	1 183.3	796.4	110.7	1 294.0

资料来源：2015年中国水资源公报。

3.1.3　农业人口和劳动力资源状况及其特点

3.1.3.1　农业人口数量状况

伴随着中国工业化和城市化的不断向前发展，人口不断向城市流动，从1996年起，中国农村人口数量开始逐年减少。2000年中国农村人口数为80 837万，占人口总数的63.78%。2010年农村人口数为67 113万，与城镇人口基本持平。再到2015年，农村人口降至60 346万，占人口总数的43.90%，年平均增长率为-1.27%，农村人口比重降低了19.88个百分点。

相对应，中国农村劳动年龄人口也在逐年减少，1996年中国农村劳动人口数为49 028万，到2015年降至37 041万，年平均增长率为-1.22%。农村劳动年龄人口的减少速度低于农村人口的减少速度。这主要是由于中国农村人口的年龄结构造成的，进入到21世纪，中国劳动年龄人口比重达到70%以上，到2015年高达76.4%，目前全国正处于劳动年龄人口增长的高峰期。因此，农村劳动年龄人口的减少并不像农村人口减少那么明显。劳动年龄人口是劳动力供给的基础。中国农业从业人口数明显少于农村劳动年龄人口数，农村劳动力存在着极大的剩余（夏咏，2010）。

3.1.3.2 农业劳动力结构

（1）年龄结构。国际上一般把60岁及以上人口占总人口的比重达10%或65岁及以上人口占总人口的比重达7%作为一个国家或地区进入老龄化的标准。由于计划生育基本国策的实施，中国一直保持较低生育水平。同时随着生活条件和医疗条件的改善，人的平均预期寿命的不断提高，使得中国的老龄化进程不断加快。2000年中国步入老龄化社会，2015年65岁及以上人口占总人口数比例已高达10.47%，远远超过了7%的标准线。按照近年中国老龄化0.3个百分点的增长率，随着“二胎”政策的全面放开，人口老龄化预计将会得到一定的缓解作用。在以后二三十年间，由老龄化加速步入深度老龄化成为中国人口的“新常态”。此外，农村青壮年劳动力的流出和外出务工老年劳动力向农业的倒流，加剧了农村人口的老龄化。2014年城市65岁及以上人口比例为13.8%，而乡村人口这一比例高达17.6%。

（2）性别结构。农业劳动力的女性化是随着中国农业劳动力的非农产业转移而女性劳动力转移滞后所导致女性从事农业劳动比例增加的现象（表3-11），乡村女性劳动力人数逐年增加，增幅明显大于男性。而从1990—2015年25年间，虽然农业劳动力比例呈现明显的下降趋势，但中国乡村劳动力男女结构比例未出现较大的变动（梁硕，2016）。

表 3-11 中国乡村从业人员性别分布

单位：万

乡村从业人员	1990	1995	2000	2005	2010
从业人员总数	42 009.5	45 041.8	47 962.1	50 387.3	53 243.9
男	22 551.8	24 037.4	25 517.8	26 930.6	28 186.3
女	19 457.7	21 004.4	22 444.3	23 456.7	24 413
女/男	0.862 8	0.873 8	0.879 6	0.871	0.866 1
农业劳动力比例（%）	79.40	71.20	68.40	59.50	52.00
乡村从业人员	2011	2012	2013	2014	2015
从业人员总数	53 685.4	53 857.9	53 906.4	53 894.1	53 749.9
男	28 752.1	28 847	28 868	28 902	28 900
女	24 933.4	25 009.9	25 053.2	25 100.9	25 104.1
女/男	0.867 2	0.867	0.867 9	0.868 5	0.868 7
农业劳动力比例（%）	51.00	50.20	49.89	49.02	48.53

资料来源：《2016 年中国农村统计年鉴》。

3.1.3.3 农业劳动力特点

（1）农业劳动力转移减缓。目前，中国城镇化率已越过 50%的拐点，2015 年达到 56.1%，表明中国城镇化已经进入中期快速推进的减速阶段。预计到 2020 年，中国城镇化率将达到 60.3%，2030 年将达到 68.4%（魏后凯，2014）。随着城镇化速度的下降，中国外出农民工规模增长已呈现减缓的趋势。2001—2002 年，中国外出农民工数量平均每年增加 1 311 万，2003—2012 年平均每年增加 587 万，而 2013—2015 年已下降到 183 万。从农业就业比重的变化趋势看，2001—2005 年平均每年下降 1.04 个百分点，2006—2010 年平均每年下降 1.62 个百分点，2011—2014 年平均每年下降 1.80 个百分点，至今仍处于不断加速之中，但这种加速趋势已经难以为继。一方面，2014 年中国农业就业比重为 29.5%，其基数已经越来越低；另一方面，近年来农民进城和市民化意愿下降，城镇化速度开始减缓（魏后凯，2016）。因此，可以预见，在未来 15～20 年内，中国农业劳动力转移仍然会快速推进，但其速度将逐步放缓，预计到 2030 年中国农业就业比重将下降到 12%左右。

（2）农业劳动力质量不高。中国农村劳动力的文化程度普遍较低，根据全国第六次人口普查资料计算的全国人均受教育年限为 9.05，而农村居民的人均受教育年限不足 7.5 年。尽管近年来中国农村文盲的比例大幅下降，但农村居民整体文化程度不高，高中及高中以上文化程度人口不到 20%，初中文化程度人口占到了 50%以上。此外，中国农业劳动力有 95%以上仍属于体力型和传统型农民，不具备现代化生产对劳动者的初级技术要求，生产方式简单，劳动手段陈旧。根据相关统计资料，中国仅有 3.2%的农业劳动者掌握了农业技术，受过职业技术教育和培训的农业劳动力占全部劳动力的比重不足 20%，大多数人生产与经营管理凭直觉经验，不会合理配置劳动资源和调整生产结构，无法预测市场变化，带有相当程度的盲目性。

3.1.4　农业科技水平及其特点

3.1.4.1　农业基础设施状况

中华人民共和国成立以来，中国进行了大量的农业基础设施投资建设，基本上满足了当时的农业发展需求。经过近七十年的努力，已经基本建成了覆盖主要农业生产区域的农业基础设施网络，农业基础设施系统的内容也更加丰富。特别是在农村水利基础建设、乡村道路以及农业技术推广等方面进行了大量的投资，这些建设不仅在设施类别构成上弥补了许多空白，而且在空间区域布局上也填补了许多空白。近年来随着国家“三农”精准扶贫的战略实施，有计划、有步骤地在老、少、边、穷、山区布置了一批规模不等的农业基础设施。极大地改善了这些地区的农业生产条件，为落后地区的经济开发和发展奠定了必要的物质基础，也改善了原有设施的服务性能。其数量、质量、规模、种类和技术水平都得到了提高，各种设施之间的关联和整体混合性能都得到加强和改善。农业生产条件得到较大的改善，农业综合生产能力有所提高，为农村地区的经济发展和农民生活水平的提高奠定了必要的物质基础。

因本书将研究重点放在农业物质基础设施方面，故在此选取能够代表物质基础设施的交通运输设施、农田水利设施以及农村能源设施的现状进行了分析。

第一，交通运输设施现状。交通运输设施主要包括农村地区的公路、铁路、水道等各种道路和车站、码头、桥梁等各类设施。交通运输设施是农业基础设施的基础和主体，也是发展其他基础设施的必要条件之一。近些年来，国家大力发展农村交通设施，水路、公路、铁路已基本形成网络，运输能力有较大程度的提高。

第二，农田水利设施现状。由于农业对水利设施的依赖性较强，可以说，水利是农业的命脉，因而必须高度重视农田水利基础设施的建设和发展。当前中国农田水利设施正在逐步解决老化失修，抵御自然灾害能力较弱等问题，基本上农田水利设施已在全国范围内覆盖建设。这些水利基础设施现已基本满足农业生产的需要，大幅提高了抵御自然灾害的能力，这将促进农业生产的长期稳定发展。

第三，农村能源设施现状。能源是形成农产品的重要条件，是决定农业劳动生产水平的直接因素之一。近年来，中国农村经济社会快速发展，用电需求快速增长，对电网发展的供电能力、供电质量的要求越来越高。为此国家电网对农村电网建设进行大量的扶持，增加长期对农村电网的投入，对农村电网加快改造升级，加快无电地区电力建设、努力解决无电户的用电问题，加强农村电网的安全质量管理，推进农网的智能化建设，截止到 2016 年农村电网供电可靠率已达到 99.7%，综合电压合格率已达到 98.5%，已基本满足农村地区的用电需要。中国 90%以上的农村地区已实现了农村能源设施的完善。目前，中国农村人均用电量已超过 500 kW · h，明显高于国家标准要求人均用电量 300kW · h 的要求（吴清华，2014）。

3.1.4.2　农业资金投入状况

改革开放以来，中国政府高度重视农业的发展和农业基础设施建设，特别是 2011 年中央 1 号文件凸显了农业基础设施的重要战略作用。2005 年以来，国家财政支出中农业资金投入及其所占比例都显著增长。其中，2011 年农林水事务支出为 9 937.55 亿元，交通运输为 7 497.80 亿元，分别占支出总额的 9.10%和 6.86%。

中国对农业的资金投入主要是从农业基本建设和财政价格补贴两个方面入手。2016 年，国家对农资综合补贴和粮食直补高达 867 亿元，对农机具的补贴达到 40 亿元，比上一年增加了一倍；而良种补贴资金达到 121 亿元，比上年增长了 80%以上，小麦良种补贴面积由 1 亿亩增加到 2 亿亩，玉米补贴面积由 3 000 万亩增加到 2 亿亩。从以上我们不难看出，中国农业资金的财政投资大量资金用于农业价格补贴，用于市场调节的农用资金较多。相比而言，用于农业基本建设的财政支出增长幅度不大，绝对数也较小。

3.1.4.3　农业机械化水平

随着中国经济、教育、科技等的快速发展，中国农业机械化水平已有了显著的提高。如图 3 - 6 所示，中国农业机械总动力从 2000 年的 52 573.61万 kW，增长到 2015 年的 111 728.07 万 kW，十几年间全国农

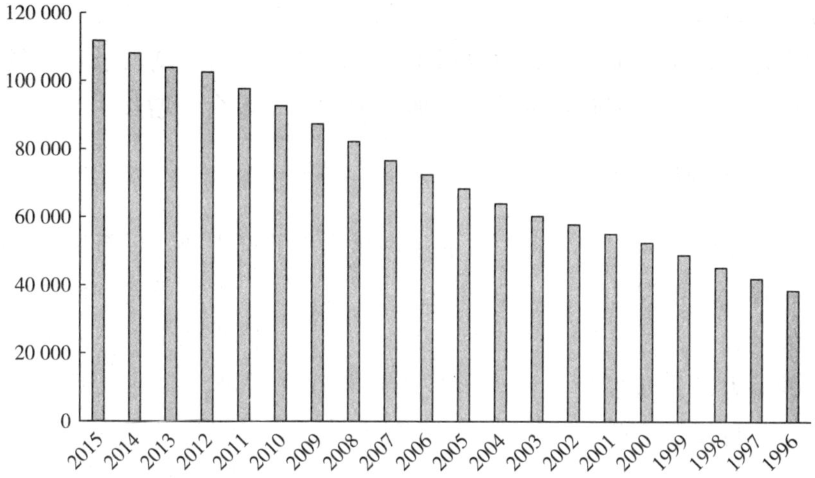

图 3 - 6　1996—2015 年中国农业机械总动力（万 kW）

资料来源：中国统计局。

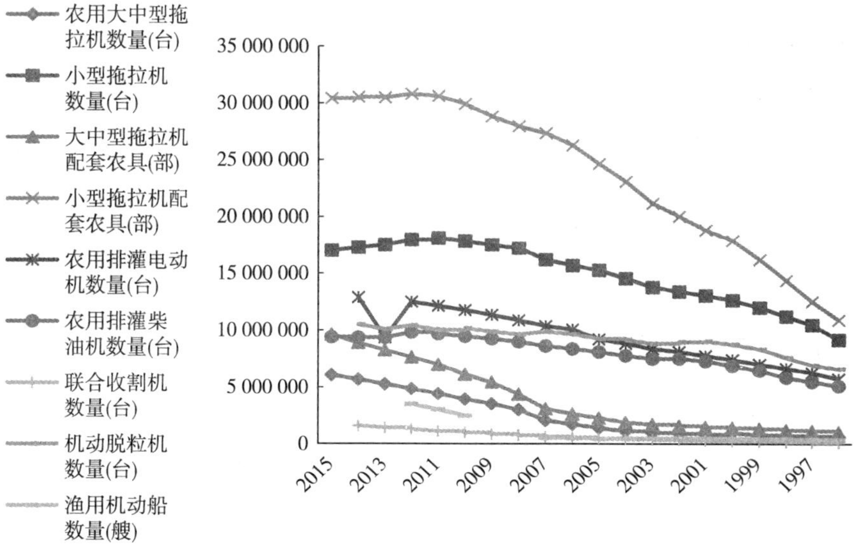

图 3 - 7　1997—2015 年中国农用机械数量

资料来源：《中国统计年鉴》。

业机械总动力增长了 59 154.46 万 kW，涨幅为 112.52%。

根据《2016 年中国统计年鉴》统计，在 2015 年末，中国拥有农用大中型拖拉机 6 072 900 台、大中型拖拉机配套农具 9 620 000 部、小型拖拉机 17 030 400 台、小型拖拉机配套农具 30 415 200 部、农用排灌柴油机 9 399 300台（联合收割机、机动脱粒机、渔用机动船数量没有统计）。如图 3-7 所示，2000—2015 年间，中国农用机械数量逐年增长。其中农用大中型拖拉机及其配套农具数量增加了 13 202 369 台，增长了 5 倍多；农用小型拖拉机及其配套农具数量增加了 16 914 036 台，增长了 55.40%。

3.1.4.4 农业科研水平

近几年中国在农业育种、农业集约化水平的推进及农用新技术的推广上有了较大的发展。特别是 20 世纪 90 年代以来，中国稻类培育技术在世界上处于领先地位，为中国粮食产出水平做出了巨大的贡献，使中国农业生产的潜力进一步发挥出来。但是依然要看到不足，主要体现在四个方面：一是科技含量低；二是科技成果转化率低；三是普及率低；四是从业人员中文盲、半文盲比重高。这些都是制约农业进一步发展的关键因素。同时中国人均耕地较少，农业各项投入相对不足，从而导致了中国农业发展比较缓慢，要改变这种状况，中国农业就必须走集约化的发展道路。实现农业的可持续发展，才符合中国劳动力众多的国情，才能节约生产成本，提高农民收入。

3.2 哈萨克斯坦农业资源及其特点

3.2.1 土地资源状况及其特点

3.2.1.1 原始土地开发

1954 年，苏共中央决定通过发展哈萨克斯坦、西伯利亚、乌拉尔和北高加索北部地区的原始土地，以扩大该国粮食作物的种植面积。在这些农业区，受到侵蚀和水分不足的影响，农业作物种植风险较大。在原始土地上的耕作意味着放弃农业技术密集的方法，保持落后的管理方式。1954 年 8 月，哈萨克斯坦共有 650 万 hm^2 的耕地。到 1955 年初，耕地面积增加了 850 万 hm^2，新建成了 90 个新的国营农场。自 1955 年秋天以来，又有 250 个国营农场建成。总共有 2 550 万 hm^2 在原始土地开发年代（1954—1960 年）被犁耕。为了确保得到新的土地劳动力，他们对西部地区的志愿者进行了动员，并赋予了相当大的特权，如免旅游产业建设费用、高达 1 万个卢布的贷款、高达 20 万个卢布的 10 年建设贷款、最多 2 000个卢布现金补贴等为鼓励购买牲畜，政府免征 2～5 年的农业税。在 1954—1960 年期间，总共为原始土地的发展分配了 200 多亿卢布。

除 1954 年气候严重干旱以外，原始土地的开发初期进展还是相当不错的。1956 年，全国收获了 1.25 亿 t 粮食，创历史最高纪录，其中有 50％来自原始土地。但是，在 20 世纪 50 年代后期，侵蚀生态平衡和风蚀已经成为一个严重的问题。由于哈萨克斯坦原始土地的不合理发展，900 多万 hm^2 土壤已经从经济周转中撤出。自 20 世纪 60 年代初以来，定期的气候干旱导致了 1963 年的灾难，当时国家首次被迫以 10 亿美元向国外购买 1 200 万 t 粮食来提供食物。大面积的翻耕原始土地，导致哈萨克斯坦的干草原和牧场急剧减少和共和国农业传统分支的牲畜业长期危机的开始。1955 年，哈萨克斯坦采取了苏共中央委员会的特别决议，开始灌溉土地和扩大粮食基地的工作，并迫使 47 个草原地区和 225 个国营农场饲养肉牛。1960 年共有牛总数达到 3 740 万头（1928 年为 2 970 万头）。然而，人口增长导致了一定的食物提供困难，促使当局在 1962 年首次以更高的价格增加购买肉类 30％，油料类 25％。

机器和拖拉机站（MTS）的重组与集体农场和国营农场强制购买设备也对农业产生了负面影响。更加繁荣的农场无疑受益于改革，并有机会改善劳动组织。但是，许多集体农场陷入危急状况，因为设备的购买抵消了由于采购价格上涨而收到的一切资金，并要求付出国家新的补贴。这次改革造成了农村合格劳动力的流失和农用机械的减少，在哈萨克斯坦，只有通过分配机械设备来处理原始土地，才能减少这项削减。

总的来说，原始土地的发展使哈萨克斯坦成为世界上最大的谷物生产国之一，但同时也为未来几年共和国农业长期危机奠定了基础。

3.2.1.2　土地资源的总量及构成

哈萨克斯坦是土地资源十分丰富的国家，由于自然特征的影响，其土地主要由农地（81.7%）组成，共和国土地结构中的森林面积和灌木林种植面积仅占 5.3%，水下和沼泽占 3.2%，其他土地占总土地面积的 9.8%。截止到 2015 年末，哈萨克斯坦共有农业用地面积 20 789 万 hm^2，耕地面积 2 236 万 hm^2，人均耕地面积达 1.47hm^2，天然草场及牧地面积 18 510 万 hm^2，森林及林地面积 334 万 hm^2，农业灌溉面积 235 万 hm^2。哈萨克斯坦土地储备 2 800 万 hm^2，占国土面积的 10.45%，多数为农业无法利用的土地。牧场面积很大，75%属于荒漠和半荒漠牧场。夏季牧场占 35.1%，春夏季牧场占 40.7%，常年牧场占 14.9%。天然牧场很少，只占 3%，人工播种的草场约 600 万 hm^2。在苏联计划经济时期，依据地域生产综合体和专业化分工，哈萨克斯坦是粮食、棉花、蔬菜、瓜果以及畜牧初级产品的主要产区。从表 3－12 可以看出，哈萨克斯坦有着丰富的土地资源，这为农业的进一步发展创造了良好的条件。

表 3－12　哈萨克斯坦农用地构成概况

农业用地（万 hm^2）	耕地（万 hm^2）	永久草场（万 hm^2）	森林及林地（万 hm^2）	农业灌溉面积（万 hm^2）	人均耕地（hm^2）
20 789	2 236	18 510	334	235	1.47

资料来源：联合国粮农组织统计数据库，http：//faostat fao. org.

在哈萨克斯坦国土面积中，草地和未利用地是其两个最主要的土地类型，分别占国土总面积的 35%以上，自然景观占绝对主导地位；其次是耕地，也是最主要的人工景观，最低年份也要占 12%以上（表 3－13）。

从不同年份来看，1990 年草地面积最大，达到了国土面积的 40.71%（110.93 万 km^2）；其次为未利用地（96.78 万 km^2），占国土面积的 35.52%；同时耕地也是最大的年份（44.86 万 km^2），达到了 16.46%；另外，水域在 1990 年也面积较大（11.97 万 km^2），占到了国土面积的 4.39%；林地 6.40 万 km^2，占国土面积的 2.35%；建设用地面积最小，仅为 1.54 万 km^2，占国土面积的 0.56%。

2000 年，未利用地面积扩大为 114.42 万 km^2，增加了 17.63 万 km^2，成为最大的土地类型，达到了总面积的 41.99%，与 1990 年相比，增幅为 18.22%；草地减少为 100.30 万 km^2，减少了 10.63 万 km^2，成为第二大土地类型，减幅为 9.58%；耕地也有较大幅度的减少，从 1990 年的

44.86 万 km^2 减少为 2000 年的 39.32 万 km^2，减少了 5.53 万 km^2，减幅为 12.34%，但仍然是人工景观中所占比例最大的类型；水域面积也略有减少，减少了 0.62 万 km^2，减幅为 5.14%；林地也减少了 0.77 万 km^2，降低为 5.63 万 km^2，降幅为 12.02%。1990—2000 年，草地、耕地、水域、林地和建设用地的面积都有不同程度的减少，仅有未利用地有较大幅度的增加，说明这一时期哈萨克斯坦土地经历了较大程度的退化，生态环境在一定程度上有所恶化。

2010 年与 2000 年相比，未利用地面积小幅减少，为 110.39 万 km^2，占国土总面积的 40.51%，减少了 4.02 万 km^2，但仍然是最大的土地利用类型；草地面积增加了 8.62 万 km^2，达到了 108.93 万 km^2，占国土面积的 39.97%；耕地面积仍呈减少趋势，减少了 5.22 万 km^2，减幅和上个十年基本相同，面积为 34.11 万 km^2，占总面积的 12.52%；水域面积也持续呈减少趋势，减少为 10.51 万 km^2，占国土面积的 3.86%；林地有所恢复，增加了 1.30 万 km^2，达到了 6.93 万 km^2；建设用地也有所增加，达到了 1.61 万 km^2，但仅占国土总面积的 0.59%（陈曦等，2017）。

表 3-13　哈萨克斯坦近 3 个十年土地利用面积及其变化

土地利用类型		1990年		2000年		2010年		1990—2000年变化	2000—2010年变化
		面积（km^2）	组成（%）	面积（km^2）	组成（%）	面积（km^2）	组成（%）	%	%
耕地	水田	708.8	0.03	407.91	0.01	876.2	0.03	−42.45	114.8
	水浇地	444 424.83	16.31	391 474.44	14.37	339 463.87	12.46	−11.91	−13.29
	旱地	3 429.93	0.13	1 347.91	0.05	719.10	0.03	−60.70	−46.65
	小计	448 563.57	16.46	393 230.26	14.43	341 059.17	12.52	−12.34	−13.27
林地	有林地	19 364.51	0.71	18 842.47	0.69	20 536.84	0.75	−2.7	8.99
	灌木林	28 004.61	1.03	23 997.15	0.88	36 886.71	1.35	−14.31	53.71
	疏林地	6 324.96	0.23	3 777.76	0.14	3 546.31	0.13	−40.27	−6.13
	其他林地	10 336.75	0.38	9 713.75	0.36	8 385.16	0.31	−6.03	−13.68
	小计	64 030.82	2.35	56 331.13	2.07	69 355.02	2.55	−12.02	23.12

（续）

土地利用类型		1990年		2000年		2010年		1990—2000年变化	2000—2010年变化
		面积（km²）	组成（%）	面积（km²）	组成（%）	面积（km²）	组成（%）	%	%
草地	高覆盖度草地	80 169.9	2.94	711 167.6	2.61	881 176.94	3.24	−11.23	23.9
	中覆盖度草地	235 948.57	8.66	1 931 105.4	7.09	1 198 570.07	7.29	−18.16	2.83
	低覆盖度草地	7 931 189.94	29.11	738 769.52	27.11	802 518.17	29.45	−6.86	8.63
	小计	1 109 308.42	40.71	1 003 042.52	36.81	1 089 265.18	39.97	−9.58	8.6
建设用地	城镇用地	2 686.88	0.10	3 151.64	0.12	3 971.82	0.15	17.30	26.02
	农村居民点	10 366.11	0.38	9 041.58	0.33	8 899.6	0.33	−12.78	−1.57
	其他建设用地	2 320.07	0.09	2 302.64	0.08	3 240.48	0.12	−0.75	40.73
	小计	15 373.05	0.56	14 495.86	0.53	16 111.9	0.59	−5.71	11.15
交通运输用地	农村用地	0.00	0.00	0.00	0.00	3.78	0.00	0.00	0.00
	机场用地	96.15	0.00	94.23	0.00	84.54	0.00	−1.99	−10.28
	小计	96.15	0.00	94.23	0.00	88.3	0.00	−1.99	−6.27
水域	河渠	4 050.77	0.15	3 524.06	0.13	3 513.24	0.13	−13.0	−0.31
	湖泊	61 654.88	2.26	55 063.89	2.02	47 383.3	1.74	−10.69	−13.95
	水库坑塘	7 598.51	0.28	8 186.91	0.3	5 504.66	0.2	7.74	−32.76
	永久性冰川雪地	4 812.71	0.18	1 842.4	0.07	351.17	0.13	−61.72	90.6
	滩地	41 576.9	1.53	44 925.15	1.65	45 191.79	1.66	8.05	0.59
	小计	119 693.78	4.39	113 542.41	4.17	105 104.68	3.86	−5.14	−7.43
未利用地	沙漠	191 967.25	7.04	187 581.96	6.88	182 793.88	6.71	−2.28	−2.55
	戈壁	497 739.64	18.27	669 214.55	24.56	624 395.68	22.91	34.45	−6.7
	盐碱地	15 642.64	0.57	16 880.84	0.62	18 795.44	0.69	7.92	1.34
	湿地	17 685.03	0.65	13 130.98	0.48	17 390.22	0.64	−25.75	32.44
	裸土地	186 368.15	6.84	195 863.03	7.19	211 056.97	7.75	5.09	7.76
	裸岩石砾地	58 431.5	2.14	61 492.26	2.26	49 482.51	1.82	5.24	−19.53
	小计	967 834.22	35.52	1 144 163.61	41.99	1 103 914.69	40.51	18.22	−3.52
总计		2 724 900	100	2 724 900	100	2 724 900	100		

资料来源：根据陈曦等《哈萨克斯坦土壤现状及其利用》（2017）整理。

3.2.1.3 土地资源的区域分布

据哈萨克斯坦统计署统计，哈萨克斯坦土地资源中，农用土地占

31.5%，林业用地占9%，居民点生活用地占8%。比较突出的是，储备土地占土地资源的48.1%。

表3-14　哈萨克斯坦各州（市）各类土地分布

单位：万 hm^2

地区	土地类别							土地合计
	农用土地	居民点土地	工业等非农土地	保护区土地	林业资源土地	水资源土地	储备土地	
阿克莫拉	909.51	130.93	9.97	34.29	54.19	20.19	302.99	1 462.07
阿克托别	706.42	266.47	9.79	0.11	19.26	0.66	1 911.00	2 913.71
阿拉木图	684.29	83.23	29.53	54.27	433.28	19.39	935.48	2 239.47
阿特劳	234.98	134.28	59.12	—	5.14	1.80	676.20	1 111.52
东哈萨克斯坦	603.82	285.14	19.36	144.62	218.73	57.24	1 505.77	2 834.68
江布尔	462.93	42.77	13.16	1.29	421.84	2.79	248.93	1 193.71
西哈萨克斯坦	355.43	166.29	3.31	0.02	20.61	7.41	813.64	1 366.71
卡拉干达	952.00	320.25	32.79	9.03	17.06	2.75	2 231.11	3 564.99
克孜勒奥达尔	305.68	67.88	4.97	1.70	656.11	230.21	1 137.04	2 403.59
科斯塔奈	819.12	159.98	19.47	10.38	51.52	6.67	892.87	1 960.01
曼吉斯套	842.68	83.21	16.94	22.35	24.24	—	666.79	1 656.21
巴甫洛达尔	319.81	182.62	13.04	—	45.42	2.10	684.06	1 247.05
北哈萨克斯坦	579.04	92.24	6.36	0.02	68.15	14.24	220.38	980.43
南哈萨克斯坦	443.16	65.78	5.26	10.88	304.80	13.41	329.29	1 172.58
阿拉木图市	0.20	2.08	0.27	0.42	0.02	0.12	0.08	3.19
阿斯塔纳市	2.40	4.31	—	—	0.51	—	—	7.22
合计	8 221.47	2 087.46	2 443.34	289.38	2 340.88	378.98	12 555.63	26 117.14

资料来源：刘燕平．哈萨克斯坦土地资源管理［J］．国土资源情报，2008（5）．

农用土地主要集中在卡拉干达州、阿克莫拉州、曼吉斯套州、科斯塔奈、阿克托别州、阿拉木图州和东哈萨克斯坦州，他们合计占哈萨克斯坦全国农业用地的 67.1%。居民点用地主要集中在卡拉干达州、东哈萨克斯坦州、阿克托别州、巴甫洛达尔州、西哈萨克斯坦州、科斯塔奈、阿特劳州和阿克莫拉州，他们合计占哈萨克斯坦全国居民点用地的 78.8%。林业用地主要集中在克孜勒奥达尔州、阿拉木图州、江布尔州、南哈萨克斯坦州和东哈萨克斯坦州，这 5 个地方的林业用地合计占哈萨克斯坦全国林业用地的 86.9%（表 3－14）。

总体上，从土地利用的空间分布格局来看，耕地主要集中在哈萨克斯坦北部地区，该区域平原区所占比例较大，土壤肥沃，气候也较为湿润，水资源相对丰富，水系和湖泊分布广泛，面积 $1hm^2$ 以上的湖泊数量高达 5 326 个，湖泊总面积超过了 1 万 km^2（Dukhovny，Schutter，2011；李均力等，2013），在农业发展中具有得天独厚的自然资源优势；草地主要分布在该国东西方向的中部区域带上，该区域气候干旱，地貌类型以哈萨克丘陵为主，由于大部分区域不适合农业种植，草地分布广泛；未利用地主要分布在哈萨克斯坦南部地区，从西到东分布有雷恩沙漠、大巴尔苏基沙漠、咸海沿岸沙漠、克孜勒库姆沙漠、莫因库姆沙漠、萨雷耶西克阿特劳沙漠等沙漠的存在，使得该区域未利用地分布集中（Mueller et al.，2014）。

3.2.1.4 农业土地资源

（1）耕地资源。哈萨克斯坦是农业大国，农业自然气候条件较好，耕地面积辽阔，可耕地约 2 120 万 hm^2。但是，面对农业人口减少，生产资料又不能满足需要，国家不得不减少农田耕种面积。如图 3－8 所示，1992 年全国各种作物播种面积为 3 505.5 万 hm^2，1996 年减少到 3 300.8 万 hm^2，到 1999 年进一步减少到 3 205.6 万 hm^2。同期，粮食种植面积由 2 260 万 hm^2 减少至 1996 年的 1 719 万 hm^2，到 1999 年进一步减少至 1 139万 hm^2。2001 年后随着国家经济形势好转和出口的需要，农田种植面积逐渐增加，2010 年恢复到 2 142 万 hm^2，2016 年增加到 2 $160hm^2$。哈萨克斯坦独立初期采取减少农田种植面积措施有通过轮耕提高土地质量的考虑，但更多是与经济困难和农业人口减少有关。从 1993 年建国后哈

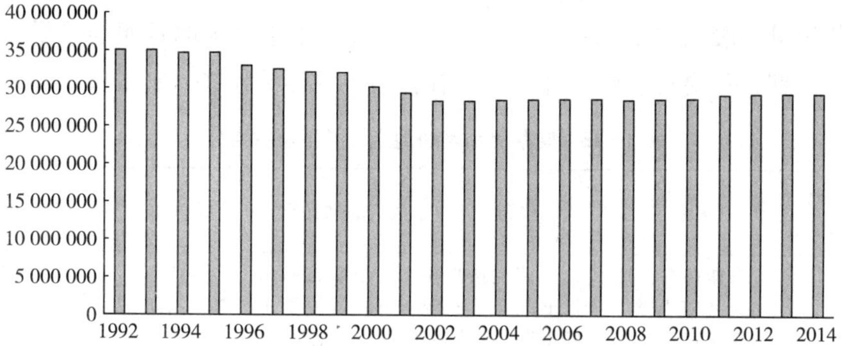

图 3-8　1992—2014 年哈萨克斯坦耕地面积（hm^2）

资料来源：世界银行数据库。

萨克斯坦境内可耕地面积逐年减少，大量耕地面积遭到破坏，耕地质量也大不如之前肥沃。直到 2002 年后，哈萨克斯坦才开始保护耕地资源，基本遏制住了耕地面积减少的趋势。

哈萨克斯坦耕地土壤类型具有明显的地带性特征，北部为黑土区，靠近南部地区为褐土，再往南是沙质土壤带或是大面积的沙漠地带与龟裂的土地交替分布，西部山区和天山以北的地区是灰钙土和浅褐土（表 3-15）。森林草原地带除北哈萨克斯坦地区有面积不太大的灰色森林土以外，主要是黑土，包括科斯塔奈、北哈萨克斯坦州、阿克托别州、巴甫洛达尔州的很多区。这种土壤大约占全国土地面积的 9.5%。这几个州是哈萨克斯坦的粮食主要产区。草原带和半荒漠带的土壤主要为栗钙土。北哈萨克斯坦州、卡拉干达州、阿克托别州、西哈萨克斯坦州、科斯塔奈和阿特劳州的大部分地区都是这种土壤。这种土壤占全国土地面积的 34.3%。荒漠带从北纬 48°稍南开始，土壤也逐渐由浅栗钙土变为棕栗钙土。于斯蒂尔特、里海沿岸低地、图尔盖地区、别持帕克达拉等地的大部分地区都属于这种土壤，其面积占全国土地面积的 43.6%。灰棕钙土肥力低，腐殖质含量仅 1%～2%，因此耕种时必须施用大量有机肥和化肥。在半荒漠地带，由于降水不足，蒸发量又大，土壤湿度不能满足禾草发育。占优势的是旱生半灌木、针茅和羊茅，多呈稀疏的斑状分布，在植被之间有大片裸露的土壤。除农田外，这一地带大部分地区都是牧场。荒漠地带植物十分稀疏，覆盖度极小，以致大部分地面裸露。植被主要是旱生、耐盐碱的猪毛菜和灌木，还有一些仅限于春天生长的植物。由于水分不足，植被的年蓄积量一般只有 2.5～5t/hm^2。但是荒漠和半荒漠带的日照和热量资源十分丰富，只要有灌溉条件，均适宜种植各种喜温作物（赵常庆，2015）。

表 3-15　哈萨克斯坦耕地土壤类型及主要分布

耕地土壤类型	黑土	栗钙土	棕栗钙土	沙质土壤	灰钙土和浅褐土
主要分布地区	科斯塔奈、北哈萨克斯坦州、阿克托别州、巴甫洛达尔州等地	北哈萨克斯坦州、卡拉干达州、阿克纠宾斯克州、西哈萨克斯坦州、科斯塔奈和阿特劳州等地	于斯蒂尔特、里海沿岸低地、图尔盖地区、别持帕克达拉等地	哈萨克斯坦南部	西部山区和天山以北的地区

（2）森林资源。尽管哈萨克斯坦地域辽阔，但森林稀少。据初步统计，全国林地面积只有 2 621.6 万 hm^2，森林覆盖率仅为 4.7%。其中，梭梭林占有很大比重，约 50%；其次是灌木林，占 24%；高大乔木占 24%（其中针叶林占 13%，阔叶林占 11%），也就是说，在哈萨克斯坦的林木中有近 2/3 不具有工业利用价值。目前，哈萨克斯坦木材资源总量仅有 3.76 亿 m^3（其中松木 0.97 亿 m^3，桦木 0.85 亿 m^3，冷杉0.59 亿 m^3）。年产木材约 80 万 m^3，不能自给，每年尚需从俄罗斯进口大量原木，才能满足国内市场供应（蒲开夫等，2009）。近年来由于过度采伐，木材存量不断减少，同时也带来气候变化，致使干旱频频发生。水流减少，河流灌溉能力下降，造成了农田和草场收获量锐减。额尔齐斯河灌溉的草场由过去的每公顷可收牧草 1 800～2 000kg，下降到 400～500kg。从世界银行数据库数据来看，哈萨克斯坦从 1992 年至 2008 年间，其森林面积出现大面积减少的态势，2008 年后此趋势才得以制止，近几年其森林面积略有增加（图 3-9）。

从哈萨克斯坦林地面积的分布情况来看，森林主要分布在东部和东南部山区。东哈萨克斯坦州所占比重最大，为哈萨克斯坦林地总面积的 44%。其次是西哈萨克斯坦州，占哈萨克斯坦林地总面积的 15%。此外，阿克莫拉州、阿拉木图州和巴甫洛达尔州也占有较大的比重。由于森林管理工作跟不上，滥砍滥伐林木的事件屡禁不止，森林火灾频频发生，大量森林资源遭到破坏，事后又不能及时得到恢复，使林业生产处于恶性循环之中。

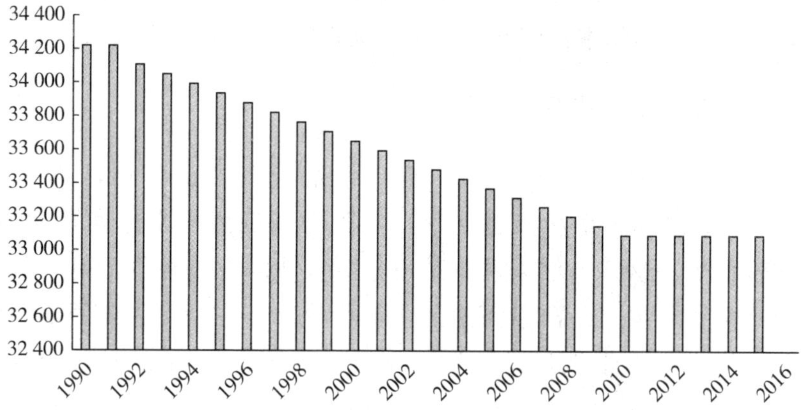

图 3-9　哈萨克斯坦森林面积（km^2）

资料来源：世界银行数据库。

（3）草原资源。哈萨克斯坦的牧场总面积是 1.886 亿 hm^2，占全国总面积的 69.2%，可提供 50%以上的牲畜饲料。其中 5 580 万 hm^2 分配给土地使用者（农业生产者使用农田结构的 67%）。哈萨克斯坦刈草地和牧场面积仅次于澳大利亚（4.5 亿 hm^2）、美国（3.2 亿 hm^2）、中国（2.34 亿 hm^2），比俄罗斯（0.8 亿 hm^2）多一倍。哈萨克斯坦最大的牧场区位于卡拉干达州和阿克托别州，分别为 3 550 万 hm^2 和 2 550 万 hm^2。

但哈萨克斯坦天然牧场正在不断退化，草质也在恶化，据统计，大约涉及 6 300 万 hm^2 草原牧场长出一些牲畜无法食用的草料。另外，还有 500 万 hm^2 草原已经彻底失去作为牧场的作用。哈萨克斯坦近年来牲畜存栏量急剧减少，与草原的退化有一定的关系。迄今，牧场不断退化的现象仍没有被遏制住。同时，耕地和牧场的恢复仍然很低。如果从 1hm^2 的耕地来看，农业生产者就有 27.9 万 t（228 美元）作物生产，则从 1hm^2 的牧场计算畜牧产值，只有 8 100 坚戈。

土地使用类别的土地分配情况也发生了重大变化。土地的主要用户（农业企业）是农场（占农地的 49.1%）和经济伙伴关系股份公司（占农地的 39.8%）。他们是耕地主要用户（分别为 37.2%，57.7%）和牧场（53.0%，33.4%）。

森林草原带和草原带由于降水量不足，大部分地方不能自然生长森林，自然植被主要是由丛生禾草组成的温带草原，并混生有多种双子叶杂草，有时也夹杂有灌木丛。这一地带由于有足够的阳光和热量，土壤比较肥沃，还有一定的降水，因此是哈萨克斯坦的主要农业区。

3.2.1.5 土地资源的特点

（1）有效耕地少且分散。由于哈萨克斯坦大部分地区降水量在100～700mm之间，旱涝灾害频繁，低肥力和贫瘠的土地面积比重大，植被比较稀少，这些自然条件及其组合对农业的发展极为不利。种植业集中连片分布很少，沿海沿河地区呈带状分布，在绿洲、山间盆地则以点状分布为主。由于地形的封闭、阻隔，一般没有形成发达的机械化、专门化、集约化的农业生产。其中可耕地面积仅占全部国土面积的7.4%，人均可耕地面积明显低于世界平均水平（图3-10）。世界平均谷物和小麦每公顷的产量分别为3 271kg和2 719kg，而哈萨克斯坦多年平均每公顷只有1 326kg和1 298kg，可见，哈萨克斯坦农业生产明显处于低水平的粗放状态。

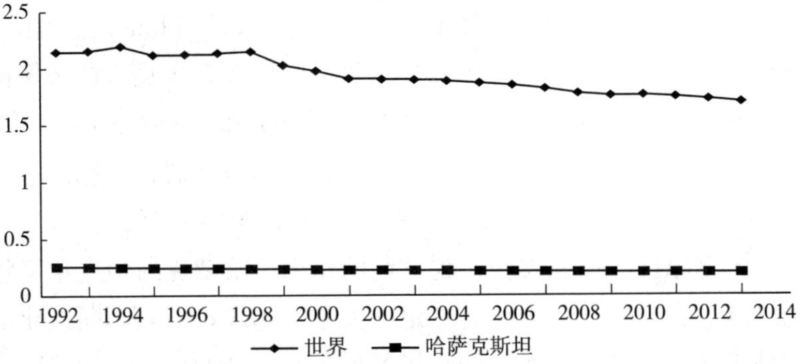

图3-10 哈萨克斯坦与世界人均耕地面积对比（hm^2）

资料来源：世界银行数据库。

（2）土地类型多样，但利用率不足。哈萨克斯坦农地占地2.23亿hm^2，此外牧场占很大的份额，接近1.9亿hm^2。哈萨克斯坦土地类型主要是沙漠和半沙漠。尽管天然饲料土地普遍存在，但它们具有低的饲料能力并且没有足够的水，这是哈萨克斯坦农业的特殊性所在。在哈萨克斯坦境内根据自然条件，有森林草原、草原、干草原、半沙漠、麓荒漠草原、亚热带沙漠、亚热带-山麓沙漠等。中亚山脉和南西伯利亚山区大约55%的领土属于半干旱和沙漠地带。

（3）农业土地质量退化严重。哈萨克斯坦耕地主要分布在森林草原、草原和干草原地带，灌溉耕地主要位于在哈萨克斯坦的南部地区。土壤退化成为哈萨克斯坦农业生产的严重障碍。自20世纪50年代以来大面积的种植开始，有超过50%的土壤有机质丧失。这直接导致土壤压实、营养缺失和风水侵蚀。随着20世纪50年代和60年代大规模干小麦种植的出现，当哈萨克斯坦的大片草原被作为原始和休闲土地开发方案的一部分时，肥沃土地的面积大大减少。尤其是苏联时期开垦的荒地经多年粗放经营，土壤肥力下降，荒漠化严重。至1999年有2 415.4万hm^2耕地遭风蚀。1996—2000年间，年平均被破坏的土地面积为18.09万hm^2，已不适于农耕的面积为5.75万hm^2。另外，农田肥力急剧下降，在北哈萨克斯坦州的土地中所含有的腐殖质只剩下原有的30%。另外，独立后，大量俄罗斯人、乌克兰人和德意志人返回俄罗斯、乌克兰和德国，其中不少为农民和长期从事农业工作的技术和管理人员。此外，由于农业职工工资低，待遇差，年轻人和有技术的人纷纷离开农业岗位，去其他部门谋生的结果，很多农村人口减少，有数百个居民点被取消，土地无人耕种，导致土地大片荒芜（赵常庆，2016）。

（4）农业用地的效率低下。尽管拥有大量资源和农业生产的潜力，但哈萨克斯坦农业用地的效率很低。在哈萨克斯坦农作物产量以及牲畜和家禽的生产力低于世界平均水平。例如，哈萨克斯坦谷物平均量位于世界第142位，平均每头牛产奶量（每年2 169kg）是家畜发达国家的1/3。哈萨克斯坦农业生产者平均收入低于如德国、日本等发达国家的1/8。但是，农产品的生产量每个居民是68.5万坚戈（559.7美元），是德国和英国的1.4倍，日本的1.2倍。

3.2.2　水资源状况及其特点

哈萨克斯坦地处欧亚大陆腹地，全国60%的土地被沙漠和半沙漠所覆盖。为大陆性气候，气候干旱，年平均降水只有100～1 000mm。境内虽有锡尔河、乌拉尔河、恩巴河，但多为长度不大、水量不足的内陆河流，河流的径流总量只有110 km^3，其中65 km^3在哈萨克斯坦境内，其余均流向境外。境内虽有几个比较大的湖泊，如巴尔喀什湖、斋桑湖、阿拉湖等，但均为咸水湖泊，无法饮用。地表水水资源严重匮乏，单位供水率每年还不到 2.4 万 m^3/ km^2，远远低于俄罗斯的西西伯利亚和吉尔吉斯斯坦，甚至还不如土库曼斯坦。哈萨克斯坦境内仅形成 56%的地表水，其余的来自外界，这增加了哈萨克斯坦某些地区对邻国水资源的依赖。水资源的匮乏影响了其工农业生产和人民的生活，严重地阻碍了哈萨克斯坦的经济发展。

3.2.2.1 地表水

（1）河川径流。据最新评价成果［Water resources of Kazakhstan in the new millennium（A series of UNDP publication in Kazakhstan）2004］，哈萨克斯坦多年平均地表河川年径流量为 1 005 亿 m^3，其中境内多年平均自产地表水资源 565 亿 m^3，其他 440 亿 m^3 来自邻近国家，包括来自中国的 189 亿 m^3，乌兹别克斯坦的 146 亿 m^3，吉尔吉斯斯坦的 30 亿 m^3，俄罗斯的 75 亿 m^3。哈萨克斯坦单位面积产水量 3.7 万 m^3/ km^2，人均 6 000m^3，在中亚五国中其人均地表水资源量仅次于塔吉克斯坦和吉尔吉斯斯坦。分流域地表水资源量统计见表 3－16。哈萨克斯坦的水资源分布不平衡。北部河网密度为 0.03～0.05km/ km^2；南部水域网，包括阿尔泰地区，阿尔泰-外伊犁河地区，则为 0.4～1.8km/ km^2。大多数河流是内流河，流入里海、咸海或巴尔喀什湖。根据哈萨克斯坦农业部水资源委员会提供的资料，哈萨克斯坦近 5 年地表水河川径流量平均为 1 119 亿 m^3，比多年平均值增加 11.34%。近 5 年中 2005 年为丰水年，比多年平均值多 18.76%，2008 年相当于偏枯水年。

在哈萨克斯坦辽阔的国土上面，大约分布有 39 000 条河流和溪流，其中有近 7 000 多条超过 10km 的大小河流，如缎带纵横流淌，其中大部分属于内流水系。主要河流有额尔齐斯河、伊犁河、锡尔河、伊希姆河、托博尔河、乌拉尔河、图尔盖河、楚河等，按水系可划分为咸海-锡尔河、巴尔喀什-阿拉湖、额尔齐斯河等 8 个流域，各流域的主要河流基本情况见表 3－17（龙爱华，2010）。

表 3-16　哈萨克斯坦地表水资源量

单位：亿 m^3

流　域	平均河川径流量			枯水年份（P=95%）			自然消耗量
	合计	邻国来水	国内产水	合计	邻国来水	国内产水	
咸海-锡尔河	189	147	42	142	123	19	69
巴尔喀什-阿拉湖	278	119	159	178	82	96	192
额尔齐斯河	340	85	255	197	51	146	199
伊希姆河	22	—	22	3	—	3	13
努拉-萨雷苏河	13	—	13	1	—	1	1
托博尔-图尔盖河	20	3	17	3	—	3	13
楚-塔拉斯河	31	19	12	27	22	6	4
乌拉尔河-里海	112	71	41	30	23	7	53
合计	1 005	440	565	581	301	281	544

注：自然消耗量包括不可控制的支流水量和蒸发、渗漏量。

资料来源：龙爱华，邓铭江，等．哈萨克斯坦水资源及其开发利用［J］．地球科学进展，2010（12）．

表 3-17　哈萨克斯坦分流域主要河流

流　域	主要河流	河流长度（km）		集水面积（万 km^2）
		总长度	哈萨克斯坦境内长度	
咸海-锡尔河流域	锡尔河	2 219	1 400	46.2
巴尔喀什-阿拉湖流域	伊犁河	1 001	815	13.1
额尔齐斯河流域	额尔齐斯河	4 248	1 698	1 529.2
伊希姆河流域	伊希姆河	2 450	1 400	15.5
努拉-萨雷苏河流域	努拉河	978	978	5.5
托博尔-图尔盖河流域	托博尔河	1 591	800	39.5
楚-塔拉斯河流域	塔拉斯河	661	—	5.3
	楚河	1 186	800	14.8
乌拉尔河-里海流域	乌拉尔河	2 428	1 082	23.1

资料来源：龙爱华，邓铭江，等．哈萨克斯坦水资源及其开发利用［J］．地球科学进展，2010（12）．

咸海-锡尔河流域，位于哈萨克斯坦南部和克孜勒奥尔达地区，占地面积约 345 000 km^2。主要的锡尔河在亚洲中部属于内陆河，流经乌兹别克斯坦、塔吉克斯坦和哈萨克斯坦三个中亚国家。由费尔干纳盆地东部的纳伦河、卡拉河汇合而成，全长 3 019km，注入咸海，流域面积 21.9 万 km^2，从交汇处到咸海的总长约为 2 212km。哈萨克斯坦境内从乌兹别克斯坦到咸海边境的锡尔河水库的长度为 1 627km。在哈萨克斯坦境内最大的支流是凯莱斯河、阿雷斯河、巴达姆河、波劳戴河、布贡河和一些较小的河流，从卡拉套山脊的西南斜坡流出。

巴尔喀什-阿拉科尔流域，其涵盖了哈萨克斯坦东南部的大部分区域，10%左右的流域在中国和吉尔吉斯斯坦。巴尔喀什-阿拉科尔流域的面积为 413 000 km^2，其中哈萨克斯坦（阿拉木图州和江布尔州，卡拉干达和东哈萨克斯坦州的一部分）为 353 000km^2。流入巴尔喀什湖-伊犁河，阿拉套山、阿克苏、耶普斯、阿亚古兹的永久河流发源于天山，塔尔巴哈台山和成吉思汗的山区。伊利河流入西巴尔喀什，而其他河流流入东巴尔喀什河。

马楚-亚萨河流域，由楚河、塔拉斯河和阿萨河组成。该流域总面积为 64 300 km^2，一部分位于吉尔吉斯斯坦境内。此外，楚河流域有 140 条小河流，塔拉斯河流域有 20 条小河流，阿萨河流域有 64 条小河流。楚河、塔拉斯河和阿萨河的主要支流的流动全部发源于吉尔吉斯斯坦。

伊尔施河流域，位于哈萨克斯坦东部和巴甫洛达尔地区，总面积为 316 500 km^2。这条河起源于中国阿尔泰山的西部斜坡上，被称为黑色的额尔齐斯河（俄罗斯境内），直到它流入哈萨克斯坦的斋桑湖。流经东北哈萨克斯坦后进入俄罗斯，加入鄂毕河。伊尔斯河的总长度为 4 280km，其中中国境内 618km，哈萨克斯坦境内 1 698km，俄罗斯境内 1 964km。

努拉-萨雷苏河流域，包括努拉河和萨雷苏河流域，田吉兹湖和喀拉苏尔湖。额尔齐斯-卡拉甘迪运河（目前是萨特帕耶夫运河）是为了增加这个流域的水资源。盆地最大的河流，努拉河全长 978km，从克兹尔勒塔斯山脉的西侧开始，流入田吉兹湖。努拉河的主要支流是谢戎拜-努拉河、乌勒肯昆泽德河和阿克巴斯套河。萨勒苏河从咤克斯萨勒苏的两个分支开始，从他们的交汇点下游 761km 流入特勒库尔（克孜勒奥达尔州）。主要的支流是喀拉肯格尔和肯萨斯。

伊斯林河流域，位于哈萨克斯坦北部和阿克莫拉地区，占地面积为 245 000 km^2。该流域水资源含量在哈萨克斯坦 8 大流域中较低，地下水储量最低，仅占流域水量的4%。伊斯林河有许多从科克舍套高原北部和乌勒套山侧面流动的大型支流。这条河发源于卡拉甘迪省的纳兹山脉，长达2 450km，哈萨克斯坦共有1 717km。在含水量和河流长度方面最重要的支流是科卢通、扎拜、铁尔萨坎、阿坎-布鲁克和伊曼-布鲁克河。伊斯林河的地表径流用于向阿斯塔纳、科克舍套、彼得罗巴甫洛夫斯克和阿克莫拉和北哈萨克斯坦地区的村庄供水，并在郊区供应定期供水灌溉。

托波尔-图尔盖流域，该流域包括托波尔河、图尔盖河和伊尔吉兹河。这是哈萨克斯坦8大流域中水资源最少的。河流年流量波动明显，高水年和低水年交替。高水时期为8～10年，低水年期为6～20年。托波尔河从乌拉尔山开始，左岸支流包括斯塔斯特、阿亚特和聿河，这3条河流也发源于乌拉尔山脉的斜坡。乌巴兰河是其唯一的右岸河流。

乌拉尔-里海流域，位于哈萨克斯坦境内面积为415 000 km^2。乌拉尔河流域包括俄罗斯联邦的一部分，在哈萨克斯坦包括西哈萨克斯坦和阿特劳省和阿克托别省的一部分。水域的主要水道是乌拉尔河，起源于俄罗斯联邦。

（2）湖泊。哈萨克斯坦境内有大大小小的湖泊超过48 000多个，似珍珠错落有致地遍布全国，其中较大的有里海、咸海、巴尔喀什湖、阿拉湖和斋桑湖。里海，位于哈西部边境，是世界上最大的内陆水域，南北长1 200km，平均宽320km，面积约37.1万km^2，水面低于海平面28.5m。流入里海的主要河流有北部的伏尔加河和乌拉尔河以及西部的库腊河。里海北部最浅，水深4～8m，中部水深788m，南部最深可达1 025m。水上交通便利，有大型港口舍甫琴科。咸海，位于哈萨克斯坦和乌兹别克斯坦之间，海拔53m，湖内有岛屿300个。水域和岛的面积共6.45万km^2，平均水探20～25m，最深67m。阿姆河和锡尔河流入咸海。由于大量河水被用于垦荒和灌溉，咸海水位不断下降，有些地方已露出湖底，几十年后有可能干涸。巴尔喀什湖，位于哈萨克斯坦东部，海拔342m，长605km，东部宽9～19km，西部宽74km，面积2.2万km^2，西南部最浅，水深3m，东北部最深处达26m。西部有伊犁河，东部有卡腊塔尔河、阿克苏河和列普西河流入。西部水淡，东部水质稍咸。阿拉湖，位于哈萨克斯坦境内巴尔喀什至阿拉湖盆地东部。海拔343m，面积2 200 km^2，深45m，水咸。

除里海、咸海等大型湖泊外，据统计，哈萨克斯坦还有 48 262 个中小型湖泊、池塘和水库，面积为 45 000 km^2，估计水量为 190 km^3。表面积小于 1 km^2 的小湖数量占这些湖泊的 94%，但仅占总面积的 10%。有 3 014个大湖泊，其表面积超过 1 km^2，总面积为 40 800 km^2，包括超过 100 km^2 的 21 个湖泊，总面积 26 900 km^2；45%的湖泊在北部，36%在中部和南部，19%在其他地区。

哈萨克斯坦以平原以东的广阔的沙漠平原和高山脉为主，在正常的水循环中创造了特殊性，冰川在其中起着重要的作用，是唯一的淡水水库。大多数冰川位于南部和东部，海拔超过 4 000m。有 2 724 个冰川覆盖 1 963 km^2。冰川含有 95 km^3 的水，几乎等于全国所有河流的年流量。

哈萨克斯坦现已建成 200 多个水库，不计池塘、小水库和季节性调节水库容量，其他水库总容量为 95.5 km^3。有 19 个大型水库，每个容量超过 0.1 km^3，占总容量的 95%。大多数水库设计用于季节性流量调节，只有约 20 个水库被全年监管。最大的水库容量超过 1 km^3，位于鄂尔多斯河上的布克塔尔马水库，总容量为 49.6 km^3；巴尔喀什盆地伊拉河上的卡普恰普水库，总容量为 18.6 km^3；位于与乌兹别克斯坦接壤的锡尔河流域的查尔达里亚水库，总容量为 5.2 km^3。大多数人工水库应用于水力发电、灌溉和防洪等。东部和东南部地区的水库主要用于农业，中部、北部和西部地区主要用于饮用水和工业。

卡普恰普水库，又称为卡普恰盖水电站，位于哈萨克斯坦共和国伊犁河上。坝底宽 270m，体积 622 万 m^3，水电站总装机容量 43.2 万 kW，多年年平均发电量 11.6 亿 kW·h。水库总库容 281.4 亿 m^3。工程于 1963 年动工，1970 年第一台机组投入运行，1972 年全部工程竣工。工程以发电和灌溉为主，兼有休闲和娱乐等经济效益；布赫塔尔马水电站位于哈萨克斯坦共和国额尔齐斯河上。坝区年平均气温 3℃，2 月平均气温－18℃，7 月月平均气温 20℃。混凝土重力坝，最大坝高 90m，坝顶长 380m，体积 117 万 m^3，表面溢流孔长 18m，坝后式厂房，全长 212m。4 级单线通航船闸，布置在左岸。厂房装机 9 台，装机总容量 67.5 万 kW，多年年平均发电量 25 亿 kW·h，转轮直径 4.35m，转速 150r/min，额定出力 7.7 万 kW。设计水头 61m，最大水头 67m，水库总库容 530 亿 m^3，水库面积 5 500 km^2，最大宽度 35km，平均水深 9.6m，为多年调节水库。该工程具有发电、航运和灌溉等综合经济效益。工程于1953年动工，第一台机组于1960年投入运行，1966年全部工程竣工。

3.2.2.2　地下水

哈萨克斯坦已探明的可采地下水储量为43 384km^3/昼夜，其中耕地灌溉用水最多，为23 614km^3/昼夜，占54.4%，其次是生活饮用水，为16 798km^3/昼夜，占38.7%，生产-工业用水为2 942km^3，占6.85%。从地区来看，已探明的可采地下水储量59%分布在哈萨克斯坦南部的阿拉木图州、江布尔州、克孜勒奥达尔州和南哈萨克斯坦州，16.9%分布在哈萨克斯坦中部的阿克莫拉州、卡拉干达州和巴甫洛达尔州，15%分布在哈萨克斯坦东部的东哈萨克斯坦州（表3-18）。在哈萨克斯坦西部地区，地下水资源的数量显著减少，约占总量的20%（刘燕平，2008）。

哈萨克斯坦的地下水资源比较丰富，但分布极不均衡，几乎所有的山区都有地下水。在哈萨克斯坦境内，总共探索了626个地下水源地，总储量达15.93 km^3/年，总开采量可达到158.2亿m^3。按水质划分，可供居民生活饮用水量为61.4亿m^3，生产用水9.5亿m^3，农业灌溉用水87.3亿m^3。盐度率高达1g/L的可能储量估计为33.85 km^3/年，盐度率高达10g/L的地下水储量估计为57.63km^3/年。据哈萨克斯坦国家科学院地下水资源保护机构估算，哈萨克斯坦的年可再生地下水资源估计为33.85 km^3/年，其中26 km^3/年对应于与地表水资源的重叠。因此，实际可再生水资源总量（TARWR），估计为107.48 km^3/年。

表3-18　哈萨克斯坦各地区已探明的可采地下水储量分配概况

单位：km^3/昼夜

地区（州）	生活饮用水	耕地灌溉用水	生产-工业用水	矿水	总计
1. 西部	1 564	716	436	6.5	2 722.5
阿克托别州	1 052	279	209	1.4	1 841.4
阿特劳州	35	14	175	1.6	225.6
西哈萨克斯坦州	297	67	2	0.4	367.4
曼吉斯套州	180	57	49	3.1	289.1
2. 北部	1 029	61	146	4.7	1 240.7
科斯塔奈	973	—	107	1.4	1 080.4

（续）

地区（州）	生活饮用水	耕地灌溉用水	生产-工业用水	矿水	总计
北哈萨克斯坦州	56	61	39	3.3	160.3
3. 中部	3 259	3 591	483	1.6	7 334.6
阿克莫拉州	319	—	33	—	352
卡拉干达州	2 268	446	450	1.6	3 165.6
巴甫洛达尔州	672	3 145	—	—	3 817
4. 东部	2 284	3 312	903	1.1	6 500.1
东哈萨克斯坦州	2 284	3 312	903	1.1	6 500.1
5. 南部	8 662	15 934	973	15.8	25 585
阿拉木图州	4 067	12 768	194	9.7	17 039
江布尔州	1 567	2 373	505	1.1	4 446.1
克孜勒奥达尔州	1 188	187	59	1.7	1 435.7
南哈萨克斯坦州	1 840	606	215	3.3	2 664.3
哈萨克斯坦总计	16 798	23 614	2 942	29.8	43 384

资料来源：刘燕平．哈萨克斯坦土地资源管理［J］．国土资源情报，2008（5）．

3.2.2.3 降水

2014 年（2013 年 12 月至 2014 年 11 月），哈萨克斯坦降水最多的地区年降水量在正常范围内（80%～120%）。哈萨克斯坦东北部和南部的降水超过了 1971—2000 年的 20%～60%的极限。这些地区自 1941 年以来，过去的降水量达到极度湿润的 10%。哈萨克斯坦西部和西南部的一些地方（20%～60%）出现了大量的降水缺口。哈萨克斯坦 1990—2015 年间，长期平均年降水量为 326mm，每月最大最小降水量相差较大，且波动幅度大（表 3－19）。

表 3－19　1990—2015 年哈萨克斯坦大气降水情况

	1990	1995	2000	2005	2010	2011	2012	2013	2014	2015
1990—2015 年间长期平均降水量（mm）						326				
年平均降水量（mm）	372	256	337	303	328	331	285	392	274	377

（续）

	1990	1995	2000	2005	2010	2011	2012	2013	2014	2015
与长期平均降水量的平均年偏差（%）	114	79	103	93	101	102	87	120	84	115
每月降水量最大（mm）	64	39	49	40	42	50	40	57	192	48
每月降水量最小（mm）	10	8	14	7	9	9	11	18	3	19

资料来源：哈萨克斯坦统计署。

哈萨克斯坦中东部地区的里海、巴尔喀什湖沿岸、阿拉科尔盆地和南部咸海附近降水量少最为干旱，年平均不到100mm。干旱地区植被较少，对发展自然农业十分不利。农业耕作离不开人工灌溉，但其面积较大，发展滴灌农业潜力巨大；东部和东南部的山麓地区气候湿润，年降水量可达到400～600mm，有些山区降水量丰沛，可达到1 600mm；北方西伯利亚南部平原的年降水量不少于300mm，不用人工灌溉即可耕作。所以，哈萨克斯坦的主要农业区在其北部平原和东部和东南部的山麓地区。大约70%～85%的年降水发生在10月和4月之间的冬季。大陆性气候的特点是高蒸发水平，连同低降雨量，使得灌溉在该国大部分地区，特别是在南部是必要的。

3.2.2.4　水资源总量

根据中国对水资源总量计算方法，水资源总量等于地表径流量和地下水资源总量之和再扣除地表地下重复计算量后的水量。从哈萨克斯坦农业部水资源委员会提供的资料看，哈萨克斯坦八大流域多年平均地表径流量为1 005亿m^3，已探明的地下水资源量约161亿m^3，其中重复计算量约100亿m^3，因此据中国的水资源总量评价方法，哈萨克斯坦水资源总量约1 066亿m^3。

3.2.2.5　水资源特点

（1）水资源总量充足但分布不平衡。哈萨克斯坦作为世界上距离海洋最远的国家之一，有着极其干旱和脆弱的生态环境，使得水资源对其具有特殊的意义。而灌溉农业说明了干旱区以水定地的农业发展模式，也说明水资源是干旱区农业发展的关键。根据上节所述，哈萨克斯坦水资源总量约达 1 066 亿 m^3。哈萨克斯坦虽然降水少，但每年人均可更新水资源量达到 4 909 m^3，水资源总量大，再加上广大的农业用地面积，水土组合优势十分明显。

同时哈萨克斯坦的水资源分布不平衡。北部河网密度为 0.03～0.05km/ km^2；南部水域网，包括阿尔泰地区和阿尔泰外伊犁河地区，则为 0.4～1.8km/ km^2。大多数河流是内河流，流入里海、咸海或巴尔喀什湖。哈萨克斯坦定期灌溉主要在南部地区的锡尔河、伊犁河、楚河、塔拉斯河、额尔齐斯河流域一带，春天灌溉则主要在北方和西部春汛时期的伊希姆河、托博尔河和乌拉尔河。从农业用水的行政分布看，哈萨克斯坦农业灌溉用水量主要集中在南部的克孜勒奥达尔州、南哈萨克斯坦州、江布尔州和阿拉木图州，这四个州依托锡尔河、楚河和伊犁河的水资源，农业灌溉用水占全国总用水量的 86.32%。

地表水资源在国内分布也极不均匀，具有显著的常年性和季节性动力。哈萨克斯坦中部地区只有该国总水资源的 3%。西部和西南部地区（阿特劳、克孜勒奥达尔、特别是曼吉斯套地区）明显缺水，几乎没有任何淡水。在东部和东北部的巴尔喀什-阿拉科尔盆地和额尔齐斯河流域，水资源占全国产生的地表水资源的近 75%。大约 90%的径流发生在春季，超过水库蓄水容量。

(2) 不断增加的用水需求与有限的水资源之间的矛盾。近年来最显著的用水增加主要表现为农业用水特别是灌溉用水增加较快，这与该国加强粮食生产、扩大耕作面积的政策有关。据报道，哈萨克斯坦政府的目标是在未来 4～5 年内把全国年均粮食产量提高到 2 500 万 t，其中小麦 1 800 万 t。为此，还需开垦 200 万～250 万 hm^2 的荒地。加之不断增长的人口以及工业发展等因素，如不加以合理规划，将使得不断增加的用水需求与有限的水资源之间形成长期的矛盾。

(3) 地表水资源缺乏，使哈萨克斯坦只能依靠地下水发展。地下水成了决定哈萨克斯坦社会经济发展和改善生态环境的战略资源。寻找、勘探和开发利用水资源是哈萨克斯坦农业部门和地质部门工作的一项重要任务。

3.2.3　农业人口和劳动力资源状况及其特点

3.2.3.1　农业人口数量状况

哈萨克斯坦农业人口 230 万，占国内人口总数的 15%。在哈独立的前十年里，有两大因素导致其人口数量下降，分别是人口的大量外流和自然增长率的下降。根据哈萨克斯坦统计署统计的数据显示，从 1991—2002 年哈萨克斯坦境内人口共减少 170 万。造成人口大量流失的原因在于 90 年代初哈萨克斯坦国内经济局势动乱、国内居民对国家未来丧失信心以及大部分居民生活质量急剧下降。直至 2003 年，哈萨克斯坦国内人口增长才逐渐趋于稳定，人口自然增长率稳步提升。在 2003—2013 十年间，哈萨克斯坦国内新出生人口数量达到 255 万。根据 2014 年 1 月 1 日数据显示，目前哈萨克斯坦国内人口达到 1 716 万，其中城市人口为 945 万，占总人口数量的 55%；农村人口为 771 万，占总人口数量的 45%。此外，自独立以来哈萨克斯坦人口自然增长率增长势头明显，过去的 20 年里新生人口为 680 万，死亡人口为 350 万。地方上，人口增长速度最快的是南哈萨克斯坦州（3.7%），克孜勒奥达尔州（3.4%），江布尔州（3.4%）和曼吉斯套州（3.4%）。

哈萨克斯坦的人口密度低，且生活居住区域极不平衡。在哈萨克斯坦多年实施鼓励性生育政策的激励下，近年来哈萨克斯坦人口呈现出“双高”（高出生率，高死亡率）的特点。据世界银行 2014 年统计数据显示，哈萨克斯坦的出生率和死亡率分别为 2.313%，0.757%。

2015 年，哈萨克斯坦共有农村人口 8 202 405 人，占其总人口数的 46.75%；城镇人口人 9 341 721 人，其总人口数的 53.25%。1960—2015 年，哈萨克斯坦农村人口数和城镇人口数均呈现出平稳波动趋势。1960—1991 年，哈萨克斯坦还未独立建国，其农村人口数量平稳增加。31 年间哈萨克斯坦农村人口数量增加了 1 788 681 人，年平均增速为 1.06%，此期间哈萨克斯坦农村人口比重也从 55.80%降为 43.82%。说明，这一阶段哈萨克斯坦人口增加速度较快，城镇人口增加幅度大于农村人口；1992—2001 年，哈萨克斯坦农村人口数量开始减少，十年间，农村人口数量减少了 601 485 人，年均减少约为 6 万人，2001 年哈萨克斯坦农村人口占总人口比重为44.47%；2001—2015年，哈萨克斯坦农村人口又迎来一个上升期，2015年比2001年农村人口数量总增加了1 594 458人，增长幅度高达24.13%。农村人口数量占总人口数量比重也从44.47%增加到46.75%（图3-11）。

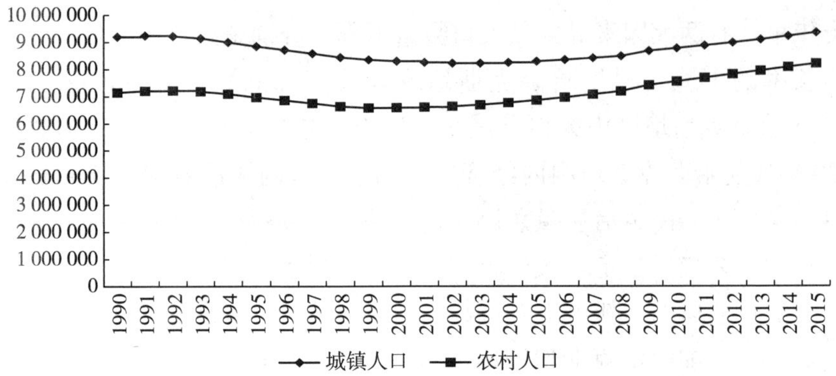

图3-11　1990—2015年哈萨克斯坦农村人口与城镇人口数量（人）

资料来源：世界银行数据库。

3.2.3.2　农业劳动力结构

（1）年龄结构。哈萨克斯坦农村地区，由于不少青壮年劳动力入城打工，因此在农业劳动力的年龄结构上，老龄化现象也比较严重。在就业总人数中，年龄在25～29岁和30～34岁的农村居民就业人数最多；同时，在25～29岁的年龄组失业率最高，大多是妇女，失业者大部分为非从事经济活动的人口。哈萨克斯坦农村妇女中有不少育龄妇女主要从事家务劳动或经营个体农副业，很少参加农业劳动。同时由于不少青壮年劳动力入城打工，因此在农业劳动力的年龄构成上，农村劳动力“老龄化”现象也比较严重。

（2）性别结构。哈萨克斯坦的农业劳动力中男性占主导地位，但是女性所占比例近些年有所提高，尤其是在1993年以后女性劳动力所占比例有了较大的提高。目前，哈萨克斯坦的农业劳动力中男性主要从事种植业的农业生产活动，如耕地、播种、收货等，女性则以从事畜牧业为主，该行业女性所占的比例较高。有关资料表明约占65%。这与农业机械化程度的提高有关，同时也与城市就业存在性别歧视有关，来自农村的女性打工者在城市获得工作的机会远远小于男性，造成农村的女性打工者留在农村的相对比例有所增加。

（3）区域结构。2001—2016 年，哈萨克斯坦农村人口的经济活动水平变化如下：全国农业、林业和渔业就业人数减少，全区农村人口人数增加；在阿克莫拉、卡拉干达、克孜勒奥达尔、巴甫洛达尔、东哈萨克斯坦和北哈萨克斯坦地区直接就业的份额减少。相反，在阿拉木图、阿特劳、江布尔和曼吉斯套等地区增大。在卡拉干达、科斯塔奈、南哈萨克斯坦和北哈萨克斯坦地区的农村人口就业人数有所减少（表 3－20）。在阿特劳和卡拉干达，南哈萨克斯坦和北哈萨克斯坦地区，自雇农村居民的数量有所减少，在阿克莫拉、阿拉木图、江布尔、曼吉斯套、巴甫洛达尔和西哈萨克斯坦地区自雇农民的数量有所增加。

表 3－20　2010—2016 年哈萨克斯坦各地区的就业人数

年份	类别	阿克莫拉州	阿克托别州	阿拉木图州	阿特劳州	西哈萨克斯坦州	江布尔州	卡拉干达州	科斯塔奈	克孜勒奥达尔州
2010	非农业就业	413.3	378.5	843.0	256.1	315.6	551.3	704.3	512.6	298.7
	农业就业	158.3	111.8	393.8	20.4	101.2	188.0	118.2	198.3	51.3
2011	非农业就业	418.5	395.6	899.0	269.0	315.9	557.0	700.4	512.8	318.9
	农业就业	149.6	73.6	402.6	20.1	97.5	191.1	110.9	198.7	44.8
2012	非农业就业	416.4	410.9	969.7	277.3	315.4	559.9	703.0	511.2	329.1
	农业就业	149.6	72.6	428.2	13.3	90.8	194.7	88.3	197.3	34.1
2013	非农业就业	419.0	412.7	993.1	279.5	316.5	550.8	707.2	503.6	334.4
	农业就业	148.9	55.9	423.0	11.9	81.0	201.5	82.4	189.4	34.4
2014	非农业就业	422.7	410.0	1 013.3	286.1	316.8	530.2	678.4	493.9	311.1
	农业就业	150.3	42.2	323.5	12.8	69.9	132.1	60.9	182.6	32.0
2015	非农业就业	423.0	420.0	984.4	296.5	318.8	512.6	694.5	494.5	309.0
	农业就业	148.3	52.2	293.7	11.0	72.1	147.3	59.3	177.5	32.7
2016	非农业就业	411.2	416.3	953.5	298.0	320.0	500.9	670.9	497.4	327.0
	农业就业	129.4	53.8	268.9	10.5	75.1	136.7	37.1	181.9	38.1

年份	类别	曼吉斯套	南哈萨克斯坦	巴甫洛达尔	北哈萨克斯坦	东哈萨克斯坦	阿斯塔纳市	阿拉木图市
2010	非农业就业	205.2	1 091.7	415.9	358.1	726.1	366.7	676.9
	农业就业	4.6	450.2	98.6	176.6	218.6	1.9	3.1

（续）

年份	类别	曼吉斯套	南哈萨克斯坦	巴甫洛达尔	北哈萨克斯坦	东哈萨克斯坦	阿斯塔纳市	阿拉木图市
2011	非农业就业	227.8	1 129.8	418.2	346.3	717.9	375.4	699.2
	农业就业	3.4	421.9	97.4	161.8	217.9	2.0	2.9
2012	非农业就业	256.3	1 173.7	417.5	331.2	710.4	393.9	731.0
	农业就业	1.5	468.4	93.4	146.5	188.0	2.8	3.2
2013	非农业就业	259.1	1 185.7	418.0	329.3	708.2	410.5	743.1
	农业就业	3.4	417.4	92.4	142.0	179.8	6.6	3.5
2014	非农业就业	248.8	1 163.2	420.3	313.8	705.5	431.6	764.5
	农业就业	3.4	222.6	92.4	120.3	150.8	8.0	1.4
2015	非农业就业	277.2	1 152.7	418.6	320.7	696.7	466.1	838.5
	农业就业	3.9	207.5	90.9	123.9	127.7	3.7	1.7
2016	非农业就业	283.9	1 164.7	404.8	309.6	687.6	466.4	866.3
	农业就业	4.5	184.9	80.3	115.6	105.2	4.1	1.7

资料来源：哈萨克斯坦统计署。

3.2.3.3 农业劳动力特点

（1）劳动力数量不足。从农业就业人口数量上来看，哈萨克斯坦农业劳动力资源较富足，且数量比较稳定。农业就业人口占到就业总人口的30%左右，2015年农业就业人口为224.69万，占就业总人口的24.20%。但从已有的资料来看，哈萨克斯坦农业劳动力数量却又严重不足。究其原因是农村中从事农业生产劳动的人认为从事农业生产的收入与城市劳动者的收入相比太低，且生活条件和劳动条件差，相比之下他们更愿意到城市工作，大批农村劳动人口涌入城市，这是导致哈萨克斯坦农业劳动力数量严重不足的直接原因。而哈萨克斯坦农业机械化发展水平又一般，一些部门和工种手工劳动比重仍较大，某些劳动密集型的行业仍需要大量的劳动力，这就更凸显劳动力数量的不足；与此同时农业生产劳动具有比较强的季节性，在农业生产季节同样需要大量的劳动力，这些因素都直接影响了农业劳动力和农机工具的利用率。

（2）劳动力质量较差。哈萨克斯坦的农业生产不仅要求劳动力的数量，而且对劳动力的文化水平和劳动技能要求也较高。从劳动者的总体素质来看，哈萨克斯坦产业工人的个人道德素质较高，但专业技能素质偏低，工作中存在效率低、流动性大、过于刻板等问题。虽然哈萨克斯坦农业技术教育有了很大发展，但多年来，农机手人数的增长一直低于农机数量的增长，仍远不能满足需要。此外，由于从事农业生产收入低下，哈萨克斯坦农村中不少专业技术人员和文化水平比较高的农业劳动力转移到其他产业部门，导致了农村劳动力质量不高。近些年来，哈萨克斯坦经济发展需要大批人才，但目前专业技术人员和高素质人才匮乏的状况依然没有改变。一个国家或地区农村劳动力质量（包括性别、年龄、劳动技能及科学文化水平等方面）的高低直接影响到该国家或地区农业发展水平的高低。

（3）农业劳动力递减。如表 3－21 所示，2016 年哈萨克斯坦就业总数约为 1 001.86 万，其中农业就业人数为 143.2 万，约占总就业人口数量的 14.3％。根据世界银行统计数据显示，相比于 2001 年，2014 年哈萨克斯坦的总就业人口数量比 2001 年增加了 21.61％，但农业就业人数比 2001 年减少了 20.18％。这是由于近年来，哈萨克斯坦工业化进程的不断推进，使就业人口逐年增加。伴随而来的是大量的农村劳动力转移到城市中从事其他经济行业劳动，从而导致农村农业劳动力的进一步短缺，使农业劳动力占总就业人口数量的比重逐年减少。农业劳动力严重不足已成为哈萨克斯坦农业发展的主要制约因素之一。从图 3－12 可以看出，哈萨克斯坦农业劳动力占总就业人数的比值在 2001 年以后呈现逐年下降的趋势。虽然其总就业人数呈现出每年增加的趋势，但是哈萨克斯坦农业劳动力的数量总体上还是处于逐渐下降趋势。

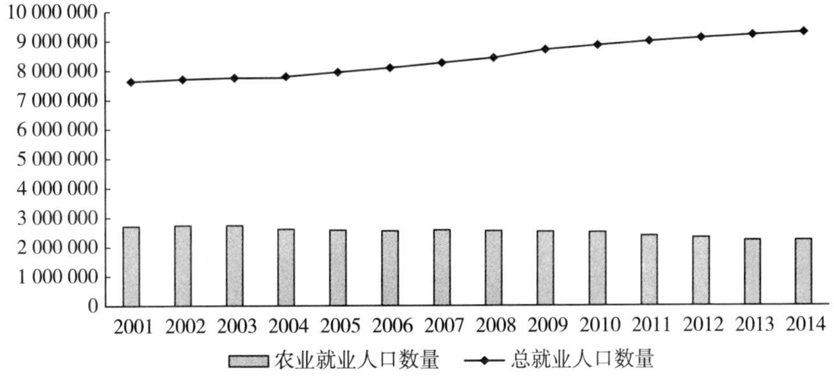

图 3－12　哈萨克斯坦农业就业人口情况

资料来源：世界银行统计数据库。

表 3-21 2010—2016 年哈萨克斯坦就业人口情况

单位：千人

	2010 年末	2011 年末	2012 年末	2013 年末	2014 年末	2015 年末	2016 年末
非农业就业人口	8 114.2	8 301.6	8 507.1	8 570.6	8 510.1	8 623.8	8 586.6
农业就业人口	2 294.9	2 196.1	2 172.7	2 073.6	1 605.1	1 553.4	1 432.0
总就业人口	10 409.1	10 497.7	10 679.8	10 644.2	10 115.2	10 177.2	10 018.6

资料来源：哈萨克斯坦统计署。

3.2.4 农业科技水平及其特点

3.2.4.1 农业基础设施状况

（1）交通运输。哈萨克斯坦的交通运输系统中，公路和铁路占重要地位。在独联体国家中，哈萨克斯坦的铁路技术指标、运输能力以及现代化程度都位居前列，仅次于俄罗斯和乌克兰。目前，哈萨克斯坦境内运营铁路总长度 1.36 万 km，铁路货运量占全国货运总量的 55%。公路总长度位居独联体国家中第二位，仅次于俄罗斯，是哈萨克斯坦最主要的运输和交通方式。据统计，2010 年哈萨克斯坦全国货运总量为 3 812.5 亿 t/km，其中铁路运输 2 107.1 亿 t/km，公路运输 802.2 亿 t/km，航空运输 0.94 亿 t/km。据世界银行 2010 年 1 月发布的全球“物流绩效指数”（LPL）调查显示，在收录的 155 个国家中，哈萨克斯坦名列 62 位，相比 2007 年，上升了 71 位，这表明哈的交通运输条件在不断提高。

（2）信息通讯。哈萨克斯坦的信息通讯业在中亚国家中位居前列。全国通讯网络设备的数字化率已达到 90%。世纪经济论坛（WEF）2010 年发布的《2009—2010 全球信息科技报告（The Global Information Technology Report）》中列出的“全球网络整备度排名（Networked Readiness Index，NRI）”中哈萨克斯坦在 133 个参选国家和地区中名列第 68 位，在独联体国家中仅次于阿塞拜疆（第 64 位）。据统计，2010 年哈萨克斯坦固定电话 405.76 万部，百人拥有率为 24.9 部。其中城市固定电话 297.33 万部，当年新增 12.86 万部，增长率为 4.25%；农村固定电话 108.43 万部，当年新增 7.25 万部，增长率为 7.17%。移动电话用户数 1 940.26 万，当年新增 252.89 万，增长率为 15%，每 100 人拥有率为 118.9 部。

互联网用户 98.62 万，比上年增加了 22.97 万，互联网渗透率为 6%。

（3）农业电力供应。哈萨克斯坦各地区电量资源分布不平衡，大型发电站主要集中在北部地区，产出的电力主要输往中部地区以及出口俄罗斯，中北部地区集中了全国 72.7%的发电能力。而西部和南部各州电力短缺，不足电力从吉尔吉斯斯坦、塔吉克斯坦和俄罗斯进口。截止到 2010 年 1 月 1 日，哈萨克斯坦全国共有大小各类型水电站 60 多个，装机总容量1 899.27 万 kW。其中火电站（汽轮机）装机容量 1 581.7 万 kW，占 83.3%；燃气涡轮发电站装机容量 91.61 万 kW，占 4.8%；水电站装机容量 225.96 万 kW，占 225.93 万 kW，占 11.9%。2010 年哈萨克斯坦发电量 826.69 亿 kW · h，全国用电量 831.74 亿 kW · h，电量缺口 5.05 亿 kW · h，农业用电量占用电总量的 3%左右，由于哈大型农场数量下降，农业用电量呈下降趋势，由 2006 的 24.07 亿 kW · h 下降 2010 年的 19.05 亿 kW · h。

（4）农田水利设施。哈萨克斯坦共建有水库 204 座，大型水库包括伊犁河上的卡普恰盖水库、额尔齐斯河上的布赫塔而马水库、舒里宾和锡尔河上的恰而达拉水库等。但由于更新改造缓慢、年久失修，目前许多农田水利设施存在功能老化、利用率低及分布不合理等问题。部分灌溉渠道的有效利用率仅为 50%～60%，且很少采用滴灌和喷灌技术。据统计，2007 年哈萨克斯坦节水灌溉技术推广较好的科斯塔奈的普及率仅为 56%，北哈萨克斯坦州 31%、阿克莫拉州为 24%、巴甫洛达州为 17%、东哈萨克斯坦州为 14%、阿拉木图州仅为 1%（宋洁、夏咏，2013）。

3.2.4.2　农业资金投入状况

自经济体制改革以来，哈萨克斯坦固定资产投资主要集中在采矿和交通通讯业，对农业的投资比较少。下面这组数据就是很好的证明：2009 年，哈萨克斯坦固定资产投资 45 469 亿坚戈，而农业投资仅为 3 637 亿坚戈，仅占整个投资总额的 8%。缺乏农业资金的投入，导致很多农业企业丧失了扩大再生产能力，甚至有的连简单再生产也难以维持。由于资金投入不足，哈萨克斯坦的农业基础设施落后，农业技术设备投入不足，从而严重影响了该国的农业综合生产能力。

进入 21 世纪，随着经济的复苏，哈萨克斯坦的科技体制改革提上了议事日程，科研经费也有了很大程度的提高。近 5 年来，哈萨克斯坦财政对科技的投入增加了 3.7 倍，但总体而言，在 GDP 中所占比例仅为 0.2%～0.3%。2014 年哈萨克斯坦对科技的投入为 543 亿坚戈，约合 2.94 亿美元。

近年来，哈萨克斯坦逐渐开始扩大对农业生产部门的资金投入。2016 年政府积极地支持农业的微型信贷市场，2016 年 1 月至 6 月，小额融资组织和信用合作社（农业部门小额信贷发展国家计划的主要运营商）共同从农业金融支持基金中筹集了近 70 亿坚戈。与 2015 年相比，为小额信贷市场提供的基金数量有了 48%的增长，基金在涉及的小额信贷机构和信贷伙伴基金总额中的份额从 6%上升到了 14%。金融机构对农业发展的日益重视也体现在其他信贷市场——在 2016 年 1 月至 9 月的农业部门实体银行发行了 2 倍多的新贷款（近 1 000 亿美元）。重要的是，银行开始发行更多的长期贷款——长期贷款增加 2.2 倍（增加了 690 亿美元）。国家积极贷款农业，促使农业较快的发展。2016 年 1 月至 9 月，GDP 的实物量指数为 100.4%。与此同时，同期农业生产比上年同期增长了近 5%。目前在哈萨克斯坦启动了 2013—2020 年农业发展计划“农业企业——2020”，该计划的主要目标是为农业企业实体提高竞争力创造条件。农业部门积极履行国家支持的国家项目“农业企业——2020”。计划到 2020 年，通过对农业企业实体进行补贴，使农业企业的数量增长 4～5 倍。

从哈萨克斯坦对农业固定资产投资领域来看（图 3 - 13），包括农业机械设备投资、农业基础设施建设投资、畜牧业生产投资、种植业投资、

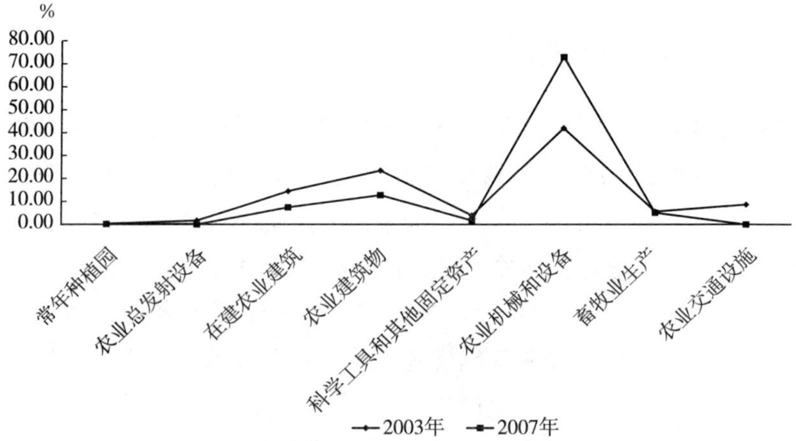

图 3 - 13　2003 年与 2007 年哈萨克斯坦农业固定资产投资构成

资料来源：《哈萨克斯坦统计年鉴》。

农业科研投资等方面。其中，农业机械和设备是其最主要的投资领域，且投资呈现出逐年增长的趋势，占对农业投资总额的比重从2003年的42%增长到2007年的72.9%，也就是说哈萨克斯坦本国对农业投资的近2/3在农业机械设备上。2006年以后则取消了农村交通设施的投资。

3.2.4.3　农业机械化水平

哈萨克斯坦很多地区延续着苏联时期建立的集团农庄经营模式，农庄内土地集中平坦，非常适合农业机械化技术的推广。但是哈萨克斯坦农业机械普遍老化，急需更新换代，同时机械设备严重不足，尤其缺少采棉机等专业化农业机械。另外，由于哈萨克斯坦水资源分布的特点，水资源成为制约其农业发展的重要因素之一，如果能够解决好哈萨克斯坦农业灌溉问题，则其农业可以迅速的发展。据哈萨克斯坦农业部部长库里什巴耶夫2009年在伊斯坦布尔的第五届水资源论坛上称，哈萨克斯坦水灌溉面积自1993年以来下降了43%，目前为130万hm^2。

据驻哈萨克斯坦经商参处发布的资料显示（表3-22），哈萨克斯坦2008—2013年，农业技术设备制造业实际总增加值增长近100%，由2008年的53.26亿坚戈增至2012年的103亿坚戈。劳动生产率增长了3.6倍，由人均每年1.63万美元增至6.08万美元。劳动生产率的增长降低了用工人数，与2008年相比，2012年行业就业人口减少了32%。2012年行业固定资本投资19.35亿坚戈，较2008年增长2.7倍。固定资产更新系数为11.4%。商品出口1 430万美元，较2008年增长30%。农机进口量约占国内需求的80%。2012年进口农机5.09亿美元，与2008年相比下降37%。

表3-22　2008—2013年哈萨克斯坦农业技术设备制造业发展情况

		2008	2009	2010	2011	2012	2013
增加值（亿坚戈）		53.26	50.14	92.16	112.55	167.68	103
就业人口		2 709	1 709	1 546	1 938	1 850	1 920
劳动生产率	万坚戈/人	196.6	293.3	596.1	580	900.6	—
	万美元/人	1.63	1.99	4.05	3.96	6.08	—

（续）

	2008	2009	2010	2011	2012	2013
农用、林用拖拉机（万台）	17.4	14.0	29.8	43.3	46.6	—
犁（万个）	0.5	1.0	—	—	—	—
收割机和脱谷机零件（万坚戈）	—	0.68	1.27	0.22	—	—
土壤耕作机零件（万坚戈）	—	6.73	6.64	3.5	4.6	—
其他农机设备零件（万坚戈）	3.82	0.36	0.45	1.81	—	—
设备磨损率（%）	16.8	19.1	20.3	25.9	28.3	—

资料来源：驻哈萨克经商参处，http：//kz.mofcom.gov.cn/.

2005年农用拖拉机世界平均每千公顷约为20台，而哈萨克斯坦只有2台；联合收割机世界平均每千公顷3台，哈萨克斯坦平均每千公顷只有0.9台；化肥施用量世界平均每千公顷1 207t，而哈萨克斯坦仅仅只有6.4t，严重低于世界平均水平。由于农业投入和国家预算拨款较少，无法生产和购买足够的农业技术设备，使得农业的技术装备程度明显低于世界平均水平。此外，由于对农业科研的投入极少，哈萨克斯坦农业基本上不存在科研创新，更多是引进国外新工艺、新技术改进本国的农业生产。

哈萨克斯坦在独立前实行的是国有大型农场集体生产经营，农业生产的机械化、集约化程度高。目前，在哈萨克斯坦的农田中作业的46 000多台联合收割机中约有36 000台还是苏联时代的产品。据统计，78%的谷物联合收割机和拖拉机平均使用年限高达13～14年（规定使用年限为8～10年），65.2%的谷物联合收割机、90%的拖拉机、94%的播种机均应淘汰。显然，农业机械设备已严重陈旧老化，无法满足本国粮食生产的实际需要（张弛，2013）。

3.2.4.4 农业科研水平

（1）教育水平。哈萨克斯坦教育基础较好，全国基本无文盲，成人识字率99.7%。中小学实行义务教育，中等教育覆盖率98.5%，国立和公立高校采取奖学金制和收费制两种方式。中等教育11年制，正在104所中学开展12年制教育试点工作。5～24岁人口受教育率达到85%。2010年哈萨克斯坦共有高等学校149所，专科院校494所以及中等专业学校

309所。高等院校的在校生人口为61.03万，专科院校在校人口49.52万，研究生和博士数量不多。近年来，哈萨克斯坦教育投资力度逐渐加大，2010年财政性教育支出8 661.1亿坚戈（约合58.80亿美元）比2009年增长10.37%，占到GDP总量的3.97%。而截止到2015年12月，共有学前教育机构8 834所，其中幼儿园3 128所，在校学龄前儿童75.88万，幼儿园教师中56.4%拥有高等学历；哈萨克斯坦部分中小学实行多民族语言教育，共有全日制中小学7 511所，在校学生279.9万，教职工30.52万，其中86.9%具有高等学历，中学高级教师占16.3%；中等专业技术和职业教育学校772所，教职工3.748 9万，技师5 623，全日制学生279.9万，函授生12.04万；各类高校127所，其中国立9所，国际1所，纳扎尔巴耶夫大学1所，公立33所，股份制16所，私立63所，其他类别14所（表3－23）。哈萨克斯坦本国排名前十的主要大学有：国立阿里-法拉比大学、国立古米廖夫欧亚大学、萨特帕耶夫国立技术大学、南哈萨克斯坦澳埃佐夫国立大学、卡拉干达布克托夫国立大学等。

表3－23　2015年哈萨克斯坦基础教育概况

学校情况（所）					在校生人情况（万人）		
高等学校	中等及以上专科院校	全日制中小学	学前教育机构	幼儿园	高等院校	专科院校	全日制中小学
127	772	7 511	8 834	3 128	61.03	49.52	279.9

资料来源：2016中国对外投资合作国别（地区）指南。

随着经济的复苏，哈萨克斯坦的科技体制改革也提上日程，科研经费投入开始不断增加。2006—2009年哈萨克斯坦的科技投资由355.95亿坚戈（约合2.82亿美元）增长到490.29亿坚戈（约合3.32亿美元），年均增长11.26%。2010年科技投资总额较2009年有所下降，为460.80亿坚戈（约合3.13亿美元），其中国内科技投资占到72.63%。哈萨克斯坦政府制定的未来5～10年的国家教育战略是：到2015年实现12年义务教育学制；10所高校通过国际评审；力争所有高校都能达到“博洛尼亚进程”中所要求的指标。2020年，至少两所高校成为世界名牌大学；高等教育体系达到世界先进水平；在校硕士生人数达到1.25万人，博士生人数是现代的10倍。

（2）科技水平。2014 年哈萨克斯坦共有科研机构 392 家，包括 101 家国家科研研究所，105 所大学研究机构，企业化科研机构 149 家，民办非盈利性其他各类科研机构 37 家等。全国科技人员约为 2.58 万，包括研究人员 1.89 万，其中科学博士 2 006 人，科学副博士[①] 5 254 人。

哈萨克斯坦农业科学院归属农业部直接管理，大部分科研经费由国家财政拨款，约 20%左右靠本院自筹。农业科学院有几十个研究所，中级以上的科研人员约 4.5 万人，多数人集中在东南部农牧业较发达的四个州。每个研究所都有实验农场、牧场或蔬菜瓜果园。近年来，虽然科研成果的转化推广工作受到经费短缺等障碍，但该院还是推出了一批作物和家畜良种，包括抗寒抗旱的黑大麦、小麦、葵花、甜菜等。

在牲畜良种培育、疾病防治等科研领域的成果显著。哈萨克斯坦的畜牧业历来就比较发达，现实生产中对科技的需求也很旺盛。早在 20 世纪五六十年代，哈萨克斯坦就与俄罗斯、拉脱维亚等国的有关科研单位合作，在种马、种牛、种羊的培育、繁殖领域建立了从基因胚胎到扩大繁殖、疾病防治的系统工程研究体系。其研究成果，尤其是称为黑白型的哈萨克种马和种牛，不仅在独联体各国受到欢迎，而且还能满足中亚其他国家的部分订货要求，得到了国际上有关组织的公认，并列入推广标准型系列。

尽管哈萨克斯坦近年来大力发展农业技术，但由于其推动力和带动力还比较小，仍表现出诸多农业技术不足和滞后。如粮食加工技术和能力不足、反季节蔬菜生产技术落后、滴灌技术欠缺、糖果面包等食品加工技术与能力不足等。

（3）农业科技基础。苏联中亚五国中，哈萨克斯坦的农业科研机构具有较强的实力，包括农牧业和蔬菜、瓜果等。哈萨克斯坦农业科研体系初建于 20 世纪 20 年代初期，在五六十年代，得益于同苏联其他共和国的交流，基础性研究有了长足的发展。同俄罗斯专家合作培育的抗寒黑麦、黑花奶牛良种曾享誉许多国家。哈萨克斯坦独立后的 25 年中，其农业科学进行了一系列改革。改革形成了新的科学和创新的管理系统，其重点是加速农业工业化进程，提高生产力和增加农产品的出口潜力。为了在农业重

① 副博士学位（俄制），1 种颁授给研究生的学位（相当于博士），低于俄式学制的全博士学位（相当于博士后）。在取得副博士学位后，研究生才能够修读全博士。

组过程中加快农业部门的科技发展，哈萨克斯坦农业部的25个研究机构设立了一家股份公司“哈萨克农业创新股份有限公司”（KAI），其主要任务是创造和引入商业，使用新的农业技术，转让先进的外国技术，在世界一级市场中提供科学和技术服务。

在2006年和2008年，哈萨克斯坦在农业科学方面共转让了187个农业和其他文化的新品种；开发和完善了主要农作物栽培的农业技术；制作了16个用于水管理的设备和设备原型；开发了44个农产品加工和储存技术，制定了66个食品、动物饲料配方的技术法规、条件和标准；开发了23个保持和饲养农业动物、鸟类和鱼类技术；研制58种类型的疫苗、诊断试剂盒和治疗药物；制定了农业经济学领域的27项建议，制定和实施国家农业政策的一些建议和分析材料；发明了50个机械和设备原型，39个规范性技术文档等。2009年在库存的基因库中新增7 029个样本，研究了71 166个样本，记录样本10 326个；国家转让35个增产、高量和抗外环境因素的新品种；在农业方面制定了12项关于资源节约技术和适应不同自然和气候条件的主要农作物栽培的建议。

3.3 中国与哈萨克斯坦农业资源比较

3.3.1 土地资源

中国和哈萨克斯坦同为农业大国，拥有较为丰富的农业资源（图3-24）。中国在农业土地资源面积的数量上明显高于哈萨克斯坦。但两国在农业资源方面具有一定的相似性，尤其在农业自然资源方面表显得尤为突出。两国在农业土地面积的绝对数量上都位于世界前列，且类型多样。农业土地分布不均衡，各地区在农业土地的类型、质量等方面差异较大。草地、森林面积在两国都出现减少的趋势。

表3-24 中国与哈萨克斯坦主要农业土地资源比较

单位：万 hm^2

	土地总面积	农业用地面积	耕地面积	草地面积	森林面积
中国	95 629	64 574	13 506	21 947	25 307
哈萨克斯坦	27 249	20 789	2 236	18 510	334

资料来源：《2015年中国统计年鉴》、《2015年哈萨克斯坦统计年鉴》。

两国虽然都拥有面积绝对数量较大的农业用地，但相对数量差异较大，即农业用地占国土总面积的比例相差较大（图 3－14 所示）。中国近 20 多年来，农业用地占土地面积的百分比总体维持在 55％水平线上。而哈萨克斯坦该比例高达 80％，说明哈萨克斯坦在农业土地开发方面有极大的潜力。

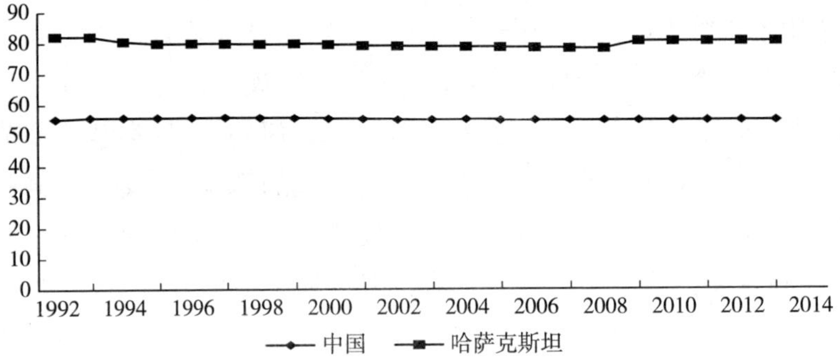

图 3－14　中国与哈萨克斯坦农业用地占土地面积的百分比对比（％）

资料来源：世界银行数据库。

两国在人均耕地面积上也有较大的差异性。如图 3－15 所示，中国近年来人均耕地面积数量呈现递减趋势，从 1992 年起，人均耕地数量就一直低于 0.1hm^2。哈萨克斯坦随着其耕地面积的减少和人口的增加，其人均耕地面积呈现出快速下降趋势，但该数值仍然大于 0.2hm^2，是中国的 2 倍之多。

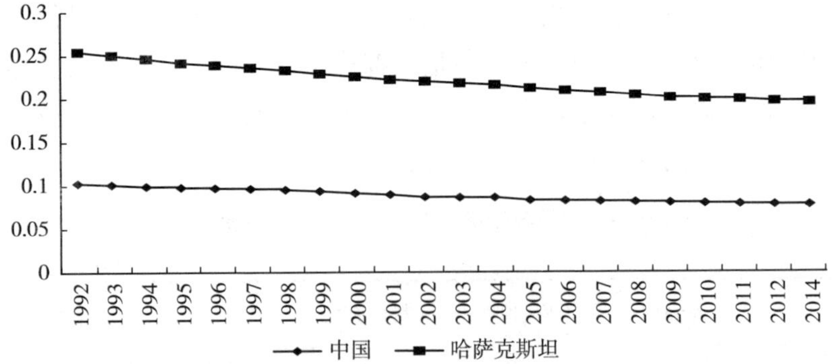

图 3－15　中国与哈萨克斯坦人均耕地面积对比（hm^2/人）

资料来源：世界银行数据库。

两国在森林面积上的差异更为突出，由于中国以山地为主，故其在森林面积上远高于以平原低地为主的哈萨克斯坦。如图3-16所示，中国森林面积占土地总面积的比例近年来呈现出明显逐年增加的趋势，而哈萨克斯坦森林面积较少，近些年森林占土地面积的百分比基本保持不变。

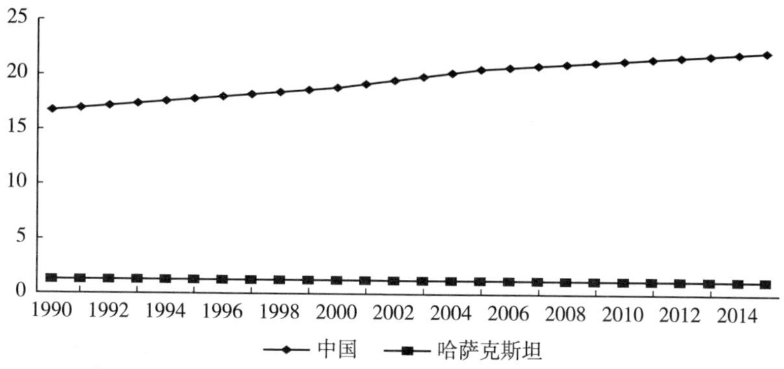

图3-16　中国与哈萨克斯坦森林占土地面积的百分比对比（%）

资料来源：世界银行数据库。

3.3.2　水资源

中国水资源总量丰富，但分布极不平衡，人均水资源量少。虽然哈萨克斯坦地处内陆，水资源总量缺乏，但哈萨克斯坦人均水资源量充足，是中国人均水资源量的3倍之多。中国水资源总量上十分丰富，除了地处干旱、半干旱的西北地区外，其余地区农业用水都可得到保证。但是，中国水资源在地区分布上极其不平衡，总体上呈现出南多北少、东多西少的特点。哈萨克斯坦境内仅形成56%的地表水，其余的来自众多邻国，这增加了哈萨克斯坦一些地区对邻国水资源的依赖。水资源的匮乏影响了哈萨克斯坦工农业生产和人民的生活，严重地阻碍了其农业的发展。如表3-25所示，中国在水资源总量上要远远大于哈萨克斯坦水资源储量，无论是地表水资源、地下水资源还是降水资源，中国在总量上都要高于哈萨克斯坦。这与哈萨克斯坦地处内陆，受大气洋流影响较小有关。但是，哈萨克斯坦人均水资源量比中国人均水资源量要大。

表 3-25 中国与哈萨克斯坦水资源比较

	地表水资源（亿 m^3）	地下水资源（亿 m^3）	降水资源（亿 m^3）	水资源总量（亿 m^3）	人均水资源（m^3/人）
中国	26 900.8	7 797.0	61 889	27 962.6	2 039.3
哈萨克斯坦	1 005	161	—	1 066	6 000

注：水资源总量＝地表水资源＋地下水资源－重复计算部分；"—"表示哈萨克斯坦降水资源数据缺失。

资料来源：《2016 中国统计年鉴》、哈萨克斯坦官方资料整理。

3.3.3 农业劳动力资源

中国与哈萨克斯坦两国农业人口相对较少，且从长期来看有减少的趋势，农业劳动力资源略显不足。中国农业就业人口达到 21 496 万人，而哈萨克斯坦农业就业人口只有 143.2 万，仅为中国的 0.67%。中国农业就业人口的比例为 27.70%，萨克斯坦农业就业人口比例为 14.29%，仅为中国的 51.6%（表 3-26）。近几十年间，两国农业劳动力人口总量都呈现出波动减少趋势，且出现农业劳动力"老龄化"、"妇女化"现象。

表 3-26 中国与哈萨克斯坦 2016 年农业就业人口数量比较

	农业就业人口（万人）	非农业就业人口（万人）	总就业人口（万人）	农业就业人口比例（%）
中国	21 496.0	56 107.0	77 603.0	27.70
哈萨克斯坦	143.20	858.66	1 001.86	14.29

资料来源：《中国统计年鉴》、哈萨克斯坦统计署。

两国虽然在农业劳动力数量方面都不足，但中国农业劳动力素质高于哈萨克斯坦。中国农业劳动者在农业耕作、农业灌溉、农产品加工等方面的能力相对于哈萨克斯坦都处于较高水平。哈萨克斯坦受苏联体制及自身教育的影响，国人大都不喜欢也不擅长农业耕作，青壮年男子大都选择非农行业，致使其农业劳动力面临"妇女化"更为严重，这也是哈萨克斯坦农业生产效率低下的原因之一。农业生产率低，也导致农业劳动力收入不高，青壮年男劳动力向非农产业转移明显，则使哈萨克斯坦国内农业劳动力"妇女化"现象更加严重。

3.3.4 农业科技水平

中国在农业基础设施、农田机械化水平方面明显领先于哈萨克斯坦。中国近些年十分重视“三农”工作，即“农业、农村、农民”，逐年加大对农村基础设施的建设和改善。中国无论在道路运输还是水力、电力、机械设备等农业基础设施方面，基本上覆盖了全国大部分农村地区。而哈萨克斯坦在农业基础设施方面较为落后，国内一半以上农业设施和机械都是承袭苏联时期的建设，有较多有待修缮、改造和完善的地方，如农业水利设施、供电设备、农用大型机械等方面。

中国无论是在科技资金投入还是农业科技水平方面都远高于哈萨克斯坦。中国2014年在农林水环事务方面的国家财政投入就达到17 989.4亿元（2 939.92亿美元），同年哈萨克斯坦在该方面的国家财政支出为2 338亿坚戈（12.58亿美元），仅为中国的0.4%。在国家财政的支持下，中国在农业科学技术方面取得了较大的成果，在育种技术、动物克隆技术、动植物病害防疫技术等方面处于世界前列。哈萨克斯坦由于农业资金投入少、农业新技术开发不足，导致其在粮食加工技术、反季节蔬菜生产技术、滴灌技术、食品工业技术等方面较为落后。虽然继承了苏联时期的动物育种技术，但相对于发达国家来看，仍然缺乏竞争力。中国在农业科技发展方面领先于哈萨克斯坦，而哈萨克斯坦农业生产潜力巨大，两国在农业科技合作方面则拥有巨大的发展潜力。

第 4 章　中国与哈萨克斯坦农业生产结构及其变动

农业生产结构是指农业中各生产部门或各生产种类所占的比重及其相互关系。科学的农业生产结构，有利于发挥农业内部各部门之间相互促进的关系；有利于农业生态系统的各因素之间保持相对的协调和稳定，充分合理地利用自然资源和经济资源；能够满足国民经济对农产品的需求。目前在中国，农业生产结构的调整有以下几个特点，种植业增长速度减慢；畜牧业增长速度加快；其他产业增长速度有所上升，但增幅要比畜牧业增幅小。在哈萨克斯坦，种植业和畜牧业是最主要的两大农业生产部门，种植业产值占农业总产值的比重约为 49.1%，畜牧业产值占农业总产值的比重约为 50.6%，林业和渔业产值占农业总产值的比重仅为 0.3%。

正确地认识目前的农业生产结构，有助于发现生产结构中存在的问题和不足，为合理优化生产结构提供必要的基础。因此，本章将介绍两国农业生产结构的演变和现状，并具体分析各国种植业、畜牧业、林业和渔业四大农业生产部门的生产结构变动情况。

4.1　中国农业生产结构及其变动

4.1.1　农业生产结构及其变迁

随着整个国民经济发展和市场的演变，中国农业生产结构也在经历着相应的调整。农业生产结构的调整主要有以下几个特点，种植业增长速度减慢；畜牧业增长速度加快；其他产业（渔业、林业和副业）增长速度有所上升，但增幅要比畜牧业增幅小。这是农业生产结构调整适应市场需求而优化的结果，随着收入的提高，人们对种植业产品的需求不断下降，而对畜产品和水产品的需求则不断提高。各地农业产值增长快慢在很大程度上取决于各地是否能改善或充分发挥当地农业生产比较优势。

具体来说，近 60 多年来，种植业产值占农林牧渔业产值的比重不断下降，林、牧、渔业比重稳步上升，农业内部产业结构已经实现了由传统单一的种植业为主向农牧并重、林渔同步发展的现代农业转变。在农林牧渔业总产值中，2008 年农业所占比重为 48.4%，种植业内部在保证粮食生产的前提下，积极发展瓜果、蔬菜、花卉等高效经济作物，2008 年蔬菜水果产值占农业产值的比重达到 42%，高效经济作物成为农业结构调整的亮点；2008 年林业产值所占比重为 3.7%，林业的发展由木材生产为主向生态建设为主转变；2008 年畜牧业所占比重为 35.5%，畜产品中牛羊肉、禽肉比重明显上升，结构更趋合理；2008 年渔业产值所占比重为 10%，渔业从中国农业的副业迅速成长为繁荣农业经济的重要产业（孙新章，2010）。

4.1.2　种植业生产结构

1949 年以来，中国种植业调整大致经历了三个不同的阶段，分别是 1949—1978 年以粮为纲阶段，1979—1999 年粮蔬发展阶段和 2000 年至今的质量提高阶段。

在以粮为纲阶段，中国处于计划经济时期，粮棉生产占主体，粮食种植以谷物、小麦和玉米为主，实行粮食征购，同时开放蔬菜等副食品生产。这一时期种植业调整的力度不大，粮食播种面积虽然由 1952 年的 18.6 亿亩下降为 1978 年的 18.1 亿亩，但占总播种面积的比例一直维持在 80%以上，经济作物占总播种面积的比例则一直在 9%左右波动，其他农作物占总播种面积的比例则有小幅上涨；在粮蔬发展阶段，中国开始实行家庭联产承包责任制，粮食问题基本解决，农民温饱问题基本扭转。粮食单产不断提高，粮食播种面积有所下降，但仍以粮食生产为主，经济作物的播种面积有明显上升；在质量提高阶段，粮食供求大致平衡，但存在结构性矛盾，调整重点在提高农产品质量。这一阶段的农产品生产结构也在不断调整，在主要农作物播种面积中，非粮食类农产品面积比重增长较快，其中药材、棉花、糖料、蔬菜的播种面积比重是增长最快的前四位，年均增长率分别达到 7.38%、6.83%、3.09%和 2.16%，粮食作物的播种面积比重稳中有降。

经过多年调整，目前中国种植业结构较为稳定。农作物区域分布的基本特点为：稻谷主要分布在南方；小麦主要分布在北方；玉米分布在华北、东北地区；其他谷物广泛分布于农牧交错区；豆类集中在东北；薯类分布较为分散；油料分布广泛，但在个别省份较为集中；棉花集中于华北地区和新疆；麻类、糖料、烟叶、药材分别集中分布在个别省份；蔬菜瓜类在沿海省份较为集中；青饲料集中于畜牧业较为发达的地区；其他农作物的分布为广域分布；茶园集中于中亚热带；果园基本呈暖温带、南亚热带两带分布（白石，2009）。

4.1.2.1 粮食作物生产

粮食主产区是指国内生产条件好，粮食产量高，粮食生产具有比较优势，适合进行较大规模的粮食生产，并且在满足本区域内的粮食消费外，还能够向其他区域进行商品粮输出的省份。中国粮食主产区各省区的确定具体来自于财政部在2003年末发布的《关于改革和完善农业综合开发若干政策措施的意见》的文件，其中将包括黑龙江、吉林、辽宁、内蒙古、河北、山东、江苏、安徽、河南、湖北、湖南、江西和四川等，共计13个省份确定为中国粮食主产区。2013年中国粮食实现了连续十年增加，全国粮食总产量60 195万t，其中粮食产量在3 000万t以上的内蒙古、河南、山东、吉林、江苏、四川、河北、安徽等8个粮食主产区的粮食总产量高达33 251.7万t，占全国粮食总产量的比重为55.2%。可见，粮食主产区已经担负起了中国粮食安全的重任。

粮食总产量。中国粮食总产量近40年来增长迅速，从1978年到2013年，中国粮食总产量共计增加了30 477万t。2003年到2013年粮食总产量增加39.8%，年均增幅为3.09%，其中粮食主产区的粮食产量增加了49.7%，年均增幅为3.73%。2013年中国粮食总产量增加了1 235.9万t，其中粮食主产区增加了1 153.6万t，占全国粮食总产量增加量的93.3%。自2007年的粮食总产量达到1万亿斤*以上，到2013年的连续7年，中国粮食总产量一直保持在1万亿斤以上，其中粮食主产区

* 斤为非法定计量单位，1斤=500g。——编者注

的粮食总产量占全国的比重始终保持在 70%以上。可见粮食主产区粮食产量对全国粮食生产做出了巨大贡献。

粮食播种面积。2002 年以来中国粮食播种面积呈较快增长的趋势，从 2003 年的 99.4 万 km^2，增加到 2012 年的 111.2 万 km^2，增加了 11.9%。粮食主产区的粮食播种面积从 2003 年的 68.5 万 km^2 增加到 2013 年的 80.23 万 km^2，11 年间增加了 17%。2007 年至今，粮食主产区粮食播种面积占全国的比重一直在 70%以上。

粮食单产。2003 年以来中国粮食单产增长较快，粮食主产区的单产一直保持较高的增长态势，从 2003 年的 5 147.3kg/hm^2，增加到 2012 年的 6 243kg/hm^2，增加了 21.3%。非粮食主产区的粮食单产从 2003 年的 4 715.6kg/hm^2，增加到 2012 年的 5 321.4kg/hm^2，增加了 12.8%。全国粮食平均单产从 2003 年的 4 896.6kg/hm^2，增加到 2012 年的 5 707.9kg/hm^2，增加了 16.6%（蒋黎，2015）。

4.1.2.2　经济作物生产

中国的经济作物主要包括油料、棉花、麻类、甘蔗、甜菜、烟叶、蚕茧、茶叶、水果九大类。这些经济作物的产量随着时间的变化呈现出以下五大特征：

第一，水果、甘蔗和油料的产量呈递增趋势，其中，水果、甘蔗增势明显，油料增长相对缓慢。水果产量从 1983 年的 800 万 t 增加到 2014 年的 26 142 万 t，增长了 31.7 倍；甘蔗产量从 1983 年的 3 114 万 t 增加到 2014 年的 12 561 万 t，增长了 3 倍；油料产量从 1983 年的 1 055 万 t 增加到 2014 年的 3 507 万 t，增长了 2.3 倍。

第二，棉花和烟叶产量稳中有升，甜菜产量波动较大。棉花产量从 1983 年的 464 万 t 增加到 2014 年的 618 万 t，增长了 33.2%，年均增长 1 个百分点；烟叶产量从 1983 年的 138 万 t 增加到 2014 年的 299 万 t，增长了 116.7%，年均增长 3.6 个百分点；甜菜产量在高的年份达到了 1 629 万 t，在低的年份只有 586 万 t，产量波动性非常明显。甘蔗与甜菜产量前后比较发现，甘蔗逐渐占据了糖料作物生产的主导地位。

第三，茶叶产量增势较为明显，蚕茧产量稳中有升，麻类产量呈下降趋势。茶叶产量从 1983 年的 40 万 t 增加到 2014 年的 210 万 t，年均递增

13.3%；蚕茧产量从1983年的34万t增加到2014年的90万t，年均增加5.1个百分点。麻类产量从1983年的125万t下降到2014年的23万t，年均下降2.6%，麻类是所有经济作物中唯一出现产量下降的经济作物。

第四，经济作物总产量呈现出快速递增趋势。经济作物总产量从1983年的6 688万t增加到2014年的44 250万t，年均递增17.6%，增速十分明显。

第五，经济作物内部产量排名具有一定的"粘性"。近年来，排名前四的经济作物均是甘蔗、油料、甜菜和水果，只是具体顺序发生了变化。2014年，水果产量已经位居第一，成为经济作物中的绝对龙头，甘蔗由原来的第一名退到第二名，油料由原来的第二名退到第三名，甜菜由原来的第三名退到第四名。其他经济作物除麻类排名发生较大变化外，棉花、烟叶、茶叶、蚕茧产量的排名先后顺序也基本没有变化，排名上也具有一些"粘性"。主要经济作物排名"粘性"是市场需求与农业供给共同作用的结果（朱振亚，2017）。

4.1.3 畜牧业生产结构

中国畜牧业的发展历程，大体可划分为3个阶段：第一阶段是1980年以前，畜牧业属于家庭副业，在农业中处于补充地位；第二阶段是1980—1995年，畜牧业全面快速发展，实现了畜产品供求基本平衡的历史性跨越，奠定了农业支柱产业的地位；第三阶段是20世纪90年代中期以来，畜牧业进入以提高质量、优化结构和增加效益为主的发展阶段。当前，中国畜牧业正处于现代畜牧业发展的关键时期，畜牧业的总体规模不断扩大（夏晓平，2010）。

与农业发达国家相比，中国畜牧业存在一个很大的问题，生产结构不尽合理且调整缓慢。"耗粮型"畜禽的生产比重过高，而"节粮型"草食畜的比重偏低，畜牧业结构不平衡，造成部分畜产品产能过剩，部分畜产品又供不应求，导致畜产品价格波动过大，养殖效益不稳定，影响畜产品市场的均衡供应。中国猪肉、禽肉以及禽蛋的产量目前位居世界第一，人均占有量高于世界平均水平，猪肉、禽肉以及禽蛋产业的基础设施建设已经表现出产能过剩的局面。而牛羊肉和牛羊奶则产能不足，人均占有量远低于世界平均水平。反映在市场上猪肉、禽蛋、禽肉价格波动较大，时高时低，而牛羊肉和奶价格近年来则一路攀升，说明中国的畜牧业生产结构有待于进一步调整优化。必须稳定猪禽生产、扩大牛羊生产才能平衡发展，保证畜产品市场的均衡供应。发展适度规模、提高单产的生态畜牧业，是中国畜牧业未来的一个发展趋势。尤其是利用现代畜牧科技和现代企业经营理念发展起来的小微畜牧企业和家庭牧场将在中国畜牧业发展中占据重要的地位（张锁良，2014）。

从畜牧业生产结构的区域分布来看，自2003年以来各省份的畜牧业均有不同程度上的增长，总体呈现快速发展的势头。西南区、黄河中游区、南部沿海区、东北区和西北区的总增长率远远高于同期全国123.97%的平均增长水平。具体到省份，高于这一指标的省份达16个，占总数的51.61%。其中增速居于前五位的省份依次为内蒙古（234.00%）、青海（210.38%）、海南（192.18%）、广西（178.42%）和广东（164.70%）（夏晓平，2010）。

4.1.3.1　养牛业

近年来，中国的肉牛、奶牛生产发展十分迅速。肉牛、奶牛的存栏数及牛肉、牛奶的产量大幅度提高。肉牛和奶牛生产已经成为农民脱贫致富的重要产业，也成为国民经济的重要组成部分。但中国的肉牛和奶牛生产与发达国家相比仍然存在很大的差距。

中国年屠宰牛头数约为4 316万头，位于世界第1。但牛肉产量为618万t，位于世界第3。中国肉牛胴体平均重量为143kg，位于世界第146，与世界肉牛胴体平均重量的213kg，特别是发达国家美国的341kg相比还有相当大的差距。另外，目前中国牛肉产量只占肉类总产量的7.9%。

中国奶牛头数约为1 229.7万头，世界排名第3，牛奶产量为3 692.8万t，世界排名第3。奶牛单产为300kg，世界排名第57。奶牛单产高于世界平均水平2 394kg，但是与发达国家美国的9 678kg相比，还存在很大差距。

中国肉牛业存在的问题表现在牛的品种、饲养管理、屠宰加工等方面。其中的突出问题包括牛场规模化程度低、产业链衔接不完善，犊牛繁育基础非常薄弱，育肥方式不够科学以及牛肉质量不高。

中国奶牛业存在的问题主要表现在，不同规模的奶牛场包括个体养牛户、奶牛小区与规模化奶牛场并存，奶牛规模化程度低，奶牛品种良种率不高，奶牛饲养管理技术不完善等。在环境保护方面，牛场粪污处理、低碳减排等方面存在的问题也比较突出。由此来看，中国的养牛业发展已经到了一个由数量到质量和升级换代转变的关键阶段（赵广永，2015）。

4.1.3.2 养羊业

（1）绵羊、山羊的存栏情况。1990 年到 1994 年这 5 年间中国绵羊的存栏数明显高于山羊数；1994 年山羊的存栏数较 1990 年增长了 8.16%，2008 年山羊的总存栏数较 1994 年增加了 40.57%；1994 年绵羊的总存栏数较 1990 年减少了 1.75%，2008 年绵羊的总存栏数较 1994 年增加了 21.43%。从 1995 年开始山羊的存栏数已经开始显著高于绵羊，最后两者的存栏数目几近持平。

（2）绵羊、山羊生产水平情况。近些年来，中国养羊业取得了很大的成绩，但也面临羊肉、羊毛等供不应求的情况，提高羊的单产能力是解决这一问题的关键。中国山羊的每只单产量稳步提高，2008 年比 1990 年提高了 16.1%。而羊皮的单产量却相对保持在稳定状态，特别是 2007、2008 两年间生产羊皮的单产量还略有下降，下降幅度为 3.7%，绵羊的单产量由 1990 年的 12kg，提高到 2008 年的 15kg，增长了 25%。

（3）绵羊、山羊品种。据统计，目前世界现有主要绵羊、山羊品种 780 多个，其中细毛羊占 10%、粗毛羊占 46.1%、半细毛羊占 30.2%、其他羊占 12.7%。中国的绵羊、山羊品种资源也十分丰富，单就列入《中国羊品种志》的地方绵羊、山羊品种已达 35 个，加上列入各省《畜禽品种志》的地方绵羊、山羊品种达 80 多个。同时，中国的畜牧工作者也培育了许多生产性能较高、繁殖能力较强的培育品种。目前已培育出绵羊品种 22 个。丰富的品种资源为中国养羊业的快速发展奠定了坚实的基础。

（4）羊肉产量、原毛产量情况。2000 年中国羊肉产量占世界总产量的 24.36%，原毛占 12.61%；到 2008 年中国羊肉产量占世界总产量的 26.87%，原毛占 12.38%。整体来说中国羊肉、羊毛呈现稳步增长的趋势。近年来世界羊肉产量不断增长，而原毛产量却呈下降趋势。中国羊肉的总产量整体符合世界产量增长的规律。当前中国山羊除奶山羊，绒、皮用山羊，安格拉山羊外，其他均以产肉为主，绵羊仍然以产毛、绒、皮为主。羊肉产量的骤降，原毛产量的稳定，充分说明了近年来中国羊群结构的巨大变化，山羊数量相对减少，绵羊数量相对增加。

虽然近年来，中国养羊业得到了快速的发展，但是其中存在的问题仍然很多，主要表现为：个体胴体体重较小；人均占有量少；羊毛的细度不够且质量较差；羊肉产品占肉类总产量的比重低；散户饲养为主，规模化养殖水平低等（张树亮，2014）。

4.1.3.3　生猪养殖业

中国是全球最大的猪肉生产国和消费国，近年来稳居世界第一；国内猪肉消费一直高于牛、羊、禽肉，且以鲜食为主。中高端猪肉市场占有率较低，但在北京、上海、广州、深圳等发达城市，冷却肉已经占有当地生鲜猪肉市场15%左右的份额。猪肉深加工量及对外贸易量较少；冷冻猪肉、火腿、香肠、干熏腌渍制品主要运送和出口到新加坡、菲律宾等周边国家以及中国香港、澳门。

近年来，在国家政策的强力推动下，中国生猪养殖业正经历由传统农户散养向规模化、集约化、工厂化饲养转变，中国猪业转型升级进程明显加快。中国生猪养殖业的发展现状主要表现在以下七个方面。

（1）五类模式同时并存。中国生猪养殖已经形成了多种模式，主要包括传统养殖、过渡养殖、现代养殖、生态养殖和健康养殖五类。生态养殖和健康养殖尚处于起步阶段，传统养殖的农户（年出栏1～3头）或散养户正在加速退出市场，过渡养殖（年出栏500～3 000头）和单体规模大于3 000头的现代养殖迅速发展。生猪养殖在经历一系列变动后，目前家庭农场（20～100头母猪）和大型规模猪场（3 000头母猪以上）正在成为中国养猪业的主力。

（2）四大体系已经建立。一是以国家育种中心、良种场、繁育场、人工授精站为主的繁育体系基本形成。二是国家、省、市（地）、县（区）四级饲料质量监控管理网络初步形成。三是以国家、省、市（地）、县（区）、乡镇为体系的疫病防治网络已实现全覆盖。四是肉品安全监管追溯体系及其生产供应链正逐步趋于完善。

(3) 大型企业进驻生猪养殖业。中国民营企业500强中的部分农牧企业正在拉近中国养猪业与发达国家的距离。众多技术和资金雄厚的集团公司已加入养猪业，天康生物借助上市打造生猪全产业链，将生物疫苗及饲料的生产销售扩展到种猪繁育、生猪养殖、屠宰加工和肉品销售；天邦入股法国种猪公司；新希望集团加速进行海外扩张；温氏集团的猪场已采用物联网控制系统；雏鹰农牧连续融资，拟募集15亿资金且大部分用于生猪养殖等。

(4) 健康养殖备受推崇。近年来，生猪健康养殖越来越受到政府、企业及消费者的关注和重视，大力发展健康养殖是保持中国生猪养殖业持续、稳定发展，提高食品安全和生态环境保护水平，保障消费者健康的方向和必然选择。

(5) 行业标准基本健全。中国目前已制定了比较完善的与生猪养殖有关的法律法规及行业标准，主要包括：《畜牧法》、《动物防疫法》、《畜禽规模养殖污染防治条例》、《畜禽场环境质量标准》、《畜禽饮用水水质》、《生猪饲养兽药使用准则》、《生猪饲养兽医防疫准则 》、《生猪饲养饲料使用准则》、《生猪饲养准则》以及《无公害食品行业标准-猪肉》等。其中，绿色食品标准体系已构建实施，它将引导消费者观念的转变；引领生猪养殖加工业在生产无公害、绿色、有机等中高档猪肉产品上发展。

(6) 养殖区域相对集中。生猪养殖和商品猪供给区域化明显。四川、湖南、河南、山东、河北、广东、广西、湖北、江苏、安徽等省为养猪大省，生猪出栏量占全国生猪出栏量的60%左右。四川、湖南、河南、河北、云南、湖北六省提供的商品猪占全国区际商品猪贸易总量的80%以上。

(7) 供求格局变化较大。生猪供求格局变化较大。1979—1984年间因饲料缺乏、技术水平低等原因，导致猪肉供给严重短缺；1984—1998年间由于饲料充足，加上新技术、新品种的引进和推广导致供给能力大幅提升，缩小了供求缺口；1998—2014年间供求总量基本平衡，但受市场波动、猪肉替代品快速发展、消费者安全和健康意识不断增强等因素影响，导致结构性短缺与产能相对过剩并存现象（余海波，2014）。

4.1.3.4　家禽养殖业

中国家禽养殖业历史悠久，在经历了快速发展期后，产品相对丰富，家禽饲养量、禽蛋产量已连续多年保持世界第一、禽肉产量世界第二。现已进入一个转型期：从生产方式简单、生产效率与生产水平低下的模式向现代化养殖模式过渡。现阶段，中国的家禽养殖仍以小规模大群体为主，而规模化、现代化养殖正在兴起。适度规模化、现代化是中国家禽养殖业的发展趋势。

中国禽蛋的产量全世界排名第一，禽蛋总占有量 41.39%，鸡蛋占有量 38.24%。中国肉鸡的产能全世界排名第二，肉鸭和鹅继续保持传统优势，排在第一位，中国养鹅产业以 94.14%的比重在国际市场拥有定价权。但目前受产品质量所限，中国家禽产品的出口并不十分畅通。中国肉鸡的生产水平与世界平均水平差距很小，但商品蛋鸡存在一定差距。中国目前鸡蛋 70%以上的供应量来自于 1 万只以下的养殖群体，约 5%的供应量来自于 3 万只以上的养殖群体。

总的来讲，中国家禽养殖业的特点表现在以下几个方面，小规模大群体产业模式仍占重要地位，现代化养殖模式正在兴起；生产条件因陋就简，设备实施差异大，总体投入不足；生产效率与生产水平参差不齐，总体效率和水平较低；产品原始、商品属性低，品牌营销力度弱；产品内销比例高，加工与出口比例低。家禽养殖适度规模化和现代化是中国家禽养殖业发展的必然趋势，是基于社会发展的需要、国家政策推动以及行业发展的必然选择（袁正东，2011）。

4.1.4　林业生产结构

随着近几年中国退耕还林政策的实施，林业发展迅速。这一方面是由于中国对环保越来越重视，另一方面也与中国林业技术的提高有关。林业作为基础性行业在提供生产必需的木材原料之外，还承担着保护环境，减少沙漠化防止沙尘暴和泥石流等自然灾害的作用。

但是中国的林业发展也存在着一些问题，其中，最突出的是林业生产结构的问题。首先，中国部分林业从业者对于林业创造盈利的模式还处在比较老旧的砍伐树林进行生产加工这一类相对比较低级的生产理念。这样的理念将造成林区最终无树可伐的现象。另外，中国林业生产领域目前对于比较环保且先进的公益林及生态林的概念还相对模糊，没有意识到不通过砍伐树林就能盈利的生产模式，对于林区的生态旅游建设并不积极。但是，随着环保意识的加强，在部分林区，这样的情况得到了改善，比如小兴安岭等林区已经开发了生态旅游，将林业与旅游紧密结合到一起，不仅能够创造丰厚的利润，带动其他商业行业的长足发展，还促进了林业的保护，这种做法是林业生产结构最好的调整方式。

中国目前林业生产结构的调整已经势在必行。林业生产结构的调整应从分类经营开始。林业生产活动中有着几种不同的盈利模式，首先是树木的砍伐带来的盈利，应当将一些成长快、且树种不稀有的树木作为主要的砍伐目标；其次是生态林附加的旅游价值，应当选择树木生长期快且释放氧气相对充足，树形优美的树木；再次就是种植树木本身带来的政府性收益，这是为了保护珍稀树种和古树所带来的利益。将林业经营进行分类可以在最大程度上使三者协调发展，促进林业发展更加多元化、多样化。另外，要从根本解决林业生产结构问题，必须转变林业从业者的思想观念。要让林业从业者根据所在地的真实情况因地制宜、因时制宜选择最适合的盈利模式。

调整林业生产结构，还应该建立科学规范的森林经营制度与经营措施，这不仅是森林资源培育发展壮大、提升水平的基础，而且也是其他相关产业，包括生态效益产出水平的重要保障。要在原有森林经营技术、经营制度基础上，尽快建立、落实森林分类经营的基本制度，针对商品林、公益林采取不同的经营理念和经营手段，以收获不同的效益。天然林保护工程并不是意味着只是对森林实施被动保护，而应强调科学实施人为的积极干预，加速天然林系统的恢复，因而必须有恰当的经营措施。具体森林经营的措施要根据地、林、经营目的不同来设置（张伟庆，2016）。

4.1.4.1 森林资源现状

中国的国土资源总面积相对辽阔，气候环境条件表现状态多种多样，且具备和保持着数量规模较为充足的森林资源要素。现阶段中国森林资源要素的总面积水平位于世界第 5 位，森林资源要素蓄积量稳定占据世界第 7 位，且人工森林资源要素的总面积数量规模稳定占据世界首位。

森林的数量和质量是维持森林生态系统平衡的重要基础。由于中国长期开展了植树造林活动，促进了林木面积的增长，当前中国森林资源的面积和蓄积量都在不断上升，然而森林资源质量却在不断下降，加剧了中国的木材供求矛盾和生态环境的恶化。森林资源质量的现状和变化趋势主要从林地生产力、森林成分构成以及病虫害状况等三个方面来判断。

林地生产力可以很好地反映出森林资源的质量。第一，单位面积蓄积量是确定森林资源质量优劣的重要指标，根据当前中国森林资源清查数据，中国的森林面积和森林蓄积量始终在稳步的增长。人工林和天然林的面积和蓄积量都在不断增加，然而单位面积蓄积量的增长幅度却并不大。第二，森林生长量和生长率也可以用来衡量森林资源的质量，中国森林年均净生长量的增加幅度比较大，下降幅度相对较小。单位面积年均生长量的增长幅度相对较稳定。年均净生长率也保持着稳定的增长。第三，有林地占林业用地的比重可以用来反映有林地的使用效率，衡量森林质量的高低，当前中国的有林地面积是在不断增长的。

森林成分构成可以决定森林的功能，一般通过分析森林成分构成是否合理来判断森林生态系统功能所实现的好坏，因此森林成分构成也可以用来衡量森林资源质量。第一，天然林占森林总面积比重变化是森林成分构成的重要因素。中国的森林类型主要有防护林、经济林、用材林、薪炭林以及特殊用途林等，其中用材林、薪炭林以及经济林属于商品林，而防护林和特殊用途林则属于生态公益林。要使森林充分发挥其功能，同时提升整体森林效益，就需要保证林种结构的合理性。总体来说，当前中国的生态公益林比重逐渐提升，而商品林的比重逐渐下降，然而目前生态公益林所占的比重仍然不如商品林，从这方面来看中国森林生态效益相对较低；第二，各林龄组面积变化。根据林龄可将森林分成幼龄林、中龄林、近熟林以及成熟林四种。当前中国各龄组的蓄积量都处于不断增长的状态，对于各林龄组的面积比重而言，幼龄林、中龄林和近熟林面积比重无太大变化，成熟林的比重呈现快速下降趋势。

森林病虫害状况可以影响到森林资源的质量，随着全球温室效应的加剧，森林病虫害的出现概率逐渐增加。当前中国森林病虫害正处于比较严重的阶段，对森林资源质量的影响力很大。因此要进一步提升科研力度，增强森林病虫害的防治水平，从而保障森林资源的质量（吴文景，2016）。

4.1.4.2 林业生产

中国林业领域目前逐步从产业型阶段，转变到公益型阶段。近年来，中国对木材产品要素的需求量水平呈现出逐渐增加的趋势，尽管中国逐步提升了对保护森林资源问题的重视力度，并大规模组织开展人工造林工程，但中国现有的森林资源要素存量规模的增长速率却始终展现出较为缓慢的特征。因此，为减轻现有的森林资源压力，保障和支持现代林业实现长期稳定可持续发展，中国林业产业正在逐步进入同时注重生态效益、经济效益、社会效益平衡发展的阶段。

中国林业未来将朝着以下两个方向发展。第一，保持和强化营林活动的基础地位。营林活动的开展，是补充和优化中国现有的森林资源要素存量规模，支持中国现代林业领域实现长期稳定可持续发展，确保中国现代林业生产领域的原材料要素能够长期保障稳定充足供应支持状态的重要前提条件。第二，实现林区现有资源要素开发与多元化相关产业形态发展的充分融合，并在此基础上保障和支持中国现代林业领域实现长期稳定的发展。因此，未来必须开展现代林业经营活动，实现森林资源要素的开发，与森林绿色食品开发、花卉园艺产业经营、森林资源产品特色加工产业，以及森林旅游产业等多元化产业发展领域和产业发展形态充分结合（邱鸿文，2017）。

4.1.5 渔业生产结构

20 世纪 80 年代以来，中国现代渔业的发展取得了巨大的进步。现代渔业经济总量实现持续较快增长，市场中的水产品总量保持稳定增长，水产品市场平稳发展，渔民收入水平得到持续快速提高。渔业经济总产值在农林牧渔中的比重从 1978 年的 1.58％上升到 2012 年的 11.3％。但是，中国渔业发展也存在着过度捕捞、生态环境破坏、不可持续发展、渔业资源投入要素利用率不高等诸多问题。

4.1.5.1 渔业资源现状

中国具有广阔的渔业水域，其中南海、东海、黄海和渤海等四大海域总共具有 470 万 km^2 的总面积，在四大海域中国共计有将近 300 万 km^2

的管辖面积，具有 12 万 km^2 的 15m 等深线以内的滩涂面积和浅海面积，其中有大约 1.62 万 km^2 的可供养殖的滩涂面积和浅海面积。另外，中国有丰富的渔业生物资源，共计有 3 000 多种的海洋生物，其中有将近1 700种可以捕捞养殖的鱼类，另外有 150 多种具有较大经济价值的鱼类。

中国的渔业资源的开发利用工作近年来实现了稳步的发展，并且获得了非常显著的效益。同时，海洋新资源、远洋渔业和养殖业的开发也得到了很大的发展。现阶段在中国，渔业资源相关产业的发展迅速，中国的渔业产品总量在 21 世纪初就达到了将近 5 000 万 t，在中国包括肉、禽、水产品等在内的动物性食物产量中渔业产品总量大约占到了 1/5 的比例，其中包括将近 2 800 万 t 的海水产品和超过 2 100 万 t 的淡水产品。中国具有将近 40kg 的渔业产品人均占有量，与世界水平相比，中国的渔业产品人均占有量高出十几千克。中国的渔业产品总量在近年来呈现出了高达 10%的年平均递增率，而且增速连续多年位居世界首位。中国现阶段将养殖和捕捞作为获取渔业资源的重要途径，中国的海洋捕捞产量在 20 世纪初就达到了将近 1 500 万 t，具有超过 1 300 万 t 的海水养殖产量。在淡水渔业资源中养殖则是主要的获取方式，中国内陆在 21 世纪初具有高达 240 万 t 的捕捞产量，并且具有高达 1 900 万 t 的内陆渔业养殖产量（汤毅，2017）。

4.1.5.2　渔业生产

中国渔业发展主要有以下三个方面的特点。第一，产业素质明显提高，产业结构进一步优化。近年来，随着产业的不断发展，中国渔业经济增长方式开始发生重大转变，从过去单纯追求产量增长，转向更加注重质量和效益的提高；注重资源的可持续发展。中国水产品产量增长幅度保持在 3%～4%左右，呈现稳定发展的态势；其中养殖产量增长幅度较大。而捕捞产量已开始出现下降的趋势。由于国家加大了渔港和渔业基础设施建设的投入，并在产业政策上予以扶持，中国渔业整体素质和现代化水平有一定提高；同时由于坚持了以市场为导向，及时对产品结构和生产方式进行调整，提高产品质量，使渔业效益明显提高，渔业产值和渔民收入有了较大幅度增长。

第二，水产养殖的质量和效益明显提高。目前，中国水产养殖继续保持快速发展的趋势，且发展的质量和效益明显提高。水产养殖业已从过去追求养殖面积扩大和养殖产量增加，转向更加注重品种结构调整和产品质量提高。新的养殖技术和养殖品种不断推出，养殖领域进一步拓展，名特优水产品养殖规模不断扩大，工厂化养殖、生态健康养殖模式迅速发展，深水网箱养殖发展势头迅猛，养殖业的规模化、集约化程度逐步提高。

第三，远洋渔业发展质量进一步提高。水产品贸易持续增长，远洋渔业发展质量进一步提高。随着国家减船转产计划和发展远洋渔业的优惠政策的实施，远洋渔业特别是大洋性公海渔业得到较快的发展，入渔船数和企业效益不断提高，管理更加规范。目前，中国共有 1 800 多艘远洋渔船作业于世界三大洋和 40 多个国家和地区管辖海域，同时中国水产品国际贸易近年来也得到迅速的发展，优势水产品的出口市场已基本形成，除日本、韩国及中国香港等传统出口市场外，对美国、欧盟等国家和地区的出口也有较大的增长；形成以发达国家和地区为主的国际市场格局。水产品已成为各地农产品出口创汇的产品、特别是在养殖水产品出口方面；鳗鲡、对虾、贝类、罗非鱼、大黄鱼、河蟹六大类名优水产品在国际市场有较高的知名度和竞争力。

4.2 哈萨克斯坦农业生产结构及其变动

4.2.1 农业生产结构及其变迁

哈萨克斯坦的农业生产部门包括：种植业、畜牧业、林业和渔业。其中，种植业和畜牧业是最主要的两大农业生产部门。种植业产值占农业总产值的比重约为 49.1%，畜牧业产值占农业总产值的比重约为 50.6%，林业和渔业产值占农业总产值的比重仅为 0.3%。

4.2.1.1 种植业

哈萨克斯坦是中亚最大的粮食生产国。种植业生产主要以粮食、棉花和油料作物 3 类土地密集型产品为主。哈萨克斯坦重视粮食生产，强调粮食自给。主要粮食作物包括小麦、玉米、大麦、燕麦、黑麦，其中，小麦的产量占粮食作物总产量的约 80%。粮食主产区在北部的科斯塔奈州、北哈萨克斯坦州和阿克莫拉州；南部地区光照充沛、气候干旱、昼夜温差大，适合各类林果的种植，成为哈萨克斯坦主要的林果产区，主要种植苹果、梨、桃、杏、葡萄和核桃等，也种植水稻、棉花、烟草等。哈萨克斯坦种植业主要有以下几个特点，既是粮食生产大国，也是粮食出口大国；是比较重要的优质长绒棉生产国；棉田主要依靠灌溉，长绒棉在世界上负有盛名。

4.2.1.2 畜牧业

哈萨克斯坦畜牧业历史悠久，广阔的草原，充足的日照为畜牧业发展提供了良好的基础，畜产品以牛羊肉和皮、毛、奶产品等为主，是中亚的畜牧大国，独立后，由于与苏联的经济联系遭到破坏，哈萨克斯坦经济不断下滑，生产部门普遍不景气，畜牧业也未能幸免。近年来畜牧业存在存栏量减少、产量低、技术落后等诸多问题，其国内市场上肉及肉制品价格高，已成为肉及肉制品净进口国。目前，哈萨克斯坦畜产品的生产占农业总产出的45%。畜牧业的重要性主要体现在其能够满足市场上的消费者对畜产品的需求。自2001年以来，政府出台了多项有利于畜牧业发展的措施，该行业的发展逐渐稳定下来。牲畜、牛奶和肉类产品产量的年增长率均达到5%～10%。

哈萨克斯坦拥有适合畜牧业发展的广阔牧场，其3/4的农业用地是牧场。此外，哈萨克斯坦中部和西南部的干旱和半干旱州被广泛用作饲养牲畜的季节性牧场。因此，畜牧业是哈萨克斯坦农业的传统和主导产业之一。哈萨克斯坦的畜牧业主要是绵羊养殖和牛养殖，并且逐渐发展家禽养殖、马育种、骆驼育种和猪育种。

4.2.1.3 林业

哈萨克斯坦林业发展以开发其生态功能为主。受生态环境所限，哈萨克斯坦森林面积狭小。林业定位为以控制荒漠化、保护集水区和调节小气候等生态功能为主，经济功能为辅。林业的主要经济价值来自于森林中丰富的动植物产品，在全国主要林区，野生动物狩猎和林果采集活动是当地农村居民生活的主要来源，优质的野生林果、药材为哈萨克斯坦出口换汇做出了重要贡献。

4.2.1.4 渔业

哈萨克斯坦渔业具有很大发展潜力。哈萨克斯坦渔业发展的主要区域有：里海和咸海的重要水域、巴尔喀什湖、阿拉科尔湖、布卡塔玛湖、卡夫沙加、沙尔达拉水库等。目前，哈萨克斯坦约有50个养鱼场，主要从事鳟鱼养殖（占总产量的49%）和鲤鱼养殖（21%）。这些养鱼场主要位于阿拉木图市、南哈萨克斯坦和卡拉干达州，其中一些早在苏联时期就已建成。

4.2.2 种植业生产结构

哈萨克斯坦的种植业主要包括粮食作物的生产和经济作物的生产，本节主要通过以下三个表格来展示该国种植业的生产结构及其变化。其中，表4-1展示了哈萨克斯坦2004—2015年各州（14个州和两个重点城市）农作物总播种面积的变化情况；表4-2和表4-3，展示了该国1990—2015年各类农作物收益率和农作物总产量的变化情况。

哈萨克斯坦的农作物播种面积及其变化情况在12年间主要呈现三个突出的特点：播种面积总量上升；地区分布有很大差异；各州从2004—2015年农作物总播种面积的变化趋势也不同。2015年，哈萨克斯坦农作物总播种面积达到2 102.29万hm^2，比2004年增长16.56%。期间，大部分州农作物总播种面积总体上呈波动上升的趋势，也有5个州的农作物总播种面积呈下降趋势，它们分别是：阿克托别州、西哈萨克斯坦州、卡拉干达州、阿斯塔纳市和阿拉木图市。在这16个州中，科斯塔奈州的农作物总播种面积的增长速度最快，从2004年的361.56万hm^2上升到2015年的508.80万hm^2，比2004年增长40.72%，该州2015年的农作物播种面积占哈萨克斯坦全国农作物总播种面积的24.20%，明显高于其他州；而阿拉木图市的农作物总播种面积的下降速度最快，其2015年农作物总播种面积比2004年减少76.47%（表4-1）。

哈萨克斯坦的粮食作物主要包括谷物和豆类作物、土豆两大类。从1990—2015年，该国的谷物和豆类作物产量总体上呈波动下降的趋势，从1990年的2 848.77万t下降到2015年的1 867.28万t，下降了34.45%，谷物和豆类作物的收益率维持在每公顷1 000kg左右；该国的土豆产量总体上呈上升趋势，2015 年比 1990 年上升了 51.49%。但从 1995—2000 年间，土豆的产量维持在比较低的水平，而土豆的收益率则有明显的上升。

哈萨克斯坦的经济作物主要包括油料作物、蔬菜、瓜类植物和糖用甜菜四大类。从 1990—2015 年，这四类经济作物中，除糖用甜菜产量有较大幅度的下降外，其他三类经济作物产量都呈上升趋势。糖用甜菜的产量从 1990 年的 104.37 万 t 下降到 2015 年的 17.41 万 t，下降了 83.32%；而油料作物、蔬菜和瓜类植物的产量分别上升了 5.7 倍、2.1 倍和 5.9 倍。其中，油料作物、蔬菜、瓜类植物的收益率都呈现出上升的趋势（表 4-2、表 4-3）。

表 4-1　2004—2015 年各州农作物总播种面积的变化情况

单位：$\times 10^3 hm^2$

	2004	2005	2006	2007	2008	2009	2010	2011	2012	2013	2014	2015
阿克莫拉州	4 031.5	4 003.8	4 080.0	4 233.3	4 501.2	5 005.0	4 921.2	4 659.7	4 758.5	4 724.4	4 832.2	4 687.5
阿克托别州	814.9	822.9	841.3	749.6	801.1	889.3	848.3	731.0	719.5	650.6	623.8	501.4
阿拉木图州	861.6	884.5	885.7	891.2	898.3	867.5	906.3	909.0	889.7	910.9	921.1	926.2
阿特劳州	5.4	5.0	5.8	6.5	6.3	6.4	6.2	6.3	5.2	6.0	6.5	6.8
西哈萨克斯坦州	742.6	774.5	660.4	620.8	660.5	746.2	717.2	617.6	592.0	542.6	509.5	488.2
江布尔州	532.6	551.7	512.8	513.4	492.7	471.2	497.3	513.8	527.3	543.4	580.5	587.7
卡拉干达州	1 112.1	1 108.4	902.6	968.2	973.9	1 000.5	1 009.7	958.9	959.1	996.9	1 030.3	994.7
科斯塔奈州	3 615.6	3 832.4	4 070.6	4 474.5	4 731.2	5 001.8	4 953.3	5 059.5	5 148.2	5 222.8	5 086.2	5 088.0
克孜勒奥达尔州	145.9	149.4	151.6	153.7	146.1	156.1	160.9	164.0	159.8	157.5	158.4	167.8
曼吉斯套州	0.3	0.2	0.3	0.5	0.6	0.5	0.8	0.8	0.8	0.4	1.6	1.6
南哈萨克斯坦州	762.7	758.3	717.9	671.9	648.6	641.0	697.2	733.1	742.2	774.3	782.4	775.8
巴甫洛达尔州	962.0	985.0	896.4	939.9	1 043.5	1 082.6	1 001.9	1 063.1	970.8	1 082.3	1 042.6	1 145.0
北哈萨克斯坦州	3 394.1	3 546.0	3 626.6	3 747.3	4 146.0	4 420.8	4 620.8	4 487.0	4 497.5	4 362.4	4 346.2	4 372.4
东哈萨克斯坦州	1 051.3	1 018.5	1 012.7	979.3	1 065.7	1 132.4	1 095.2	1 177.1	1 217.7	1 294.3	1 321.7	1 278.0
阿斯塔纳市	2.1	2.6	2.7	2.9	2.1	2.5	1.9	1.1	2.1	2.0	1.3	1.4
阿拉木图市	1.7	2.0	1.7	1.5	1.4	1.1	0.5	1.0	0.6	0.2	0.3	0.4
总计	18 036.4	18 445.2	18 369.1	18 954.5	20 119.2	21 424.9	21 438.7	21 083.0	21 190.7	21 271.0	21 244.6	21 022.9

资料来源：哈萨克斯坦统计署。

表 4-2　1990—2015 年主要农作物收益率的变化情况

单位：$\times 10^5$g/hm^2

	谷物（包括水稻）和豆类作物（加工处理后的重量）	油籽作物	向日葵（加工处理后的产量）	土豆	蔬菜	瓜类植物	糖用甜菜（加工处理后的产量）
1990	12.2	…	9.2	113.0	154.0	84.0	239.0
1991	5.3	…	4.9	99.0	121.0	79.0	148.0
1992	13.2	…	3.3	104.0	114.0	72.0	136.0
1993	9.7	…	3.2	94.0	106.0	69.0	123.0
1994	7.9	…	3.4	94.0	104.0	59.0	77.0
1995	5.0	…	2.9	84.0	101.0	59.0	91.0
1996	6.5	…	1.9	88.0	96.0	58.0	105.0
1997	8.7	…	2.8	84.0	101.0	67.0	116.0
1998	5.6	…	4.2	77.0	114.0	78.0	143.0
1999	13.0	4.9	4.9	108.0	134.0	97.0	172.0
2000	9.4	3.9	4.0	106.0	153.0	119.0	154.0
2001	12.2	5.7	6.0	133.0	166.0	127.0	173.0
2002	11.5	6.3	5.9	139.0	172.0	135.0	207.0
2003	10.8	7.1	6.8	139.0	177.0	144.5	210.4
2004	8.8	6.2	5.9	134.0	186.0	153.2	197.4
2005	10.0	7.0	6.3	150.0	196.0	159.3	209.2
2006	11.7	6.6	5.9	153.6	201.0	167.1	240.8
2007	13.3	7.2	5.9	155.8	211.0	171.7	248.9
2008	10.1	5.5	4.1	143.7	204.0	158.9	204.3
2009	12.6	6.5	5.7	160.0	218.7	161.1	182.9
2010	8.0	5.0	4.4	143.0	214.4	177.0	174.3
2011	16.9	6.7	4.6	167.2	222.9	186.1	188.2
2012	8.6	6.1	5.9	165.9	234.0	206.8	168.2
2013	11.6	8.0	7.0	181.5	238.7	212.4	267.7
2014	11.7	7.8	6.7	184.3	243.0	217.1	240.6
2015	12.7	8.1	7.6	185.5	245.8	221.0	232.5

资料来源：哈萨克斯坦统计署。

表 4-3　1990—2015 年主要农作物总产量的变化情况

单位：$\times 10^3 t$

	谷物和豆类作物	油籽作物	向日葵	土豆	蔬菜	瓜类植物	糖用甜菜
1990	28 487.7	229.8	126.3	2 324.3	1 136.4	301.5	1 043.7
1991	11 991.9	154.8	93.4	2 143.2	954.9	302.7	673.8
1992	29 771.7	235.4	98.5	2 569.7	985.1	288.3	1 160.1
1993	21 631.0	172.0	85.5	2 296.3	808.0	182.3	842.7
1994	16 454.1	183.5	96.8	2 040.2	781.2	146.1	432.7
1995	9 505.5	162.0	98.7	1 719.7	779.7	162.3	371.0
1996	11 237.3	110.5	64.3	1 656.5	778.0	181.8	340.7
1997	12 378.0	101.5	54.5	1 472.2	879.7	181.1	127.9
1998	6 395.5	132.0	83.2	1 262.9	1 079.2	305.6	224.9
1999	14 264.3	159.3	104.3	1 694.7	1 287.1	369.6	293.9
2000	11 565.0	140.1	104.6	1 692.6	1 543.6	421.6	272.7
2001	15 896.9	187.1	149.1	2 184.8	1 782.0	519.2	282.4
2002	15 959.9	257.1	189.8	2 268.8	1 857.0	628.8	372.2
2003	14 777.4	436.3	292.6	2 308.3	1 938.3	603.8	423.6
2004	12 374.2	395.8	265.6	2 260.7	2 059.3	667.0	397.9
2005	13 781.4	439.7	267.3	2 520.8	2 168.7	683.8	310.8
2006	16 511.5	458.9	268.0	2 361.6	2 059.2	697.4	339.0
2007	20 137.8	459.4	205.8	2 414.8	2 196.4	661.8	309.4
2008	15 578.2	414.0	185.8	2 354.4	2 280.0	869.7	130.2
2009	20 830.5	703.6	367.9	2 755.6	2 457.2	852.3	181.3
2010	12 185.2	775.4	328.9	2 554.6	2 576.9	1 118.2	152.0
2011	26 960.5	1 141.9	409.1	3 076.1	2 877.7	1 248.0	200.4
2012	12 864.8	976.8	400.3	3 126.4	3 061.5	1 649.9	151.6
2013	18 231.1	1 498.0	572.7	3 343.6	3 241.5	1 713.0	64.6
2014	17 162.2	1 547.6	512.8	3 410.5	3 469.9	1 928.0	23.9
2015	18 672.8	1 547.5	534.0	3 521.0	3 564.9	2 087.6	174.1

资料来源：哈萨克斯坦统计署。

4.2.2.1 粮食作物生产

粮食作物是满足人类基本食粮的一类作物，主要分为：谷类作物、薯类作物和豆类作物。作物生产在哈萨克斯坦的农业生产结构中占据主导地位。哈萨克斯坦可用来耕作的土地主要集中在北部、西北部、东部和南部的山区脚下，另外，几乎所有的作物都生长在温带州。总体来讲，哈萨克斯坦的可耕作土地面积逐渐减少，并且土地的利用率不高。因此，哈萨克斯坦农业发展的主要目标之一是提高土壤的肥力和土地的利用率。该国粮食收成最好的州是北哈萨克斯坦州和阿克莫拉州。

哈萨克斯坦的粮食作物主要包括谷物、豆类作物和土豆。其中，主要谷物是小麦，占据该国所有农田面积的1/2。本节主要通过以下两个表格来展示该国粮食作物的生产结构及其变化。表4－4展示了哈萨克斯坦2004—2015年粮食作物总产量的变化情况。

哈萨克斯坦的粮食和豆类总产量及其变化情况在12年间主要呈现三个突出的特点：总产量上升；地区分布有很大差异；各州从2004—2015年粮食和豆类总产量变化趋势有明显的不同。总产量从2004年的1 237.42万t上升到2015年的1 867.28万t，上升了50.91%。从区域分布来看，各州的产量有很大的差异。2015年，巴甫洛达尔州的产量最大，达到504.71万t，占哈萨克斯坦全国粮食和豆类总产量的27.03%；而产量最少的东哈萨克斯坦州和阿斯塔纳市，2015年的产量仅有100t。在这15个州中，有7个州的粮食和豆类总产量在12年间呈下降趋势，分别是：阿克托别州、阿特劳州、西哈萨克斯坦州、江布尔州、北哈萨克斯坦州、东哈萨克斯坦州和阿斯塔纳市；另外8个州的粮食和豆类总产量在12年间呈上升趋势。科斯塔奈州的粮食和豆类总产量的增长速度最快，从2004—2015年，增长了89.80%；东哈萨克斯坦州的粮食和豆类总产量的下降速度最快，从2005年的600t下降到2015年的100t，比2005年减少83.33%。另外，粮食和豆类的收益率在12年间持续波动，没有明显的上升或下降（表4－4、表4－6）。

其中，小麦是哈萨克斯坦最主要的粮食作物，2004—2015年间小麦的产量占哈萨克斯坦粮食作物总产量的比重均在70%以上，其中，2011年小麦的产量在该国粮食作物总产量中所占比重最大，达到84.32%；

表 4-4 2004—2015 年各州粮食（包括稻米）和豆类总产量的变化情况

单位：$\times10^3$ t

	2004	2005	2006	2007	2008	2009	2010	2011	2012	2013	2014	2015
阿克莫拉州	2 475.4	2 966.8	3 475.9	4 456.1	3 011.6	5 067.8	2 141.9	6 597.6	2 822.0	4 411.7	4 502.6	4 434.7
阿克托别州	373.9	220.7	129.3	459.2	553.6	394.7	64.4	428.6	94.7	212.6	143.4	164.9
阿拉木图州	977.2	979.8	967.3	1 059.5	659.7	1 190.2	1 066.0	1 119.8	1 021.7	1 103.9	1 046.5	1 172.2
阿特劳州	0.4	0.1	0.1	0.1	0.3	0.0	0.0	0.3	0.0	0.1	—	0.3
西哈萨克斯坦州	371.1	149.6	271.0	422.9	714.4	146.4	76.3	347.3	129.3	198.4	223.8	95.4
江布尔州	676.8	655.1	431.1	425.9	152.5	553.3	372.6	393.5	229.5	480.0	288.6	452.6
卡拉干达州	570.0	269.8	401.7	554.1	350.0	553.1	293.9	709.6	403.4	758.9	599.5	591.6
科斯塔奈州	2 393.0	3 537.2	4 733.0	5 899.3	4 790.2	4 913.0	3 039.9	7 900.0	2 449.5	4 267.5	3 987.5	4 541.9
克孜勒奥达尔州	252.3	259.2	256.2	263.3	218.3	270.5	328.2	301.0	291.0	295.1	323.8	368.6
曼吉斯套州	474.1	400.6	361.0	342.4	195.3	408.0	371.3	357.0	282.6	471.4	421.3	581.1
南哈萨克斯坦州	354.9	286.6	354.7	514.7	185.6	826.7	232.1	384.9	168.5	696.7	364.4	575.5
巴甫洛达尔州	2 782.4	3 493.4	4 613.0	5 027.9	4 550.2	5 620.8	3 730.4	7 879.4	4 391.1	4 544.0	4 547.0	5 047.1
北哈萨克斯坦州	672.4	561.4	516.4	711.5	196.0	885.3	467.7	540.9	580.9	790.2	713.4	646.7
东哈萨克斯坦州	—	0.6	0.6	0.6	0.4	0.4	0.2	0.3	0.5	0.6	0.3	0.1
阿斯塔纳市	0.3	0.5	0.2	0.3	0.1	0.3	0.3	0.3	0.1	—	0.1	0.1
总计	12 374.2	13 781.4	16 511.5	20 137.8	15 578.2	20 830.5	12 185.2	26 960.5	12 864.8	18 231.1	17 162.2	18 672.8

资料来源：哈萨克斯坦统计署。

表 4-5　2004—2015 年各州小麦总产量的变化情况

单位：$\times 10^3$ t

	2004	2005	2006	2007	2008	2009	2010	2011	2012	2013	2014	2015
阿克莫拉州	2 215.4	2 621.9	3 060.1	3 942.0	2 620.4	4 413.8	1 968.8	6 052.1	2 552.5	3 786.8	3 936.6	3 872.6
阿克托别州	306.8	178.8	108.2	365.4	419.5	328.1	59.7	376.1	72.8	176.5	115.0	129.8
阿拉木图州	431.7	446.5	407.5	407.6	143.1	425.1	399.6	405.5	305.7	305.9	237.1	264.0
阿特劳州	0.1	0.0	0.0	—	—	—	—	—	—	0.0	—	—
西哈萨克斯坦州	276.9	106.9	164.7	261.1	437.1	126.3	65.1	256.2	101.1	145.6	172.0	85.6
江布尔州	422.1	416.2	233.4	227.3	63.3	248.1	182.4	183.6	84.3	163.5	90.9	158.0
卡拉干达州	510.5	243.5	350.0	474.2	309.7	476.9	261.3	611.4	332.2	593.2	467.7	469.7
科斯塔奈州	2 217.9	3 256.6	4 320.3	5 442.7	4 415.6	4 626.4	2 858.9	7 341.3	2 246.1	3 844.9	3 616.7	4 061.3
克孜勒奥达尔州	14.5	16.6	14.6	11.1	6.4	9.3	6.3	5.2	2.7	2.5	3.5	2.2
曼吉斯套州	367.7	288.2	259.2	260.1	124.7	290.6	244.1	234.5	137.2	308.5	200.7	277.8
南哈萨克斯坦州	255.3	210.7	255.0	353.6	144.2	643.5	194.2	311.1	123.7	470.3	252.5	418.4
巴甫洛达尔州	2 429.4	3 013.0	3 943.9	4 259.9	3 721.8	4 836.5	3 081.2	6 574.6	3 505.8	3 635.0	3 445.4	3 595.8
北哈萨克斯坦州	488.7	398.4	343.0	461.2	131.9	626.8	316.6	380.2	376.6	507.7	458.5	411.6
东哈萨克斯坦州	—	0.6	0.6	0.7	0.5	0.4	0.2	0.3	0.4	0.4	0.3	0.1
阿斯塔纳市	—	0.4	—	—	—	0.2	—	—	—	—	0.0	0.1
总计	9 937.0	11 198.3	13 460.5	16 466.9	12 538.2	17 052.0	9 638.4	22 732.1	9 841.1	13 940.8	12 996.9	13 747.0

资料来源：哈萨克斯坦统计署。

表4-6　2004—2015年各州粮食（包括稻米）和豆类收益率的变化情况

单位：$\times 10^5 g/hm^2$

	2004	2005	2006	2007	2008	2009	2010	2011	2012	2013	2014	2015
阿克莫拉州	7.1	8.5	9.6	11.6	7.5	11.2	5.2	15.6	7.0	10.4	11.0	10.8
阿克托别州	5.3	4.7	2.9	7.8	8.5	6.3	2.4	7.5	2.9	5.0	4.7	5.6
阿拉木图州	20.4	19.7	19.8	22.2	16.2	25.6	22.7	24.0	23.4	24.8	23.5	26.1
阿特劳州	3.1	1.4	1.0	1.3	6.5	0.8	1.0	7.7	2.3	5.4	—	7.6
西哈萨克斯坦州	5.7	3.9	6.1	8.5	13.3	5.4	4.2	9.7	5.4	6.6	7.9	6.6
江布尔州	18.0	16.6	11.8	13.0	8.3	24.0	16.4	17.4	11.0	20.2	11.6	17.9
卡拉干达州	6.8	3.9	6.3	8.1	5.7	7.9	4.5	10.8	6.5	11.4	9.2	9.0
科斯塔奈州	7.9	10.5	13.4	15.0	11.5	11.1	7.3	18.4	6.1	9.7	9.9	11.4
克孜勒奥达尔州	32.0	30.7	30.4	31.1	30.7	33.5	38.5	34.7	34.6	37.3	38.2	42.3
曼吉斯套州	21.3	16.8	14.6	17.0	11.6	21.2	17.6	17.0	15.4	21.8	17.7	23.2
南哈萨克斯坦州	6.2	5.2	6.7	8.3	3.7	13.5	5.4	7.4	3.7	11.7	5.9	8.7
巴甫洛达尔州	9.3	11.2	14.5	15.1	12.4	14.5	9.7	20.9	11.7	12.8	14.6	15.8
北哈萨克斯坦州	11.6	10.4	9.5	11.9	4.3	15.9	10.0	10.6	11.0	14.2	12.6	11.3
东哈萨克斯坦州	—	13.3	13.6	14.0	13.1	11.4	6.4	14.2	5.7	7.4	5.0	3.3
阿斯塔纳市	11.0	10.5	8.9	9.1	7.3	7.6	8.5	10.3	4.9	—	13.5	13.2
平均收益率	8.8	10.0	11.7	13.3	10.1	12.6	8.0	16.9	8.6	11.6	11.7	12.7

资料来源：哈萨克斯坦统计署。

表 4-7　2004—2015 年各州小麦收益率的变化情况

单位：$\times 10^5$ g/hm^2

	2004	2005	2006	2007	2008	2009	2010	2011	2012	2013	2014	2015
阿克莫拉州	7.1	8.3	9.5	11.4	7.4	10.9	5.1	15.5	7.0	10.0	10.9	10.8
阿克托别州	5.3	4.7	2.9	7.7	8.2	6.4	2.4	7.4	2.8	5.2	4.8	5.8
阿拉木图州	17.4	17.0	15.7	18.9	8.8	21.4	18.0	19.0	16.3	18.2	14.7	18.8
阿特劳州	4.0	1.3	0.9	—	—	—	—	—	—	2.9	—	—
西哈萨克斯坦州	5.6	3.9	5.9	8.5	13.3	5.8	4.4	9.5	5.8	7.1	8.8	7.8
江布尔州	16.9	15.5	9.9	12.4	6.5	21.9	14.6	15.4	8.6	16.5	8.5	15.6
卡拉干达州	6.9	3.9	6.3	8.1	5.8	7.8	4.6	10.8	6.5	11.5	9.4	9.2
科斯塔奈州	8.0	10.4	13.3	14.9	11.5	11.0	7.3	18.3	6.1	9.6	9.9	11.4
克孜勒奥达尔州	14.4	13.4	13.8	11.8	8.7	13.2	12.4	7.8	4.7	7.1	8.8	11.0
曼吉斯套州	20.2	15.0	12.8	15.6	9.0	19.3	14.7	14.1	10.9	19.4	13.2	18.3
南哈萨克斯坦州	6.5	5.4	6.9	8.6	3.9	13.9	5.7	7.6	3.8	12.0	5.8	8.8
巴甫洛达尔州	9.4	11.0	14.4	15.0	12.2	14.4	9.6	20.9	11.5	12.4	13.8	15.5
北哈萨克斯坦州	11.6	10.4	9.4	12.1	4.2	16.0	9.8	10.7	10.9	14.2	12.4	11.0
东哈萨克斯坦州	—	13.3	13.6	14.0	13.1	11.4	6.8	14.2	6.1	7.4	5.8	3.3
阿斯塔纳市	—	12.1	—	—	—	10.7	—	—	—	—	13.0	17.7
平均收益率	8.4	9.5	11.3	13.0	9.7	11.9	7.3	16.6	7.9	10.8	10.9	11.9

资料来源：哈萨克斯坦统计署。

2015年小麦的产量在该国粮食作物总产量中所占比重最小，但也达到了73.62%。

小麦的总产量及其变化情况在12年间主要呈现三个突出的特点：总产量上升；地区分布有很大差异；各州从2004—2015年小麦总产量变化趋势不同。小麦的产量从2004—2015年上升了38.34%。从生产小麦的地区分布来看，虽然哈萨克斯坦全国小麦总产量从2004—2015年总体上呈现出上升的趋势，但在15个州中，有11个州的小麦产量在12年间呈下降趋势，达到了一半以上，分别是：阿克托别州、阿拉木图州、阿特劳州、西哈萨克斯坦州、江布尔州、卡拉干达州、克孜勒奥达尔州、曼吉斯套州、北哈萨克斯坦州、东哈萨克斯坦州和阿斯塔纳市；仅有另外4个州的小麦产量在12年间呈上升趋势。在这15个州中，科斯塔奈州小麦产量的增长速度最快，从2004年的221.79万t上升到2015年的406.13万t，比2004年增长83.11%；东哈萨克斯坦州小麦产量的下降速度最快，从2005年的600t下降到2015年的100t，比2005年减少83.33%。另外，阿特劳州在2004年生产100t小麦后，从2005年开始停止了小麦的生产或生产产量很低。另外，大部分地区小麦的收益率在12年间都呈现出上升的趋势（表4-5、表4-7）。

4.2.2.2　经济作物生产

经济作物是指具有某种特定经济用途的农作物，主要为工业提供原材料，包括棉花、亚麻、甜菜、向日葵和烟草等。经济作物通常具有地域性强、技术要求高、经济价值高、商品率高等特点，对自然条件和生产条件的要求比较严格，大多进行集中的专门化生产。

哈萨克斯坦的自然条件允许种植市场上需求的纤维作物（棉花）、各种油料作物（油菜、大豆、向日葵、亚麻）、糖料作物（糖用甜菜）、烟草、蔬菜和水果等。南哈萨克斯坦依赖其良好的自然环境和种植条件，主要生产高性能的棉花、大米、甜菜和烟草，另外，南部州也最适合园艺和葡萄栽培的发展。蔬菜农场主要集中在许多工业城市附近。

（1）棉花。除了小麦，哈萨克斯坦的第二大出口作物是棉花。事实上，哈萨克斯坦的棉花仅在南哈萨克斯坦有大范围的种植，主要是在马克塔拉州。另外，克孜勒奥达尔州仅在2004—2005年两年曾少量种植过棉花，从2006年开始，该州的棉花播种面积和棉花产量均降为0。棉花的种植和采摘工作是最困难的，并不是所有的农民都有足够的资金购买种植和采摘棉花所必要的设备，因此，在大多数的情况下，棉花的采摘是手工进行的。2012年，哈萨克斯坦的棉花产量为38.5万t，但这些数字并不能完全代表棉花种植者的工作量。因为在棉花种植过程中，任何阶段存在的微小的问题和缺陷，都会导致棉花产量的急剧下降，这就使得棉花的利润率远低于其他作物，因而，许多企业和农民最终都把田地播种成更可行和利润率更高的作物。为了改善棉花种植的这些现状，南哈萨克斯坦的马克塔拉州建立了哈萨克斯坦棉花生产科学研究所，主要从事棉花新品种的培育和创新技术的开发。

哈萨克斯坦的棉花产地有两个，南哈萨克斯坦州和克孜勒奥达尔州，其中，南哈萨克斯坦州是棉花生产的集中地。从2004—2015年，两个州棉花播种面积和棉花产量均呈现出下降的趋势。2004年，哈萨克斯坦棉花总播种面积为22.37万hm^2，到2015年，棉花总播种面积仅为9.93万hm^2，下降了55.61%。其中，南哈萨克斯坦州占据了绝大部分的棉花播种面积；克孜勒奥达尔州2004年的棉花播种面积为700hm^2，2005年为100hm^2，2006年之后，没有再进行棉花的生产。2004年，哈萨克斯坦的棉花总产量为46.71万t，到2015年，棉花总产量仅为27.39万t，下降了41.36%。同样，南哈萨克斯坦州占据了绝大部分棉花产量；克孜勒奥达尔州2004年的棉花产量为700t，2005年为600t（表4-8、表4-9）。

表4-8　2004—2015年各州棉花播种面积的变化情况

单位：$\times 10^3 hm^2$

	2004	2005	2006	2007	2008	2009	2010	2011	2012	2013	2014	2015
克孜勒奥达尔州	0.7	0.1	0.0	0.0	0.0	—	—	—	—	—	—	—
南哈萨克斯坦州	223.0	204.1	200.1	206.1	178.6	139.8	137.2	160.6	147.8	140.6	127.6	99.3
总计	223.7	204.2	200.1	206.1	178.6	139.8	137.2	160.6	147.8	140.6	127.6	99.3

资料来源：哈萨克斯坦统计署。

表 4-9　2004—2015 年各州棉花总产量的变化情况

单位：$\times 10^3$ t

	2004	2005	2006	2007	2008	2009	2010	2011	2012	2013	2014	2015
克孜勒奥达尔州	0.7	0.6	0.0	0.0	0.0	—	—	—	—	—	—	—
南哈萨克斯坦州	466.4	464.4	435.4	441.7	317.5	270.0	239.8	336.0	379.7	396.7	320.7	273.9
总计	467.1	465.0	435.4	441.7	317.5	270.0	239.8	336.0	379.7	396.7	320.7	273.9

资料来源：哈萨克斯坦统计署。

（2）油料作物。哈萨克斯坦的自然条件和土壤条件允许种植各种油料作物，但通过总结多年哈萨克斯坦生产油料作物的情况，该国油料作物的生产普遍存在以下两个问题：第一，农场中 50%以上的油料作物存在农业技术和种植方法的问题；第二，加工企业的生产能力不足。另外，从各国植物油消费情况的对比中，也可以看出哈萨克斯坦生产油料作物的生产能力较低。美国人均植物油消费量约为 31.4kg，欧盟约为 37.8kg，加拿大约为 24.3kg，哈萨克斯坦约为 21.8kg。其中，油籽是一种重要的油料作物。首先，油籽是用于生产植物油的原料，广泛应用于食品、轻工业、油漆和药品等的生产；第二，植物油是生产生物柴油的原料，是柴油燃料的有机替代品；第三，在油籽加工中加入油饼和粗粉，是动物饲养中有价值的蛋白质的组成部分。

哈萨克斯坦的主要油料作物有向日葵、大豆、红花和油籽亚麻。向日葵属于家庭菊科的一年生草本植物类，是哈萨克斯坦的主要油料作物。东哈萨克斯坦和巴甫洛达尔两个州拥有种植向日葵最有利的自然条件和生产条件，目前哈萨克斯坦向日葵种子总产量的 90%在这两个州。哈萨克斯坦国家农业部也建议在阿克莫拉、阿克托比、哈萨克斯坦西部、卡拉干达、库斯塔奈、北哈萨克斯坦和哈萨克斯坦南部等州种植向日葵。大豆属于家庭豆科的一年生草本植物类，主要分布在阿拉木图市、江布尔、克孜勒奥达尔和南哈萨克斯坦州。红花也是一种油籽作物，属于菊科的草本植物类，主要有 19 种，源自地中海、亚洲等地。哈萨克斯坦境内主要分布在阿克托比、阿拉木图市、西哈萨克斯坦、克孜勒奥达尔和南哈萨克斯坦州。油籽亚麻，一年生植物，主要生长在阿克莫拉、库斯塔奈和北哈萨克斯坦州。

在不同类型的植物油中，哈萨克斯坦的消费者多选择向日葵油，其通常占有家庭消费者的 95.4%。玉米油、橄榄油和大豆油在哈萨克斯坦消费者中不太流行。

哈萨克斯坦 2004—2015 年各州油料作物播种面积及其变化情况主要有以下三个特点：总播种面积上升；地区分布差异不大；各州从 2004—2015 年油料作物播种面积变化趋势不同。从 2004—2015 年，哈萨克斯坦油料作物总播种面积呈现出大幅度上升趋势，2015 年该国油料作物播种面积是 2004 年的 3.02 倍左右。在生产油料作物的 14 个州中，仅有两个州的油料作物播种面积呈下降趋势，分别是：阿特劳州和南哈萨克斯坦州。在这 14 个州中，卡拉干达州油料作物播种面积的增长速度最快，从 2004 年的 400hm²，上升到 2015 年的 1.4 万 hm²，上升了 34 倍；阿特劳州油料作物播种面积的下降速度最快，从 2006 年的 1 000hm² 下降到 2014 年的 500hm²，2015 年，该州油料作物生产地完全被代替（表 4-10）。

表 4-10　2004—2015 年各州油料作物播种面积的变化情况

单位：$\times 10^3 hm^2$

	2004	2005	2006	2007	2008	2009	2010	2011	2012	2013	2014	2015
阿克莫拉州	17.1	13.0	28.0	16.9	28.7	45.8	130.5	177.8	198.6	251.5	349.2	245.6
阿克托别州	7.1	7.4	11.0	14.8	26.4	19.9	25.1	53.6	40.7	42.3	31.2	34.4
阿拉木图州	89.5	95.1	100.6	102.2	106.8	115.3	131.5	143.6	141.5	160.1	163.9	161.5
阿特劳州	—	—	1.0	2.0	2.0	2.0	2.1	0.0	0.8	1.1	0.5	0.0
西哈萨克斯坦州	12.9	11.9	22.0	17.2	31.3	31.8	82.6	116.1	65.9	55.7	37.1	50.1
江布尔州	40.3	30.6	20.3	24.9	28.8	63.4	68.5	78.1	82.3	86.7	93.1	91.2
卡拉干达州	0.4	0.5	0.2	—	0.4	1.8	6.4	8.2	17.0	32.3	27.5	14.0
科斯塔奈州	11.8	9.1	34.4	56.6	75.5	55.0	153.4	197.9	219.7	233.3	362.9	335.3
克孜勒奥达尔州	3.4	2.5	2.0	2.3	2.4	2.5	3.5	2.2	2.0	1.9	0.9	6.0
南哈萨克斯坦州	82.2	73.8	54.3	53.0	61.3	77.4	102	103.1	122.0	108.2	93.6	79.5
巴甫洛达尔州	95.5	103.4	96.3	88.2	168.9	198.4	237.2	225.7	202.8	167.9	138.9	143.7
北哈萨克斯坦州	19.9	55.7	114.2	110.1	113.7	220.7	435.0	298.8	383.6	437.8	597.0	470.5
东哈萨克斯坦州	284.9	266.7	267.1	184.6	267.5	352.1	370.2	411.1	377.1	402.1	403.7	377.9
阿拉木图市	—	—	—	—	—	—	—	0.0	—	—	—	—
总计	665.0	669.7	751.4	672.8	913.7	1 186.1	1 748.1	1 816.2	1 853.9	1 980.9	2 299.5	2 009.7

资料来源：哈萨克斯坦统计署。

向日葵是哈萨克斯坦重要的油料作物之一，2004—2015 年间向日葵总播种面积占哈萨克斯坦油料作物总播种面积的比重均在30%以上，其中，2004年向日葵总播种面积在哈萨克斯坦油料作物总播种面积中所占比重最大，达到68.81%；2014年向日葵总播种面积在哈萨克斯坦油料作物总播种面积中所占比重最小，为36.79%。从2004—2015年，哈萨克斯坦向日葵总播种面积呈现出上升的趋势，2015年比2004年上升了61.87%。从向日葵生产的地区分布来看，有五个州的向日葵播种面积呈下降趋势，分别是：阿拉木图市州、江布尔州、卡拉干达州、克孜勒奥达尔州和南哈萨克斯坦州。在向日葵的生产地中，科斯塔奈州向日葵播种面积的上升速度最快，从2004年的1.12万hm^2升到2015年的9.37万hm^2，上升了7.37倍；卡拉干达州向日葵播种面积的下降速度最快，到2014年，该州的向日葵播种面积完全被其他作物所替代（表4-11）。

表4-11　2004—2015年各州向日葵播种面积的变化情况

单位：$\times10^3hm^2$

	2004	2005	2006	2007	2008	2009	2010	2011	2012	2013	2014	2015
阿克莫拉州	11.8	10.0	13.4	5.5	17.8	22.6	54.5	73.8	54.2	81.8	59.1	29.0
阿克托别州	5.0	3.6	11.0	14.7	25.4	19.2	23.9	53.0	40.2	41.0	29.1	32.7
阿拉木图州	28.8	29.2	40.2	43.3	45.2	46.0	38.6	40.8	35.4	31.4	26.5	25.7
阿特劳州	—	—	—	—	—	—	—	—	—	—	—	0.0
西哈萨克斯坦州	4.4	6.7	19.0	15.1	26.0	26.7	51.7	77.7	38.4	40.3	24.2	35.0
江布尔州	4.1	3.6	4.4	3.9	5.3	4.1	3.2	2.3	2.6	2.7	3.5	3.5
卡拉干达州	0.4	0.3	0.0	0.0	0.0	0.9	5.3	0.0	0.0	0.6	0.0	0.0
科斯塔奈州	11.2	8.6	10.3	3.4	4.7	7.7	31.0	46.9	36.8	88.8	138.1	93.7
克孜勒奥达尔州	1.0	0.5	0.6	0.5	0.3	0.3	0.4	0.3	0.2	0.2	0.1	0.1
南哈萨克斯坦州	10.6	10.3	9.0	6.0	6.7	10.6	10.0	5.8	4.4	6.0	6.2	6.2
巴甫洛达尔州	95.4	103.4	96.2	84.7	168.1	197.9	232.5	222.2	199.1	164.4	134.9	135.9
北哈萨克斯坦州	4.5	13.7	22.8	4.7	13.7	38.5	53.5	30.0	22.9	35.8	44.9	31.9
东哈萨克斯坦州	280.4	264.6	265.7	183.9	266.5	348.5	364.7	401.7	360.3	384.4	379.5	347.0
总计	457.6	454.5	492.6	365.7	579.7	723.0	869.3	954.5	794.6	877.4	846.1	740.7

资料来源：哈萨克斯坦统计署。

哈萨克斯坦各州油料作物的生产情况与其播种面积的变化基本一致，也呈现出三个主要的特点：总产量上升；地区分布差异不大；各州从2004—2015年油料作物产量的变化趋势不同（表4-12、表4-13）。

表 4-12　2004—2015 年各州油料作物总产量的变化情况

单位：$\times 10^3$ t

	2004	2005	2006	2007	2008	2009	2010	2011	2012	2013	2014	2015
阿克莫拉州	2.0	4.9	8.1	6.6	7.3	13.5	28.4	95.2	71.5	127.5	143.0	122.8
阿克托别州	1.2	0.9	1.3	3.1	6.9	6.0	3.1	10.4	2.9	8.1	6.1	4.2
阿拉木图州	86.5	106.7	122.0	124.3	126.3	145.7	168.4	194.0	217.7	245.1	259.1	263.9
阿特劳州	—	—	0.1	0.4	0.4	0.0	0.0	—	—	—	—	—
西哈萨克斯坦州	2.7	3.3	6.4	6.0	17.1	3.8	7.7	25.3	5.2	15.7	11.3	11.7
江布尔州	22.1	19.9	13.0	14.6	13.6	30.9	40.9	48.3	38.5	55.0	46.4	49.8
卡拉干达州	0.1	0.1	0.0	0.0	0.6	0.3	0.7	3.2	4.9	15.9	12.3	9.0
科斯塔奈州	1.4	4.5	13.9	32.7	27.3	25.3	46.5	125.5	38.8	139.0	229.9	211.9
克孜勒奥达尔州	2.7	1.7	1.6	1.9	1.4	1.3	1.5	1.0	0.9	0.8	0.6	5.1
南哈萨克斯坦州	59.2	56.0	40.8	37.2	37.8	60.4	78.8	72.0	72.6	94.3	60.7	67.7
巴甫洛达尔州	30.4	29.1	31.8	28.3	17.3	82.5	40.7	51.3	33.5	79.9	42.1	76.5
北哈萨克斯坦州	7.8	41.8	60.5	89.4	72.4	142.8	164.9	299.2	215.4	391.3	434.8	400.8
东哈萨克斯坦州	179.7	170.8	159.4	114.9	85.6	191.1	193.8	216.5	274.9	325.4	301.3	324.1
阿拉木图市	—	—	—	—	—	—	—	0.0	—	—	—	—
总计	395.8	439.7	458.9	459.4	414.0	703.6	775.4	1 141.9	976.8	1 498.0	1 547.6	1 547.5

资料来源：哈萨克斯坦统计署。

表 4-13　2004—2015 年各州向日葵总产量的变化情况

单位：$\times 10^3$ t

	2004	2005	2006	2007	2008	2009	2010	2011	2012	2013	2014	2015
阿克莫拉州	1.3	2.4	2.5	1.8	4.5	6.6	9.5	23.6	18.4	22.5	17.9	14.5
阿克托别州	0.9	0.4	1.3	3.1	6.7	5.9	3.0	10.4	2.8	7.9	5.7	4.0
阿拉木图州	25.4	25.8	35.2	33.2	30.9	38.0	34.4	37.3	30.8	26.8	25.5	24.5
阿特劳州	1.7	2.8	5.7	5.7	16.2	3.5	4.4	12.8	4.4	13.8	9.4	9.9
西哈萨克斯坦州	5.5	5.3	5.3	4.8	5.4	5.0	4.0	3.4	4.0	3.3	4.3	4.3
江布尔州	0.0	0.0	0.0	0.0	0.0	0.2	0.4	0.0	0.0	0.8	0.0	0.0
卡拉干达州	1.2	4.1	1.8	2.4	2.5	4.3	10.6	31.0	14.4	65.6	91.4	65.5
科斯塔奈州	1.4	0.7	0.8	0.7	0.5	0.5	0.7	0.5	0.3	0.3	0.2	0.1
克孜勒奥达尔州	18.5	17.5	15.9	9.2	9.6	16.5	14.9	8.2	6.5	8.8	8.9	8.9
南哈萨克斯坦州	30.4	29.1	31.8	27.3	17.3	82.4	40.4	49.9	32.9	77.3	40.9	72.2

（续）

	2004	2005	2006	2007	2008	2009	2010	2011	2012	2013	2014	2015
巴甫洛达尔州	2.3	9.8	8.8	2.9	6.8	14.4	17.1	21.0	21.0	36.8	30.2	28.3
北哈萨克斯坦州	177.0	169.4	158.9	114.7	85.4	190.6	189.5	211.0	264.8	308.8	278.4	301.8
总计	265.6	267.3	268.0	205.8	185.8	367.9	328.9	409.1	400.3	572.7	512.8	534.0

资料来源：哈萨克斯坦统计署。

（3）糖用甜菜。糖用甜菜是哈萨克斯坦重要的糖料作物。但其产地、播种面积和产量明显少于其他经济作物。2004—2015 年各州糖用甜菜播种面积和总产量的变化情况主要呈现出以下三个特点：总播种面积和产量大幅度下降；产地分布比较集中；各州从 2004—2015 年糖用甜菜播种面积和产量的变化趋势基本一致。

期间，哈萨克斯坦糖用甜菜播种面积呈现出明显的下降趋势，从 2004 年的 2.23 万 hm^2 下降到 2015 年的 0.92 万 hm^2，下降了 58.74%。其中，阿拉木图州是哈萨克斯坦糖用甜菜的主要生产地，糖用甜菜播种面积从 2004 年的 1.8 万 hm^2 下降到 2015 年的 0.38 万 hm^2，下降了 78.89%；江布尔州、南哈萨克斯坦州和东哈萨克斯坦州也有少部分的糖用甜菜生产地。

同样，从 2004—2015 年，哈萨克斯坦糖用甜菜产量总体上也呈现出显著下降的趋势，从 2004 年的 39.79 万 t 下降到 2015 年的 17.41 万 t，下降了 56.25%。其中，阿拉木图州糖用甜菜产量从 2004 年的 32.52 万 t 下降到 2015 年的 10.13 万 t，下降了 68.85%；江布尔州、南哈萨克斯坦州和东哈萨克斯坦州也生产少部分的糖用甜菜（表 4－14、表 4－15）。

表 4－14　2004—2015 年各州糖用甜菜播种面积的变化情况

单位：$\times 10^3 hm^2$

	2004	2005	2006	2007	2008	2009	2010	2011	2012	2013	2014	2015
阿拉木图州	18.0	16.2	14.1	13.7	8.3	5.9	4.8	11.1	6.3	1.6	0.4	3.8
江布尔州	4.3	1.3	0.3	0.0	4.7	1.9	5.7	7.0	5.4	1.0	0.8	5.4
克孜勒奥达尔州	—	—	—	—	—	—	0.0	—	—	—	—	—
南哈萨克斯坦州	—	—	—	0.0	0.0	2.8	0.7	0.1	0.1	0.1	0.0	0.0
北哈萨克斯坦州	—	—	—	—	—	—	—	—	—	—	—	0.0

（续）

	2004	2005	2006	2007	2008	2009	2010	2011	2012	2013	2014	2015
东哈萨克斯坦州	—	—	0.0	—	0.1	—	—	—	—	—	—	—
总计	22.3	17.5	14.4	13.7	13.1	10.6	11.2	18.2	11.8	2.7	1.2	9.2

资料来源：哈萨克斯坦统计署。

表 4－15　2004—2015 年各州糖用甜菜总产量的变化情况

单位：$\times 10^3$t

	2004	2005	2006	2007	2008	2009	2010	2011	2012	2013	2014	2015
阿拉木图州	325.2	297.1	335.3	309.0	121.2	121.2	83.2	88.4	110.7	44.6	9.0	101.3
江布尔州	72.7	13.7	3.7	0.2	9.0	17.4	60.5	111.3	40.1	19.9	14.7	72.4
克孜勒奥达尔州	—	—	—	—	—	—	0.0	—	—	—	—	—
南哈萨克斯坦州	—	—	—	0.2	0.0	42.7	8.3	0.7	0.8	0.1	0.2	0.4
北哈萨克斯坦州	—	—	—	—	—	—	—	—	—	—	—	0.0
东哈萨克斯坦州	—	—	0.0	—	—	—	—	—	—	—	—	—
总计	397.9	310.8	339.0	309.4	130.2	181.3	152.0	200.4	151.6	64.6	23.9	174.1

资料来源：哈萨克斯坦统计署。

（4）烟草。哈萨克斯坦的烟草业在苏联时期就已形成，烟叶基本实现自给自足，进出口量都不大。独立后，哈萨克斯坦的烟草行业发生了重大变化。市场上出现了新的参与者——跨国公司，他们控制着很大一部分烟草市场，并且推动哈萨克斯坦烟草业的迅速发展。这些大公司与哈萨克斯坦的烟农维持着良好的合作关系。他们经常通过信用担保的方式给烟农提供信用支持和资金支持；他们也经常给烟农提供烟苗、杀虫剂和肥料等生产投入资料，以及收割机、拖拉机等大型的生产运输工具。

（5）咖啡。哈萨克斯坦的咖啡市场形成于独立之后。因为在苏联时期，咖啡在市场上的认可程度普遍偏低。在哈萨克斯坦独立之后，国家才打开了这一市场，咖啡逐渐得到了消费者的熟知和认可。但是，哈萨克斯坦的气候条件不符合种植咖啡的要求。因此，大部分在该国销售的咖啡都来源于从世界各国进口。全世界最常见的两种咖啡是阿拉比卡和罗布斯塔，但这两种咖啡不是哈萨克斯坦进口咖啡的最重要部分。该国消费者普遍倾向于喝咖啡替代品，如速溶咖啡和咖啡饮料等。

4.2.3 畜牧业生产结构

哈萨克斯坦的畜牧业以养牛业、养羊业、生猪养殖业和家禽养殖业为主，主要畜产品有奶制品（各种类型的牛奶）、肉制品（牛肉、羊肉、猪肉、鸡肉）、鸡蛋、羊毛、皮革（大块皮革、小块皮革、羔羊皮）等。

1991年独立后，哈萨克斯坦各类牲畜的存栏数均出现了大幅度的下降。其中，1997—1999年为低谷期，特别是作为哈萨克斯坦畜牧业基础的牛（含奶牛）和绵羊两种牲畜的数量急剧下降。进入21世纪后，该国政府采取了各种有利于畜牧业发展的新政策和新措施来促进畜牧业的恢复与发展，使得该国的畜牧业有了较大的改善，但是牲畜的总存栏数仍然没有恢复到独立时的水平。1990年以后，哈萨克斯坦各类牲畜的存栏数均出现了大幅度的下降。其中，1997—1999年为低谷期，特别是作为哈萨克斯坦畜牧业基础的牛（含奶牛）和绵羊两种牲畜的数量急剧下降。进入新世纪后，该国政府采取了各种有利于畜牧业发展的新政策和新措施来促进畜牧业的恢复与发展，使得该国的畜牧业有了较大的改善，但是牲畜的总存栏数仍然没有恢复到1990年的水平。根据哈萨克斯坦农业部的统计，截至2016年年底，哈萨克斯坦各种牲畜的存栏数为：牛624.72万头、绵山羊1 794.72万只、猪83.11万头、马211.32万匹、骆驼17.25万头、家禽3 780万只。各类牲畜的存栏数与1990年相比，除马的存栏数增加了29.94%、骆驼的存栏数增加了20.63%外，其他牲畜仍有较大的差距：牛的存栏数仅为1990年的64.03%、绵山羊为50.33%、猪为25.78%、禽类为63.11%。以当前畜牧业的增长速度来看，哈萨克斯坦牲畜的存栏数要恢复到独立时的水平，仍然需要长期的努力。

由于牲畜存栏数的大幅度下降，加上牲畜和禽类的良种化进程比较慢，严重地影响了哈萨克斯坦畜产品的生产，奶、肉、蛋、毛的产量一直处于较低的水平，进而也影响了畜产品的市场供应和居民的消费结构。近年来，虽然哈萨克斯坦畜产品的生产形势有所好转，主要畜产品的产量和质量有所提高，但哈萨克斯坦全国生产的畜产品仍然不能满足本国消费者的需要。根据哈萨克斯坦海关的统计，2012年哈萨克斯坦进口鲜肉、冻肉和冷藏的肉及食用杂碎等共计235 375t，大部分的奶制品也需要从俄罗斯和白俄罗斯进口，本土生产的牛肉产品仅占国内牛肉市场份额的10%，禽肉只能提供市场需求的一半。2012年，全哈萨克斯坦肉类总产量为163.55万t，奶产量为480.38万t，羊毛为3.4万t，鸡蛋为36.44亿枚。除肉类总产量较独立时增加11.11万t（增幅为7.29%）外，牛奶产量较独立时减少75.16万t（降幅为13.53%），鸡蛋减少4.31亿枚（降幅为10.58%），羊毛的减产幅度最大，达到了70%。哈萨克斯坦人均畜产品占有量也比较低，2012年人均畜产品占有量为：肉57kg，奶330kg，蛋228枚。

通过哈萨克斯坦2016年全年（1—12月）部分畜产品的产量情况不难看出，在一年中，畜产品的产量变化是遵循一定规律的。其中，4月、7月、10月和1月这四个月份的畜产品产量最低；2月、3月、11月和12月这四个月份的畜产品产量最高；5月、6月、8月和9月这四个月份的畜产品产量居中（表4-16）。

表4-16　2016年1—12月部分畜产品的生产情况

	2月	3月	4月	5月	6月	7月
在农场屠宰或销售屠宰牲畜和家禽（活重），t	1 701 642.8	1 650 880.4	103.1	307 388.4	287 955.4	106.7
在农场屠宰或销售屠宰牲畜和家禽（屠宰从重），t	960 422.8	930 883.2	103.2	218 855.9	205 197.0	106.7
牛奶，t	5 299 966.4	5 141 621.9	103.1	317 068.3	263 013.9	120.6
鸡蛋，千个	4 731 473.4	4 720 441.4	100.2	3 463 368.4	3 474 815.6	99.7
羊毛，t	37 672.5	36 837.5	102.3	1 669.1	1 680.3	99.3
大块皮革，件	2 702 088	2 638 684	102.4	100 128	93 157	107.5
小块皮革，件	7 853 571	7 750 013	101.3	181 019	114 343	158.3
羔羊皮，件	7 477	12 424	60.2	5 810	7 327	79.3

	8月	9月	10月	11月	12月	1月
在农场屠宰或销售屠宰牲畜和家禽（活重），t	321 033.4	286 519.5	112.0	1 073 221.0	1 076 405.5	99.7
在农场屠宰或销售屠宰牲畜和家禽（屠宰从重），t	167 896.7	149 476.5	112.3	573 670.3	576 209.7	99.6
牛奶，t	886 460.7	777 550.3	114.0	4 096 437.4	4 101 057.7	99.9

（续）

	8 月	9 月	10 月	11 月	12 月	1 月
鸡蛋，千个	20 855.4	22 277.1	93.6	1 247 249.6	1 223 348.7	102.0
羊毛，t	13 997.9	13 024.3	107.5	22 005.5	22 132.9	99.4
大块皮革，件	576 733	505 374	114.1	2 025 227	2 040 153	99.3
小块皮革，件	1 958 397	1 819 308	107.6	5 714 155	5 816 362	98.2
羔羊皮，件	1 667	4 497	37.1	—	600	—

资料来源：哈萨克斯坦统计署。

哈萨克斯坦 2003—2015 年各州在农场屠宰或销售屠宰牲畜和家禽（活重）的重量及其变化情况主要呈现出以下三个特点：总量上升；地区分布差异不大；各州 13 年间宰牲畜和家禽（活重）的重量变化趋势不同。从 2003—2015 年，哈萨克斯坦牲畜和家禽（活重）的重量总体上呈现出上升的趋势，2015 年的重量比 2003 年上升了 46.40%。在生产该类畜产品的 16 个州中，仅有 4 个州的产量呈现出下降的趋势，它们分别是：阿克莫拉州、科斯塔奈州、阿斯塔纳市和阿拉木图市；另外 12 个州的产量均呈现出上升的趋势。其中，上升速度最快的是南哈萨克斯坦州，从 2003 年的 11.14 万 t 上升到 2015 年的 20.25 万 t，上升了 81.78%。下降速度最快的是阿斯塔纳市，从 2003 年的 700t 下降到 2015 年的 300t，下降了 57.14%（表 4－17）。

哈萨克斯坦 2003—2015 年各州在农场屠宰或销售屠宰牲畜和家禽（屠宰从重）的重量及其变化情况主要呈现出以下三个特点：总量上升；地区分布差异不大；各州 13 年间宰牲畜和家禽（屠宰从重）的重量变化趋势不同。从 2003—2015 年，哈萨克斯坦牲畜和家禽（屠宰从重）的重量总体上呈现出上升的趋势，上升了 51.70%。在生产该类畜产品的 16 个州中，仅有 3 个州的产量呈现出下降的趋势，它们分别是：科斯塔奈州、阿斯塔纳市和阿拉木图市，其中，阿斯塔纳市和阿拉木图市的产量近些年维持在 100t 左右，未来可能会停止这一类畜产品的生产；另外 13 个州的产量均呈现出上升的趋势。其中，上升速度最快的是阿拉木图州，从 2003 年的 9.64 万 t 上升到 2015 年的 18.95 万 t，上升了 96.58%。下降速

表 4-17　2003—2015 年各州在农场屠宰或销售屠宰牲畜和家禽（活重）

单位：$\times 10^3$ t

	2003	2004	2005	2006	2007	2008	2009	2010	2011	2012	2013	2014	2015
阿克莫拉州	91.6	93.6	95.6	95.0	96.6	97.7	96.1	92.9	76.4	75.9	79.4	82.4	90.8
阿克托别州	68.0	71.5	75.9	82.8	84.7	91.8	97.0	102.3	111.5	115.0	115.0	121.9	122.0
阿拉木图州	176.1	186.0	191.8	217.0	223.9	240.1	255.3	284.6	284.2	297.2	305.9*	301.7*	315.8
阿特劳州	37.7	39.3	40.3	42.0	43.7	45.1	46.1	47.0	48.0	48.8	49.2	49.3	49.1
西哈萨克斯坦州	63.6	65.5	68.0	70.8	72.9	75.5	76.6	76.9	77.5	73.5	73.5	73.4	77.5
江布尔州	63.1	67.3	70.8	74.4	78.2	81.5	81.8	85.7	90.1	94.3	96.0	103.9	107.7
卡拉干达州	81.4	89.2	97.1	105.6	111.0	118.5	115.6	109.2	111.6	114.4	116.7	122.0	127.2
科斯塔奈州	130.4	137.6	143.1	148.6	153.3	147.3	141.5	139.4	140.8	99.3	97.1	96.2	92.4
克孜勒奥达尔州	26.9	27.6	28.5	29.1	30.1	30.9	31.4	31.7	31.8	32.3	31.5	32.3	33.0
曼吉斯套州	8.9	9.4	9.6	9.5	9.7	9.8	9.9	9.9	10.3	10.5	10.6	10.9	11.7
南哈萨克斯坦州	111.4	121.7	129.9	136.6	144.5	151.1	153.6	157.8	168.2	174.8	182.5	192.6	202.5
巴甫洛达尔州	55.9	62.2	64.9	68.0	69.7	69.7	70.8	70.6	71.4	71.7	75.8	82.3	85.9
北哈萨克斯坦州	75.6	76.7	76.3	76.5	78.7	83.1	83.7	88.7	79.5	83.2	88.5	91.9	90.6
东哈萨克斯坦州	136.0	151.0	158.4	170.1	183.2	190.8	192.7	203.9	209.7	218.0	224.3	239.3	244.1
阿斯塔纳市	0.7	0.7	1.2	0.4	0.5	0.3	0.3	0.3	0.3	0.3	0.3	0.3	0.3
阿拉木图市	0.6	0.8	0.8	0.8	0.8	0.5	0.4	0.3	0.2	0.2	2.4*	2.1*	0.5
总计	1 127.8	1 200.1	1 252.0	1 327.3	1 381.6	1 433.8	1 453.0	1 501.2	1 511.5	1 509.4	1 548.7	1 602.5	1 651.1

资料来源：哈萨克斯坦统计署。

度最快的是阿斯塔纳市，从2003年的300t下降到2015年的100t，下降了66.67%（表4-18）。

哈萨克斯坦各种类型的牛奶产量及其变化情况在2003—2015年间主要表现为以下三个特点：牛奶生产总量上升；地区分布差异不大；各州13年间牛奶产量的变化趋势不同。从2003—2015年，哈萨克斯坦各种类型的牛奶生产总量呈现出上升的趋势，总体来看上升了20.05%。在生产各种类型的牛奶的16个州中，大部分州牛奶产量分布较为均衡且呈现出上升的趋势，但也有4个州的产量呈现出下降的趋势，它们分别是：阿克莫拉州、科斯塔奈州、阿斯塔纳市和阿拉木图市。其中，上升速度最快的是曼吉斯套州，虽然该州的产量远远少于其他州，不是哈萨克斯坦牛奶的主产区，但其产量的上升幅度达到了67.27%。下降速度最快的是阿斯塔纳市，从2003年的0.81万t下降到2015年的600t，下降了92.59%，预计未来可能会停止牛奶的生产，作为哈萨克斯坦的政治、经济和文化中心，阿斯塔纳市近些年各类农产品的生产规模都逐渐缩减（表4-19）。

哈萨克斯坦2003—2015年各州各种类型的鸡蛋产量及其变化情况主要有以下三个特点：鸡蛋生产总量上升；地区分布有较大差异；各州13年间鸡蛋产量的变化趋势不同。从2003—2015年，哈萨克斯坦各类的鸡蛋产量总体上呈现出较大幅度的上升趋势，2015年的鸡蛋产量是2003年鸡蛋产量的2.08倍。在生产各类鸡蛋的16个州中，仅有4个州的产量呈现出下降的趋势，它们分别是：克孜勒奥达尔州、东哈萨克斯坦州、阿斯塔纳市和阿拉木图市；另外12个州的产量均呈现出上升的趋势。上升速度最快的是阿特劳州，2015年的鸡蛋产量是2003年的21.92倍，但相比较于鸡蛋的主产地阿拉木图州来说，2015年阿特劳州的鸡蛋产量仅为阿拉木图州的5%。另外，下降速度最快的是阿拉木图市，从2003年的380万个下降到2015年的40万个，下降了89.47%（表4-20）。

从哈萨克斯坦1990—2016年家畜及家禽数量及其变化情况上来看，主要分为两个阶段。从1990—2003年左右，各类家畜及家禽的数量都呈现出下降的趋势；从2003—2016年，各类家畜及家禽的数量呈现出回升的趋势，但不同种类的家畜及家禽数量回升的速度各有差异，到2016年，仅有马匹和骆驼的数量回升到了1990年的水平（表4-21）。

表 4-18 2003—2015 年各州在农场屠宰或销售屠宰牲畜和家禽（屠宰从重）

单位：$\times 10^3$ t

	2003	2004	2005	2006	2007	2008	2009	2010	2011	2012	2013	2014	2015
阿克莫拉州	48.3	49.6	50.9	50.2	51.6	51.9	50.6	49.3	40.4	41.8	44.1	46.1	51.7
阿克托别州	33.8	37.5	39.1	43.6	43.0	46.5	49.4	52.4	58.7	60.0	59.8	64.0	63.8
阿拉木图州	96.4	102.3	101.7	120.8	124.2	133.3	145.2	169.8	163.7	174.1	183.8*	178.3*	189.5
阿特劳州	18.7	20.8	21.1	21.4	21.9	23.0	23.6	23.9	24.3	24.8	25.0	25.3	25.3
西哈萨克斯坦州	32.2	33.0	32.8	34.2	34.6	36.6	37.4	37.8	38.0	35.8	36.7	36.8	39.2
江布尔州	33.3	35.6	37.8	39.9	42.2	43.5	43.7	46.9	48.6	50.8	50.9	55.6	57.0
卡拉干达州	43.8	47.3	51.1	58.6	60.8	64.6	62.6	61.3	63.6	65.8	66.2	69.9	73.4
科斯塔奈州	73.2	78.1	81.2	83.0	85.3	81.1	78.8	78.9	80.7	57.9	56.4	54.7	53.2
克孜勒奥达尔州	13.2	14.3	14.7	14.9	15.4	15.9	16.4	16.1	16.3	16.4	16.1	16.6	17.0
曼吉斯套州	3.8	4.1	4.1	4.4	4.6	4.3	4.6	4.6	4.9	5.4	5.5	5.9	6.4
南哈萨克斯坦州	58.5	64.4	68.7	72.1	76.4	80.6	82.4	84.7	91.6	95.6	99.5	105.4	110.5
巴甫洛达尔州	28.3	34.8	35.6	37.1	38.4	37.8	38.4	38.0	38.4	38.4	40.8	44.7	46.6
北哈萨克斯坦州	46.3	44.5	47.0	46.8	48.3	51.1	51.3	54.5	49.1	51.0	54.2	55.1	54.3
东哈萨克斯坦州	83.0	87.3	89.3	97.0	104.7	108.1	109.5	115.8	119.5	126.6	130.6	140.6	142.8
阿斯塔纳市	0.3	0.4	0.5	0.2	0.2	0.1	0.2	0.2	0.2	0.2	0.1	0.1	0.1
阿拉木图市	0.3	0.4	0.4	0.4	0.4	0.3	0.2	0.1	0.1	0.1	1.3*	1.1*	0.2
总计	613.7	654.3	675.9	724.5	752.0	778.5	794.1	834.4	838.1	844.7	871.0	900.2	931.0

资料来源：哈萨克斯坦统计署。

表 4-19 2003—2015 年各州各种类型的牛奶产量

单位：$\times 10^3$ t

	2003	2004	2005	2006	2007	2008	2009	2010	2011	2012	2013	2014	2015
阿克莫拉州	411.6	434.5	445.1	449.5	452.2	452.7	452.9	453.6	362.4	305.7	329.4	351.4	360.6
阿克托别州	239.1	253.2	270.3	277.6	288.0	302.0	310.8	318.2	325.2	328.8	301.4	301.8	302.0
阿拉木图州	578.5	591.5	610.9	638.1	652.0	665.8	668.5	668.6	670.2	672.2	663.5*	672.2*	684.2
阿特劳州	43.3	46.6	48.5	50.3	52.7	54.9	55.5	55.5	56.6	57.3	57.6	65.7	58.8
西哈萨克斯坦州	203.5	210.3	214.0	219.9	228.8	232.5	234.7	237.5	226.7	223.6	224.7	224.6	226.4
江布尔州	216.7	234.0	244.1	253.0	260.8	266.9	269.2	273.8	279.3	284.1	284.2	290.1	294.7
卡拉干达州	247.7	269.2	283.7	299.8	313.8	334.5	354.0	362.1	352.7	357.9	374.5	388.4	408.7
科斯塔奈州	508.3	538.9	567.9	588.6	609.6	627.6	636.3	641.8	580.6	332.3	341.1	359.6	375.7
克孜勒奥达尔州	60.3	63.6	64.6	68.3	71.2	74.2	76.4	77.4	79.0	78.3	83.3	85.8	87.5
曼吉斯套州	5.5	5.3	5.9	6.1	6.5	6.8	7.1	7.3	7.7	9.1	8.9	8.8	9.2
南哈萨克斯坦州	438.2	465.1	495.7	537.6	577.4	608.3	617.7	636.1	662.1	660.7	679.5	699.9	710.6
巴甫洛达尔州	289.4	324.6	339.3	343.0	343.4	338.6	343.8	347.5	348.4	351.4	351.8	355.0	361.7
北哈萨克斯坦州	495.7	504.4	512.9	523.4	531.3	547.7	573.3	587.0	555.1	447.8	458.5	473.3	504.1
东哈萨克斯坦州	563.4	602.9	634.6	661.4	677.1	678.7	697.9	711.1	723.8	740.1	758.2	778.1	792.4
阿斯塔纳市	8.1	5.7	4.4	2.4	2.1	2.0	2.2	2.2	1.9	1.8	2.3	1.7	0.6
阿拉木图市	7.4	7.0	7.3	7.0	6.3	4.8	3.6	1.5	0.8	0.5	11.4*	11.5*	5.2
总计	4 316.7	4 556.8	4 749.2	4 926.0	5 073.2	5 198.0	5 303.9	5 381.2	5 232.5	4 851.6	4 930.3	5 067.9	5 182.4

资料来源：哈萨克斯坦统计署。

表 4-20　2003—2015 年各州各种类型的鸡蛋产量

单位：百万个

	2003	2004	2005	2006	2007	2008	2009	2010	2011	2012	2013	2014	2015
阿克莫拉州	216.6	219.7	225.9	230.4	208.2	225.4	342.0	448.0	437.7	495.6	523.4	587.2	783.5
阿克托别州	106.0	97.0	109.7	120.1	127.0	139.2	147.5	185.2	177.5	185.8	174.8	173.4	173.3
阿拉木图州	565.2	559.9	590.5	481.0	573.1	793.3	866.9	909.3	878.8	815.8	868.0*	980.3*	1 057.6
阿特劳州	2.4	1.5	1.6	1.6	1.7	1.8	1.8	1.8	1.9	1.8	10.6	23.6	55.0
西哈萨克斯坦州	40.3	52.0	95.5	93.2	106.5	106.6	113.2	130.8	137.4	136.2	139.7	156.6	149.9
江布尔州	82.5	87.7	92.0	93.9	96.1	99.7	109.6	114.1	118.4	115.2	110.5	109.1	117.0
卡拉干达州	188.0	177.3	189.1	204.7	208.4	235.0	243.7	299.7	373.3	468.8	554.9	615.2	624.8
科斯塔奈州	314.3	325.5	341.7	356.1	383.2	409.2	441.8	491.8	553.2	527.2	457.2	522.4	598.7
克孜勒奥达尔州	40.0	32.6	35.9	36.7	32.3	15.0	14.0	13.6	12.1	9.7	7.1	5.7	5.6
曼吉斯套州	0.5	0.7	0.6	0.7	0.8	0.8	0.7	0.8	0.7	0.7	0.6	0.6	1.3
南哈萨克斯坦州	187.6	195.8	204.3	229.5	238.8	246.8	247.1	271.1	266.2	276.6	276.6	280.2	296.0
巴甫洛达尔州	123.7	111.9	120.6	128.1	125.2	135.6	156.6	186.5	181.9	64.0	121.5	124.9	140.2
北哈萨克斯坦州	156.7	176.9	222.2	233.4	249.9	266.8	312.1	396.9	400.2	437.2	492.7	549.3	588.2
东哈萨克斯坦州	248.6	274.7	280.8	282.4	308.9	309.9	305.4	266.9	175.6	135.7	144.1	154.8	145.3
阿斯塔纳市	0.5	0.6	0.5	0.2	0.2	0.3	0.3	0.2	0.3	0.3	0.3	0.3	0.2
阿拉木图市	3.8	3.0	3.1	2.7	3.9	3.7	3.7	3.6	3.3	2.8	13.8*	7.6*	0.4
总计	2 276.7	2 316.8	2 514.0	2 494.7	2 664.2	2 989.1	3 306.4	3 720.3	3 718.5	3 673.4	3 896.0	4 291.2	4 737.0

资料来源：哈萨克斯坦统计署。

在六类主要的家禽及家畜中，仅有马匹和骆驼的数量从整体上呈现出上升的趋势；其余四类均呈现出下降的趋势。具体来看，牛的数量从 1990 年的 975.72 万头下降到 2016 年的 624.72 万头，下降了 35.97%；绵羊和山羊的数量从 1990 年的 3 566.05 万只下降到 2016 年的 1 794.72 万只，下降了 49.67%；猪的数量从 1990 年的 322.38 万头下降到 2016 年的 83.11 万头，下降了 74.22%；家禽的数量从 1990 年的 5 990 万只下降到 2016 年的 3 780万只，下降了 36.89%；马匹的数量从 1990 年的 162.63 万匹上升到 2016 年的 211.32 万匹，上升了 29.94%；骆驼的数量从 1990 年的 14.30 万头上升到 2016 年的 17.25 万头，上升了 20.63%（表 4－21）。

表 4－21　1990—2016 年哈萨克斯坦家畜及家禽数量

	牛（千头）	绵羊和山羊（千只）	猪（千头）	马（千匹）	骆驼（千头）	家禽（百万只）
1990	9 757.2	35 660.5	3 223.8	1 626.3	143.0	59.9
1991	9 592.4	34 555.7	2 976.1	1 666.4	145.1	59.9
1992	9 576.3	34 419.8	2 591.0	1 703.5	148.8	52.7
1993	9 346.6	34 208.1	2 445.2	1 776.6	154.8	49.8
1994	8 072.9	25 132.1	1 982.7	1 636.0	141.2	32.7
1995	6 859.9	19 583.9	1 622.7	1 556.9	130.5	20.8
1996	5 424.6	13 679.4	1 036.5	1 310.0	111.2	15.4
1997	4 307.1	10 384.3	879.0	1 082.7	97.1	16.0
1998	3 957.9	9 526.5	891.8	986.3	95.8	17.0
1999	3 998.2	9 656.7	984.2	969.6	96.1	18.0
2000	4 106.6	9 981.1	1 076.0	976.0	98.2	19.7
2001	4 293.5	10 478.6	1 123.8	989.5	103.8	21.1
2002	4 559.5	11 273.0	1 229.8	1 019.3	107.5	23.8
2003	4 871.0	12 247.1	1 368.8	1 064.3	114.9	24.8
2004	5 203.9	13 409.1	1 292.1	1 120.4	125.7	25.6
2005	5 457.4	14 334.5	1 281.9	1 163.5	130.5	26.2
2006	5 660.4	15 350.3	1 304.9	1 235.6	138.6	28.2
2007	5 840.9	16 080.0	1 352.7	1 291.1	143.2	29.5
2008	5 991.6	16 770.4	1 347.3	1 370.5	148.3	30.1
2009	6 095.2	17 369.7	1 326.3	1 438.7	155.5	32.7
2010	6 175.3	17 988.1	1 344.0	1 528.3	169.6	32.8
2011	5 702.4	18 091.9	1 204.2	1 607.4	173.2	32.9
2012	5 690.0	17 633.3	1 031.6	1 686.2	164.8	33.5
2013	5 851.2	17 560.6	922.3	1 784.5	160.9	34.2

（续）

	牛 （千头）	绵羊和山羊 （千只）	猪 （千头）	马 （千匹）	骆驼 （千头）	家禽 （百万只）
2014	6 032.7	17 914.6	884.7	1 937.9	165.9	35.0
2015	6 183.9	18 015.5	887.6	2 070.3	170.5	35.6
2016*	6 247.2	17 947.2	831.1	2 113.2	172.5	37.8

资料来源：哈萨克斯坦统计署。

4.2.3.1 养牛业

养牛业与养羊业并称哈萨克斯坦畜牧业的基础，是哈萨克斯坦重要的畜牧业种类。哈萨克斯坦是苏联主要的牛肉生产基地之一，养牛业比较发达。牛肉产量占全国肉类总产量的45%，居各种肉类产量之首。肉牛品种丰富，有哈萨克白头牛，占95%。桑特格牛占2.6%，盖洛威牛占1.4%，卡尔梅克牛占1%。有些肉牛品种是当地经过多年培育而形成的良种。如哈萨克白头牛。有些则是引进的，如桑特格牛。目前，为了增加牛肉和牛奶的生产，养牛业已经开始向专业化方向发展，成立了许多培育和饲养牛犊的专业化综合体和工厂化饲养场。哈萨克斯坦的养牛业已初步形成了育种繁殖-育肥-出栏-销售，这样一个完整的体系。

哈萨克斯坦近13年各州养牛的数量及其变化情况主要有以下三个显著的特点：牛的数量上升；地区分布有较大差异；各州养牛数量的变化趋势不同。从2003—2015年，哈萨克斯坦养牛的数量总体上呈现出上升的趋势，从2003—2015年上升了26.95%。在养牛的16个州中，仅有4个州的养牛数量呈现出下降的趋势，它们分别是：阿克莫拉州、科斯塔奈州、阿斯塔纳市和阿拉木图市；另外12个州的养牛数量均呈现出上升的趋势。上升速度最快的是曼吉斯套州，从2003年的6 400头上升到2015年的1.36万头，上升了112.5%，但曼吉斯套州不是哈萨克斯坦养牛的主要州，其养牛数量在总量中所占比重很低。在其主要的养牛州中，阿拉木图州养牛数量的上升速度最快，从2003年的56.7万头上升到2015年的89.97万头，上升了58.68%，且2015年阿拉木图州的养牛数量占哈萨克斯坦全国养牛数量的14.55%。下降速度最快的是阿斯塔纳市，从2003年的5 600头下降到2015年的600头，下降了89.29%（表4-22）。

表 4-22 2003—2015 年各地区养牛的数量

单位：千头

	2003	2004	2005	2006	2007	2008	2009	2010	2011	2012	2013	2014	2015
阿克莫拉州	388.6	397.4	394.1	389.3	396.4	402.4	398.9	383.0	308.0	334.8	357.5	374.7	383.6
阿克托别州	350.9	372.3	397.9	421.2	435.5	447.2	457.7	468.1	471.3	371.0	381.0	378.5	384.9
阿拉木图州	567.0	608.4	667.4	722.2	757.6	788.8	807.2	819.1	828.8	832.4	852.5*	882.3*	899.7
阿特劳州	123.1	135.6	144.6	153.5	165.4	172.4	178.2	182.2	183.0	149.2	145.8	148.6	150.4
西哈萨克斯坦州	386.0	410.3	416.7	422.9	433.7	438.5	428.6	420.8	379.2	390.4	417.2	456.2	470.5
江布尔州	244.7	279.8	293.0	307.9	317.2	320.8	326.1	326.6	302.9	300.0	300.1	306.0	315.5
卡拉干达州	362.6	381.7	389.7	400.2	406.5	412.9	419.9	422.5	404.1	416.1	443.3	467.1	472.5
科斯塔奈州	448.4	477.9	501.9	516.6	537.0	556.8	563.2	570.7	376.4	394.4	402.5	415.5	420.7
克孜勒奥达尔州	178.6	199.5	216.2	230.8	240.1	245.4	245.6	247.4	240.7	243.3	248.9	257.8	269.0
曼吉斯套州	6.4	7.2	8.8	8.5	9.6	10.3	11.2	12.8	14.9	14.6	14.1	15.0	13.6
南哈萨克斯坦州	515.1	560.2	607.8	642.3	676.4	715.9	749.2	833.2	837.6	857.1	838.7	830.2	848.0
巴甫洛达尔州	306.6	333.6	346.4	346.9	353.3	359.6	369.3	373.6	360.6	364.0	375.0	379.5	385.5
北哈萨克斯坦州	319.1	324.8	332.0	338.5	344.4	351.7	355.2	356.1	259.7	280.7	297.6	315.0	327.3
东哈萨克斯坦州	661.9	706.0	734.8	754.9	764.1	765.6	782.7	757.3	733.6	740.2	769.3	802.1	839.4
阿斯塔纳市	5.6	3.6	1.9	1.3	1.3	1.3	1.3	1.2	1.0	1.1	1.1	0.7	0.6
阿拉木图市	6.4	5.6	4.2	3.4	2.4	2.0	0.9	0.7	0.6	0.7	6.6*	3.5*	2.7
总计	4 871.0	5 203.9	5 457.4	5 660.4	5 840.9	5 991.6	6 095.2	6 175.3	5 702.4	5 690.0	5 851.2	6 032.7	6 183.9

资料来源：哈萨克斯坦统计署。

4.2.3.2 养羊业

由于养羊业是很多重要产品如羊毛、羊肉和羊皮的唯一来源，现已成为哈萨克斯坦畜牧业的主要组成部分。自古以来，哈萨克人的生活就与羊养殖的发展有密切的关系，因为哈萨克斯坦的气候条件十分适合养羊业的发展。哈萨克斯坦最主要的畜牧业活动是绵羊育种。主要集中在东哈萨克斯坦州、阿克莫拉州、南哈萨克斯坦州以及拥有季节性牧场的其他州。

哈萨克斯坦的羊育种目前在四个品种上发展状况良好：羊品种、细毛羊肉哈萨克（V. Balmont)、南哈萨克斯坦美利奴、北哈萨克斯坦美利奴和北哈萨克斯坦 Archar 美利奴。在哈萨克斯坦现有绵羊总数（约 1 800 万）中，有一半以上（51.0%）集中在哈萨勒斯坦东南部，包括：阿拉木图州（约 18.3%），江布尔州（约 12.6%），南哈萨克斯坦州(约 20.1%)。

哈萨克斯坦 2003—2015 年各州养羊的数量及其变化情况主要有以下三个显著的特点：羊的数量上升；州分布有比较显著的差异；各州养羊数量的变化趋势不同。从 2003—2015 年，哈萨克斯坦养羊的数量总体上呈现出上升的趋势，上升了 47.10%。在养羊的 16 个州中，仅有 3 个州的养羊数量呈现出下降的趋势，它们分别是：克孜勒奥达尔州、曼吉斯套州和阿斯塔纳市；另外 13 个州的养羊数量均呈现出上升的趋势。其中，上升速度最快的是北哈萨克斯坦州，从 2003 年的 16.77 万只上升到 2015 年的 36.51 万只，上升了 117.71%。下降速度最快的是阿斯塔纳市，从 2003 年的 1 900 只下降到 2015 年的 900 只，下降了 52.63%。各州养羊数量的差异比较大，2015 年，羊的数量最多的州是南哈萨克斯坦州，为 381.65 万头；而羊的数量最少的州是阿斯塔纳市，仅有 900 头(表 4 - 23)。

4.2.3.3 生猪养殖业

哈萨克斯坦的养猪业生产潜力巨大，是发展迅速的畜牧业部门之一，同时也是集约化程度较高的部门。2001 年猪肉产量达 20 万 t，占当年肉类总产量的 15%。养猪业在肉类产品的生产结构中，排名第二；在肉类

表 4－23　2003—2015 年各地区养羊的数量

单位：千头

	2003	2004	2005	2006	2007	2008	2009	2010	2011	2012	2013	2014	2015
阿克莫拉州	239.6	269.9	286.0	321.5	322.0	329.6	339.5	380.3	413.6	434.2	460.6	491.5	509.6
阿克托别州	758.4	814.6	872.7	950.4	1 010.4	1 072.7	1 103.5	1 149.5	1 174.0	976.2	991.2	1 007.3	1 030.3
阿拉木图州	2 300.7	2 357.5	2 491.8	2 674.0	2 800.5	2 944.4	2 983.8	3 054.2	3 101.5	3 138.8	3 152.9*	3 190.9*	3 264.0
阿特劳州	437.5	477.9	502.3	537.6	563.2	580.1	600.1	618.8	621.4	533.8	506.3	521.8	531.9
西哈萨克斯坦州	627.4	661.9	674.2	707.5	746.5	769.6	812.9	842.0	847.6	882.5	959.9	1 075.4	1 129.4
江布尔州	1 600.2	1 875.9	1 979.5	2 108.3	2 162.8	2 192.5	2 231.0	2 301.2	2 311.8	2 339.9	2 326.6	2 380.3	2 413.2
卡拉干达州	766.4	809.9	839.9	923.7	926.3	963.4	1 040.2	1 044.1	1 027.6	1 033.7	1 088.2	1 111.8	1 049.2
科斯塔奈州	235.4	256.2	271.2	291.2	307.8	324.7	333.8	349.8	360.2	357.5	374.6	401.0	416.8
克孜勒奥达尔州	585.8	637.5	679.3	702.0	743.5	780.5	783.4	761.9	747.6	623.8	546.0	567.4	570.4
曼吉斯套州	376.9	430.1	447.1	453.3	488.1	500.9	523.5	625.0	621.0	457.8	391.0	369.7	335.3
南哈萨克斯坦州	2 463.9	2 737.4	2 976.8	3 121.0	3 282.3	3 415.4	3 570.7	3 756.7	3 848.2	3 794.6	3 657.7	3 738.2	3 816.5
巴甫洛达尔州	269.2	308.1	352.1	397.1	435.1	474.8	508.0	535.3	534.5	547.8	561.0	542.0	565.7
北哈萨克斯坦州	167.7	181.9	196.8	220.6	234.0	246.5	258.7	279.0	288.0	315.1	331.3	352.7	365.1
东哈萨克斯坦州	1 415.5	1 587.7	1 762.7	1 938.3	2 055.1	2 173.3	2 278.8	2 289.0	2 193.8	2 196.4	2 207.2	2 161.5	2 015.7
阿斯塔纳市	1.9	1.7	1.0	1.6	0.7	0.6	1.0	0.9	0.8	0.9	1.6	1.0	0.9
阿拉木图市	0.6	0.9	1.1	2.2	1.7	1.4	0.8	0.4	0.3	0.3	4.5*	2.1*	1.5
总计	12 247.1	13 409.1	14 334.5	15 350.3	16 080.0	16 770.4	17 369.7	17 988.1	18 091.9	17 633.3	17 560.6	17 914.6	18 015.5

资料来源：哈萨克斯坦统计署。

产品的消费结构中，排名第三。因此，猪肉是保证哈萨克斯坦粮食安全的重要战略产品。另外，进一步发展养猪业是改善该国就业情况和促进相关行业发展的一个重要因素。从世界上来看，养猪业正在快速发展，猪肉是主要的且相对便宜的营养来源之一，这是由于养猪业的饲料成本较低，且饲料的转化率优于除了家禽的其他畜牧业。

根据哈萨克斯坦国家统计局数据，在1990年，猪的数量达到322.38万头。但20世纪90年代哈萨克斯坦养猪业的发展面临障碍，出现了大幅度的下滑，与1990年相比，猪的数量减少了3倍。但是，鉴于20世纪90年代养猪业发展存在的巨大潜力（290万t），各类农业专家预测，到2020年，哈萨克斯坦猪肉产量将达到19.55万t。

从养猪业发展的农场类别来看，猪的数量主要集中在个体农庄，66.5%由小农户占有，他们拥有种植粮食和饲养家畜的原始技术。从养猪业发展的地域性来看，养猪业的发展主要集中在北哈萨克斯坦、库斯塔奈、阿克莫拉和阿拉木图州。超过68%的猪肉在库斯塔奈、北哈萨克斯坦和阿拉木图州生产。

由于养猪业单位产量较高的饲料成本，加上猪肉生产效率的急剧下降，哈萨克斯坦养猪业的发展水平仍远低于经济发达国家的发展水平，与发达国家的猪肉产品相比缺乏市场竞争力。目前在欧洲发达国家，养猪的平均日增重高达700～800克，但在哈萨克斯坦，农业企业养猪的平均日增重只有350～400克。在哈萨克斯坦主要养殖大白猪品种和兰德瑞斯，但这些品种目前不符合哈萨克斯坦的消费市场。

哈萨克斯坦各州养猪的数量及其变化情况主要有以下三个特点：饲养猪的总量下降；地区分布差异较大；各州饲养猪的数量的变化趋势基本一致。从2003—2015年，哈萨克斯坦养猪的数量总体上呈现出下降的趋势，下降了35.15%。在养猪的16个州中，南哈萨克斯坦州的养猪数量从2003—2011年呈现出短暂的波动上升的趋势，2011年养猪数量达到最大，之后，养猪的数量在4年间快速下降；另外15个州的养猪数量均呈现出波动下降的趋势。下降速度最快的是阿斯塔纳市，从2003年的1 100头下降到2015年的100头，下降了90.91%（表4-24）。

表 4-24　2003—2015 年各地区养猪的数量

单位：千头

	2003	2004	2005	2006	2007	2008	2009	2010	2011	2012	2013	2014	2015
阿克莫拉州	222.4	207.4	195.0	201.0	191.3	194.5	196.4	182.8	144.3	148.3	118.9	114.6	111.9
阿克托别州	85.3	87.5	90.4	50.1	61.1	68.0	69.7	78.3	99.0	41.1	35.4	30.2	41.3
阿拉木图州	131.2	126.3	122.8	129.3	144.8	140.9	112.8	113.8	111.8	101.4	97.0*	110.3*	98.8
阿特劳州	1.0	1.9	2.4	2.4	2.7	3.0	2.8	2.6	2.7	0.9	1.0	1.0	0.3
西哈萨克斯坦州	35.8	28.1	25.4	28.5	25.4	25.7	26.4	27.4	22.6	25.1	26.0	25.0	25.9
江布尔州	47.8	48.8	41.8	41.4	40.8	38.4	35.3	34.6	35.0	26.1	32.1	26.1	31.0
卡拉干达州	108.6	107.2	106.7	106.6	105.3	102.2	98.5	100.1	95.6	87.9	83.3	87.3	85.2
科斯塔奈州	244.7	246.7	249.7	272.9	288.3	301.9	307.5	310.3	254.8	181.2	157.2	160.7	165.0
克孜勒奥达尔州	3.2	3.2	3.6	4.5	4.3	4.3	3.2	3.3	3.3	3.1	2.5	2.6	2.7
曼吉斯套州	0.3	0.2	0.6	0.6	0.9	0.5	0.2	0.5	0.3	0.3	0.2	0.1	0.1
南哈萨克斯坦州	29.0	25.0	29.5	30.8	32.9	32.9	34.7	39.2	42.6	41.2	27.0	25.4	30.7
巴甫洛达尔州	101.1	96.6	103.5	92.9	98.6	95.8	96.1	94.0	71.5	68.0	58.4	61.8	62.3
北哈萨克斯坦州	202.5	204.3	204.4	224.1	240.9	247.6	254.7	261.0	221.8	213.0	195.8	173.4	167.4
东哈萨克斯坦州	152.9	106.0	104.3	118.1	114.5	90.8	87.4	95.7	98.6	93.5	85.2	65.7	64.7
阿斯塔纳市	1.1	1.0	0.4	0.3	0.2	0.2	0.3	0.2	0.1	0.1	0.1	0.1	0.1
阿拉木图市	1.9	1.9	1.4	1.4	0.7	0.6	0.3	0.2	0.2	0.4	2.2*	0.4*	0.2
总计	1 368.8	1 292.1	1 281.9	1 304.9	1 352.7	1 347.3	1 326.3	1 344.0	1 204.2	1 031.6	922.3	884.7	887.6

资料来源：哈萨克斯坦统计署。

4.2.3.4 养马业

养马业也是哈萨克斯坦主要的畜牧业种类之一。哈萨克斯坦养马业的发展有着浓厚的历史、自然地理和经济基础。牧场饲养的方式不需要在为马匹准备饲料上花费太多，而养马业的产品有着稳定的需求。

哈萨克斯坦2003—2015年各州养马的数量及其变化情况主要有以下三个特点：饲养马的总量上升；地区分布差异较大；各州养马的数量的变化趋势基本一致。从2003—2015年，哈萨克斯坦养马的数量总体上呈现出上升的趋势，上升了94.52%。在养马的16个州中，仅有阿斯塔纳市1个城市的养马数量呈现出下降的趋势，从2003年的500匹下降到2015年的200匹，下降了60%。；另外15个州的马匹数量都实现了增长。上升速度最快的是西哈萨克斯坦州，从2003年的4.83万匹上升到2015年的13.15万匹，上升了172.26%（表4-25）。

4.2.3.5 骆驼养殖业

骆驼养殖业在哈萨克斯坦畜牧业发展中也起到了很大的作用。哈萨克斯坦的骆驼主要分布在荒漠、半荒漠地带，主要用于产奶（骆驼奶酒）、肉、毛和皮。

哈萨克斯坦2003—2015年各州骆驼的数量及其变化情况主要有以下三个特点：养骆驼的总量上升；地区分布差异较大；各州养骆驼数量的变化趋势不同。从2003—2015年，哈萨克斯坦养骆驼的数量总体上呈现出上升的趋势，上升了48.39%。在养骆驼的16个州中，骆驼的数量主要呈现出三个方向的变化。仅有西哈萨克斯坦1个州的养骆驼数量呈现出下降的趋势，从2003年的3 500峰下降到2015年的2 800峰，下降了20%；另外，有四个州的骆驼数量多年来没有发生明显的变化，阿克莫拉州的骆驼数量从2003—2015年维持在100峰左右，科斯塔奈州的骆驼数量从2003—2015年维持在200峰左右，巴甫洛达尔州的骆驼数量从2009—2015年维持在100峰左右，北哈萨克斯坦州的骆驼数量从2008—2015年维持在100峰左右；其余11个州的骆驼数量均呈现出上升的趋势。上升速度最快的是克孜勒奥达尔州，从2003年的2.13万峰上升到2015年的3.74万峰，上升了75.59%（表4-26）。

表 4-25 2003—2015 年各地区养马的数量

单位：千匹

	2003	2004	2005	2006	2007	2008	2009	2010	2011	2012	2013	2014	2015
阿克莫拉州	80.7	84.5	83.5	85.5	87.6	91.0	95.7	101.4	112.6	119.7	128.7	142.4	152.2
阿克托别州	60.5	60.9	61.8	63.4	66.5	68.7	70.9	73.6	76.5	73.1	78.2	86.6	96.1
阿拉木图州	167.4	173.1	181.9	192.0	202.7	219.7	225.5	232.9	239.0	246.2	253.7*	264.2*	273.0
阿特劳州	33.2	35.5	37.3	39.3	40.7	42.4	44.3	46.0	47.7	46.0	46.7	53.4	59.1
西哈萨克斯坦州	48.3	49.6	48.8	53.3	56.8	61.0	65.1	71.9	80.3	90.5	103.2	116.9	131.5
江布尔州	63.2	70.3	73.5	78.1	80.9	82.7	84.3	86.8	88.3	88.9	93.9	99.6	103.3
卡拉干达州	110.5	113.0	114.8	124.1	122.7	128.9	139.7	148.8	165.0	185.2	209.6	231.7	245.3
科斯塔奈州	63.4	66.9	68.6	71.9	75.5	79.7	82.3	86.5	85.1	84.8	87.5	93.8	99.0
克孜勒奥达尔州	48.9	50.4	51.1	54.2	57.5	60.9	61.7	66.5	68.6	75.4	80.9	86.2	97.5
曼吉斯套的州	26.6	30.5	31.5	33.5	37.5	40.6	45.1	54.5	61.4	59.0	56.5	59.3	57.9
南哈萨克斯坦州	108.2	111.3	120.3	128.5	136.1	144.1	151.9	171.0	182.8	197.1	199.7	214.4	225.3
巴甫洛达尔州	53.3	59.2	63.2	67.0	70.5	77.3	82.5	87.9	98.9	107.6	111.2	124.9	134.5
北哈萨克斯坦州	71.3	74.0	77.0	80.0	83.7	88.8	92.4	96.7	94.0	96.2	99.9	104.4	109.4
东哈萨克斯坦州	128.1	140.5	149.6	163.8	171.7	184.1	196.9	203.3	206.8	216.0	233.7	259.0	285.6
阿斯塔纳市	0.5	0.4	0.3	0.5	0.3	0.2	0.1	0.2	0.1	0.2	0.2	0.2	0.2
阿拉木图市	0.2	0.3	0.3	0.5	0.4	0.4	0.3	0.3	0.3	0.3	0.9*	0.9*	0.4
总计	1 064.3	1 120.4	1 163.5	1 235.6	1 291.1	1 370.5	1 438.7	1 528.3	1 607.4	1 686.2	1 784.5	1 937.9	2 070.3

资料来源：哈萨克斯坦统计署。

表 4-26　2003—2015 年各地区养骆驼的数量

单位：千峰

	2003	2004	2005	2006	2007	2008	2009	2010	2011	2012	2013	2014	2015
阿克莫拉州	0.1	0.1	0.1	0.1	0.1	0.1	0.1	0.1	0.1	0.1	0.1	0.1	0.1
阿克托别州	13.2	14.4	15.1	15.9	16.1	16.3	16.4	16.6	17.1	15.3	14.8	15.6	15.9
阿拉木图州	4.3	4.5	4.7	5.2	5.4	5.8	6.2	6.2	6.2	7.5	7.8	7.7	7.0
阿特劳州	24.3	26.1	27.0	27.8	29.0	30.0	31.0	31.8	31.5	29.9	28.2	28.3	29.1
西哈萨克斯坦州	3.5	3.6	3.4	3.4	3.4	3.5	3.5	3.5	3.2	3.0	2.9	2.9	2.8
江布尔州	3.5	4.0	4.3	4.6	4.9	5.1	5.2	5.4	5.4	5.4	5.4	5.5	5.7
卡拉干达州	1.1	1.1	1.2	1.4	1.3	1.4	1.5	1.6	1.7	1.4	1.5	1.6	1.4
科斯塔奈州	0.2	0.2	0.2	0.2	0.2	0.2	0.2	0.3	0.2	0.2	0.2	0.2	0.2
克孜勒奥达尔州	21.3	23.2	23.7	25.6	27.1	27.9	29.1	32.4	32.2	33.4	33.2	34.7	37.4
曼吉斯套州	30.3	34.2	36.0	38.6	39.5	42.3	44.5	52.7	55.9	48.0	46.1	47.2	47.8
南哈萨克斯坦州	12.8	13.9	14.4	15.4	15.8	15.1	17.1	18.3	19.0	19.9	19.9	21.3	22.4
巴甫洛达尔州	—	—	—	—	0.0	0.0	0.1	0.1	0.1	0.1	0.1	0.1	0.1
北哈萨克斯坦州	—	—	—	—	0.0	0.1	0.1	0.1	0.1	0.1	0.1	0.1	0.1
东哈萨克斯坦州	0.3	0.4	0.4	0.4	0.4	0.5	0.5	0.5	0.5	0.5	0.6	0.6	0.5
总计	114.9	125.7	130.5	138.6	143.2	148.3	155.5	169.6	173.2	164.8	160.9	165.9	170.5

资料来源：哈萨克斯坦统计署。

4.2.3.6　家禽养殖业

家禽养殖业在哈萨克斯坦畜牧业发展中的地位十分重要，是哈萨克斯坦畜牧业最发达的部分。家禽养殖业的发展有助于提高产品的利润率并满足消费者对畜产品的稳定需求。哈萨克斯坦主要养殖的禽类包括：鸡、火鸡、鸭、鹅等。目前在哈萨克斯坦有很多开展家禽养殖业的企业和个体农庄。然而，由于技术落后、装备水平低、生产能力较低等原因，短期内哈萨克斯坦国内生产能力仍无法满足其国内市场需要，且由于较高的生产成本，其国内生产的产品也没有能力同进口的同类产品竞争。

养鸡业是哈萨克斯坦比较发达的家禽养殖业之一。对于养鸡业来说，鸡肉价格低于其他肉类，因此，从事养鸡业的企业和个体农庄在哈萨克斯坦比较常见，而养殖其他类型家禽，如鹅、鸭和鹌鹑则比较少见。家禽肉在哈萨克斯坦肉类总产量中所占的份额每年都在增加。政府购买并委托了 12 家大型养鸡场，分布在车里雅宾斯克、斯维尔德洛夫斯克和新西伯利亚州。根据哈萨克斯坦家禽养殖者联盟的数据，每只鸡每年可生产约 150 个鸡蛋。

哈萨克斯坦 2003—2015 年各州家禽的数量及其变化情况主要有以下三个特点：家禽的总量上升；地区分布差异较大；各州养家禽数量的变化趋势不同。从 2003—2015 年，哈萨克斯坦家禽的数量总体上呈现出上升的趋势，上升了 43.55%。在养家禽的 16 个州中，仅有 5 个州的养殖数量呈现出下降的趋势，它们分别是：江布尔州、克孜勒奥达尔州、巴甫洛达尔州、阿斯塔纳市和阿拉木图市；另外 11 个州的养家禽的数量均呈现出上升的趋势。上升速度最快的是阿特劳州，从 2003 年的 3.3 万只上升到 2015 年的 29.63 万只，上升了 7.98 倍。下降速度最快的是阿斯塔纳市，从 2003 年的 1.53 万只下降到 2015 年的 2 500 只，下降了 83.67%（表 4 - 27）。

4.2.3.7　主要畜产品

哈萨克斯坦的主要畜产品包括：肉、牛奶、鸡蛋、羊毛等。

从整体上来看，哈萨克斯坦 1990—2016 年各类主要畜产品产量及其

表 4-27　2003—2015 年各地区家禽的数量

单位：千只

	2003	2004	2005	2006	2007	2008	2009	2010	2011	2012	2013	2014	2015
阿克莫拉州	2 693.2	2 704.0	2 544.1	2 532.9	2 347.9	2 620.2	3 360.8	3 238.2	3 097.2	3 129.2	3 248.1	4 358.1	4 929.8
阿克托别州	834.2	879.8	950.5	982.9	1 079.7	1 156.8	1 337.2	1 401.5	1 377.4	1 293.8	1 236.8	1 130.9	1 136.3
阿拉木图州	6 070.9	6 229.9	6 238.8	7 767.6	8 273.6	8 384.3	9 284.9	8 486.1	9 058.8	9 585.6	9 660.5*	8 657.8*	8 538.0
阿特劳州	33.0	36.7	38.8	52.4	54.3	55.1	56.5	56.1	57.3	99.9	121.7	155.0	296.3
西哈萨克斯坦州	573.7	857.2	929.6	881.8	972.2	897.1	937.7	956.5	890.0	866.2	931.8	937.0	845.4
江布尔州	1 261.6	1 392.2	1 375.2	1 451.3	1 492.7	1 491.8	1 504.8	1 524.7	1 306.7	1 168.0	1 144.1	1 092.8	948.3
卡拉干达州	2 020.4	1 625.4	1 800.3	1 633.1	1 708.3	1 850.5	1 901.9	2 278.6	2 752.3	3 051.8	3 144.8	3 464.7	3 462.0
科斯塔奈州	3 348.3	3 400.7	3 521.0	3 667.8	3 949.3	4 131.1	4 263.7	4 909.2	4 933.8	4 632.8	4 268.9	4 463.5	4 591.9
克孜勒奥达尔州	438.3	428.2	418.9	406.7	365.3	232.8	230.2	225.9	196.5	119.7	93.6	91.4	86.6
曼吉斯套州	8.8	8.4	7.5	13.8	15.0	11.0	11.4	11.4	9.8	11.0	14.3	17.6	15.3
南哈萨克斯坦州	1 927.6	2 001.8	2 094.5	2 132.5	2 151.9	2 125.2	2 282.4	2 382.2	2 480.4	2 431.7	2 479.3	2 365.8	2 468.7
巴甫洛达尔州	1 041.1	1 057.4	1 168.9	1 092.2	1 084.8	1 202.5	1 234.9	1 123.7	794.6	728.7	860.0	966.8	905.8
北哈萨克斯坦州	1 812.3	2 112.9	2 218.6	2 559.9	2 604.0	2 709.1	3 033.7	3 102.1	3 193.3	3 373.3	3 625.7	3 925.4	3 631.1
东哈萨克斯坦州	2 716.4	2 830.9	2 877.6	3 011.5	3 355.1	3 231.3	3 198.8	3 040.6	2 681.9	2 954.3	3 277.0	3 373.8	3 768.9
阿斯塔纳市	15.3	16.1	7.7	4.5	4.9	4.6	3.9	4.0	5.6	6.3	6.0	6.1	2.5
阿拉木图市	28.0	24.5	23.5	48.4	47.8	45.0	43.7	39.8	34.5	21.7	60.5*	13.3*	6.0
总计	24 823.1	25 606.1	26 215.5	28 239.3	29 506.8	30 148.4	32 686.5	32 780.6	32 870.1	33 474.0	34 173.1	35 020.0	35 632.9

资料来源：哈萨克斯坦统计署。

变化情况主要分为两个阶段。从 1990—2000 年左右，各类主要畜产品产量都呈现出下降的趋势；从 2000—2016 年，各类主要畜产品产量呈现出回升的趋势，但不同种类的主要畜产品产量回升的速度各有差异。

单从 1990—2016 年的变化来看，这六类主要畜产品中，仅有鸡蛋的产量从 1990—2016 年呈现出上升的趋势；其余五类均呈现出下降的趋势。肉（活重）的产量从 1990 年的 263.37 万 t 下降到 2016 年的 170.16 万 t，下降了 35.39%；肉（屠宰从重）的产量从 1990 年的 155.96 万 t 下降到 2016 年的 96.04 万 t，下降了 38.42%；牛奶的产量从 1990 年的 564.16 万 t 下降到 2016 年的 530.00 万 t，下降了 6.06%；羊毛的产量从 1990 年的 10.79 万 t 下降到 2016 年的 3.77 万 t，下降了 65.06%；阿斯特拉罕毛皮的产量从 1990 年的 182.14 万件下降到 2016 年的 7 500 件，下降幅度最大，达到了 99.59%；鸡蛋的产量从 1990 年的 418 510 万个上升到 2016 年的 473 150 万个，上升了 13.06%（表 4 - 28）。

表 4 - 28　1990—2016 年哈萨克斯坦主要畜产品的产量

	肉（活重）（$\times 10^3$t）	肉（屠宰从重）（$\times 10^3$t）	牛奶（$\times 10^3$t）	鸡蛋（百万个）	羊毛（$\times 10^3$t）	阿斯特拉罕毛皮（千件）
1990	2 633.7	1 559.6	5 641.6	4 185.1	107.9	1 821.4
1991	2 573.1	1 524.4	5 556.9	4 075.3	104.4	1 821.4
1992	2 155.7	1 257.5	5 265.1	3 564.7	96.4	1 994.5
1993	2 231.1	1 311.5	5 576.5	3 288.2	94.6	1 879.3
1994	2 101.7	1 206.7	5 296.0	2 629.3	75.3	1 950.9
1995	1 773.8	984.8	4 619.1	1 840.8	58.3	1 145.2
1996	1 510.0	836.7	3 627.1	1 262.4	42.2	1 033.4
1997	1 345.7	717.4	3 334.5	1 265.8	34.6	361.2
1998	1 203.1	636.3	3 364.3	1 388.4	25.2	214.3
1999	1 182.3	634.9	3 535.2	1 512.4	22.3	152.3
2000	1 054.1	569.4	3 730.2	1 692.2	22.9	129.9
2001	1 054.2	585.1	3 922.9	1 855.3	23.6	124.4
2002	1 080.7	595.8	4 109.8	2 102.1	24.8	127.6
2003	1 127.8	613.7	4 316.7	2 276.7	26.8	164.5
2004	1 200.1	654.3	4 556.8	2 316.8	28.5	145.6
2005	1 252.0	675.9	4 749.2	2 514.0	30.4	191.9

（续）

	肉（活重）（$\times10^3$t）	肉（屠宰从重）（$\times10^3$t）	牛奶（$\times10^3$t）	鸡蛋（百万个）	羊毛（$\times10^3$t）	阿斯特拉罕毛皮（千件）
2006	1 327.3	724.5	4 926.0	2 494.7	32.4	129.3
2007	1 381.6	752.0	5 073.2	2 664.2	34.2	90.6
2008	1 433.8	778.5	5 198.0	2 989.1	35.2	115.0
2009	1 453.0	794.1	5 303.9	3 306.4	36.4	78.8
2010	1 501.2	834.4	5 381.2	3 720.3	37.6	49.4
2011	1 511.5	838.1	5 232.5	3 718.5	38.5	42.0
2012	1 509.4	844.7	4 851.6	3 673.4	38.4	43.6
2013	1 548.7	871.0	4 930.3	3 896.0	37.6	24.3
2014	1 602.5	900.2	5 067.9	4 291.2	37.8	20.1
2015	1 651.1	931.0	5 182.4	4 737.0	38.0	7.1
2016*	1 701.6	960.4	5 300.0	4 731.5	37.7	7.5

资料来源：哈萨克斯坦统计署。

4.2.4 林业生产结构

4.2.4.1 森林资源现状

哈萨克斯坦气候的多样性决定了森林植被类型的多样性。植物群包括68种树种，266种灌木，433种矮秆灌木和半草本植物，2 598种多年生草和849种一年生草。共有6 000多种植物，其中515种是地方性的植物类型。但由于哈萨克斯坦的主要地形是草原和平原，森林植被在哈萨克斯坦非常少见，林地面积只有329.78万hm^2，森林覆盖率仅为1.21%，森林资源非常珍贵，主要分布在共和国东北部和东南部，境内的大型森林只有天山和阿尔泰山的森林。在东哈萨克斯坦州，森林面积占全国森林面积的60%以上，达到115.4亿hm^2。

（1）天山森林。天山森林区有多种特有的树木和灌木种类。北天山是典型的针叶林，在森林里有著名的天山云杉，还栖息着鹿、鹰眼猫头鹰、胡桃夹子、黑松鸡、三趾啄木鸟等许多动物。西天山主要生长杜松森林。另外，在天山的森林里，还生存着野猪，野鹿，雪豹，天山棕熊等大型动物。

（2）阿尔泰森林。阿尔泰森林位于众多河流之间。林区有很多珍贵的矿物资源，如钨、锌、铜等。阿尔泰山海拔 600～2 500m 为森林覆盖区，不同海拔生长着不同种类的树木。在山坡上部和中部主要生长着针叶树，下部主要生长着桦树和白杨。最常见的品种是位于海拔 700～1 800m 的西伯利亚杉木。

4.2.4.2　林业生产

哈萨克斯坦林业发展以开发其生态功能为主。受生态环境所限，哈萨克斯坦森林面积狭小。林业定位为以控制荒漠化、保护集水区和调节小气候等生态功能为主，经济功能为辅。林业的主要经济价值来自于森林中丰富的动植物产品，在全国主要林区，野生动物狩猎和林果采集活动是当地农村居民生活的主要来源，优质的野生林果、药材为哈萨克斯坦出口换汇做出了重要贡献。

哈萨克斯坦针对经济林的林业生产活动主要有以下八种。

（1）砍伐。

（2）采集树脂和树汁。

（3）获取二级森林资源，包括树皮、树枝、树桩、根、叶、芽等。

（4）二次森林利用，包括割草、放牧、养蜂、园艺、瓜类和其他作物的栽培、收集药用植物和原料、采集野果、种植坚果、种植蘑菇、种植浆果和其他食物等活动。

（5）满足狩猎需要。

（6）利用经济林区域进行各项研究。

（7）利用经济林区域进行各种健康、娱乐、历史文化、旅游和体育活动等。

（8）培育乔木和灌木的种植材料以及特殊用途的人工林。

目前，对于森林资源的威胁包括自然因素、人为因素以及森林管理系统的不稳定性。自然因素主要有自然森林火灾、病虫害、洪水和滑坡，以及全球变暖引起的后果；人为因素包括建设道路和旅游基础设施、扩大农业用地、用于农业的河流排水、过度开发矿产资源等；另外，哈萨克斯坦森林管理机构频繁发生结构变化，导致缺乏长期的森林政策，森林立法缺乏稳定性。导致上述威胁的原因主要有以下几点，第一，森林生长条件的改变。外伊犁阿拉套山云杉带的下限在过去的100～150年间升高了约200m。准噶尔阿拉套山上冷杉的下限升高了100m，果树面积的平均减少率达0.6%。塔拉斯山脉上苹果、山楂等植物的生态系统已经完全消失；第二，外来物种的传播；第三，由工业中心、有害化学品企业、食品加工厂、未经批准的城市固体废物填埋等有害物质排放导致的污染；第四，矿产资源的过度开发；第五，森林资源的过度开采导致森林区的退化或完全消失；第六，森林中农业活动的扩大，部分州森林牧场中存在过度放牧的现象，导致自然植被退化、树木和灌木松动。在林地中种植大面积的作物也会破坏森林资源。

哈萨克斯坦2006—2015年各州林产品（服务）的产量及其变化情况主要有以下三个特点，林产品的产量上升、州分布差异较大、林产品产量的变化趋势不同。哈萨克斯坦林产品的产量10年间总体上呈现出上升的趋势，从2006—2015年上升了1.20倍。在生产林产品（服务）的16个州中，仅有4个州的林产品（服务）的产量呈现出下降的趋势；另外12个州的养羊数量均呈现出上升的趋势。上升速度最快的是阿克托别州，从2006年的1 899.1万件上升到2015年的43 142.2万件，上升了21.72倍。下降速度最快的是西哈萨克斯坦州，从2006年的3 102万件下降到2015年的987.8万件，下降了68.16%（表4-29）。

4.2.5 渔业生产结构

4.2.5.1 渔业资源现状

哈萨克斯坦拥有丰富的渔业资源，为水产养殖和渔业的集约发展提供了有利的条件。渔业发展的主要区域有里海和咸海的重要水域、巴尔喀什湖、阿拉科尔湖、布卡塔玛湖、卡夫沙加、沙尔达拉水库等。在哈萨克斯坦的水库里有155种淡水鱼。商业捕捞主要在河流、湖泊和水库开展，主要包括52种鱼类。此外，在哈萨克斯坦还培育了10种鱼类和几种鲟鱼杂交品种。该国主要的工业用鱼种类是虹鳟鱼和鲤鱼。近年来，虹鳟鱼和鲤鱼产量占总产量的80%以上。现在哈萨克斯坦水产养殖鳟鱼所需的所有植物材料都来自于欧洲（丹麦、波兰）或美国。

虽然哈萨克斯坦目前渔业发展势头良好，但其渔业发展目前仍然存在

表 4-29　2006—2015 年各地区林产品（服务）产量

单位：千

	2006	2007	2008	2009	2010	2011	2012	2013	2014	2015
阿克莫拉州	1 080 576	1 079 678	1 786 896	2 244 817	2 079 048	2 568 919	2 725 352	681 055	812 341	937 630
阿克托别州	18 991	175 456	262 744	280 344	224 630	338 991	314 273	328 597	350 222	431 422
阿拉木图州	525 278	525 425	667 647	781 635	686 188	838 315	851 012	1 971 454	536 636	645 914
阿特劳州	6 526	3 496	2 864	3 320	2 787	2 619	3 118	3 467	4 631	5 186
西哈萨克斯坦州	31 020	33 452	17 386	36 119	20 140	14 058	18 245	14 986	14 609	9 878
江布尔州	61 558	63 380	55 071	152 211	152 932	291 386	302 714	292 542	305 839	141 568
卡拉干达州	68 894	19 833	55 334	61 588	100 271	97 968	150 217	147 821	229 902	114 707
科斯塔奈州	382 439	334 406	588 771	481 387	409 267	473 790	521 005	449 195	390 817	377 415
克孜勒奥达尔州	14 418	19 715	24 049	66 174	101 971	160 874	125 381	30 145	79 205	59 515
曼吉斯套州	—	—	—	—	—	—	—	—	88 046	95 700
南哈萨克斯坦州	50 649	57 797	57 342	144 394	132 112	288 831	326 796	310 376	366 548	311 094
巴甫洛达尔州	125 017	799 276	192 631	128 010	279 617	359 049	390 283	329 245	309 957	147 595
北哈萨克斯坦州	401 270	356 528	580 914	546 281	781 376	955 738	1 257 959	1 848 704	1 779 769	1 654 555
东哈萨克斯坦州	358 795	405 728	588 256	577 798	525 820	657 303	683 748	1 061 511	1 229 294	689 550
阿斯塔纳市	298 958	295 381	432 126	450 737	554 538	738 947	1 261 550	1 423 688	1 712 996	1 686 724
阿拉木图市	—	—	—	—	—	—	—	—	540 322	226 487
总计	3 424 389	4 169 551	5 312 031	5 954 815	6 050 697	7 786 788	8 931 653	8 892 786	8 751 134	7 534 940

资料来源：哈萨克斯坦统计署。

一些问题，珍贵鱼类的捕捞量减少，天然水补充量少，技术水平低，科学技术对渔业发展的支持度低等。从 2016 年开始，政府每年从国家预算中分配给渔业 18 亿坚戈。目前，哈萨克斯坦约有 50 个养鱼场，主要从事鳟鱼养殖（占总产量的 49%）和鲤鱼养殖（21%）。这些养鱼场主要位于阿拉木图市、南哈萨克斯坦州和卡拉干达州，其中一些早在苏联时期就已建成。

4.2.5.2 渔业生产

哈萨克斯坦有不同类型的鱼类养殖活动，牧草水产养殖，基于具有不同营养需求的各种鱼类（浮游植物、软体动物、微型小鱼、小鱼），有效利用自然饲料资源的水体；池塘水产养殖，基于采用半密集和强化的养殖方法，适合高产的品种和鱼类；工业水产养殖，适应生活在密闭空间，高密度养殖和喂养人工饲料的珍贵物种和鱼类养殖；娱乐水产养殖，基于家庭花园和小型池塘的可持续鱼类养殖的养殖业，包括业余钓鱼活动。

哈萨克斯坦目前主要采取以下几种渔业生产方式，放牧式水产养殖是在受控条件下人工养殖鱼类和其他水生生物；池塘水产养殖是哈萨克斯坦水产养殖发展的主导方向，目前在哈萨克斯坦有六个养鱼场，主要分布在南部州；工业水产养殖的生产和经营单位是各种形状和数量的池塘、水塘和循环系统，工业水产养殖的主要对象是虹鳟鱼和鲟鱼；哈萨克斯坦主要的娱乐水产养殖方式主要是小池塘养鱼，该类养殖方式以鱼类工业养殖为基础，按照既定标准使用养鱼场的鱼类，这种水产养殖的有效性不取决于养殖鱼类生产的数量和服务收入。

哈萨克斯坦 2006—2015 年各州渔业和水产养殖业产品（服务）产量及其变化情况主要有以下三个特点，渔业和水产养殖业产品产量上升、州分布差异较大、渔业和水产养殖业产品产量的变化趋势不同。哈萨克斯坦渔业和水产养殖业产品产量 10 年间总体上呈现出上升的趋势，从 2006 年的 197 229.7 万件上升到 2015 年的 616 437.9 万件，上升了 2.13 倍。在 16 个州中，仅有科斯塔奈州的渔业和水产养殖业产品产量呈现出下降的趋势，从 2006 年的 5 213.5 万件下降到 2015 年的 2 950.1 万件，下降了 43.41%；另外 15 个州的养羊数量均呈现出上升的趋势。上升速度最快的是曼吉斯套州，从 2003 年的 1 390.8 万件上升到 2015 年的 45 332.1 万件，上升了 31.59 倍（表 4 - 30）。

表4-30　2006—2015年各地区渔业和水产养殖业产品（服务）产量

单位：千

	2006	2007	2008	2009	2010	2011	2012	2013	2014	2015
阿克莫拉州	35 788	36 734	52 038	100 594	80 301	79 583	109 271	110 692	119 125	126 832
阿克托别州	3 896	11 795	12 729	12 505	15 069	26 711	36 429	56 417	33 839	44 814
阿拉木图州	434 429	671 419	576 484	573 189	652 608	995 889	767 277	841 164	647 143	742 450
阿特劳州	824 473	858 748	1 046 135	674 475	902 710	763 214	1 044 098	1 266 566	1 254 141	1 456 930
西哈萨克斯坦州	950	9 345	74 288	18 539	34 303	43 814	37 297	16 116	31 695	24 578
江布尔州	17 649	15 901	24 901	21 402	32 820	119 500	123 661	133 540	196 095	356 081
卡拉干达州	193 086	192 050	100 863	109 780	95 191	384 791	222 350	147 489	186 813	233 269
科斯塔奈州	52 135	60 017	70 596	57 857	46 642	63 907	32 243	22 975	113 065	29 501
克孜勒奥达尔州	116 940	149 724	153 844	225 868	324 839	366 841	686 479	316 787	461 313	639 340
曼吉斯套州	13 908	227 787	80 123	53 518	59 367	36 315	63 826	247 520	314 958	453 321
南哈萨克斯坦州	61 249	67 428	104 228	193 745	250 161	322 825	348 737	598 902	739 137	1 007 396
巴甫洛达尔州	29 940	33 461	34 604	40 340	43 043	85 176	34 984	68 041	147 384	155 349
北哈萨克斯坦州	44 743	36 451	47 493	72 791	67 840	105 551	125 126	146 210	187 842	232 304
东哈萨克斯坦州	127 159	159 009	151 405	164 518	298 975	614 581	649 884	442 264	781 866	643 514
阿斯塔纳市	—	—	—	—	—	—	—	—	—	—
阿拉木图市	15 952	17 025	15 843	16 054	16 006	16 009	16 009	16 008	19 604	18 700
总计	1 972 297	2 546 894	2 545 573	2 335 175	2 919 875	4 024 707	4 297 671	4 430 691	5 234 020	6 164 379

资料来源：哈萨克斯坦统计署。

4.3 中国与哈萨克斯坦农业生产结构比较

两国农业有着不同的发展背景和基础，农业发展也处于不同的阶段。因此，两国在农业生产结构、农业生产各部门内部的生产结构上都存在相似性和差异性。

4.3.1 农业生产结构

从农业整体生产结构上来看，两国的种植业和畜牧业在四大农业产业结构中占据主要地位，林业和渔业生产所占比重较小。但相比而言，中国四大农业生产部门发展更均衡，哈萨克斯坦的农业总产值几乎全部来自种植业和畜牧业。其中，中国种植业产值占农业总产值的比重约为 48.4%，畜牧业产值占农业总产值的比重约为 35.5%，渔业产值占农业总产值的比重约为 10%，林业产值占农业总产值的比重约为 3.7%。哈萨克斯坦种植业产值占农业总产值的比重约为 49.1%，畜牧业产值占农业总产值的比重约为 50.6%，林业和渔业产值占农业总产值的比重仅为 0.3%（表 4 - 31）。

表 4 - 31 中国与哈萨克斯坦农业生产结构比较

单位：%

	种植业产值/农业总产值	畜牧业产值/农业总产值	（林业产值＋渔业产值）/农业总产值	渔业产值/农业总产值
中国	48.4	35.5	3.7	10
哈萨克斯坦	49.1	50.6	0.3	

资料来源：《中国统计年鉴》、《哈萨克斯坦统计年鉴》。

4.3.2 种植业生产结构

从种植业生产来看，两国生产结构有一定的相似性，粮食作物的生产所占比重最大。但两国在其他作物的生产上存在差异，中国种植业生产结构排在最前面的是粮食作物，然后依次是蔬菜、油料作物和水果；哈萨克斯坦种植业结构中比重由大到小依次是粮食作物、蔬菜、瓜类、油籽作物和糖用甜菜。近 20 年为中国种植业调整的质量提高阶段，这一阶段的农产品生产结构也在不断调整，在主要农作物播种面积中，非粮食类农产品面积比重增长较快，其中药材、棉花、糖料、蔬菜的播种面积比重是增长最快的前四位，年均增长率分别达到 7.38%、6.83%、3.09%和 2.16%，粮食作物的播种面积比重稳中有降。近年来哈萨克斯坦种植业内部生产结构的调整与中国的变化趋势基本一致，粮食作物产量下降，经济作物产量总体呈上升趋势，其中仅有糖用甜菜产量有明显的下降。

4.3.3　畜牧业生产结构

从畜牧业生产来看，两国畜牧业结构具有相似性，都以养牛业、养羊业、生猪养殖业和家禽养殖业为主。但也存在很大的差异，中国是全球最大的猪肉生产国和消费国，近年来稳居世界第一，猪肉产业的基础设施建设已经表现出产能过剩的局面。而中国牛羊肉和牛羊奶则产能不足，人均占有量远低于世界平均水平。反映在市场上猪肉价格波动较大，牛羊肉和奶价格近年来则一路攀升，说明中国的畜牧业结构有待于进一步优化。相比而言，养牛业和养羊业是哈萨克斯坦畜牧业的基础，是重要的畜牧业种类，同时，哈萨克斯坦的养马业和骆驼养殖业也比较发达，在该国畜牧业发展中也起到了很大的作用。

4.3.4　林业生产结构

两国林业资源储备有较大差异。中国国土资源总面积相对辽阔，森林资源丰富，森林资源要素的总面积水平位于世界第 5 位，森林资源要素蓄积量稳定占据世界第 7 位，且人工森林资源要素的总面积数量规模稳定占据世界首位。相比而言，哈萨克斯坦的主要地形是草原和平原，森林植被在哈萨克斯坦非常少见，森林资源非常珍贵，主要分布在东北部和东南部，境内的大型森林只有天山和阿尔泰山的森林。

从林业生产上来看，中国林业发展比较迅速，但生产结构有待调整。林业发展逐步从产业型阶段，转变到公益型阶段，林业产业正在逐步进入同时注重生态效益、经济效益、社会效益平衡发展的阶段。哈萨克斯坦林业发展以开发其生态功能为主。林业定位为以控制荒漠化、保护集水区和调节小气候等生态功能为主，经济功能为辅。林业的主要经济价值来自于森林中丰富的动植物产品，在全国主要林区，野生动物狩猎和林果采集活动是当地农村居民生活的主要来源，优质的野生林果、药材为哈萨克斯坦出口换汇做出了重要贡献。

4.3.5 渔业生产结构

两国都具备充足的渔业资源，但渔业资源的种类有很大差异。中国具备较长的海岸线和四大海域的管辖面积，因此生产较多的海水产品。哈萨克斯坦是典型的内陆国家，其渔业生产主要是水产养殖。境内拥有许多河流和湖泊，较大的河流有乌拉尔河、伊犁河和额尔齐斯河等，较大的湖泊有巴尔喀什湖、咸海和里海等，其中，里海的渔业资源较丰富，最具渔业发展价值。

从渔业生产上来看，20 世纪 80 年代以来，中国现代渔业经济总量实现持续较快增长，市场中的水产品总量保持稳定增长，水产品市场平稳发展，渔民收入水平得到持续快速提高。渔业经济总产值在农林牧渔中的比重从 1978 年的 1.58%上升到 2012 年的 11.3%。哈萨克斯坦水产养殖业也迅速发展，水产品产量从 2006 年到 2015 年上升了 2.13 倍。

第5章　中国与哈萨克斯坦农业政策体系

农业政策是政府为了实现一定的社会、经济及农业发展目标，对农业发展过程和重要方面及环节所采取的一系列有计划的措施和行动的总称（赵谦，2012）。农业政策的主要目标是农业生产长期稳定地增长。为了实现这一目标，各国政府通常在农业生产结构、组织形式、资源配置、生产要素流通、产品流通等领域制定一系列相互联系的政策，引导市场中各行为主体做出符合总体利益的决策，并保障最终目标的实现。

5.1　中国农业政策体系

5.1.1　农业政策体系

中国农业政策涵盖的内容较多，并且在不同的发展阶段是不同的。国内学者对于中国农业政策体系有不同的划分方法。

第一种划分方法将农业政策分为三个方面：一是农业经济结构政策，有经济组织结构政策、产业结构政策、技术结构政策、流通结构政策等；二是农业生产和再生产政策，包括土地政策、劳动政策、资金政策、技术政策、资源保护政策、生产资料供应政策、基本建设政策以及新形成的农业保险政策等；三是农产品流通政策，包括价格政策、农产品储备政策、农产品购销政策和国际贸易政策等。除此之外，农业政策还涵盖农业教育政策、乡村建设政策及消贫、救灾、农民社会团体组织政策等方面（赵常庆，2015）。

第二种方法则将中国农业政策支持体系分为六个方面：①农业产业支持政策，主要指农田水利设施建设，农业科技创新和农业技术推广，对农药、化肥、农机等重要农业投入品产业的支持和高产、稳产、高标准农田的建设；②农业制度支持政策，例如土地承包和经营政策、土地入股、农民住房抵押贷款政策；③价格支持政策，有最低收购价、目标价格和临时收储政策；④市场支持政策；⑤农业补贴政策，涉及粮食直补、良种补贴、农机具购置补贴和农资综合补贴等四项普惠制的补贴，以及其他方面的补贴；⑥生态支持政策，目前的政策主要有退耕还林、退牧还草、退耕还湖等（冯海发，2015）。

第三种分类方式是从农业政策应达到的目标出发，将农业政策体系分为四大部分：第一部分是保障粮食产量，包含提高粮食播种面积和提高单位面积的粮食产量两个基本的政策方向。粮食播种面积是从保护耕地资源和提高粮食等其他农作物种植的收益、降低成本两方面制定政策，提高单位面积粮食产量的政策主要从增加生产要素的投入（包括劳动力和资本投入）和技术进步入手。增加资本投入的政策目前是以增加化肥投入和鼓励农业技术进步为主要的政策方向；第二部分是增加农民收入即提高农业劳动生产率，主要有提高土地生产率和提高土地装备方面的政策；第三部分是提高农业竞争力，一是推动农业科技创新的政策，主要生产高品质的具有国际竞争力的农产品，二是推行规模化，生产价格相对较低农产品的生产政策；第四部分是推动农业可持续发展，与此相应的农业政策包括：鼓励生物工程技术和物联网技术的发展与创新，扩大科学管理技术在农业生产领域的应用，培育掌握高新科技的新型职业农民等（全世文，2016）。

结合以上农业政策分类体系，本书将中国农业政策体系分为：农业支出政策、农业税收政策、农业金融政策、农产品价格支持政策、农业土地政策、农业资源保护政策等。

5.1.2 农业政策演变

中国农业政策的演变过程经历了四个阶段：

5.1.2.1 农业政策的萌芽阶段（1950—1977年）

这一阶段是中国的工业化起步期，主要目标为大力发展农业，逐步发展互助合作组织和彻底进行土地改革，极大地解放了农业生产力，因此农业恢复和发展较快，为工业的发展提供了必要的支持。

（1）农产品统购统销制度。这一制度开始于1953年，要求农民必须按照国家规定的较低的价格将农产品按计划品种、数量如期出售给国家，保证国家在掌握必需的农产品数量的同时把一部分农业剩余转移给工业部门。到 20 世纪 70 年代末，涉及的农产品达到 230 多种。

(2) 农村集体化制度。农产品统购统销制度的实施引起了农民的不满，为解决优先发展重工业与农业供给之间的矛盾，中国在农村实行了“集体化制度”，把当时的 1.1 亿个农户组织到 400 万个生产合作社中来，将农业生产纳入国家的控制之中。集体化制度用“剪刀差”方式，为汲取农业剩余提供了组织保证。

(3) 城乡户籍制度。户籍制度实质上限制了农民自由进入城市，把农民限定在土地上。1958 年 1 月，城乡居民被区分为“农业户口”和“非农业户口”两种不同户籍。该项制度在不增加农业资本投入的情况下通过劳动集约来保证农业生产任务的完成，同时限制了由于城市人口扩张而引发的城市建设资金需求，奠定了中国现行户籍管理制度的基本格局。

5.1.2.2　农业政策的调整阶段（1978—1993 年）

这一阶段是国民经济的恢复与发展时期。从十一届三中全会开始，中国扭转了传统发展观指导下的片面重工业化发展战略，实行了家庭联产承包责任制，解放并发展了农业和农村生产力。

在改革开放的背景下，中国实行了家庭联产承包责任制。改革最早始于 1978 年的农村，标志为“包产到户”（分田到户），俗称“大包干”。通过承包使用合同，把承包户应向国家上交的定购粮和集体经济组织提留的粮款等义务同承包土地的权利联系起来，明确发包方应为承包方提供的各种服务。该制度是中国农村集体经济的主要实现形式，主要生产资料仍归集体所有，在分配方面仍实行按劳分配原则，在生产经营活动中，集体和家庭有分有合。家庭联产承包责任制打破了人民公社体制下土地集体所有、集体经营的旧的农业耕作模式，实现了土地集体所有权与经营权的分离，确立了土地集体所有制基础上以户为单位的家庭承包经营的新型农业耕作模式（周雯雯，2011）。

5.1.2.3　农业政策的强化阶段（1994—2001 年）

这一阶段中国经济全面复苏，面对不断增长的人口数量，中国不断调整农业政策，以适应日益增长的粮食需求，农业得到进一步的发展。

调高粮食订购价格，实行粮食保护价收购政策是这一阶段典型的农业政策。1994 年大量农村劳动力进城务工后，城市粮食需求大幅增加，粮食出现了抢购现象。为保障国家粮食安全，政府先后于 1994 年和 1996 年两次调高粮食定购价格，调幅分别达到 42%和 40%，大大刺激了粮食生产，1994—1996 年连续 3 年粮食生产大幅度增长，粮食增长超过了人口增长，但粮价一路下滑。为保障种粮农民的利益，稳定粮价，1997 年又实施了粮食保护价收购，以保护价敞开收购农民余粮，所需资金从粮食风险基金中支付，从而启动了中国的农业保护政策。

5.1.2.4 农业政策的完善阶段（2002 年至今）

中国加入 WTO（世界贸易组织）后逐渐认识到，要实现农业的可持续发展，除了重视农业生产方面以外，还必须重视农村经济的综合发展和农民利益。因此这一阶段中国制定了一系列农业贸易和补贴政策。

（1）削减农产品进口关税。中国在 2004 年之前，已经按照乌拉圭回合《农业协定》中关于发展中国家关税削减的时间表，将所有削减全部完成。具体来讲，就是将农产品平均关税由原来的 21%下降至 17%，重要农产品调整至 14.5%。除大宗农产品外，大部分农产品进口实行单一关税。对于采用配额关税的农产品，配额内的关税采取低税率政策，配额外关税也要相应降低税率。

（2）削弱国营贸易的垄断地位。中国逐步放开了农产品进出口贸易，在实行国营贸易管理，减少其市场垄断份额的同时，将农产品贸易的一部分配额让给非国营贸易企业包括外资企业，并提高了比例。

（3）加大农产品补贴。中国政府承诺不再对任何农产品实行出口补贴政策。出口补贴政策包括价格补贴、食物补贴以及出口产品的加工、仓储和运输补贴等。从 2005 年开始，中国实行农民直补、良种补贴和对短缺的重点粮食品种在粮食主产区实行最低价收购政策等“三补贴”政策。为应对生产资料价格上涨，2006 年增加了对农民购买农业生产资料的补贴，实施“四补贴”政策。

5.1.3 农业支出政策

农业支出政策包括国家财政对农业的各种投资、补助、补贴等。中国政府主要在对农民直接补贴、支持农业结构调整、支持农村产业融合发展、加强农田水利设施建设等方面提出了多项改革措施。

5.1.3.1　对农民直接补贴

中国对农民的直接补贴政策有农业支持保护补贴、农机具购置补贴、农业保险保费补贴、农机报废更新补贴、畜牧标准化规模养殖场补贴、玉米生产者补贴等。

(1) 农业支持保护补贴。中国的农业支持保护补贴主要有：第一，将80%的农资综合补贴存量资金，加上种粮农民直接补贴和农作物良种补贴资金，用于耕地地力保护，补贴对象为所有拥有耕地承包权的种地农民；第二，将 20%的农资综合补贴存量资金，加上种粮大户补贴资金和农业“三项补贴”增量资金，用于支持发展多种形式的粮食适度规模经营，重点支持建立和完善农业信贷担保体系，并将该体系向种粮大户、家庭农场、农民合作社、农业社会化服务组织等新型经营主体倾斜。

(2) 农机具购置补贴。中国对农民个人、农场职工、农机专业户和直接从事农业生产的农机作业服务组织购置和更新大型农机具给予了部分补贴。农机购置补贴政策补贴对象为直接从事农业生产的个人和农业生产经营组织，种类为 11 大类 43 个小类 137 个品目，各省可结合实际从中确定具体补贴机具种类。农机购置补贴政策实行自主购机、县级结算、直补到卡（户），补贴标准由省级农机化主管部门按规定确定，不允许对省内外企业生产的同类产品实行差别对待。

(3) 农业保险保费补贴。为缓解农业保险的供需矛盾，使保费达到保险公司和农民都能接受的水平，中国对农业保险保费给予了财政补贴，主要从扩大保险范围、提高保障水平、降低理赔门槛入手。第一，扩大保险范围。农业保险提供的补贴品种包括种植业、养殖业和林业 3 大类，共 15 个品种，覆盖了水稻、小麦、玉米等主要粮食作物以及棉花、糖料作物、畜产品等，种植业保险主险责任涵盖了暴雨、洪水、冰雹、冻灾、旱灾等自然灾害，以及病虫草鼠害等。养殖业保险将疾病、疫病纳入保险范围，并规定发生高传染性疾病政府实施强制扑杀时，保险公司应对投保户进行赔偿（赔偿金额可扣除政府扑杀补贴）；第二，提高保障水平。财政部规定，省级财政对产粮大县三大粮食作物农业保险保费补贴比例高于

25%的部分，中央财政承担高出部分的50%。目前中央财政对中西部、东部的补贴比例分别为47.5%、42.5%。各级财政对保费补贴累计达到75%以上，其中中央财政一般补贴35%～50%，地方财政还对部分特色农业保险给予保费补贴，构建了“中央支持保基本，地方支持保特色”的多层次农业保险保费补贴体系；第三，降低理赔门槛。一方面中国政府要求种植业保险及能繁母猪、生猪、奶牛等按头（只）保险的大牲畜保险不得设置绝对免赔，投保农作物损失率在80%以上的视作全部损失，降低了赔偿门槛；另一方面降低了保费费率，以农业大省为重点，下调保费费率，部分地区种植业保险费率降幅接近50%。

（4）农机报废更新补贴。中国对达到报废标准或超过报废年限的拖拉机和联合收割机的农户给予了一定的补贴。农机报废更新补贴与农机购置补贴相衔接，同步实施，补贴标准按报废拖拉机、联合收割机的机型和类别确定，拖拉机根据马力段的不同，补贴额从500元到1.1万元不等，联合收割机根据喂入量（或收割行数）的不同分为3 000元到1.8万元不等。

（5）畜牧标准化规模养殖场补贴。2015年，中央财政共投入资金13亿元支持发展畜禽标准化规模养殖。其中，中央财政安排10亿元支持奶牛标准化规模养殖场（区）建设，安排3亿元支持内蒙古、四川、西藏、甘肃、青海、宁夏、新疆以及新疆生产建设兵团牛肉羊肉标准化规模养殖场（区）建设。支持资金主要用于养殖场（区）水电路改造、粪污处理、防疫、挤奶、质量检测等配套设施建设。

（6）玉米生产者补贴。中国政府对玉米生产者实行补贴，将土地流转的补贴资金发放给实际的玉米生产者，如由土地承包者领取的，地方政府引导承包者相应减少土地流转费。具体补贴范围、补贴对象、补贴依据、补贴标准由各省（自治区）根据本地实际情况自主确定。该项补贴适用范围为辽宁、吉林、黑龙江省和内蒙古自治区。

5.1.3.2 支持农业结构调整

（1）粮改豆（粮豆轮作）试点。中央财政对开展粮改豆试点的农户和新型经营主体给予适当补助，各地优先选择规模种植、相对集中连片的地区开展试点。试点为内蒙古、辽宁、吉林、黑龙江，试点面积已经扩大到

1 000 万亩，试点地区以玉米改种大豆为主，兼顾改种杂粮杂豆、马铃薯、油料、饲草等作物。

（2）粮改饲试点。选择玉米种植面积大、牛羊饲养基础好、种植结构调整意愿强的县为试点县，实行整县推进，采取以养带种的方式推动试点区域种植结构调整，通过流转土地种植、订单生产或与农户协议收购方式，开展优质饲草料种植，收获加工成优质青贮饲草料产品，由牛羊等草食家畜就地转化。该项试点补助对象为规模化草食家畜养殖场户或专业青贮饲料收贮企业（合作社），在“镰刀弯”地区和黄淮海玉米主产区实施，具体包括河北等 17 个省份和黑龙江省农垦总局，面积扩大到 1 000 万亩。

5. 1. 3. 3　支持农村产业融合发展

（1）创建现代农业产业园。各地以规模化种养基地为基础，依托农业产业化龙头企业，按照农业部、财政部制定的国家级现代农业产业园认定标准，创建“生产＋加工＋科技”的现代农业产业园，中央财政给予支持。同时地方通过政府与社会资本合作（PPP）、政府购买服务、贷款贴息等方式，让更多金融和社会资本投入园区建设，形成集聚效应。

（2）融合农村一二三产业。中央财政采取以奖代补方式对地方农村一二三产业融合发展工作予以支持，补助资金主要用于带动或辐射农民分享二三产业增值收益的新型农业经营主体，主要用于支持农户和农民合作社改善粮食、油料、薯类、果品、蔬菜、茶叶、菌类和中药材等农产品储藏、保鲜、烘干、清选分级、包装和商品化处理，支持马铃薯主食化试点、产品流通和直供直销、农村电子商务、休闲农业、乡村旅游、农业文化遗产发掘保护、产业扶贫等工作。

5. 1. 3. 4　加强农田水利设施建设

农田水利设施建设的强化主要从以下三个方面入手：第一，对进行病险水库的除险加固工程进行补贴。1998—2007 年，国家累计投入 308 亿元对全国范围内 3 587 座重点病险水库进行除险加固；第二，对小型农田水利的建设进行补贴。中央财政设立补助专项资金来建设小型农田水利，启动小型农田水利“民办公助”试点；第三，投入资金建立农田水利制度。2011 年中国政府开始投入资金建立农田水利制度，确定用水总量

(水资源扩大利用控制红线)、用水效率(用水效率控制红线)、水功能区限制纳污容量(水功能区限制纳污红线),并将水资源管理责任和地方官员的绩效考核联系起来。

5.1.4 农业税收政策

为减轻农民负担,促进农民增收、粮食增产,当前中国实行了企业所得税优惠政策、个人所得税优惠政策和其他地方税优惠政策等税收减免政策。

5.1.4.1 企业所得税优惠政策

企业所得税优惠政策主要包括免征和减半征收企业所得税两种形式。企业种植蔬菜、中药材,饲养牲畜等可以免征企业所得税;从事花卉等一些作物的种植可以减半征收企业所得税。具体内容如表 5-1 所示。

表 5-1 企业税收优惠形式及其活动类型

税收优惠形式	企业从事活动类型
免征企业所得税	种植蔬菜、谷物、薯类、油料、豆类、棉花、麻类、糖料、水果、坚果
	选育农作物新品种
	种植中药材
	培育和种植林木
	饲养牲畜、家禽
	采集林产品
	灌溉、农产品初加工、兽医、农技推广、农机作业和维修等农、林、牧、渔服务业项目
	远洋捕捞
减半征收企业所得税	种植花卉、茶以及其他饮料作物和香料作物
	海水养殖、内陆养殖

资料来源:《企业所得税法》第二十七条、《企业所得税法实施条例》第八十六条、财税〔2008〕149 号、国税函〔2008〕850 号。

5.1.4.2 个人所得税优惠政策

对于满足以下条件的个人、农户、单位可以免征个人所得税:第一,个人或个体工商户从事种植业、养殖业、饲养业和捕捞业且经营项目属于农业税（包括农林特产税）、牧业税征税范围的，其取得的上述“四业”所得暂不征收个人所得税；第二，对进入各类市场销售自产农产品的农民所得暂不征收个人所得税。对市场内的经营者和其经营的农产品，如税务机关无证据证明销售者不是“农民”的和不是销售“自产农产品”的，一律按照“农民销售自产农产品”执行政策；第三，对于在征用土地过程中，征地单位支付给土地承包人的青苗补偿费收入，暂免征收个人所得税。

5.1.4.3 其他地方税优惠政策

其他地方税优惠政策涉及土地税收优惠政策、印花税优惠政策。

（1）土地税收优惠政策。土地税收优惠政策主要针对以下几种情况：第一，直接用于从事种植、养殖、饲养的专业用地，可以免征土地使用税；第二，对农林牧渔业用地和农民居住用房屋及土地，不征收房产税、土地使用税；第三，经批准开山填海整治的土地和改造的废弃用地，从使用的月份起免缴土地使用税5～10年；第四，在城镇土地使用税征收范围内经营采摘、观光农业的单位和个人，其直接用于采摘、观光的种植、养殖、饲养的土地，免征城镇土地使用税；第五，新征用的耕地，自批准征用之日起1年内，免征土地使用税；第六，农村居民占用耕地新建住宅，按照当地适用税额减半征收耕地占用税。具体如表5-2所示。

表5-2 土地税收优惠政策

土地类型	税收优惠政策
从事种植、养殖、饲养的专业用地	免征土地使用税
农林牧渔业用地和农民居住用房屋及土地	不征收房产税、土地使用税
经批准开山填海整治的土地和改造的废弃用地	从使用的月份起免缴土地使用税5～10年
在城镇土地使用税征收范围内经营采摘、观光农业的单位和个人，其直接用于采摘、观光的种植、养殖、饲养的土地	免征城镇土地使用税
新征用的耕地	自批准征用之日起1年内，免征土地使用税
农村居民占用耕地新建住宅	按照当地适用税额减半征收耕地占用税

资料来源：财税〔2008〕158号和部分网络资料整理。

（2）印花税优惠政策。印花税优惠分以下两种情况：第一，对农民专业合作社与本社成员签订的农业产品和农业生产资料购销合同，免征印花税；第二，对农林作物、牧业畜类保险合同，免征印花税。

5.1.5 农业金融政策

为影响农业经济活动，控制货币供给以及调控利率，中国政府制定了农业金融政策。农业金融政策工具主要包括差别存款准备金率制度、贷款政策、支农再贷款政策等。

5.1.5.1 差别存款准备金率制度

差别准备金率制度将金融机构存款准备金率与其资本充足率、资产质量状况等指标挂钩。国内一些金融机构贷款进度较快，部分银行扩张倾向明显，资本充足率及资产质量等指标有所下降，中国借鉴国际上依据金融机构风险状况区别对待和及时校正措施的做法，对金融机构实行差别存款准备金率制度，抑制资本充足率较低且资产质量较差的金融机构盲目扩张贷款，防止金融宏观调控中出现“一刀切”。自农业银行三农金融事业部改革工作开展以来，央行制定了实施办法，对涉农贷款投放较多的县支行实行比农业银行低2%的优惠存款准备金率。

5.1.5.2 贷款政策

国家为了支持农业发展，在金融方面出台了包括小额贷款、合作社贷款、家庭农场贷款等政策。针对农村地区担保难的问题，农业银行创新了土地经营权抵押贷款、林权抵押贷款等担保方式，还允许对符合条件的客户发放信用贷款。

（1）小额贷款。按照现行规定，只有种植业、养殖业等农业生产费用贷款，农机具贷款，围绕农业产前、产中、产后服务贷款，购置消费类贷款才可以使用小额贷款的方式。中国可供小额贷款的银行有农业银行、邮政储蓄银行、信用社和其他各类商业银行。

（2）合作社贷款。农民专业合作社及其成员贷款可以实行优惠利率，具体优惠幅度由各地结合当地情况确定。合作社贷款条件为：第一，经工商行政管理部门核准登记，取得农民专业合作社法人营业执照；第二，有固定的生产经营服务场所，依法从事农民专业合作社章程规定的生产、经营、服务等活动；第三，具有健全的组织机构和财务管理制度，能够按时向农村信用社报送有关材料；第四，在申请贷款的银行开立存款账户，自愿接受信贷监督和结算监督；第五，无不良贷款及欠息；第六，满足银行规定的其他条件。

(3) 家庭农场贷款。农业银行对家庭农场贷款额度最高为 1 000 万元，除了满足购买农业生产资料等流动资金需求，还可以用于农田基本设施建设和支付土地流转费用，贷款期限最长可达 5 年。

(4) 土地经营权抵押贷款。抵押贷款以承包土地的经营权作抵押，由银行业金融机构向符合条件的承包方农户或农业经营主体发放，在约定期限内还本付息。农村土地承包经营权抵押贷款正在北京市大兴区的 232 个试点县（市、区）、天津市蓟县的 59 个试点县（市、区）行政区域进行试点。

(5) 林权抵押贷款。审核通过林权抵押贷款时，要对申请抵押贷款的贷款人的抵押林权进行价值评估。对于贷款金额在 30 万元以下的林权抵押贷款项目，贷款人要参照当地市场价格自行评估，不得向借款人收取评估费。

5.1.5.3　支农再贷款

支农再贷款是央行对各类农村金融机构发放的再贷款。中央银行对再贷款做了以下调整：第一，将农村信用社设立为农民、农业和农村经济发展服务的社区型地方金融机构，允许农民、农村工商户等各类经济组织入股，并在江西、海南省等 21 个省市进行试点，以便解决农村信用社产权不明晰、管理体制不顺畅等问题；第二，中国银监会适度调整和放宽了农村地区银行业金融机构准入政策，允许设立村镇银行、社区性信用合作组织及专营贷款业务的子公司等新型农村银行业金融机构（胡基红，2012）。

5.1.6　农产品价格支持政策

政府为了国民收入的再分配，运用价格与价值有计划地背离的方式，颁布了一系列农产品价格支持政策。中国绝大多数农产品的价格已遵循市场机制，目前政府主要对六个重要品种的价格进行干预，即小麦、大米、玉米、大豆、棉花和食糖，价格干预方式包括最低收购价和目标价格改革等。

5.1.6.1 最低收购价格

最低收购价由国家事先确定。当市场价格高于最低收购价格时，农民自由销售粮食，各类收购主体按照市场粮价自行收购，不用启动执行预案；当市场价格低于最低收购价格时，启动执行预案，按照最低收购价收购粮食，其他粮食企业仍是随行就市进行收购。

最低收购价政策对粮食品种、粮食区域、实行时间都有严格规定。收购区域一般为主要粮食品种的重点主产区，各农作物的收购区域略有差异。同时，粮食最低收购价政策也不是全年实施，而是有时间限制的。在夏粮和秋粮的收获季节，农民可以在此期间内按照最低收购价销售粮食，超过期限后农民只能按照市场供求关系决定的价格销售粮食，不再执行最低收购价政策。

在实行最低收购价政策的时候，政府委托中储粮总公司及其有关分公司，受中储粮总公司委托的中粮、中纺、中航工业、农垦集团所属企业及有关地方骨干企业，北京等 7 个主销区省级地方储备粮管理公司（或单位），地方储备粮管理公司（或单位）等企业参与粮食收购。

5.1.6.2 目标价格政策

中国正在对部分农产品的价格体制进行改革，实行目标价格政策，生产者按市场价格出售农产品。当市场价格低于目标价格时，国家根据目标价格与市场价格的差价和种植面积、产量或销售量等因素，对试点地区生产者给予补贴；当市场价格高于目标价格时，国家不发放补贴。但目标价格政策在执行过程中也出现一些问题，造成一些财政负担，还有种植面积的核算等问题，操作难度较大。目前已经在东北三省和内蒙古启动大豆目标价格试点，在新疆进行了棉花目标价格试点。

5.1.7 农业土地政策

中国现行的土地政策主要分为土地所有制和土地管理制度两部分。

5.1.7.1　土地所有制

中国实行土地的社会主义公有制，即全民所有制和劳动群众集体所有制。

（1）全民所有制土地（国有土地）。国有土地的所有权由国务院代表国家行使。国有土地包括：城市市区的土地、农村和城市郊区中已经依法没收、征收、征购为国有的土地、国家依法征收的土地、依法不属于集体所有的林地、草地、荒地、滩涂及其他土地、农村集体经济组织全部成员转为城镇居民的，原属于其成员集体所有的土地、因国家组织移民，自然灾害等原因，农民成建制地集体权以后不再使用的原属于前一居民集体所有的土地。

（2）集体土地。劳动群众集体所有制的土地，即集体土地，采取的是农民集体所有的形式。农民集体所有的土地属于农民集体所有的，由村集体经济组织或村民委员会经营、管理；已经分别属于村内两个以上农村集体经济组织的农民集体所有的，由村内交由农村集体经济组织或者村民小组经营、管理；已经属于乡（镇）农民集体所有的，由乡（镇）农村集体经济组织经营、管理。

5.1.7.2　土地管理制度

（1）土地登记制度。国家依法对国有建设用地使用权、集体土地所有权、集体土地使用权和土地他权权利进行登记，并核发相应的证书。土地他权权利包括抵押权、承租权和法律、行政法规规定需要登记的他权权利。

（2）土地有偿有限期使用制度。除国家核准的划拨用地以外，凡新增土地和原使用的土地改变用途或使用条件，进行市场交易等，均实行有偿有限期使用。国有土地同样实行有偿使用制度，但是在法律规定的范围内划拨国有土地使用权的除外。

（3）土地用途管制制度。中国根据土地利用总体规划，将土地用途分为农用地、建设用地和未利用地。土地用途管制的核心是不能随意改变农用地的用途。农用地转用须经具有批准权的人民政府核准。政府控制建设用地总量，严格限制农用地转为建设用地。

5.1.8 农业资源保护政策

农业资源保护政策包括耕地资源的保护、水资源的可持续利用、渔业水产资源的保护和开发利用、野生动植物资源保护为主的生物多样性保护、林业资源保护和草原生态保护。

5.1.8.1 保护耕地资源

现阶段中国主要从四个方面保护耕地资源：

(1) 立法保护耕地资源。中国政府以立法形式来保护耕地资源。《土地管理法》指出，中国严格控制耕地转为非耕地，实行占用耕地补偿制度、基本农田保护制度、土地利用开发制度，基本农田保护区经依法划定后，任何单位和个人不得改变或者占用。对于破坏耕地资源的个人与企业，政府将予以严惩。

(2) 实施耕地休耕试点。耕地休耕试点工作主要在河北黑龙港地下水漏斗区、湖南长株潭重金属污染区、西南石漠化区（贵州、云南）及西北生态严重退化区（甘肃）实施，试点面积为200万亩。中央财政对自愿开展休耕试点的农户和新型经营主体给予适当补助。

(3) 坚守18亿亩耕地红线。全国耕地总数目要至少保持在18亿亩以上，不能因为城市化及工业化过程而使耕地大量减少。在不断加强耕地保护的力度的同时，中国也开始整顿和清理各类非法房地产建设和开发区，加强土地使用的管理。

(4) 将耕地保护与政府绩效考核挂钩。中国政府把耕地保护责任目标考核结果列为省级人民政府第一责任人工作业绩考核的重要内容。

5.1.8.2 确保水资源的可持续利用

中国采取一系列措施来加强水资源的保护：第一，严格颁布取水许可证。严格审查取水许可证的颁布过程和限制许可审批水量，由用水行政主管部门对30多个省（自治区、直辖市）统一征收水资源费；第二，管理河流水量。合理分配黄河干流和黑河的水量，对其年度水量调度进行管理，对污染水域如塔里木河流域进行治理；第三，解决城市用水紧张问题。采取应急调水和生态补水等措施，解决重要城市如天津、北京、澳门等地区的缺水问题，继续实行南水北调、引江济太、淮河闸坝防污调度等措施；第四，防治重点区域水污染。对三峡库区、淮河流域和黄河干流、松辽流域等区域实行纳污能力和限制排污的政策，保护国家重点区域的水资源。

5.1.8.3　保护和开发利用渔业水产资源

为应对近年来污染加剧、捕捞强度过大的情况，当前中国政府采取了如下的渔业保护政策：第一，在全国范围内大量新建水生野生动植物自然保护区，扩大濒危物种的保护范围，增殖放流国家重点保护水生野生动物；第二，通过渔业生态环境监测网络对重点水域进行监测，加强对渔业试产资源的保护；第三，实行转产转业、休渔禁渔奖励。国家以赎买渔船的方式支持渔民和企业自愿退出海洋捕捞业，重点支持长江退出捕捞和捕捞渔民的转产转业、休渔禁渔等工作，并按照“先减后补”的方式发放减船奖励资金。

5.1.8.4　保护生物多样性

中国政府十分重视野生动植物及其栖息地的保护工作。第一，开启了2001—2050年全国野生动植物保护及自然保护区建设工程，拯救国家重点保护野生动植物，新建、扩大和完善一批国家级自然保护区、禁猎区和野生动植物种源基地和珍稀植物培育基地，恢复和发展珍稀物种资源；第二，在江苏、浙江启动太湖流域农业面源污染控制示范技术，防治农业污染；第三，对全国100多个县的野生大豆、野生稻、小麦野生近缘植物展开调研和抢救性收集工作，在云南设立了野生大豆、野生稻、小麦近缘植物原生环境保护点。

5.1.8.5　保护林业资源

林业资源保护政策主要为退耕还林政策。新一轮退耕还林还草的主要政策有三个方面：第一，将确需退耕还林还草的陡坡耕地基本农田调整为非基本农田。由各有关省在充分调查并解决好当前群众生计的基础上，研究拟定区域内扩大退耕还林还草的范围；第二，从2016年起，重点向扶贫开发任务重、贫困人口较多的省倾斜，加快贫困地区新一轮退耕还林还草进度；第三，及时拨付新一轮退耕还林还草补助资金。新一轮退耕还草的补助标准由中央财政和国家发展改革委共同确定。

5.1.8.6 草原生态保护

中国草原资源的保护政策主要为：第一，实施禁牧补助，对生存环境恶劣、退化严重、不宜放牧以及位于大江大河水源涵养区的草原实行禁牧封育，中央财政按照测算标准给予禁牧补助。5年为一个补助周期，禁牧期满后，根据草原生态功能恢复情况，继续实施禁牧或者转入草畜平衡管理；第二，实施草畜平衡奖励，对禁牧区域以外的草原根据承载能力核定合理载畜量，实施草畜平衡管理，中央财政对履行草畜平衡义务的牧民按照测算标准给予草畜平衡奖励。引导鼓励牧民在草畜平衡的基础上实施季节性休牧和划区轮牧，形成草原合理利用的长效机制；第三，绩效考核奖励。中央财政每年安排绩效评价奖励资金，对工作突出、成效显著的省区给予资金奖励，由地方政府统筹用于草原生态保护建设和草牧业发展（刘源，2017）。

5.2 哈萨克斯坦农业政策体系

5.2.1 农业政策体系

哈萨克斯坦的农业政策体系同样有几种不同的划分方法。第一种由经济合作与发展组织（简称经合组织，OECD），将哈萨克斯坦农业政策分为生产者支持、农业一般服务支持和消费者支持三大类（胡颖，李道军，2015）；第二种将哈萨克斯坦农业政策分为国内支持政策和对外贸易政策两大类。其中，国内支持政策具体有价格和收入支持政策、优惠信贷、农业补贴、税收优惠以及食品加工业促进政策；对外贸易政策主要包括关税政策、进口配额制度、小麦出口运输补贴等。

本书将哈萨克斯坦的农业政策划分为农业支出政策、农业税收政策、农业货币政策、农产品价格支持政策、农业土地政策、农业资源保护政策等，与中国的农业政策体系划分方式相同，便于之后两国农业政策的比较和分析。

5.2.2　农业政策演变

哈萨克斯坦的农业政策经历了萌芽阶段、调整阶段，目前正处于强化阶段，尚未步入农业政策的完善阶段。

5.2.2.1　农业政策的萌芽阶段（1993—2000年）

哈萨克斯坦的谷物生产和加工行业自1991年独立以后发生了很大的变化。苏联各国中，哈萨克斯坦是首先放弃中央计划和国有制的国家之一。哈萨克斯坦在20世纪90年代努力推动农业和谷物加工的自由化和私有化，引导总的种植面积迅速减少，将次要的土地闲置（顾尧臣，2008）。独立后的几年也是哈萨克斯坦经济最困难的时期，缺少了来自俄罗斯的补贴，哈萨克斯坦对农业的支持大幅度减少，基础设施落后，农业综合生产能力受到严重的影响。这一阶段哈萨克斯坦的农业政策改革主要集中在以下几个方面：

（1）放开粮食交易市场。该项政策主要从两方面入手：第一，更改政府采购和储备方式。独立后哈萨克斯坦将政府统一采购粮食制度更改为经由国家委托的企业采购，然后交由国家仓储的方式。国家合作的食品公司（FCC）与农民签订购买协议，每年向农民收购50万t小麦，然后转入国家储备库，如有需要再另行购买（顾尧臣，2008）；第二，开放农产品贸易市场。在开放后的农产品交易市场上，农业生产者可以自行将农产品销售给除政府外的买方，由市场来决定价格。同时政府也可以用燃料和其他除货币外的形式来购买粮食。

（2）确立农业私有制。哈萨克斯坦改变了资产的公有制，确立私有制，国民经济结构发生了重大转变。农业方面，哈萨克斯坦推行了土地私有化，原有的生产关系发生了改变。哈萨克斯坦通过拍卖的方法，将国营农场和其他国营农业企业改组为私营农场、农业合作社、小型农业企业或农业联合公司等非国有农业生产主体（王海燕，2001）。具体做法包括农场私有化、联合私有农场和设立国有设备租赁公司。第一，农场私有化。哈萨克斯坦农场私有化并不包括土地所有权，农民拥有99年的租借权并可以继承，但允许有资产所有权，如设备和家畜；第二，联合私有农场。哈萨克斯坦政府为了提升农场效益，将私有农场联合起来建立大型农场，联合的形式有联合股份公司、农民合作社和小型农场；第三，设立国有设备租赁公司。2000 年，哈萨克斯坦政府建立了几个国有设备租赁公司，从商业银行取得贷款购买设备，用于向农民出租设备和机器（顾尧臣，2008）。

（3）改革外贸体制。哈萨克斯坦解除了对外贸的诸多限制，将更多的注意力转移到吸引外资上来。第一，取消对外贸的垄断，放开了进出口业务；第二，吸引和使用外资，借鉴中国的自由经济区和经济特区的经验，实施了一系列优惠政策，吸引外资；第三，为了改善投资环境，加强了铁路运输、里海水运等软硬件的基础设施建设，引进外资，创办了一批知名跨国合资和独资企业，使投资结构发生了很大变化。

5.2.2.2 农业政策的调整阶段（2001—2010 年）

这一阶段，哈萨克斯坦先后加入了欧亚经济共同体、俄白哈关税同盟组织。关税同盟的成员需按协定文件实行一致的关税税率以及对非成员的税后贸易政策，实行统一的非关税和外汇管理制度。在此背景下，哈萨克斯坦出台了一系列农业政策，对关税制度、农业科技投入、乳制品行业的发展作出了一系列的调整。

（1）实行统一关税制度。哈萨克斯坦按照俄白哈关税同盟的规定，对其关税税率做出了大幅度调整。在此之前，哈萨克斯坦实行自由贸易管理制度，进口税率水平整体明显偏低。为了实行统一关税，哈萨克斯坦提高了 5 044 种进口商品的税率，占其进口总商品比例的 32%。同时哈萨克斯坦为了保护本国国内生产企业利益，要求关税同盟分别采取新的统一税率，并且为 400 多种进口商品申请了 1～4 年不等的“过渡期”。除了“过渡期”之外，哈萨克斯坦还对外商投资的机械设备及原材料和辅料免征进口关税，以减缓较高的统一关税对哈萨克斯坦加工企业可能带来的影响。

（2）加大农业科技投入。哈萨克斯坦投入了大量资金用于农业科技的发展，以期提高农业整体的发展水平。2011 年哈萨克斯坦农业部共拨款约 1 650 亿坚戈，主要用在育肥场、温室设施、灌溉技术等领域，用于开发农产品加工新技术。

（3）调整部分农产品关税。为了减少本国乳制品对进口的依赖，哈萨克斯坦调整了对乳制品行业的资金投入和相应的关税政策。当时哈萨克斯坦乳制品都是从俄罗斯、乌克兰、吉尔吉斯斯坦等国进口，为了改变这一状况，2009 年哈萨克斯坦投入约 10 亿坚戈来发展乳制品基地，提高了与哈萨克斯坦农产品同类的进口关税，并对肉类、乳制品加工企业实行资金补贴，吸引更多国外公司投资该行业。

5.2.2.3　农业政策的强化阶段（2011 年至今）

2011 年后至今，俄白哈关税联盟对于哈萨克斯坦关税的影响越来越大。这一时期哈萨克斯坦国内提出的各项经济政策，如《哈萨克斯坦-2050 战略》、《农业经营-2020》、《2013—2020 年哈萨克斯坦共和国农产品加工业综合体发展战略规划》、"光明之路" 新经济政策等，都在扶持农业发展，进一步强化农业的主体地位。

（1）继续统一关税税率。哈萨克斯坦在欧亚经济委员会成立以来，制定了统一关税税率、确定农作物品种名录、颁布了国家采购政策，进一步规范了哈萨克斯坦农产品在国际市场上的流通法则。

（2）继续加大农业投入。哈萨克斯坦颁布的各项国家规划明确指出将继续加大对农业的投入，主要用于农业生产、农业基础设施建设和农业补贴等方面。农业生产方面，2015 年投入 115 亿坚戈用于发展育种畜牧业，并拨付 200 亿坚戈用作补充支持农工综合体经费；农业基础设施建设方面，2013 年投入 469 亿坚戈用于发展水务，其中 358 亿坚戈用于建设和维修水管和水利设施；农业补贴和税收方面，投入 341 亿坚戈落实"哈萨克农业国有公司"的项目（包括贷款）；拨款 30 亿坚戈用于降低农业租赁利率，划拨 280 亿坚戈补贴饲料成本。2013—2020 年哈萨克斯坦中央及地方财政将通过税收减免近 3 万亿坚戈发展支持农产品加工。

5.2.3　农业支出政策

近年来哈萨克斯坦农业支持水平并不高，这显然不利于其农业发展。依据《农业经营-2020》，哈萨克斯坦将增加对农业的拨款和补助，预计每年将从国家预算中分配 3.1 万亿坚戈用于该计划的实施。现阶段，哈萨克斯坦的国家财政支出主要用于哈萨克斯坦农业股份公司的建立和实行农业补贴。

5.2.3.1 建立农业公司

（1）建立哈萨克农业股份公司，让其代为实行国家农业政策。由哈萨克斯坦管理控股的哈萨克农业股份公司（KazAgro）通过实施有效的投资管理，代为实行本国农业综合开发的国家政策。该股份公司的计划投资项目共计有 238 个，总价值 1 790 亿坚戈。目前正在实施的项目有 163 个，价值 1 170 亿坚戈，占总体规划总投入的 65.3%。

（2）支持农产品生产商（SKHTP）的相关农业活动。为减少农产品生产商的生产和销售成本，哈萨克斯坦采取了以下措施：第一，建立农产品供销合作社，负责收集、贮存、分拣、烘干农产品原料，同时批发、运输、零售合作社成员新鲜或加工的农产品；第二，建立农产品加工合作社。对农产品进行初级加工，创建大型加工厂的批发和零售网络；第三，提供制造过程中所需的资源和材料；资源和材料包括：燃料和润滑剂、种子、化肥、农药、食品、零配件、建筑及其他农业生产的有关材料；第四，提供相关农业生产过程所需和农产品服务，合作社将提供供水供电服务，修理和维护设备，研究畜牧业和植物培育等；第五，建立信息和营销合作社，向其成员提供有关新技术、品种和市场状况的信息。

5.2.3.2 实行农业补贴

哈萨克斯坦农业部正加强涉农补贴管理，减少低效项目补贴，重点支持和补贴基础农业技术和新技术项目，将补贴的重点转向鼓励植物栽培、鼓励购买农业机械设备，引进先进技术，遗传改良，购买种子、除草剂、化肥等，并引进顾问和新项目，从而提高农工综合体的竞争能力。此外，哈萨克斯坦正建立国家农用基金，以帮助生产单位改进工艺、扩大生产（陈欣怡，2013）。在《农业经营-2020》框架下，到 2020 年该国农业补贴将增长 4.5 倍。具体如下：

（1）植物栽培补贴。哈萨克斯坦明确了优先发展行业，针对部分农产品价格进行了调整，并给予一定的补贴。为了保障国内的粮食、肉类需求，哈萨克斯坦将家禽、肉制品、乳制品、鱼类、植物油、水果、蔬菜和糖作为优先发展的农产品行业。农产品价格调整方面，哈萨克斯坦首先调低了农作物种子的价格，鼓励农业生产；其次，对农业机械所需要的燃油、润滑剂及春耕、收割所必需的其他商品价格进行了相应的调整。相应地，农产品补贴方面，首先，政府每年为谷物生产补贴提供预算资金 1.2 亿美元；然后，哈萨克斯坦不再对种子进行补贴，而改为对优良种子（玉米、棉花、向日葵、大米、甜菜、浆果苗和葡萄除外）的最终购买者提供补贴；最后，哈萨克斯坦对矿物化肥、除莠剂、引灌溉水等提供资金补助，同时一些农产品比如棉花的质量检验费用完全由政府承担。

（2）畜牧业发展补贴。针对不同畜种，补贴主要用于以下规划的实施：第一，建立畜牧业基础设施，降低通过私人投资获得牲畜的成本；第二，建立家庭和工业奶牛养殖场，增加生产机械化程度，并在选择和培育工作中，采用刺激谱系放声增加产奶量；第三，在马养殖和骆驼养殖方面，将重点放在商品生产上，利用农业合作社收集马和骆驼，提供相关服务；第四，采取刺激物质技术和育种的现代化工作技术，来刺激蜜蜂的生产力，制造含蜂喂料输送机，根据国际要求更新和统一养蜂的规范法律和监管框架；第五，建立一个稳定的饲草料基地，使得鸟类能够适应该地区的地带性气候条件。

（3）农业机械设备租赁补贴。为鼓励农业生产，哈萨克斯坦对农业机械设备的租赁实行补贴政策。近年来，哈萨克斯坦购买主要种类的农业器械数量在减少，主要原因在于中间费用过高，进口环节费用达 13%～18%，农业生产者资金不足，租赁者在进口时承担汇率风险。为此，哈农业部一方面对从国外进口的农业机械实施补贴（6%～12%），另一方面降低租赁公司贷款利息，从而保证广大农民可以以较为合理的价位租到机械设备。哈萨克斯坦政府现在负担着由各银行以 4.5%利率提供农业设备的租借费用。

（4）农业耕种和收割费用补贴。哈萨克斯坦对一些农业耕种和收割环节需要资金的地方也实行了补贴。从 2013 年起哈萨克斯坦将原来对小麦的补贴，转用于农业耕种和收割环节，使得农产品生产者可以获得充足的资金来保障粮食的采购数量，以稳定市场价格、降低农业机械设备的租赁价格等。为了保证农产品必要的国产化水平，哈萨克斯坦也对制糖厂采购甜菜的价格进行补贴，同时依靠政府资金建立了牛奶采购服务中心等。为保证地方政府向上述方面转入补贴资金，哈萨克斯坦目前正在拟定相关法律的修正案。

（5）农业生产者融资困难补贴。哈萨克斯坦农业部制订了融资方案用于解决农业生产融资困难的问题。哈萨克斯坦总统强调要采用国有系统进行担保，以降低私人资本投资农业生产的风险。为落实这一任务，农业部专门制订了采用国家担保的融资方案。该方案建议各地区的社会企业集团通过提高其注册资本来实施资本化，而这些资本可以用于农业生产者对金融机构、二级银行借款的担保。这既可以降低贷款方的要求，也可以提高金融机构对发展农业领域信贷的兴趣，从而保障了农业生产者的融资渠道。同时自 2006 年开始，哈萨克斯坦也实施了预算计划补贴。

5.2.4 农业税收政策

哈萨克斯坦的税收政策经过多次改革后，目前的税收政策是基于 2009 年后开始实行的新税法。相较于之前，新税法对税种和税率进行了适度调整，减轻了非原料领域税赋，增加原料领域税赋，给予中小企业较多优势政策。同时，《农业经营- 2020》明确了通过税收优惠促进农业领域发展的相关措施。总体而言，当前哈萨克斯坦的税收政策可以概括为：主要税赋和税率、关税政策、投资税收优惠政策等。

5.2.4.1 主要税赋和税率

哈萨克斯坦规定，在该国领域从事经营活动的本国和外国公司的常设机构有义务对企业所得税、增值税、消费税、土地税、运输工具税等税种纳税。第一，企业所得税。调整后的企业所得税相较于 2009 年降低了 15%；第二，增值税。哈萨克斯坦政府正积极下调税率，降低部分行业的增值税税率，并首先适用于中小企业。税费计算依据是商品或服务价值（包括消费税和关税）。进口商品同样要缴纳增值税，按货物的价值征收。哈萨克斯坦农业免税组织每年约有 300 亿坚戈的收入，为了减少食品行业的增值税，该组织每年投入约 35 亿坚戈资金直接用于农业现代化的生产和成本的降低。哈萨克斯坦对以下行业降低了 70%的增值税税率：肉类和肉类产品的生产、果蔬加工和保存、植物和动物油和动物脂肪的制造、牛奶的加工和干酪的生产、制粉工业产品、婴儿食品、膳食产品和面包等；第三，消费税。消费税限定在某些商品和经营活动，涉及农业的商品包括酒精、鱼子、巧克力、原材料等。税率由哈萨克斯坦政府确定；第四，土地税。所有拥有地权和土地长期使用权、或初期无偿临时用土地的组织（法人或自然人）均是土地税的纳税人。农业用地率根据土地品质分级后加总确定，然后纳税；第五，运输工具税。在哈萨克斯坦注册的拥有运输工具的自然人和法人都是运输工具的纳税人。税率按照运输工具的具体情况定期进行调整。具体内容如表 5－3 所示。

表 5－3　哈萨克斯坦企业纳税税种及其主要规定

税种	相关纳税规定
企业所得税	2011 年新税法规定，企业所得税变更为 15%。对中小企业取消所得税预付的规定，亏损期从 3 年延长到 10 年
增值税	2009 年新税法将增值税下调至 12%，规定企业缴纳增值税的现金周转额起征点提高一倍，达到 3 800 万坚戈
消费税	税率由哈萨克斯坦政府根据货物的价值和自然状态下的物粮按百分比确定
土地税	农业用地率根据土地品质分级后汇总纳税：草原最低品质地（1 级）每公顷 0.48 坚戈，土地品质越高，税费越高。为鼓励有效利用土地，哈萨克斯坦根据不同的土地征收渐进式土地使用税，税率从 0.1%～0.5%不等
运输工具税	税率取决于运输工具种类、发动机容量、出厂时间，并按月核算指标计算，每年根据税率支付一次

资料来源：哈萨克斯坦新税法（2009）。

5.2.4.2　关税政策

在关税政策上，哈萨克斯坦从关税管理、增值税、关税税率、特别经济区税收等四个方面做出调整。

（1）关税管理方面，对外来投资者实行各项优惠政策。对外资的保护主要表现在：第一，对投资项目所需的机械和配套设备免除进口关税；第二，对外来投资者实行国家实物赠与，赠与包括土地、建筑、设施、机械设备等。这些形式的国家赠与必须通过与投资委员会签订合同的方式来确定。同时哈萨克斯坦出台了《投资法》，从法律上保证了外国对哈萨克斯坦投资的利益（阿不都斯力木·阿不力克木，2012）。

（2）调整进口增值税。关税同盟尚未制定统一的进口增值税率，哈萨克斯坦根据自身情况进行了相应的调整。根据《税收法》，哈萨克斯坦征收进口增值税的税基是进口货物的清关价值和海关关税之和。2010 年哈萨克斯坦将增值税税率降到了12%，对部分消费品包括各种酒及酒精、香烟、鱼子酱、汽油、柴油、汽车等产品的进口产品继续征收消费税。目前哈萨克斯坦税务部门负责国内增值税的制定和征收，俄白哈关税同盟三国的增值税水平分别为：俄罗斯18%、白俄罗斯18%、哈萨克斯坦12%。

(3) 上调关税税率。哈萨克斯坦上调了大量进口产品的关税税率，涨幅明显。按照《关税同盟海关法典》，哈萨克斯坦上调了5 044种商品的进口税率，占进口商品总量的32%，平均关税水平由先前的6.2%提高至10.6%。涉及中国对哈萨克斯坦出口的大宗类商品如部分农副产品涨幅明显。但随着俄罗斯入世，哈萨克斯坦的整体关税水平有所下降（宋梦，2013)。

(4) 实行“自由关税区”制度。哈萨克斯坦在经济区范围内实行“自由关税区”制度。从2001—2008年，哈萨克斯坦先后建立了6个“特别经济区”。2011年7月21日，哈萨克斯坦总统纳扎尔巴耶夫签署了修订后的《特别经济区法》，重新确立和补充的优惠政策主要有两方面：第一，对所有经济特区内的企业免企业所得税（20%）、免土地税（1.5%）、免短期（不超过10年）土地租赁费、免财产税（0.05%～1%），根据政府制定的经济特区内实行零增值税（12%）的商品、劳务和服务名单，返还企业在区内商品流通、提供劳务和服务中征收的增值税；第二，对经济特区内达到一定加工比例的出口型企业实行关税优惠，经济特区内企业可按简化程序直接向地方政府提出引入外国劳务申请，无需经过“首先在国内劳务市场招聘”环节（刘昌龙，2014)。

5.2.4.3 投资税收优惠政策

一般来说，投资主体分为“外国投资者”和“本国投资者”。哈萨克斯坦投资税收优惠政策针对上述两种情况做出以下规定：

(1) 在哈萨克斯坦的外国投资者一律享受国民待遇。无论国内还是国外投资者，大家都只享受一条税收特惠：允许投资者在三年内均等地、或是一次性地从公司所得税中扣除投资者当初投入到房产、机械设备上的资金。从“产出”中拿够了相当于投资者“付出”的部分之后，一切都要按章纳税。同时外国和本国投资者在免受征用和国有化、接受国家机关检查、解决投资争端、使用收入、接受因国家机关和工作人员行为造成损失的补偿等方面享有平等权利和地位。

（2）符合条件的外国投资者可额外享受一定的优惠和特惠。提供的优惠和特惠的条件是：第一，投资者向哈萨克斯坦法人的固定资本进行直接投资；第二，投资者在实施投资合同时具有履行义务和执行职责的相应的金融、技术和组织能力的正式文件。满足上述条件的外国投资者，可额外享受以下特惠：第一，投资者进口生产用设备免关税；第二，哈萨克斯坦对外国投资者在土地使用、房产、机械设备、测量仪器、交通工具等方面，实行一次性实体资助，国家实物赠与的价值不超过投资总规模的30％。

5.2.5　农业金融政策

哈萨克斯坦金融政策主要包括贷款形式与机制的完善和实行外汇管理。

5.2.5.1　完善贷款形式与机制

贷款形式分为银行贷款、农村信用社和合作社贷款等。银行贷款主要通过抵押贷款来实现。哈萨克斯坦的土地担保抵押贷款是一个新现象，考虑到国际经验的利弊，哈萨克斯坦正在制定相关政策来约束土地担保贷款可能带来的风险：第一，开设专门的按揭银行或保险公司，以减少贷款人的风险；第二，设立信息机构，积累并监测土地数据和借款人的财务状况；第三，设立司法机构解决房产纠纷；第四，必须向债权人提供归还投资资源的保证；第五，开发一个评估土地的抵押价值的系统，利益相关者需要明确共享或共同所有权。实际中，在抵押贷款违约的情况下，有两个解决方案：一是向银行或其他贷款机构的完全所有权过渡抵押土地，导致其退出农业流转；二是公开拍卖、招标的抵押土地的出让，不得擅自使用，承租者对土地产权贷款违约后的公开拍卖具有优先权。

除了银行贷款，涉农企业及个人还可以通过农村信用社和合作社获得贷款。哈萨克斯坦已经将农业生产计入农村信用社系统。为向农村信用社提供贷款，由哈萨克斯坦国家预算提供7年固定利率的资金，年利率为每年0.5％。资金由二级贷款银行或各自组织分配。合作社方面，2006年开始组织农村合作社（比如SPK）在采购、加工、存储和农产品中营销贷款。

该贷款用于收购固定资产长达 5～7 年，并获得期限长达 1 年的年利率为 5%的营运资金。2008 年国家预算资金中支出 700 亿坚戈用于农村非农经营活动贷款，贷款下放到农产品加工、轻工业和食品工业、农村零售网点和餐饮服务网点扩大等方面。贷款需要偿还 7 年利息，年利率为 10%。

在完善优惠贷款机制方面，哈萨克斯坦政府采取贷款担保机制，为中小农工企业提供贷款和生产资料。哈萨克斯坦有很多中小型农工企业，由于缺少高流动性抵押保障，无法享受优惠贷款。政府对信贷过程中提供担保的银行予以补贴，同时国家将鼓励个人贷款，根据贷款提供补助。依据《农业经营-2020》，哈萨克斯坦将加大农业支持力度，其中包括农业金融恢复和完善优惠贷款机制。

5.2.5.2 实行外汇管理

哈萨克斯坦的外汇管理主要从实行外汇业务通报制度、资金的可自由兑换、对银行外汇流动监管方面展开。

（1）哈萨克斯坦实行外汇业务通报制度，加强了对银行外汇流动的监管，允许经常项目和资本项目有条件的自由兑换。从 2007 年 7 月 1 日起，哈萨克斯坦外汇管理制度执行欧洲国家标准，取消外汇业务许可制度。企业在缴纳了各项应缴税费后，可以自由汇出利润，除银行收取的必要汇费外，无需缴纳其他费用。个人和法人均可通过银行向境外汇出其合法的外汇收入，个人和法人在银行开设账户、办理存款、汇款等业务必须有税务登记号。

（2）哈萨克斯坦经常项目和资本项目均实行有条件的可自由兑换。具体来说，经常项目下的交易应在 180d 完成，如到期不能完成，还可延期。资本项下，只要双方有协议，在办理一定手续后，资本即可自由进出。

（3）哈萨克斯坦加强了对银行外汇流动的监管。2010 年 3 月 9 日开始实施的《反洗钱法》规定，凡超过 1 万美元的金融业务都将进行监管，包括像个人在外币兑换点兑换外币的业务。另外，还要求各银行完善客户资料，加强外汇汇出的申报，一个账户 7 个工作日内汇出外汇超过 700 万坚戈，银行必须向金融监管委员会报告。《外汇监管问题若干法令修订法》中也规定，关税同盟成员自然人出入哈萨克斯坦，携带总额超过 1 万美元的外汇及本国货币现钞（贵金属硬币除外），包括旅行支票无须向海关申报。而其他国家自然人在此情况下则必须进行全额申报，还须说明来源及用途。此外，任何国家自然人出入哈萨克斯坦，携带总额等值或不超过 1 万美元的外汇及（或）本币现钞（贵金属硬币除外），包括旅行支票无须向海关申报。此前该限额为 3 000 美元。

5.2.6　农产品价格支持政策

在哈萨克斯坦，农产品价格支持政策包括：实行农产品价格管制制度以及双期货粮食收购政策。

5.2.6.1　实行农产品价格管制制度

哈萨克斯坦调整国内农产品流通方向，并规定一些农产品的最低价格。第一，调整国内农产品流通方面，目前畜牧业是哈萨克斯坦农业中存在问题最多的行业。相对于世界价格而言，哈萨克斯坦的物价较高。例如，牛肉价格水平是世界价格的 121%，高出俄罗斯 39%。价格也同样高于其他欧洲国家。在目前的高价格下，哈萨克斯坦农民处于不利地位。农产品价格管制制度旨在保护消费者和生产者的利益，它是一个自由波动的价格，上限保护消费者的利益，下限保护生产者的利益。为了平衡关税同盟国之间的国内价格，哈萨克斯坦在国内那些价格低于最低保证水平的地区购买剩余产品，并在那些对应产品短缺的市场上放货；第二，确定农产品最低价格方面，哈萨克斯坦食品市场的国家监管体系并不能够很好地刺激粮食生产的增长。其国内进口食品市场的饱和降低了对本国技术落后和竞争力缺乏的食品行业发展的关注度。因此，2011 年，哈萨克斯坦政府通过限制社会重要产品的贸易补贴规模，批准了 31 种食品的最低价格。

5.2.6.2　双期货粮食收购政策

哈萨克斯坦每年以固定价格购买国家粮食资源。哈萨克斯坦分两个层次进行国家粮食收购，在哈萨克斯坦国民银行执行审慎监管的第二级银行的保证下，春夏季融资（期货购买），秋季（实际）直接购买。然后政府确定收购的粮食价格，对于不合理的增长或下降趋势予以及时控制和调整，消除垄断价格的规定，削弱价格扭曲，最终保护农产品生产者和消费者。

5.2.7 农业土地政策

土地改革一直困扰着哈萨克斯坦政府，自从提出土地改革以来，哈萨克斯坦政府相继出台了很多相关的政策，但都收效甚微。目前，在哈萨克斯坦土地改革仍然持续进行中，当前实行的土地政策尚未完善，主要包括以下几方面：

第一，限制农用土地的使用权和面积。哈萨克斯坦规定，从事农业经营的哈萨克斯坦公民、哈萨克斯坦非国有法人及其从事商品性农业生产的连带责任人可拥有私有土地，并对从事农业经营所能使用的农用土地的上限做出了要求。

第二，规范非本国国民土地使用方式。目前哈萨克斯坦针对外国人、无国籍人士以及外国法人，出台了相关的土地使用规定。外国人、无国籍人士以及外国法人在哈萨克斯坦从事商品性的农业生产，可在有偿临时使用土地（租赁）权基础上使用土地（张庆萍，朱晶，2014）。

第三，完善农业土地灌溉体系。农业部门根据各地不同的农业土地用水需求，合理分配土地灌溉用水量，恢复并完善局部地区的水利基础设施，定期修缮河口灌溉系统，并利用现代水资源节水技术，提高水资源的利用率。

5.2.8 农业资源保护政策

哈萨克斯坦虽然农业资源丰富，但是近年来工业化进程导致其农业资源受到破坏，自然环境不断恶化。哈萨克斯坦政府十分重视农业资源的保护，并颁布了一些政策法规。具体该国农业资源保护政策主要有水资源的可持续利用、林业资源保护、草原资源保护等。

5.2.8.1 水资源的可持续利用

第一，勘探和重估地下水的储量，确定缺水地区和供水的替代来源；第二，基于环境状况和用水需求，确定需要设立水资源灌溉和排水设施的区域并投入资金建设；第三，开展水资源开发利用的国际合作项目。监测邻国水资源的数量和质量，参与相关会议，与周边国家在跨界水资源共享方面展开协商，制定有效利用中亚地区水资源的协议，并展开跨界河流和建立水资源长期共享机制的研究；第四，提高工业用水效率，引进其他国家工业企业先进的节水技术，要求相关工业企业加以运用，回收和再利用工业废水。

5.2.8.2　林业资源保护

林业资源的保护措施有实施松木林禁伐政策、限制企业主伐和间伐行为、人工造林。具体如下：第一，实施松木林禁伐政策。哈萨克斯坦在全国范围内对松木林实行了禁伐，并对森林资源富集的地区确定了林木利用的规则，规定在禁伐地段必须经过投标获准后才能采伐，而且只有获得林木采伐许可证的企业才能参加投标，采伐必须保证森林的长期（10～50年）利用价值；第二，限制企业主伐和间伐行为。哈萨克斯坦的森林法禁止国家林业管理系统的企业进行主伐和对主伐木的加工，但可开展间伐利用和间伐木加工活动，且间伐利用必须经过程序严谨的招标，申领许可证；第三，人工造林。在无林州进行人工造林是国家林业工作的重要任务。目前哈萨克斯坦政府将造林重点放在土壤气候条件适宜，但火灾等自然灾害影响频繁的裸地上，培育速生树种，用作防护林或用材林（赵晓迪，赵荣，2015）。

5.2.8.3　草原资源保护

草地作为一种重要的生产资料，为哈萨克斯坦畜牧业发展做出了巨大贡献。但长期以来，人们对草地不合理利用和超载过牧，造成哈萨克斯坦草地资源已经利用过度，人为破坏较大，生态环境逐步恶化，同时已成为制约畜牧业及社会经济可持续发展的主要因素。为保护草地的资源，哈萨克斯坦政府制定了以下政策：

第一，严格选育牧草品种。哈萨克斯坦精选优良牧草品种并进行大量耕种。利用植物学、土壤学及生态学原理，哈萨克斯坦筛选出一些在荒漠环境中恶劣条件下能够生存并取得稳产高产的植物群落，进行广泛耕种，以达到牧场改良和饲料增产的目的。荒漠研究所通过实验选出大约 25 种较有前途的植物。这些植物增加了饲料品种的多样化，营养成分也齐全，能增加牲畜的食欲，提高饲草的利用率；第二，建立自然资源保护区。哈萨克斯坦建立了一些自然资源保护区。其中，阿克苏-扎巴加林自然资源保护区是哈萨克斯坦最早的自然资源保护区，位于阿拉木图附近的伊列-阿拉图斯克禁猎区曾经是一个很大的自然资源保护区，可近几年其面积在都市化进程中急剧缩小；第三，哈萨克斯坦还建立了荒漠植被资源保护区。荒漠植被资源保护区有许多有重要经济和科研意义的野生植物，包括350多种可用于制革、挥发油和技术工业的植物，80多种药用植物，这些植物被写入了哈萨克斯坦的红皮书里，并建立专门的荒漠植物保护区，保护如上植物分布地不受侵犯，防止在人为作用下这些植物灭绝的可能性（张丽萍等，2013）。

5.3 中国和哈萨克斯坦农业政策比较

中国和哈萨克斯坦十分重视本国农业发展，通过制定和不断修改相关农业政策法规来发展农业，并投入了大量的人力物力来规范农业生产行为，促进农业增收，保障农业生产者的相关利益。两国各自农业的基本情况既有相同点也存在差别，相应的农业政策内容自然有所不同。本节旨在介绍中国和哈萨克斯坦农业政策的对比情况，主要从两国农业政策的演变对比、农业政策内容来进行分析。通过比较，我们可以知道两国在农业政策上存在的相似之处和差异所在，便于两国农业政策的互相交流和借鉴。

5.3.1 农业政策演变

中国和哈萨克斯坦农业政策的演变过程大致相同，只是各阶段的侧重点略有区别。农业政策的演变大体可以分为萌芽阶段、调整阶段、强化阶段和完善阶段。

中国目前已经经历了萌芽阶段、调整阶段、强化阶段的转变，现在中国正处于不断完善时期，而哈萨克斯坦正处于农业政策的强化阶段。

5.3.1.1 农业政策的萌芽阶段

两国农业政策的萌芽阶段起始时间并不相同，中国开始于1950年以后，结束于“文化大革命”时期；哈萨克斯坦农业政策的萌芽阶段开始于1993年，独立之后，结束于2000年。在此期间中国主要大力发展农业，先后实行了统购统销制度、集体化制度和户籍管理制度，建立了人民公社和农业生产合作社；哈萨克斯坦自苏联解体以后，实行了农业私有制，在外贸体制和农产品交易市场方面进行了一系列改革。中国在这一阶段实现了农业的快速恢复，同时也带动了工业的发展；哈萨克斯坦的农业取得了一定的成效，但哈萨克斯坦对本国农业的投入严重不足，农业的发展依然十分缓慢。

5.3.1.2　农业政策的调整阶段

中国农业政策的调整时期开始于改革开放之后，结束于20世纪90年代；哈萨克斯坦这一阶段开始于21世纪初，结束于2010年。中国这一阶段的主要政策成果为提出了家庭联产承包责任制，按劳分配，多劳多得；哈萨克斯坦先后加入了欧亚经济共同体、俄白哈关税同盟组织，开始通过统一关税、加大农业科技投入、调整农产品关税，努力调整农业政策。中国这一阶段的农业政策很好地调动了农业生产者的积极性，进一步推动了中国农业的快速发展；哈萨克斯坦的农业发展也开始步入了正轨。

5.3.1.3　农业政策的强化阶段

20世纪90年代到21世纪初，是中国农业政策的强化阶段；2011年，哈萨克斯坦农业政策进入了强化阶段，至今仍处于该阶段。这一时期，中国为满足人民的粮食需求，调高了粮食订购价格，实行了粮食保护价收购政策；哈萨克斯坦出台了各项经济政策，如《哈萨克斯坦-2050战略》、《2013—2020年哈萨克斯坦农产品加工业综合体发展战略规划》、“光明之路”新经济政策等，统一了关税税率，并加大了农业投入。这一阶段中国农业政策的实施，使得人民的粮食需求基本得到了满足，农业得到进一步的发展；哈萨克斯坦出台的各项国家政策都在扶持农业发展，进一步确保了农业的主体地位。

5.3.1.4　农业政策的完善阶段

21世纪以后至今，中国都处于农业政策的完善阶段；而哈萨克斯坦目前还未进入该阶段。中国当前主要通过削减农产品进口关税、放开农产品进口贸易，对农业进行大规模补贴等来解决“农业、农村、农民”问题，中国农业政策的体系框架已经基本形成，中国政府也越发重视和保护农业生产者的权益。具体可见表5-4。

表5-4 中国和哈萨克斯坦农业政策演变阶段对比

阶段	中国		哈萨克斯坦	
	时间	主要政策内容	时间	主要政策内容
萌芽阶段	20世纪50至70年代末	统购统销制度、集体化制度和户籍管理制度	20世纪90年代初至21世纪初	放开粮食交易市场、增加农产品种植品种、确立农业私有制、改革外贸体制
调整阶段	20世纪80至90年代	家庭联产承包责任制	21世纪初至10年代	实行统一关税制度、加大农业科技投入、调整农产品关税
强化阶段	20世纪90年代初至21世纪初	调高粮食订购价格，实行粮食保护价收购政策	21世纪10年代至今	统一关税税率、加大农业投入
完善阶段	21世纪初至今	削减农产品进口关税、放开农产品进口贸易，实行农产品进口补贴		

资料来源：据相关资料整理。

5.3.2 农业政策内容

中国与哈萨克斯坦的农业政策内容有部分相似之处，也存在一些差异。本节从农业支出政策、农业税收政策、农业金融政策、农产品价格支持政策、农业土地政策、农业资源保护政策方面来进行对比分析。

5.3.2.1 农业支出政策方面

中国和哈萨克斯坦都投入了大量的资金用于农业补贴，包括对农业生产者的补贴、对农机具购置的补贴、租赁补贴、畜牧业发展补贴、农业生产补贴等，同时投入资金用于农业基础设施的建设和完善。不同的是，中国正在积极调整农业产业结构，促进农村地区各产业的融合；哈萨克斯坦的农业支出有很大一部分是用来建立哈萨克斯坦的农业股份公司，同时支持农产品生产商的相关农业活动。中国的部分省份已经进行了相关农作物播种，如粮改豆、粮改饲的试点，如果试点效果良好，则会在全国范围内进行推广；中国国家控股的国营农业企业主要是为了满足国内消费者需求进行相关生产活动，哈萨克斯坦则主要依托这些国家控股的农业股份公司来代为实行国家相关农业政策。中国的农村地区正在积极创建现代农业产业园区，以工代农，推动一二三产业协同发展；哈萨克斯坦建立农产品供销合作社、农产品加工合作社，提供在制造过程中所需的资源和材料等来支持农产品生产商的相关农业活动。

5.3.2.2　农业税收政策方面

中国和哈萨克斯坦的农业税收采取的措施多为调整税收额度，更改税收种类、调整税率、划定适用范围等。中国的农业税收政策针对不同的行为主体，比如企业、个人有对应的政策，较为条理；哈萨克斯坦为吸引外资做出了大量努力，因此其税收政策主要侧重于农业关税和投资优惠政策的调整，针对外国投资者的相应税收优惠政策也较为完善。当前中国实行了企业所得税优惠政策、个人所得税优惠政策和其他地方税等税收减免政策，主要包括免征和减半征收税费两种形式；哈萨克斯坦的税收政策可以概括为：主要税赋和税率、关税政策、投资税收优惠政策等，包括设立特别经济区等。

5.3.2.3　农业金融政策方面

农业金融政策方面，两国都针对贷款做出了相应的规定，贷款形式都有小额贷款、银行贷款、合作社贷款、担保抵押贷款等。中国的农业金融政策主要包括差别存款准备金率制度、贷款政策、支农再贷款政策等；哈萨克斯坦现阶段的农业金融政策则主要针对外汇进行调整，从实行外汇业务通报制度、资金的可自由兑换、对银行外汇流动监管方面展开。中国的支农再贷款政策确保了农业生产的顺利进行，差别存款准备金率制度进一步规范了农业金融市场；哈萨克斯坦已经将农业生产计入农村信用社系统，金融市场也在逐渐完善中。

5.3.2.4　农产品价格支持政策方面

农产品价格受气候条件和市场波动影响较大，为稳定市场，两国都对最低（收购）价格进行了规定。中国绝大多数农产品的价格已遵循市场机制，目前政府主要对一些重要品种的价格进行干预，价格干预方式包括最低收购价和目标价格改革等；在哈萨克斯坦，农产品价格支持政策包括：实行农产品价格管制制度以及双期货粮食收购政策。当市场价格低于最低收购价格时，中国政府还会发放一些补贴，减少农业生产者的损失；相较于中国，哈萨克斯坦在粮食收购之前增加了融资这一环节，粮食收购行为分为融资和收购两个阶段进行，在一定程度上缓解了政府的财政压力。

5.3.2.5　农业土地政策方面

中国和哈萨克斯坦一直都在推行土地改革，中国的土地改革较为成功，农业土地已经能够很好地服务于农业生产；哈萨克斯坦的土地改革效果一直差强人意，近年还发生了部分民众因反对政府颁布的《土地法修正案》而上街示威游行的事件。中国现行的土地政策主要分为土地所有制和土地管理制度两部分，土地所有制包括全民所有制和劳动群众集体所有制两种形式，个体没有所有权。土地管理制度包括土地登记制度、土地有偿有限期使用制度、土地用途管制制度等；哈萨克斯坦的土地改革包括两方面内容：一是为土地确定明确的主人，或者说将国有土地私有化，二是为土地出售或出租做出明确的法律规定（刘姬，2017）。中国还确立了土地登记制度，使用者在有限期内可以有偿行使土地使用权，在规定用途范围内从事农业生产及相关活动；哈萨克斯坦政府成立了土地改革委员会，着手研究土地改革中出现的问题并提出相应的对策。

5.3.2.6　农业资源保护政策方面

中国和哈萨克斯坦对于本国的农业资源都十分重视，两国都建立了相应的草原、植被、自然资源保护区，实施禁牧禁伐以及人工造林政策，保护水资源、林业资源和草原资源。中国农业资源保护政策还包括耕地资源的保护、渔业水产资源的保护和开发利用、生物多样性保护。中国政府划分了耕地资源的红线，并将耕地资源的保护政策实施效果和各地政府的绩效考核挂钩，对退耕还林、还草，禁牧提供补贴；哈萨克斯坦对相关水资源进行了勘测，希望通过与邻国的谈判和相关国际合作来共享水资源等农业资源，同时严格选育牧草品种来保护草地资源。

总体而言，现今中国的农业政策已经较为健全和稳定，个别方面需要进行调整和完善。哈萨克斯坦的农业政策体系仍在不断强化的阶段，还需要一段时间来扩充整个农业政策体系。

第6章　中国和哈萨克斯坦农业国际合作比较分析

农业国际合作是经济对外开放和农业农村经济发展的重要组成部分，是充分利用国际国内两个市场、两种资源，优化农业资源配置，提高资源利用效率，提升农业竞争力的有效途径。随着国际多极化、经济全球化的发展以及气候变化、粮食危机等问题的凸显，国与国之间的相互依存关系越来越紧密，农业国际合作也越来越广泛。

在中国“一带一路”合作倡议与哈萨克斯坦“光明之路”经济计划高度契合背景下，两国开展农业国际合作的前景较为广阔。了解两国农业国际合作历史、合作现状以及面临的挑战，对比两国农业国际合作发展状况，可以更好地指导中国与哈萨克斯坦开展农业双边国际合作。

6.1　中国农业国际合作分析

6.1.1　中国农业国际合作历程

中国农业国际合作发展大致可以分为三个阶段（郑智等，2009）。

（1）第一阶段：以服务国家外交为主（1949—1978年）。中华人民共和国成立后，由于西方国家的“封锁、禁运”政策，中国主要同苏联和东欧一些社会主义国家开展科技合作交流。此阶段农业国际合作呈现以下三方面特征：多依赖于苏联等国的援助；以引进基础性研究、适用性技术为主；以服务国家外交为主。

20世纪50年代，中国先后与苏联、东欧及一些邻近国家开始农业交往，接受苏联和东欧国家援建农场、拖拉机站，交换动植物品种资源，互派考察团、专家、留学生，互邀参加学术会议，交流农业技术。

以引进基础性研究、适用性技术为主表现在引入适合中国农作物生产的小麦密植、棉花整枝打杈农业技术，推广使用化肥、农药、拖拉机等，极大地提高了小农农业生产效率，为后来工业化的发展积累了一定的农业禀赋。

农业国际合作的起步推动了国家外交的发展。农产品贸易方面，虽然这一时期中国农业科技发展水平不高，农产品产量和质量水平都相对较低，农产品出口总额多数年份仅为20亿美元左右，但是逐渐与60多个东欧、亚非拉地区的社会主义国家和其他发展中国家开展农产品贸易往来。除此以外，1949年到60年代末，中国还先后向亚洲、非洲30多个国家提供农业援助。比如，为非洲国家援建农业技术实验站、推广站、大型农场和水利工程设施等，有力支援了非洲国家在农业领域的独立自主发展，并推动了中国与非洲国家双边友好关系的发展。

（2）第二阶段：以“引进来”为主（1978—2001年）。改革开放后，中国农业更加积极地引进先进技术。相比于第一阶段，合作对象扩展，开始与更多国家开展农业合作交流；合作领域拓宽，不仅注重农业技术的“引进来”，而且积极推进农业资源和农业资本的引进；合作模式也趋于多样化。

①合作对象扩展。从1979年开始，中国农产品贸易得到突破性发展，贸易总额超过100亿美元，1989年达到200亿美元，贸易伙伴由原来的以社会主义国家为主扩展到世界绝大部分国家和地区，美国、日本、加拿大、澳大利亚以及西欧、东南等国成为中国农产品主要贸易伙伴。1980年，中国开始与美国农业合作协会、洛克菲勒基金会、福特基金会、植物保护学会、小麦协会等进行往来。1985年召开中英农业科技合作第一次会议，双方确定在猪的育种、蔬菜和遗传工程等11个领域开展合作。到90年代中期，中国与世界上140多个国家建立了科技交流与合作关系，与其中20个国家签订了双边农业合作协议或备忘录。

②合作交流领域拓宽。合作领域从种植业扩展到畜牧业、农机、水产、农产品加工利用、饲料工业、生物技术及农用塑料工业等100多个方面。农业技术引进成果显著，现在仍大范围应用的高效低毒农药、农产品保鲜储藏加工、地膜覆盖栽培等农业技术都得益于当时的“引进来”项目。据专家测算，技术引进项目的实施，使中国农业科技研发时间平均缩短10～15年，节约研发经费30%～50%（见闻，2006）。1978年后，中

国在引进技术的同时开始适当引进外资以缓解农业投入不足的问题，包括积极利用世界粮食计划署等国际组织和发达国家的无偿援助与捐赠，争取世界银行等国际金融机构和外国政府的低息贷款，吸收外商直接投资农牧渔副业等，促进了中国农业基础建设和农业科技推广，增强了中国农业综合生产能力。

③合作模式多样化。在保留第一阶段农业科技合作方式的同时，又创新了组团交换模式和设立合作机构模式。组团交换模式兴起于90年代之后中国与美国之间的农业科技合作，通过每年双方交换数十个团组，就两国共同关注的农业问题进行探讨和合作（路亚洲，2012）。设立合作机构模式则体现在中国与日本和中国与欧盟的农业科技合作中。1979年经国务院批准，由原国家科委同日本外务省及其所属日本国际协力事业团建立了技术合作关系，该执行机构主要负责同发展中国家进行科技合作（孙涛，2012）。2001年6月17日，中国和欧盟共同创建了中国-欧盟科技促进办公室（CECO），协助中方科研机构、企业及科技人员寻找欧洲合作伙伴，向欧洲科研人员提供参与中国“863”计划、“973”计划的咨询服务等（张熠等，2013）。

（3）第三阶段：“引进来”和“走出去”并重（2001年至今）。中国加入WTO后，逐步加大农业经济的开放力度，不仅表现在农业“引进来”的合作水平提高和合作层次提升，而且表现在农业“走出去”的技术广泛扩散和对外投资规模快速增长。

农业“引进来”的合作水平显著提高，合作层次不断加深，农产品贸易迅速增长。21世纪以来，在市场机制的引导下，开始注重引入先进性、前沿性的农业生产和管理技术。通过实施一批重大联合项目，中国与其他国家在绿色农业、有机农业、食品营养等方面开展合作，引进了大量的农业种质资源、技术、农机装备、管理经验和智力资源。合作主体从早期的政府和留学人员，到后来的科研机构和农业企业。合作内容从农业品种与技术的引进、种质资源交换等农业初级合作，到现在围绕农业生物技术、农业产业可持续发展、自然资源管理、食品安全生物质能源、转基因技术研发等方面的合作与交流。相比以往，农业科技合作水平达到了一个前所未有的高度。加入WTO为中国农产品的贸易创造了发展机遇，2003年农产品贸易总额达到404亿美元，2016年进出口总额达到1 845.6亿美元，大量出口蔬菜、水果、畜产品、水产品等劳动密集型产品，同时对大豆、棉花、植物油等资源密集型产品的大量依赖进口。

农业“走出去”发展迅速。一方面，农业技术广泛扩散。2005年，农业部组织实施了8个境外技术示范项目，这些项目成为中国对外展示先进实用技术、中小型农机具和加工设施的重要窗口。同时，进一步扩大与发展中国家的“南南合作”，向有关发展中国家派出了200多名农业专家，举办了25个培训班，为亚洲、非洲、拉美的40多个国家培训400多名农业官员和技术员（秦路等，2016），并且积极举办或组织参加国内外各类农产品交易会、推介会，努力拓展农产品国际市场，签署了40多项协议。另一方面，农业对外投资快速增长。投资区域逐步向“一带一路”沿线国家聚集，截至2016年底，中国农业对外投资存量超过1 800亿元人民币，在全球100多个国家和地区设立农林牧渔类境外企业1 300多家，具有独资、合资、合作、国营、民营等多种投资模式和经营主体，覆盖种植、养殖、捕捞、加工、农机、农资、种业和物流等各产业链，包括粮食、畜禽、水产、经济作物和饲草饲料等各类产品。

6.1.2 中国农业国际合作机制

农业国际合作机制主要分为多边合作机制（包括区域合作机制）和双边合作机制，发起成员为中央政府、地方政府或国际官方组织等。中国农业国际合作机制目前呈现以双边机制为主，双边、多边机制并存，参与主体多元化，合作逐步深化的局面（杨易等，2012）。

（1）农业双边国际合作机制。中国的农业双边国际合作机制主要由农业部发起和主导，与外国政府签订合作协议并牵头落实。截至2014年，中国先后与近20个非洲国家，20多个亚洲国家以及14个拉美地区国家签署了多个农牧渔业合作协议、协定、备忘录、议定书、行动计划等框架文件，并与部分亚洲国家成立了司局级工作组或联委会，建立了固定的双边合作机制。合作领域涉及种植业、畜牧业、渔业和水产养殖、兽医、土地利用、水资源管理、农产品加工、动植物检疫、农业职业教育、病虫害防治、技术交流等。合作形式有双方互访、技术交流、科技合作、人力资源开发、投资合作、专家派遣、示范推广等。在双边合作机制框架下，与不同地区国家开展农业合作侧重不同。

对非洲国家侧重技术援助和基础设施建设。中国向贝宁共和国派遣农业技术人员，设立棉花种植示范点，先后对中国12个棉花品种与当地品种杂交，优选出适宜当地土壤、气候、管理模式的两种杂交品种，示范农场杂交棉花产量预期达到每公顷3t，比当地均产多一倍。示范基地还对贝宁农业部官员、农科院技术人员进行培训，促进当地棉花产业发展。

与亚洲国家侧重开展农业技术示范项目建设，交换种质资源，人员培训和联合农业研究等。2016年10月20日，中国和菲律宾签署了《中菲农业合作行动计划（2017—2019）》双边合作文件，目前在能力建设、水产养殖、水稻玉米种植、农渔产品加工和农机合作等各个领域都取得了积极进展。另外，中国和菲律宾将在“中菲农技中心三期”、农业产学研一体化合作、产后和机械化开发、农业投资与农产品贸易、橡胶研究推广等领域进一步加强务实合作。

与拉丁美洲国家侧重进行农产品贸易和农业企业投资。农产品贸易在中国与巴西的双边合作中占有重要地位，从2008年以来，中国一直是巴西最大的农产品出口市场。2015年，双边农产品贸易额204亿美元，占中国同期农产品贸易总额的10.9%。企业投资上，中粮集团、重庆粮食集团、山东冠丰种业、安徽丰原集团等中国企业在巴西开展了农业投资合作，涉及农业种植、加工、仓储、物流等领域，经营情况良好。

（2）农业多边国际合作机制。多边国际合作是多个国家一起，在多边合作机制下，发挥各自的比较优势，加强协调、共同促进整体发展。中国在农业国际合作方面，注重区域间农业多边合作机制的构建，突出表现在中国与非洲和亚洲地区农业多边合作。

①与非洲国家的多边合作机制。中国与非洲农业多边合作有两个渠道，一是通过联合国粮农组织（FAO）、世界粮食计划署（WFP）、国际农业发展基金等国际组织与非洲国家建立长期稳定的农业多边合作关系，签订国家间的合作协议。二是以中非合作论坛为平台，进行农业技术援助，开展农业合作活动。

其中，中非合作论坛合作较为活跃。中非合作论坛是中国和非洲国家之间在“南南合作”范畴内的集体对话机制，成立于2000年。论坛的成员包括中国、与中国建交的52个非洲国家以及非洲联盟委员会。中非合作论坛部长级会议每3年举行一届，高官会议在部长级会议召开前一年举行，为部长级会议做准备。论坛的多次举行促进了多层次、多渠道、多形式的中非农业合作与交流的开展，加大了农业技术合作力度，为在非洲开展农业实用技术培训，建立农业技术试验示范项目以及为中国企业在非投资提供了合作平台。

②与亚洲国家的多边合作机制。在与亚洲国家的多边合作机制中，农业部主导或参与的亚洲区域农业多边合作机制包括：中国一东盟（10＋1)、东盟与中日韩（10＋3)、上海合作组织、中国一阿拉伯国家联盟论坛、大湄公河次区域（GMS)、亚洲合作对话（ACD)、中亚区域经济合作等。

其中，与东盟合作关系比较紧密。中国与东盟国家农业多边合作主要有三个合作渠道：一是“10＋1”机制，中国在该机制下对东盟国家开展人员培训、技术交流与合作、农产品贸易促进、境外小型合作示范项目等四种形式的农业合作。二是东盟与中日“10＋3”机制下的农业合作，中国自2004年起每年为东盟粮食安全信息系统（AFSIS）项目举办技术培训班，支持并积极参与东盟与中日韩大米紧急储备（APTERR）项目活动。三是由亚洲开发银行（简称“亚行”）主导，大湄公河次区域（GMS）国家积极参与的农业合作。在此机制中由亚行牵头，每年或每18个月召开一次会议，讨论并决定农业合作事项，农业合作项目主要通过东盟与中日韩农林部长会议（AMAF＋3）和大湄公河次区域农业工作组（GMS-WGA）等会议形式确定。

6.1.3 中国农业国际合作领域及成就

（1）农业科技合作。改革开放以来，中国同世界100多个国家和主要的国际组织、区域组织以及国际农业研究机构建立了长期稳定的科技交流与合作关系，引进了大批先进适用的农业生产技术、机械设备和优良的动植物种质资源。

①引进了大量先进技术。1949—1978年，引进国外农作物品种资源2万多份。70年代，中国农科院作物品种资源所专门设立国外农作物引种研究室。80年代初，农业部委托中国农科院作物品种资源所为引进和对外交换作物种子资源的归口管理单位（吕立才等，2011），后在北京和厦门建设国外引种隔离检疫基地，为国外引种做好把关工作。1978—2008

年间，引进品种达到10万多份（魏锴，2013）。引进农业先进技术，加速农业发展。1996—2009年间引进1 300余套（台、件）先进仪器设备。1994年8月实施的“948”计划引进了大批农业高新技术，仅“十一五”期间，中国从40多个国家引进农业高新技术1 500多项。

2012—2017年，中国农业科技合作范围不断扩大，以中国农业科学院为例，农业技术和产品遍布全球亚、非、美、欧150多个国家和地区，育种、植物保护、畜牧医药、农用机械等领域的60余项新技术和新产品实现了“走出去”；与83个国家和地区、38个国际组织、7个跨国公司、盖茨基金会等建立合作关系，正式签订82份科技合作协议；与美国、加拿大、日本、荷兰、澳大利亚、巴西等国家科研院所，与国际水稻研究所等CGIAR体系研究所共建联合实验室或联合研究中心62个；在巴西、比利时、澳大利亚和哈萨克斯坦建立4个海外联合实验室，拥有FAO和OIE参考实验室6个；协调国内单位与13个国外机构办事处合作，当前开展的国际合作项目已覆盖到全国20多个省份，项目总数达250多项。

②引进国外智力和推动科技人员交流。引进国外智力和推动科技人员交流是中国农业国际合作的核心内容之一。主要方式有：通过专门的引进人才项目、国际合作项目、引智基地、聘请国外知名专家担任客座教授，搭建国际合作平台和中外合作办学等。目前，农业系统已向世界有关国家派出访问学者、留学生和各类短期培训人员14 000多人次，请进专家30 000多人次。主力军中国农业科学院已与83个国家和地区、38个国际农业研究组织、7个跨国公司（基金会）等建立了合作关系，与50多个国家和地区、17个国际组织签订82份院级合作协议。建有中外联合实验室64个，其中以双边科技合作建设49个、在海外建设5个。通过建立合作关系和建设联合实验室，搭建起较为完备的海外农业科技合作体系，为中外科学家提供了合作交流平台。

③开展境外示范。推进“南南合作”，提高世界农业技术水平。2012—2017年，中国在亚洲、非洲、拉丁美洲、太平洋等地区的100多个国家，建立了农业技术示范中心、农业技术实验站和推广站，先后派遣农业专家和技术人员3万余人次，同时帮助东道国培养了一大批农业技术人员，与各国分享农业技术、经验和农业发展模式。农业科技示范中心通过试验研究、技术培训和示范推广工作，有效地提升了受援国的农业技术水平，得

到了受援国和国际社会的高度评价，有力地配合了国家外交战略的实施，发挥了农业“走出去”平台作用，并带动了一批国内企业赴非洲投资开发。

（2）农业利用外资。

①利用无偿援助与捐赠。中华人民共和国成立初期，中国接受苏联援建黑龙江友谊农场等，改革开放后，开始接受世界粮食计划署粮食援助，扩大利用多边、双边政府与民间的援助和捐赠。1979—2006年接受世界粮食计划署、欧盟、日本、德国粮食援助14多亿美元，接受联合国粮农组织、开发计划署、世界银行、亚洲开发银行、加拿大等国提供的技术援助15多亿美元，世界粮食计划署向中国提供70多个无偿粮食援助项目，价值10多亿美元。

②利用低息贷款。中国农业利用国外贷款大致经历了三个时期。1979—1983年为起步时期。中国恢复了在世界银行（简称“世行”）的合法地位，并签订了用于农业领域7 500万美元的贷款协议，这标志着中国农业利用国外贷款进入了实质性操作阶段。1984—1990年为稳步发展时期。该时期农业利用国外贷款总额年均增加约4亿美元，其中世行贷款是主要的国外贷款渠道。两个阶段农业利用国外贷款额度共计22.891 4亿美元。1990年以后快速发展时期。随着改革的深入，中国农业利用国外贷款的渠道日益增多，规模不断扩大。1991—2004年的14年间，协议贷款金额67.592亿美元，为前11年的2.95倍。至2008年底，利用外国政府和国际组织优惠贷款近120亿美元。2005—2015年，中国农业国外贷款用于“三农”可持续发展、城乡协调发展、地区协调发展、减少贫困、农村能源生态建设、农业清洁生产、农产品质量控制的对华官方贷款（和赠款）增加。

③吸引外商直接投资。改革开放以来，中国农业利用FDI取得了巨大成就，已经成为农业经济发展中不可忽视的一股力量。1979—2008年底，农业外商投资1.8万多家，累计投资金额294.5亿美元，2012年农业外商实际直接投资额20.62亿美元，比2002年增长100.7%。但是，2012年后，农业吸收外商直接投资呈现急剧下降的趋势，2014年农业外商实际直接投资额为15.22亿美元，2016年略有回升，达到18.98亿美元（图6-1）。通过利用外商直接投资，不仅缓解中国农业投入不足的困境，而且带动了农业及相关涉农产业技术进步、产业升级和经营模式变革，比如“公司+农户”、农产品超市化等经营管理模式的引入。

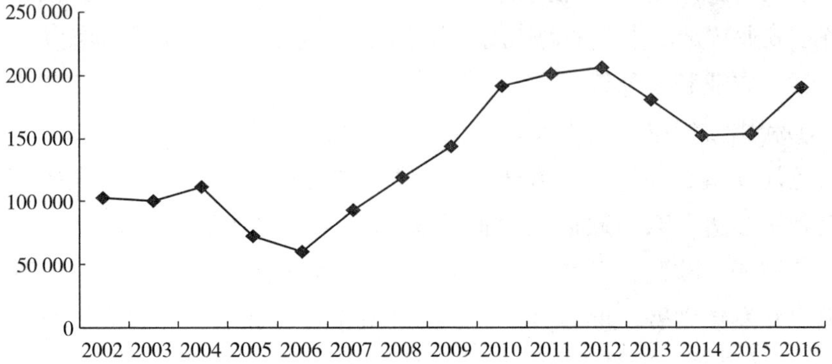

图 6-1　2002—2016 年农业外商实际直接投资额（万美元）

资料来源：《中国财政年鉴》。

（3）农业对外投资。加入 WTO 后，中国农业对外投资规模不断扩大。据统计，截至 2013 年底，以远洋渔业和农垦等国有企业为龙头、民营企业为新兴力量，全国共有 197 个境内企业在五大洲的 51 个国家和地区开展农业资源合作开发，重点集中在大豆、玉米、水稻等粮食作物和天然橡胶、棕榈、剑麻、甘蔗等经济作物的种植加工和远洋渔业捕捞等，累计投资 30.03 亿美元，租用和购买土地 181.11 万 hm^2。其中，租用土地（10 年以上）118.68 万 hm^2，占 65.5%，购买土地 62.43 万 hm^2，占 34.5%。2012 年，中国远洋渔业总产量 110 万 t，总产值 100 亿元。2002 年中国农业的对外直接投资存量为 8.34 亿美元，到了 2016 年达到 148.85 亿美元，增长了 17.85 倍。2007—2016 年，对外直接投资流量从 2.71 亿美元增长到 32.87 亿美元，增长了 12.1 倍（图 6-2）。

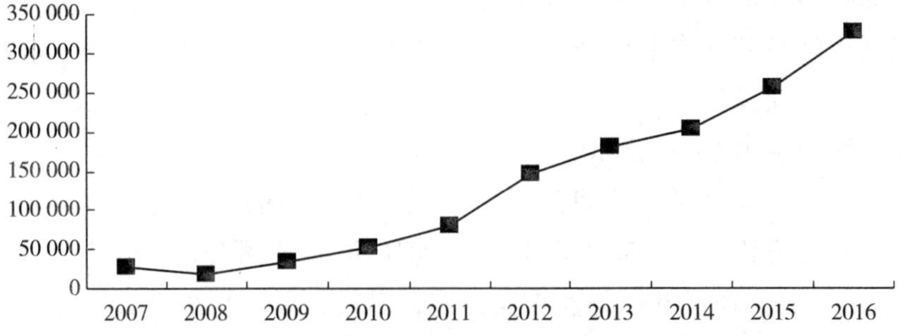

图 6-2　2008—2016 年农林牧渔业对外直接投资净额（万美元）

资料来源：国家统计局数据。

（4）农业对外援助。中国在“南南合作”项目实施中发挥了重要作用，取得了显著的成绩。通过援建农业技术示范中心、派遣农业专家提供咨询和开展技术合作、培训农业技术和管理人员等方式，积极帮助其他发展中国家提高农业生产能力，有效应对粮食危机。2010—2012 年，中国对外援建 49 个农业项目，派遣 1 000 多名农业技术专家，并提供大量农业机械、良种、化肥等农用物资。2012—2017 年，创新采取了一系列农业对外援助方式，不断加大在农业和粮食生产领域的援助力度。在亚洲、非洲、拉丁美洲、太平洋等地区的 100 多个国家，建立了农业技术示范中心、农业技术实验站和推广站，先后派遣农业专家和技术人员 3 万余人次，同时帮助东道国培养了一大批农业技术人员，与各国分享农业技术、经验和农业发展模式。通过试验、示范、培训等多种方式，将先进适用的农业生产技术推广给当地民众，并派遣高级农业专家和农业技术组，协助受援国完成促进农业发展工作，积极推广简单适用的农业技术，帮助当地农民进行精耕细作。开展农业管理与技术培训，结合发展中国家农业发展特点和实际需要，举办近 300 期形式多样、内容丰富的研修和培训项目，培训了近 7 000 名农业官员和技术人员。

（5）农产品对外贸易。随着中国对外经贸合作的逐步发展，农产品出口总额快速增长，贸易结构日益优化。1978—2016 年，中国农产品国际贸易总额从 61 亿美元增长到 1 845.6 亿美元，增长了 18 倍，进口额达到 1 115.7 亿美元。农产品出口结构不断优化，粮、棉、糖等土地密集型大宗农产品出口下降，蔬菜、水果、畜产品、水产品等劳动密集型农产品出口持续增长，占农产品出口总额的六成以上。农产品出口持续增长，有力促进了产业结构优化、产品质量提高、农民增收致富，形成了一批优势农产品出口生产基地，培育了一批具有带动和示范作用的农业产业化龙头企业，在一定程度上平衡了市场供求关系，保持了市场的繁荣稳定。出口市场多元化目标也取得较大进展，市场分布也由原来的以日本、韩国、东盟等国家和地区以及中国香港、澳门为主进一步向非洲、拉美以及欧洲等地区拓展。

6.1.4　中国农业国际合作面临的挑战

当今世界正发生着深刻变化，在世界政治经济贸易格局急剧变革背景下，粮食安全、气候能源、农业发展等一系列问题成为各国关注的焦点，中国农业在当前局势下面临着重重挑战。

（1）综合国力的增强加大农业利用外资难度。随着中国综合国力不断增强，美国、日本、英国等发达国家政府纷纷减少甚至停止对华双边的发展援助，一些国际发展组织也停止了对华援助，如联合国世界粮食计划署从2006年1月1日起停止对华提供开发性粮食援助，中国由受援国身份转变为援助国。中国取得国外援助贷款的金额越来越少，同时利息也不断提高，这就使得中国国际合作形势愈加严峻（肖骏等，2014）。

（2）国际贸易环境的多变不利农业产业发展。当前，国际金融危机的阴霾尚未散去，世界经济发展仍处于低迷时期。中国农产品贸易面临的国内外环境更加错综复杂。一方面，次货危机以后，一些国家的经济恢复十分缓慢，国内经济不利形势使得许多国家采取了贸易保护政策，中国农产品出口也越来越困难。资源因素、环境因素、经济因素的不稳定性和难预测性，导致国际农产品市场的不规律波动，给中国农产品贸易带来极大挑战。另一方面，由于国内农产品供需不平衡，不能满足日益增长的国内农产品有效需求，部分大宗农产品大量依赖进口，虽然减缓了国内资源环境压力，但对农业产业造成了显著的抑制和打压。这些“内忧外患”使中国在农产品贸易合作中处于不利地位。

（3）内外多重因素抑制农业企业“走出去”。农业企业“走出去”是农业国际合作，农业对外投资的途径之一。“一带一路”倡议为中国农业企业“走出去”创造了机遇，同时，走出去的中小民营企业面临一些困难和挑战。第一，企业自身能力缺失。表现在缺乏资金、融资成本高，缺乏既懂技术又懂管理、同时了解国际贸易规则和东道国语言文化的综合型人才以及缺乏境外管理经验，都限制了企业在境外的业务拓展和规模扩张。第二，国内外制度不协调。国内融资政策不能为“走出去”企业提供帮助，中国政策与东道国相关政策的不协调，降低了企业办事效率。第三，东道国环境制约。有些国家基础设施差、政局不稳、社会动荡、行政效率低下、腐败等问题给投资造成潜在风险。东道国进出口关税政策和劳工政策成为农业企业“走出去”的贸易障碍和劳动力瓶颈。

（4）国际社会责任的增多增加了对外工作负担。中国综合国力的显著提升，使得中国在国际社会的发展中承担着越来越多的责任。国外发达国家要求中国对国际社会的发展给予更多的支持，而发展中国家则不断希望中国提供更多经济和技术上的援助。虽然改革开放以后，中国国内发生了翻天覆地的变化，但是中国作为发展中国家的事实仍然没有改变，中国对于国际责任和义务的履行并非易事。随着农业国际合作内容的不断丰富，工作任务日趋繁重，现有财政支持手段不够，农业国际合作能力建设和人才队伍建设尚不能满足发展需要，制约了农业国际合作事业的发展。

6.2 哈萨克斯坦农业国际合作分析

6.2.1 哈萨克斯坦农业国际合作历程

哈萨克斯坦有着丰富的自然资源，苏联时期，哈萨克斯坦是苏联农产品的主要生产区域，也是水果的重要产区。独立后的哈萨克斯坦快速发展，成为全球发展中的新兴经济体和经济发展最快的国家之一。纵观哈萨克斯坦的农业国际合作历程，可以大致分为以下三个阶段：

(1) 苏联阶段（1991年以前）。1945—1991年这段时间可称之为哈萨克斯坦农业的黄金时期。这一时期中，苏联政府大力推动开垦荒地，旨在将哈萨克斯坦建设成为全苏粮仓。同时，政府强调农业种植科学化、机械化，先前广种薄收的情况得到一定程度改善。种植面积的增加与生产效率的提高使哈萨克斯坦粮食产量攀升至全苏联第三，净出口值高居全苏联加盟共和国第二。

但是，就苏联整体而言，由于本身自然条件并不优越，且工农业发展比例长期严重失调，农业生产和人民生活需求并不能相互适应，每年生产的粮食只能满足口粮及工业用粮的需要，不能满足畜牧业的发展，农产品生产大起大落的不稳定状态明显。对动物食品、饲料粮、酿造及饮料用粮以及对蔬菜和新鲜水果需求的增加，促使苏联的对外贸易合作成为必然趋势，比如，每年苏联的蔬菜类产品进口额达3亿～4亿卢布，茶叶每年进口13万t左右。

以中国和苏联的边境贸易合作为例，两国边境贸易自1982年两国外贸部正式换文而得到恢复和发展，边境贸易商品种类近3 000种，包括轻纺、日用电子产品、粮食、肉及肉制品、蔬菜、水果等。除商品贸易外，诸如合资企业、工程承包、劳务输出等也相继出现。同时，苏联的边境贸易范围也在逐渐扩大，从边境地区逐步延伸到境内3个自治共和国、23个州、3个边区和莫斯科、列宁格勒、基辅、明斯克等城市（邓纯宝等，1991）。

（2）苏联解体初期的过渡阶段（1991—1996年）。1991年12月16日苏联解体后，哈萨克斯坦正式宣布独立并加入独联体，中断了从苏联政府获取的强大财政支持和广阔的计划销售市场，哈萨克斯坦农业受到巨大冲击。这一阶段，哈萨克斯坦开始分阶段地实施经济改革，同时提出对外经济联系战略，农业国际合作开始逐渐发展。

发展国内农业方面，哈萨克斯坦分阶段推行了以私有化为先导的农村改革，使农民个人取得了土地的使用权和其他生产资料的所有权，原有的生产关系发生了很大变化，国内经济开始慢慢复苏，农业的发展逐渐被重新重视。对外经济联系方面，哈萨克斯坦政府提出了对外经济联系战略，即以实现稳定的经济政策（无通货膨胀的货币政策、严格控制财政赤字、稳定的价格政策、自由贸易）作为国家发展的基础，鼓励出口、尽可能少地限制进口，规定统一的进口税、稳定的货币汇率，为吸引外资等提供优惠的环境。

虽然这一阶段哈萨克斯坦进行了经济改革，并且全方位实施了开放的对外经济政策，对外经济联系的范围由原苏联各共和国扩展到独联体国家以外的亚洲大陆国家、西方发达国家以及新型工业化国家，对外经济合作也取得了长足的进步，但是受到苏联解体的冲击以及以俄罗斯为首的主要经济贸易伙伴国内经济动荡的影响，哈萨克斯坦的农业国际合作在这一阶段仍处于过渡时期。

（3）快速发展阶段（1996年至今）。1996年至今，哈萨克斯坦借助国际性或区域性组织平台，不断深化多边、双边合作机制，农业国际合作快速发展。

1996年3月，哈萨克斯坦同俄罗斯、白俄罗斯和吉尔吉斯斯坦签署协议，决定成立四国关税联盟，该协议协调了四国经济改革进程，加快了四国一体化进程，标志着哈萨克斯坦的农业国际合作开始快速发展。2001年6月，哈萨克斯坦与中国、吉尔吉斯斯坦、俄罗斯、塔吉克斯坦、乌兹别克斯坦组成了上海合作组织，该组织的成立加强了哈萨克斯坦与其他各成员国的交流合作，推动了哈萨克斯坦经济的发展，也为哈萨克斯坦的农业国际合作提供了一个良好的平台。2013 年 9 月，中国国家主席习近平在哈萨克斯坦提出共建“一带一路”合作倡议，作为“丝绸之路经济带”上中亚段的枢纽，哈萨克斯坦因此获得了交通设施建设、国际贸易合作、农业科技合作及人才交流等多方面的农业国际合作机会。2015 年 1 月，哈萨克斯坦与俄罗斯、白俄罗斯、亚美尼亚等国家成立欧亚经济联盟，加强了与俄罗斯等独联体各国的经济、政治和军事等方面的一体化。2015 年 12 月，哈萨克斯坦正式成为世界贸易组织的成员，为哈萨克斯坦参与国际贸易合作带来了巨大的机遇。

与此同时，哈萨克斯坦与俄罗斯、中国、日本、荷兰等国家在农业基础设施建设、农产品贸易、农业科技合作等方面的双边合作都有长足的发展。目前，哈萨克斯坦已经成为中亚地区获得最多国际投资比例的国家，世界银行已经将哈萨克斯坦选入“全球最吸引境外投资的 20 个国家”，有超过 60 个国家向哈萨克斯坦投入了资产。

6.2.2　哈萨克斯坦农业国际合作机制

哈萨克斯坦政府在 2014—2020 年度外交政策构想中提出，要以进一步融入区域和全球贸易-经济关系体系为政策目标。从农业合作的角度看，即是哈萨克斯坦要参与区域和全球一体化进程，扩大国际合作，吸引投资和先进的技术，确保区域和全球的粮食安全。就具体的合作机制而言，哈萨克斯坦的农业国际合作机制可分为多边合作机制和双边合作机制两类。

（1）国际多边合作机制。哈萨克斯坦的农业国际多边合作与有关农业发展的国际组织密不可分，目前，哈萨克斯坦已经或正在加入的相关国际组织包括联合国粮食及农业组织、国际劳工组织、世界粮食计划署、国际农业发展基金、国际贸易中心等；相关区域组织包括上海合作组织、经济合作组织、伊斯兰合作组织等；此外还有国际灌溉和排水委员会等机构间组织。本书着重介绍以下多边合作机制：

①联合国粮农组织。该组织是联合国系统内最早的常设专门机构，现有 191 个成员和一个成员组织（欧盟），其宗旨是保障各国人民的温饱和生活水准；提高所有粮农产品的生产和分配效率；改善农村人口的生活状况，促进农村经济发展，并最终消除饥饿和贫困。

该组织的工作重点在于帮助发展中国家制定农业发展政策和战略以及

为发展中国家提供技术援助，包括成立世界粮食安全委员会，重点帮助低收入缺粮国家提高农业产量，加强粮食安全；加强资源和环境保护，将实现农业可持续发展作为工作重点；设立“技术合作计划”、“发展中国家间技术合作计划”等项目推动农业技术合作，重点加强发展中国家间的农业技术交流与合作，推动农业的进一步发展等。

联合国粮农组织对哈萨克斯坦的援助关注五个优先重点领域：食品安全与有机食品生产；动物卫生和家畜生产、牧场与动植物检疫管理，措施包括提供技术援助，使口蹄疫及其他跨界动物疾病风险最小化；实行可持续自然资源管理以加强国家能力、促进政策对话与区域合作；渔业与水产养殖，着重支持渔业资源的负责任管理与保护；为农业数据及相关数据采集与分析提供信息技术支持。加入联合国粮农组织，对哈萨克斯坦的农业发展有着十分深远的影响。

②上海合作组织（SCO）。该组织是由哈萨克斯坦与中国、吉尔吉斯斯坦、俄罗斯、塔吉克斯坦以及乌兹别克斯坦于2001年6月15日在中国上海宣布成立的永久性政府间国际组织，其宗旨是加强成员国之间的互相信任与睦邻友好；鼓励成员国在政治、经济、科技、文化、教育、能源、交通、环保和其他领域的有效合作；联合致力于维护和保障地区的和平、安全与稳定；建立民主、公正、合理的国际政治经济新秩序。

该组织的主要任务是加强成员国之间的相互信任与睦邻友好；维护和加强地区和平、安全与稳定，共同打击恐怖主义、分裂主义和极端主义、毒品走私、非法贩运武器和其他跨国犯罪；开展经贸、环保、文化、科技、教育、能源、交通、金融等领域的合作，促进地区经济、社会、文化的全面均衡发展，不断提高成员国人民的生活水平；推动建立民主、公正、合理的国际政治经济新秩序；平等互利，通过相互协商解决所有问题；奉行不结盟、不针对其他国家和组织及对外开放原则等。

目前，上海合作组织的影响力不断扩大，已经成为一个重要的地区性国际组织，通过上海合作组织，哈萨克斯坦签订了《关于上海合作组织成员国多边经贸合作纲要》、《上海合作组织银行联合体成员关于支持区域经济合作的行动纲要》、《上海合作组织成员国政府间“关于开展区域经济合作基本目标和方向及启动贸易和投资便利化进程的备忘录”的议定书》等文件，与中国及独联体国家的农业交流合作愈发紧密，极大地推动了哈萨克斯坦的经济发展。

③中亚区域经济合作计划（CARWC）。中亚区域经济合作计划是由哈萨克斯坦、中国、吉尔吉斯斯坦、塔吉克斯坦、乌兹别克斯坦、蒙古国、阿富汗以及阿塞拜疆八个国家和包括亚洲银行、欧洲复兴开放银行、国际货币基金组织、伊斯兰发展银行、联合国开发计划署和世界银行在内的七个国际金融机构共同组成的中亚区域经济合作的主要多边机制之一，其宗旨是“通过合作实现发展，加速经济增长，减少贫困”。

该模式的主要任务是在国际金融机构的主导下，以贷款项目为合作基础，将交通、贸易便利化、贸易政策以及能源确定为四个优先发展的区域，协助各国开发多种方式的高效交通运输体系，大幅减少正式和非正式贸易壁垒与障碍，提高能源安全和效率，实现电力市场一体化，合作处理中亚区域的公共产品问题，提升中亚区域经济合作的影响。

借由中亚区域经济合作计划，哈萨克斯坦国家基础设施的建设获得了极大的财力支持，尤其在能源和贸易方面，例如，2006—2008年，哈萨克斯坦获得亚洲银行5亿美元的贷款用于电力互连和天然气输送项目，获得世界银行2 500万美元的贷款用于海关现代化项目。

④欧亚经济联盟。欧亚经济联盟是由哈萨克斯坦与俄罗斯、白俄罗斯、亚美尼亚和吉尔吉斯斯坦五个国家组成的区域性国际组织，其终极目标是建立一个类似于欧盟的经济联盟。该联盟的主要任务是要在独联体地区建立一个统一的经济空间，实行统一货币，建立共同的能源市场，实现商品和服务、资本和劳动力的自由流动。该联盟的建立不仅能给哈萨克斯坦带来统一的巨大市场，有助于联盟内技术、人才和资本的流动，也将为哈萨克斯坦带来更多高质量、低价格的商品和服务，对哈萨克斯坦与独联体各国在政治、经济和文化上的交流能够产生十分积极的影响。

（2）国际双边合作机制。哈萨克斯坦有着良好的投资环境和独特的地理位置，因此吸引了许多国家和国际性组织与之进行农业合作，包括与俄罗斯在“二十一世纪睦邻友好条约”的基础上不断加强双边农业合作；在高级别政治对话的框架内深化与中国的全面战略伙伴关系，促进两国农业部门的互动；与日本、欧盟等其他国家和地区在农业及相关领域开展交流合作。

①哈萨克斯坦与俄罗斯的双边农业合作。俄罗斯是哈萨克斯坦主要的

合作对象和最大的贸易伙伴，在欧亚经济联盟机制的推动下，两国的合作关系日渐紧密。自2003年起，两国每年都会举行区域合作论坛，以促进欧亚经济联盟的一体化进程不断推进，尤其是2015年，两国以“发展农业综合领域双边合作和保障粮食安全”为主题开展区域合作论坛，深入地探讨了如何加强两国间的农业合作，促进双边农业经济的发展，保障粮食安全。

农产品贸易方面，两国贸易额不断增长，哈萨克斯坦着力于利用自身的自然资源优势开拓俄罗斯的肉类和果蔬类农产品市场，向俄罗斯市场增加供应。农业投资方面，俄罗斯对哈萨克斯坦的农业投资十分活跃，致力于建立农业和食品工业的生产技术链条，以期共同提高国际市场竞争力，降低进口依赖性。另外，俄罗斯中国和哈萨克斯坦的农业技术的交流合作、农民和农业生产者之间的生产合作等方面也都取得了长足的进步。

②哈萨克斯坦与中国的双边农业合作。中国和哈萨克斯坦在政治、经济、贸易等领域的合作历史悠久，中国提出“一带一路”倡议构想后，双边合作愈发深入。近年来，随着上海合作组织、中亚区域经济合作组织成员国之间合作的不断加深，两国的农业合作领域不断拓宽，合作层次不断深入。

农产品贸易方面，两国农产品贸易规模不断扩大，农产品进出口贸易额保持双增长。前文中提到，中国和哈萨克斯坦农产品贸易的互补性较强，因此中国对哈萨克斯坦出口的主要是具有比较优势的劳动密集型和技术密集型产品，而哈萨克斯坦对中国出口的主要是土地密集型产品。农业投资方面，随着哈萨克斯坦国家战略的调整、对投资环境的改善以及中国和哈萨克斯坦《双边投资保护协定》、《避免双重征税协定》等协议的签署，两国的农业投资合作步伐逐渐加快。农业科技合作和人才交流方面，两国建立了多种形式的科技合作关系，逐步形成了以科技会议（论坛）及人才交流为平台，以科研项目为载体，以科技合作基地与示范园建设为支撑的农业科技合作模式（马惠兰等，2017）。此外，两国还签订了一系列的农业合作相关协议，极大地推动了两国农业合作的快速发展。

③哈萨克斯坦与其他国家的双边农业合作。除与俄罗斯和中国合作之外，哈萨克斯坦与日本、美国、欧盟等其他国家和地区在农业及相关领域也开展了全方位的合作。

2014年，美国推动哈萨克斯坦成立小型流域理事会（Small Basin Councils），以解决阿斯帕拉河流域的农业用水不足、灌溉系统恶化等问题，提供资金与设备改善地区用水情况，传播美国先进的技术和经验，将中亚地区潜在的水资源冲突风险转换为地区合作，以实现持续、公平的共享水资源，避免出现农业安全和粮食安全问题（赵玉明，2017）。

2015年以来，日本政府不断加强对哈萨克斯坦的投资，开展了许多农业及相关援助项目，包括改善哈萨克斯坦境内的道路运输尤其是东西间的运输线路条件；修建水道，保证南北部地区尤其是广大农村地区的饮用水安全；在农业生产特别是家畜饲养领域开展合作（张方慧，2017）。

2016年，欧盟拨款710万欧元支持欧盟和联合国开发计划署、联合国欧洲经济委员会的联合项目——“支持哈萨克斯坦向绿色经济模式过渡”（邢伟，2017），该项目根据绿色经济原则促进哈萨克斯坦的水资源管理，提高水利用效率，促进使用现代化生态管理系统，对哈萨克斯坦农业水资源的利用产生了积极的影响。

2017年，哈萨克斯坦农业部与白俄罗斯工业部签署了农业机械生产合作备忘录，除了利用白俄罗斯在农业机械生产方面的优势，提高哈萨克斯坦国内的农业机械制造能力之外，哈萨克斯坦还与白俄罗斯成立了“哈萨克一白俄罗斯农业工程中心”，在哈萨克国家农业大学的基础上进行农业专家的培训。

6.2.3 哈萨克斯坦农业国际合作领域及成就

（1）农业科技合作。哈萨克斯坦的农业科技国际合作呈现出领域宽广，内容丰富，主体多元，方式多样的特点。合作领域涉及种植业、畜牧业、渔业、生态环境、资源开发、人员培训与人才交流、科技论坛等；合作内容涉及种质资源与品种交流、现代农业技术示范与推广、农产品加工、动植物疫病预防和治理、生物多样性保护、荒漠治理、水文气象研究等；合作主体包括企业、高校以及地方科研机构等；合作方式包括建设科技合作基地与示范园、农业科技科研项目、人才培训及科技论坛、科技信息共享平台等。

就具体的合作方式而言，例如，中国和哈萨克斯坦两国在阿拉木图合作建设了现代农业产业创新示范园，该示范园结合了哈萨克斯坦农业耕种的地理优势以及中国的农业技术优势，展示了玉米、油菜、大豆、蔬菜、绿化苗木等六大类四十余个品种以及现代化的农机设备，推广了高产耐旱的作物品种和节水、节能技术，为哈萨克斯坦引进优良品种的相关作物和种植技术奠定了基础。再例如，哈萨克斯坦农业部、工业贸易部和阿斯塔纳市政府每年都会联合举办哈萨克斯坦（阿斯塔纳）国际农业展，由来自德国、澳大利亚、加拿大、法国等 21 个国家和地区的 280 多家企业共同参与，涉及的展品范围包括农业机械、植保用品、种苗与花卉、新能源等 11 个项目，不仅展示了世界各国的先进农业科技，也成为世界各国交流先进农业科技的良好平台，对哈萨克斯坦与其他国家的农业科技合作意义重大。

（2）农业投资合作。在哈萨克斯坦开展农业投资活动的国家和地区包括荷兰、美国、英国、法国、意大利、俄罗斯、中国、欧盟等。国际上对哈萨克斯坦的农业投资主要以企业投资为主，涉及农业生产种植投资、农资生产投资、农业机械及设备投资、农产品加工及仓储物流投资、农业贸易投资等多个领域。除企业之外，一些国家政府和国际性组织也直接参与涉农投资。

国际性组织的投资主要是用于农业技术援助。例如，世界粮农组织投资 40 万美元在哈萨克斯坦开展“协助筹备制定畜牧业发展投资计划项目”，投资 60 万美元发展哈萨克斯坦、阿塞拜疆、土库曼斯坦和乌兹别克斯坦灌溉区的资源节约型农业，投资 9.8 万美元用于提高哈萨克斯坦饲料作物生产力以及牧场的可持续管理；世界银行投资 12.65 万美元进行联合经济研究计划，其中针对哈萨克斯坦的内容包括为农业工业园区的发展提供支持、对农业政策及计划的社会经济指标进行详细评估、开发农业计划实施有效性和实施结果的检测系统等。

政府投资主要是在关系国家战略安全领域的投资。例如，中国和哈萨克斯坦政府投资 956 万建设“霍尔果斯河友谊联合引水枢纽工程”，该工程位于霍尔果斯河的出山口，左岸是中国新疆维吾尔自治区伊犁哈萨克自治州霍城县，右岸属哈萨克斯坦共和国阿拉木图州潘菲洛夫区，可有效地提高农业灌溉、生态用水的保证率，减轻下游地区的洪水危害，特别是下游霍尔果斯口岸及正在建设的“中哈贸易合作区”的防洪压力，促进霍尔果斯河两岸的经济发展。

2017年，哈萨克斯坦政府确定了36个潜在的投资伙伴国，其中有11个最优先国家，分别是美国、俄罗斯、英国、德国、法国、意大利、中国、日本、韩国、土耳其、阿联酋。为了发展与上述国家包括涉农投资在内的投资合作，哈萨克斯坦投资与发展部将与外交部共同研究针对它们的单独合作模式和具体行动计划，并且不断优化哈萨克斯坦国内投资环境。

（3）农产品贸易。哈萨克斯坦农产品贸易规模起伏较大。根据UN Comtrade（联合国商品贸易数据库）SITC一位和二位编码的农产品贸易数据整理分析，2001—2008年和2009—2013年两个阶段哈萨克斯坦的农产品贸易规模呈现出较快增长态势，2013年达到74.54亿美元的最大规模，是2001年的6.49倍。但2009年，受粮食危机的影响，哈萨克斯坦的农产品贸易规模大幅度缩小，2013年之后的农产品贸易总额也呈现出减少趋势。就农产品贸易格局而言，除2003年是顺差外，哈萨克斯坦几乎长期处于贸易逆差状态，特别是2013年，贸易逆差达到近年最大的16.86亿美元。2016年，哈萨克斯坦的贸易逆差额为7.84亿美元，比2013年减少了53.5%。

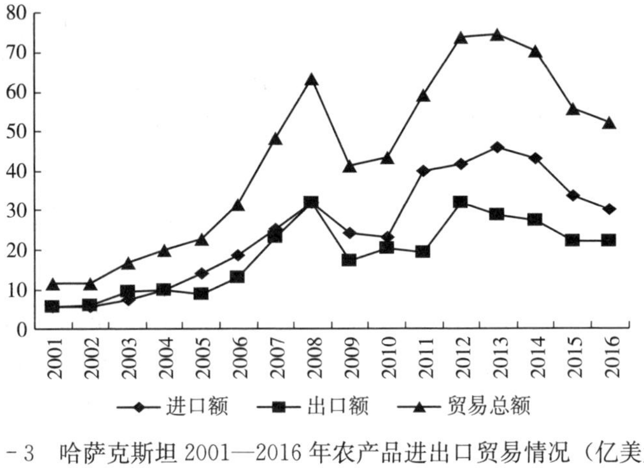

图6-3　哈萨克斯坦2001—2016年农产品进出口贸易情况（亿美元）

资料来源：根据UN Comtrade（联合国商品贸易数据库）整理计算。

从农产品贸易结构来看，哈萨克斯坦进口的农产品中，第0类（食品及活动物）农产品所占比重较大，并且大致呈现上升趋势，从2001年的69.19%增长到了2014年的83.12%，2014年之后有小幅度的减少。第1类（饮料及烟草）农产品的进口占比基本维持在13%左右，变动幅度较小。2008年之前，第2类（非食用原料）农产品进口比重平均每年在12%左右，从2009年开始，该类农产品的进口比重已经缩减至2%左右。第4类（动植物油脂及蜡）农产品进口所占比重较小，平均比重在5%左右。哈萨克斯坦出口的农产品中，第0类（食品及活动物）农产品仍然占最大比重，年均出口的该类农产品占所有农产品进口数量的79.84%，相较之下，第1类（饮料及烟草）、第2类（非食用原料）和第4类（动植物油脂及蜡）的出口数量减少许多。

6.2.4 哈萨克斯坦农业国际合作面临的挑战

经济全球化和区域一体化背景下，哈萨克斯坦在面临诸多农业国际合作机遇的同时，国内也存在着许多问题制约合作的发展，要加强农业国际合作，哈萨克斯坦还面临着许多挑战。

（1）建设农业基础设施及配套设施。苏联时期，哈萨克斯坦农业已经基本实现了机械化和规模化的经营，但随着苏联解体，哈萨克斯坦失去了强大的政府财政支持，农业基础设施陆续出现年久失修，功能老化，更新换代缓慢以及分布不合理等问题，严重影响了农业综合生产能力的提高（马惠兰等，2017）。虽然目前哈萨克斯坦政府投入了大量的资金用于建设农田水利等基础设施，但目前的农业基础设施及配套设施的条件仍然不能满足农业发展的需要。具体来看，哈萨克斯坦的农业基础设施不完善主要体现在水利设施、仓储设施等方面。

水利设施方面，由于渠道堵塞、水管损坏等问题，灌溉用水无法得到有效供给，同时，水库、田间沟渠、机井等水利设施也十分缺乏。因此哈萨克斯坦农业生产面积的扩大受到了严重限制，农产品生产的单位产量提升有限，从而影响哈萨克斯坦农产品的市场销售和参与国际贸易。

仓储设施方面，哈萨克斯坦的农产品仓储问题比较严重。以粮食为例，哈萨克斯坦粮食丰收的年份常出现粮库爆满的情况。粮食仓储能力不足，一方面，导致粮食收割后只能在露天堆放，粮食损毁严重；另一方面，影响粮食的收购，使得粮食投机活动异常活跃。

此外，哈萨克斯坦的田间公路、电网、林网等基础设施也严重缺乏，拖拉机、收割机、播种机、农产品加工机械等农业生产机械陈旧、老化，机械设备更新率低，绝大多数的农业机械超期服役，效率低下，而且维持其工作的费用高昂，农业生产的劳务成本也因此增大。

农业基础设施的建设是一项系统工程，投资量大，投资回收期长，这在很大程度上增加了外国企业及其他投资主体的成本，削弱了他们的投资积极性，制约了哈萨克斯坦开展农业投资合作。另外，农业基础设施的落后和农业技术设备的不足也严重影响了哈萨克斯坦的农产品生产和农产品贸易。因此，加大农业基础设施及配套设施的建设是当前哈萨克斯坦急需解决的问题之一。

（2）增强国内农产品的国际贸易竞争力。农产品国际贸易给哈萨克斯坦的农业，特别是畜牧业和果蔬产业，带来了巨大的冲击。

就畜牧业而言，哈萨克斯坦是传统的畜牧业发达国家，有着巨大的畜牧业发展潜力，但近年来，由于缺乏良种牲畜以及牲畜疫病防控能力不足等问题，哈萨克斯坦的畜牧业呈现出衰退趋势。首先，国内的肉制品供给出现了严重的不足，肉制品的进口量逐渐增大。其次，奶牛存栏量的下降，对乳制品的生产也产生了影响，由于哈萨克斯坦的畜牧业仍是小规模经营占绝对比重，许多农村地区没有对牛奶进行加工的先进设备，奶制品企业只能依靠采购进口奶粉作为原材料，使得哈萨克斯坦的乳制品业逐渐萧条。

就果蔬产业而言，哈萨克斯坦由于缺乏生产技术，一般多种植应季果蔬，反季节的果蔬生产状况欠佳。虽然现在哈萨克斯坦国内有温室大棚，但经营状况也并不理想，其产量仅为国内果蔬总产量的3%左右（梁留科，2015）。另外，哈萨克斯坦国内果蔬储存和转运设施不完善，多数仓库需要维修，冷藏技术也不成熟，导致了哈萨克斯坦国内的果蔬供应严重不足，大部分需要依靠进口。

哈萨克斯坦的农产品贸易长期处于逆差状态，国内农产品国际竞争力低，大量的进口会导致外汇储备减少，国内资源外流严重，这对哈萨克斯坦国内经济的发展是十分不利的。因此，哈萨克斯坦需要设法改善长期贸易逆差的状态，制定以国际收支平衡为目标的政策，使本国农产品在国际贸易合作中处于有利地位。

（3）规范有关法律法规，改善政治环境。尽管哈萨克斯坦已经经历了20余年的独立，但目前仍处于社会转型阶段。自独立以来，哈萨克斯坦逐步制定了一系列政策和法令法规，其中有关经贸合作的法规性文件就包括《哈萨克斯坦直接投资法》、《哈萨克斯坦共和国外商投资法》等，但由于政府目标的变化、地方保护主义和人员更迭等原因，其政策朝令夕改，法律法规的连续性和一致性差。法律法规的不完善、赋税多而杂、外汇管制苛刻，使投资合作者的权益得不到有效保障，很多外商都把哈萨克斯坦的市场作为风险比较大的市场而不敢介入太深。

以中国和哈萨克斯坦的经贸合作为例，两国的贸易政策就存在着明显的不对等情况。近年来，中国为繁荣边区经济、发展对周边国家经贸合作，制定了一系列边贸优惠政策。而哈萨克斯坦至今尚未就对华边贸制定出相应的优惠政策，导致了两国的农业国际合作还存在着许多问题，错失了许多大规模的合作良机。

此外，多民族、多宗教、多政党的国情导致了哈萨克斯坦的政治环境十分复杂，并且政府腐败严重、政府人员素质参差不齐、官僚主义作风盛行等问题，极大地影响了哈萨克斯坦与其他国家农业国际合作的开展。

为了在今后的农业国际合作当中有法可依，有章可循，提高对国外投资主体的吸引力，降低农业国际合作的风险和不确定性，哈萨克斯坦政府需要规范有关法律法规，增强政策的透明度，确保政策的连续性和稳定性，同时还需要提升政府人员素质，打击腐败，提高政策执行效率，确保政策的落实，规范农业国际合作。

（4）减少社会治安存在的隐患。哈萨克斯坦的社会治安总体比较稳定，但是由于国家体制尚不健全，还存在着许多社会问题。首先，暴力恐怖势力、民族分裂势力以及宗教极端势力在哈萨克斯坦仍是很大的威胁。其次，哈萨克斯坦国内黑社会势力猖獗，外国客商人身安全得不到保障，每年都有外国客商在境内遭骗、遭抢，甚至遭杀害的情况。再次，一些经济纠纷案件也因为哈萨克斯坦的地方保护主义而不能得到公平公正的裁决。

社会治安存在隐患，不但阻碍了哈萨克斯坦与其他国家深层次的交往，也妨碍了其与其他国家多领域的经贸合作。因此，哈萨克斯坦必须严肃处理社会治安问题，提高合作安全指数，减少社会治安存在的隐患，提供一个稳定的合作环境，以吸引更多的农业国际合作机会。

6.3　中国和哈萨克斯坦农业国际合作比较

6.3.1　农业国际合作历程

由于政治背景和经济发展水平不同，两国农业国际合作发展存在较大的差异。中国以农业国际合作叩开国家间的外交大门，从初级农产品贸易开始，在技术、设备、资源以及人才的“引进来”和“走出去”过程中，不仅逐渐扩大了农业合作的范围，从初期的以社会主义国家为主发展到现在与世界绝大部分国家和地区成为贸易伙伴，还根据合作对象国的农业水平，不断发展互利共赢、具有可持续性的农业国际合作方式，比如援助援建、投资建厂、建立示范园区以及经贸往来等新兴农业合作方式取得了明显的积极成效。

哈萨克斯坦的农业国际合作发展历程相对坎坷。苏联时期，哈萨克斯坦是全苏粮仓，农业发展稳定，净出口值居全苏联第二，这一阶段被称为哈萨克斯坦农业发展的黄金时期。苏联解体后，哈萨克斯坦农业，尤其是农业贸易因政局变迁受到了重创，但是政府及时推行市场经济和私有化经济改革，逐渐重视农业发展，提出新的对外经济联系战略，使农业国际合作经历了过渡期。1996 年后，哈萨克斯坦先后加入四国关税联盟、上海合作组织和欧亚经济联盟，为农业国际合作搭建了良好的平台，实现了农业国际合作的快速发展。

相比之下，中国的农业国际合作发展阶段清晰，从“引进来”、“走出去”到两方面并重，发展过程相对稳定，发展速度也很可观。哈萨克斯坦农业国际合作发展历程较为曲折，受苏联解体的冲击，政治和经济环境的不稳定使哈萨克斯坦农业国际合作的发展一度比较艰难，发展速度也相对缓慢。

6.3.2　农业国际合作机制

在国际农业合作机制中，中国和哈萨克斯坦扮演者不同的角色。中国肩负大国责任，以主导者、倡议者引导国家间有序开展合作。哈萨克斯坦作为快速发展的新兴经济体，在合作机制中担任积极响应者、配合者的角色。

从双边合作上看，中国的主要做法是与众多非洲、拉丁美洲和亚洲发展中国家签订政府间双边农业合作协议和备忘录、建立固定的合作机制，在种植业、畜牧业、渔业等多个领域，通过技术交流、投资合作、专家派遣、示范推广等合作形式，为世界农业的发展作出了中国贡献。哈萨克斯坦与世界主要发达国家，如美国、日本、韩国、欧洲各国等强化战略伙伴关系，保持双边农业合作，与部分发展中国家，如俄罗斯、中国等不断拓宽合作领域，不断加深合作层次，在农业科技合作和人才交流方面，建立了多种形式的科技合作关系，极大地推动了哈萨克斯坦农业合作的快速发展。

从多边合作上看，中国在亚洲和非洲区域农业多边合作机制中发挥着不可替代的作用。在非洲农业合作中，中国通过各国际组织与非洲各国建立了长期稳定的农业多边合作关系；亚洲农业国际合作方面，中国主导或参与上海合作组织、大湄公河次区域（GMS）、中国-东盟等区域合作组织，开展人员培训、技术交流与合作、境外小型合作示范项目等多种形式的农业合作。哈萨克斯坦加入了联合国粮农组织（FAO）、上海合作组织（SCO）、中亚区域经济合作计划（CARWC）和欧亚联盟等组织。作为各组织成员，哈萨克斯坦在农业政策制定、农业科学技术等方面获取了极大帮助，增强了哈萨克斯坦与其他组织成员国在政治、经济和文化上的交流，推动了农业经贸合作的发展。

6.3.3 农业国际合作领域

（1）农业科技合作。中国农业合作前期偏重于引进先进适用的农业生产技术、机械设备、优良的动植物种质资源，注重农业科技人员交流，鼓励建立联合实验室和研究中心。后期还派遣大批农业专家和技术人员在亚非拉等地区100多个国家开展境外示范，向各国分享农业技术、经验和农业发展模式。

哈萨克斯坦农业科技国际合作主要以企业、高校和地方科研机构为主体，建立科技合作基地与示范园，进行联合农业科技研究，开展人才培训及科技论坛，搭建科技信息共享平台。合作领域包括种植业、畜牧业、渔业、生态环境、资源开发、人员培训与人才交流等。

总的来看，中国和哈萨克斯坦两国的农业科技合作都具有形式多样，领域宽广的特点。但是，哈萨克斯坦主要接受国际的农业科技支持，而中国除了引进国际上先进的农业科学技术和人才之外，也将国内先进的农业科技推广到国外。

（2）农业投资合作。当前，中国能够利用的外商直接投资额有所降低，国际援助与捐赠越来越少，但用于“三农”可持续发展、城乡协调发展、地区协调发展、减少贫困、农村能源生态建设、农业清洁生产、农产品质量控制的国外官方贷款有所增加。此外，近些年中国也进行农业对外投资，呈现出投资范围广，投资规模大的特点。

近年来，哈萨克斯坦获得了荷兰、美国、英国、意大利、俄罗斯、中国等多个国家的农业投资，投资主体包括企业、政府、地方科研院所以及国际性或区域性的组织，涉及农业生产种植、农资生产、农业机械及设备、农产品加工及仓储物流、农业贸易等多个投资领域。

总的来看，中国充分地发挥了其大国的作用，在农业投资合作方面不仅利用外资发展国内农业，对外投资规模也在逐渐加大，而哈萨克斯坦主要利用国际上的农业投资来推进国内农业发展。

（3）农产品贸易。中国农产品贸易额逐年增加，贸易逆差显著。中国农产品贸易额由2001年的279.4亿美元增至2016年的1 848.9亿美元，增加5.6倍，年均增长13.4%；同期出口额由160.9亿美元增至733.1亿美元，增加3.6倍，年均增长10.6%；出口增速明显低于进口增速。2004年起中国的农产品贸易由顺差转为逆差，并在2013年达到最高值510.6亿美元，自2014年起逆差有所缩小，2016年逆差为382.7亿美元，比最高值减少25.1%（杨静等，2017）。

哈萨克斯坦农产品贸易规模起伏较大，2001—2008年和2009—2013年两个阶段的农产品贸易总额呈现出较快的增长态势，2013年达到74.54亿美元的最大规模，是2001年的6.49倍，2013年之后的农产品贸易总额呈现出减少趋势。哈萨克斯坦几乎长期处于贸易逆差状态，2016年的贸易逆差为7.84亿美元，比2013年贸易逆差最大值16.86亿美元减少了53.5%。

从贸易格局上看，两国近年来的农产品贸易都处于逆差状态，但逆差情况都有较大幅度的好转。就贸易总额而言，中国的农产品贸易增长相对稳定，而哈萨克斯坦农产品贸易总额虽然总体有所增长，但受国际经济形势影响明显，起伏较大。

第7章　中国与哈萨克斯坦农产品国际竞争力分析

21世纪以来，伴随着经济全球化的不断深入与国际贸易自由化的不断加深，全球各大洲不同地域的国家越来越多地参与到国际竞争的范围内，国际竞争的强度也进一步加大。因此，各个国家开始把对国际竞争力的研究，作为提升国际竞争力，立身于世界经济领域的一个新兴课题。农业作为国民经济的基础和支柱，是国民经济的重要组成部分，国民经济的发展也被视为衡量国际竞争力的一个重要指标，因此农产品贸易作为农业的一个重要分支，对于国际竞争力的影响也是十分巨大的，同时农产品自身的国际竞争力也影响着一个国家总体的进出口贸易。在国际市场上，提高农产品的国际竞争力意味着增加出口，扩大国际市场份额；在国内市场上，提高农产品国际竞争力意味着增强抵御风险的能力，迎接来自国外农产品的挑战。随着2015年哈萨克斯坦正式成为世界贸易组织成员，不论是国际市场还是国内市场，两国农产品国际贸易将面临着更加激烈的市场竞争。

7.1　国际竞争力

7.1.1　国际竞争力的定义

关于竞争力，诸多研究从不同的视角贡献了各种理论与衡量方法。然而，仍未能很好地定义或者衡量它，至今也没有形成一个统一的认识，对此也没有形成一个无歧义的定义。在相关文献中，有许多关于竞争力的不同定义。主要可分为从宏观和微观两个角度对其进行定义。

就宏观角度而言，主要有以下四种定义方式：

世界经济论坛（WEF）认为，国际竞争力是一国能够实现以人均

GNP 增长率表示的经济持续增长能力。它在强调提高经济增长率的同时，也强调要持续增进人民生活水平；经济合作发展组织将其定义为公司、产业、地区、国家和多国地区在参与国际竞争中，在可持续基础上获得相对高的要素收入和要素利用水平；欧盟委员会则将竞争力定义为一个经济体在可持续基础上为其人口提供高的或不断提升的生活水准，以及为所有愿意工作的人提供高水平就业的能力；联合国贸易发展署更加明确地把国际竞争力定义为从简单的更多出口到多样化出口产品，维持更高的出口增长率，升级出口行为中的技术和技艺含量，再到扩展国内公司基础已有能力参与全球竞争。

就微观角度而言，目前较多地被国内外研究机构引用的是在 Canada's Task Force on Competitiveness in the Agri-Food Sector（1991）中的定义：即竞争力是指一种在赢利状态下，在国内和国外市场获取并保持市场份额的可持续的能力。Miramon，Isabelle D. C.（1991）认为，这一定义中包含竞争力的时间和空间维度，可持续性意味着应该包括时间维度，而国内和国际市场在空间维度上区分了国内市场竞争力和国际市场竞争力。这个定义假定，当一个企业、产业或国家能以可接受的利润水平在给定市场销售给定产品，那它就是有竞争力的。这与 Porter 的竞争力的定义是一样的，因为其意识到，企业或产业可能采用不同的竞争战略来支撑其竞争力目标，同时也意识到，竞争力具有时间维度，因为竞争力必须是可持续的。

在本书中，作者将从市场份额这一角度来测度竞争力，即强调了市场份额在竞争力定义中的作用。这和 Changping Chen，Stanley M. Fletcher，Ping Zhang and Dale H. Carley（1997）等在相关经济学文献中对“竞争力”的定义极为接近，即竞争力就是在可持续的一段时间内保持或增加市场份额的能力，那么农产品竞争力就可定义为与国外农产品比较在交易过程中所表现出来的一种对市场的占有能力。

7.1.2　竞争力的相关理论基础

尽管关于竞争力的定义仍然存在争议，但是基于不同定义的竞争力理论框架却已经由经济学者和管理学者建立起来了。F. S. Thorne（2004）将竞争力理论归为三种理论：传统贸易理论、产业组织理论和战略管理理论。Hao Liu（2004）也列出了竞争力理论的三个流派，不同的是，他将产业组织理论和战略管理理论合二为一，而另外增加一个流派，即资源基础理论。

7.1.2.1 比较优势理论

李嘉图的比较优势理论解释了两个国家间的贸易模式，表明贸易是基于生产力方面的效率差异。即比较优势理论表明，生产力高低是决定竞争力的重要因素，高的生产力会提高供给，从而提高市场份额。在李嘉图的比较优势理论模型中，生产力测度，如劳动生产力是国际竞争力的一个衡量指标。但是，其实物投入产出的衡量方法没有纳入服务部分，而服务在某些产业中非常重要，仅仅考虑单一要素的生产力衡量是不够的。此外，比较优势理论是建立在均衡的基础上的，而实现均衡的过程是被忽略了，这就使得比较优势理论在应用于竞争力分析时面临着诸多困境（Miramon，Isabelle D. C.，1991）。

7.1.2.2 产业组织理论

产业组织理论推广了“结构-行为-绩效”的分析模式，用来分析企业的行为。应该说，产业组织主流方法提供了对企业或产业行为的一个解释，强调了环境和结构对于其行为的影响，其中市场份额在决定组织行为上有重要作用，而利润则反映了绩效。其核心是构建“结构-行为-绩效”的SCP框架，以识别影响经济绩效的变量。这个SCP模型基于如下假设：一个产业的绩效依赖于面临价格政策、惯例和广告等因素的卖方和买方的行为，即企业竞争力是由需求驱动的。行为反过来依赖于相关市场的结构，而市场结构则由买卖双方的数量和进入壁垒的有无等特征决定（F. S. Thorne，2004）。

7.1.2.3 竞争优势理论

迈克尔·波特曾提出：为什么一国的特定产业在国际市场上获得了成功。他相信其答案在其波特钻石模型中。钻石模型用于决定产业中的企业竞争力的各种来源，其中包括物种主要的竞争力优势来源：要素条件，需求条件，企业战略、结构，竞争对手，相关支持产业以及另外两个波特认为对竞争力优势地位有贡献的因素——机会和政府。基于以上要素中的一种或两种，任何给定产业都可能获得相对于竞争对手的竞争优势，但是这种竞争优势在一个相对较长的时期内绝大多数是不可持续的。竞争对手将很快弄清优势的来源，并锁定能提供初始比较优势的要素。因此，波特认为，重要的是不断更新竞争力优势的来源以在更长时期内保持优势竞争力（Porter M. E.，1990）。

竞争优势和竞争战略决定了一个企业或产业的竞争力。波特的分析强调，企业或产业的竞争边界衡量取决于几个因素。竞争力绩效指标对一个战略有效，但可能对其他战略无效。他指出，市场份额指标可能不是竞争优势的一个合适的测度指标，特别是在一个企业追求集中战略的条件下。财务指标如资产回报率、投资回报率对于成熟产业的成熟企业而言是最好的指标，但是对一个刚刚进入市场，或进行大量投资启动运营等的企业，这些指标就不能反映企业的绩效。生产力指标也是如此。在资本密集型产业，劳动生产力可能是一个好的绩效指标，但如果企业最广为人知的资产是其产品设计和质量，那劳动生产力指标就不能反映企业竞争优势的这一方面。对于低成本战略，成本是主要考虑的因素，因此也是唯一的绩效指标。但是如果企业在追求差异化战略，那成本当然就不是企业绩效的衡量指标。

7.1.2.4　资源基础理论

资源基础理论集中于企业资源和战略的异质性，因此，它对企业行为给出了更加详细的解释。资源基础理论强调反映不同的资源要素和整合这些要素的方式的特殊性。这些特殊的特征能够解释同质理论所不能解释的持续优势，因为同质的资源要素不允许运用不同的战略。特殊的资源资产将成为企业持续的竞争优势的来源。根据资源基础理论，企业的资源可以根据确定性进行分类。确定性资源是能够被量化的资源，包括：实物资本资源；金融资本资源；人力资本资源；组织资本资源。不确定性资源包括技术和声望，即专利、品牌和许可证协议等。经理人将运用不同的战略充分利用、影响和培育不同的资源，以获得持久的竞争优势。

7.1.3　竞争力的衡量方法

以上对竞争力的定义仅仅是研究竞争力的第一步，更重要也是更困难的是对竞争力进行衡量和预测。因此，竞争力的研究重点往往在于竞争力的衡量指标及其在国际比较应用上的可行性。但是要很好地衡量国际竞争力很难，因为没有一个单一指标能够包含所有参与竞争部门。因此，已有的研究从各个视角开发了诸多指标，并希望以某个指标或其组合来衡量国际竞争力。本研究将选取国际市场占有率和贸易竞争指数两个指标来衡量中国与哈萨克斯坦两国农产品的国际竞争力：

7.1.3.1 国际市场占有率

国际市场占有率是反映国际竞争力的一个常用指标。国际市场占有率是指某一国家或者某一个地区生产的某类产品的出口总额占世界市场中同类产品的出口总额的比重。该指标是国际竞争力结果最简洁明了的体现。计算公式为：

$$IMS=(X_i/X_w)\times 100\%$$

公式中，X_i 表示某一国或某一地区生产的产品 i 的出口总额；X_w 表示世界市场上产品 i 的出口总额。IMS 越高，i 产品的国际竞争力越强，反之越弱。并且一般情况下我们认为：

若 $IMS>20\%$，则说明该国或地区的产品 i 在国际市场的国际竞争力很强；

若 $10\%<IMS<20\%$，则说明该国或地区的产品 i 在国际市场的国际竞争力较强；

若 $5\%<IMS<10\%$，则说明该国或地区的产品 i 在国际市场的国际竞争力一般；

若 $IMS<5\%$，则说明该国或地区的产品 i 在国际市场的国际竞争力很弱。

7.1.3.2 贸易竞争指数

贸易竞争指数可以表明某国生产的某种产品是净进口，还是净出口，以及净进口或净出口的相对规模，从而反映某国生产的某种产品相对于世界市场上供应的其他国家的该产品来讲，是处于生产效率的竞争优势还是劣势以及优劣势的程度。其计算公式为：

$$TC_{ij}=(X_{ij}-M_{ij})/(X_{ij}+M_{ij})$$

公式中，TC_{ij} 为 j 国 i 产品的贸易竞争指数，X_{ij} 为 j 国 i 产品出口总额，M_{ij} 为 j 国 i 产品进口总额。

若 TC_{ij} 值大于零，表示 j 国 i 产品为净出口，说明该国的这种产品生产效率高于国际水平，具有较强的国际竞争力；绝对值越大，国际竞争力越强。

若 TC_{ij} 小于零，表示 j 国 i 产品为净进口，说明该国的这种产品生产效率低于国际水平，不具有或缺乏国际竞争力；绝对值越大，越缺乏国际竞争力。

若 TC_{ij} 值等于零，则表示 j 国 i 产品的生产效率与国际水平相当，其进出口纯属国际间进行品种交换。

7.2 中国与哈萨克斯坦农产品进出口分析

7.2.1 农产品统计范围界定

关于农产品的分类，学术界并没有一个统一的分类方法。目前比较有代表性的商品分类方法是《Standard International Trade Classification》(SITC) 和《商品名称及编码协调制度》(Harmonized Commodity Description and Coding System)。前者将商品分为 10 大类、63 章、223 组、786 个分组和 1 924 个项目。后者将所有贸易商品分为 22 类、99 章。两种统计口径难免有些出入，考虑到研究目的以及研究的便利性和数据的可得性，本书采用 SITC Rev. 3 商品分类标准，选用一位和二位进行统计的农产品类别。四大类农产品具体分类见表 7 - 1。

表 7 - 1　四大类农产品具体分类

类　别	具体产品
第 0 类（食品及活动物）	第 00 章（活动物）、第 01 章（肉及肉制品）、第 02 章（奶产品和蛋类）、第 03 章（鱼及鱼制品）、第 04 章（谷物及谷物制品）、第 05 章（蔬菜及水果）、第 06 章（糖、糖制品及蜂蜜）、第 07 章（咖啡、茶、可可粉及香料）、第 08 章（动物饲料）、第 09 章（混合食物制品）
第 1 类（饮料和烟类）	第 11 章（饮料）、第 12 章（烟草及烟草制品）

（续）

类　别	具体产品
第 2 类（非食用原料，燃料除外）	第 21 章（生皮及皮革）、第 22 章（含油种子及油质水果）、第 23 章（天然橡胶）、第 24 章（软木及木材）、第 25 章（纸浆与废纸）、第 26 章（纺织纤维）、第 29 章（未加工动植物原料）
第 4 类（动植物油脂及蜡）	第 41 章（动物油脂）、第 42 章（固态植物油脂）、第 43 章（加工后的动物油脂类）

资料来源：UN COMTRADE（联合国商品贸易数据库）SITC Rev. 3 商品分类标准。

7.2.2 中国农产品进口分析

7.2.2.1 中国农产品进口的地区结构

中国农产品的主要进口来源地包括美国、欧盟、加拿大、澳大利亚、东盟、巴西、阿根廷等国家和地区。从产品来看，中国小麦进口主要来自于加拿大、美国、法国、澳大利亚和阿根廷；糖、糖类制品及蜂蜜主要来源于泰国、古巴和澳大利亚；天然橡胶主要从马来西亚、泰国、新加坡、印度尼西亚进口，其中，马来西亚一直是主要的供应国；中国的原木及木材从 20 世界 80 年代后期以来，进口不断增加，主要进口来源地是美国和俄罗斯，进入 90 年代以后，从马来西亚、缅甸的进口却逐年增加，主要进口来源地发生变化；烟草及烟草制品主要从英国、美国进口；羊毛进口的主要来源地是大洋洲的澳大利亚、新西兰，以及南美洲的乌拉圭、阿根廷等国家。

7.2.2.2 中国四大类农产品进口额及其变化趋势

中国人多地少，本国农业所提供的农产品难以满足国内消费的需要，特别是随着经济的发展，国民的消费水平日益提高，要求提供更多的农产品，为此，中国每年需要向国外进口大量的农产品，且进口量总体而言在逐年增加。

表7-2 中国四大类农产品进口额

单位：亿美元

农产品类别	1996	2001	2006	2011	2012	2013	2014	2015
第0类	56.71	49.76	99.94	287.71	352.62	417.01	467.90	505.12
第1类	4.97	4.12	10.41	36.85	44.03	45.10	46.63	57.74
第2类	74.35	139.75	366.82	1 006.40	1 039.15	1 082.51	1 093.39	953.90
第4类	16.97	7.63	39.36	116.29	132.43	109.97	92.92	80.35
总额	153.00	201.25	516.53	1 447.24	1 568.23	1 654.59	1 700.83	1 597.10

资料来源：根据UN COMTRADE（联合国商品贸易数据库）整理计算。

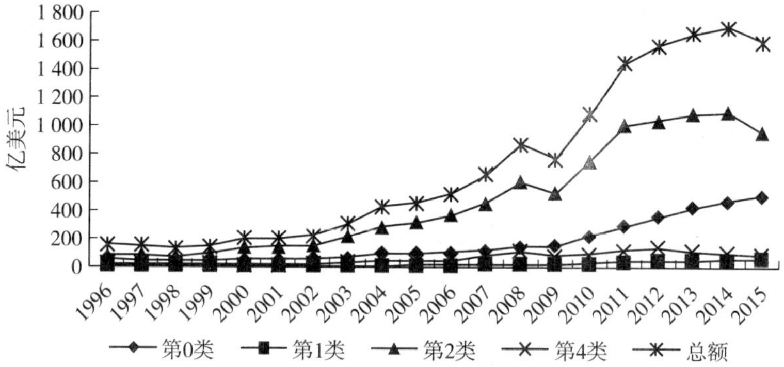

图7-1 中国四大类农产品进口额变化趋势

资料来源：根据UN COMTRADE（联合国商品贸易数据库）整理计算。

由表7-2和图7-1可知，在1996—2015这20年间，中国四大类农产品进口额及其变动趋势呈现出以下特征：

（1）中国四大类农产品进口总额增长迅速。中国四大类农产品进口总额在过去20年间呈现出快速增长的趋势，除1998、2009和2015三年出现负增长外，其余年份均是正向增长。总体从1996年的153亿美元增长至2015年的1 597.10亿美元，增长率为943.86%，年平均增长率为49.68%。在1998年和2014年分别出现进口总额的最小值126亿美元和最大值1 700.83亿美元，年均进口总额为710.68亿美元。

（2）第2类农产品是中国最主要的进口农产品。第2类农产品在中国四大类农产品中进口额增长率最大，从1996年的74.35亿美元增长至2015年的953.90亿美元，总体增长率为1 182.99%，年均增长率为62.26%。第2类农产品在中国四大类农产品进口总额中始终占有最大的比例，在1996和

2015 年分别占比 48.59%和 59.73%，平均占比 51.56%。另外，第 1 类农产品在中国四大类农产品进口总额中占比最小，在 1996 年和 2015 年分别占比 3.25%和 3.62%，平均占比 2.22%。

（3）中国四大类农产品进口额变化趋势存在差异。第 2 类农产品进口额在 1996—2015 年间，除个别年份外，呈现出持续快速正增长的趋势，并且在很大程度上决定了中国四大类农产品进口总额在同期的变动趋势。第 0 类农产品进口额总体表现出不断向上增长的趋势，在 1996—2009 年间，其增长率较低，增长速度比较缓慢，在 2010—2015 年间，进入了相对较为快速的增长阶段。第 1 类和第 4 类农产品进口额在整个期间处于波动上升的状态，其中，第 1 类农产品进口额波动幅度较小，第 4 类农产品进口额波动幅度较大。

7.2.3 中国农产品出口分析

7.2.3.1 中国农产品出口的地区结构

从最近几年的情况看，亚洲是中国农产品出口第一大市场，占其农产品出口总额的 78%左右；欧洲是其出口第二大市场，占其农产品出口总额的 16%左右；北美是中国农产品出口第三大市场，约占其农产品出口总额的 6%左右。随着中国与东盟、新西兰、智利、秘鲁自贸协定的实施，自贸区效应逐渐显现，双边农产品贸易快速增长。在这种背景下，中国农产品出口市场逐渐多元化，对日本、韩国等国家以及中国香港地区的出口比重有所下降，但总体来看出口集中度仍然较高，2015 年对日本、欧盟、中国香港、韩国、东盟、美国等前六大市场农产品出口额占总出口额的比重仍高达 80%左右。

从主要产品的出口市场而言，中国玉米主要出口韩国、日本、马来西亚、新加坡、俄罗斯等国，由于中国国内供需状况发生改变，而国家对粮食商品的进出口管制较多，并且政策的制定在很大程度上取决于国内的经济状况，玉米出口表现出很强的波动性，这种较强的不稳定性一方面导致国际市场玉米供给的不确定性，另一方面不利于维护中国在国际市场上的份额；肉及肉制品主要出口到俄罗斯、古巴、新加坡和马来西亚等国家以及中国香港、澳门地区；大豆出口主要集中在中国的周边国家和地区，如俄罗斯、东亚和东南亚国家；咖啡、茶、可可粉及香料的出口地区不太稳定，尤其是茶类产品，传统的出口市场为英国、俄罗斯，但近年来出现萎缩，而日本却成为新兴的大市场。

7.2.3.2　中国四大类农产品出口额及其变化趋势

在1996—2015年间，与中国农产品进口量及其增长速度相比较，中国农产品向世界市场的出口总量较小，且增长速度也较为缓慢，即在此期间，中国农产品在世界市场上始终处于贸易逆差状态。

表7-3　中国四大类农产品出口额

单位：亿美元

农产品类别	1996	2001	2006	2011	2012	2013	2014	2015
第0类	102.31	127.77	257.23	504.95	520.76	557.26	589.14	582.18
第1类	13.42	8.73	11.93	22.76	25.90	26.09	28.83	33.09
第2类	29.95	28.64	52.54	112.72	109.25	111.94	120.02	105.28
第4类	3.76	1.11	3.73	5.70	5.84	6.30	6.78	6.92
总额	149.44	166.26	325.43	646.13	661.75	701.59	744.76	727.47

资料来源：根据UN COMTRADE（联合国商品贸易数据库）整理计算。

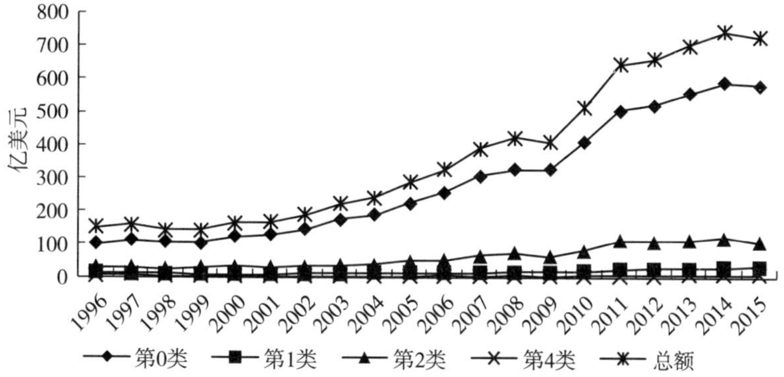

图7-2　中国四大类农产品出口额变化趋势

资料来源：根据UN COMTRADE（联合国商品贸易数据库）整理计算。

由表7-3和图7-2可知，在1996—2015这20年间，中国四大类农产品出口额及其变动趋势呈现出以下特征：

（1）中国四大类农产品出口总额增长较为迅速。中国四大类农产品在过去 20 年间出口总额总体呈现出较为快速的增长趋势，除 1998、1999、2009 和 2015 年出现负增长外，其余年份均为正向增长。其出口总额从 1996 年的 149.44 亿美元增长至 2015 年的 727.47 亿美元，总体增长率为 386.80%，年均增长率为 20.36%。在整个期间，出口总额最大值为 2014 年的 744.76 亿美元，最小值为 1999 年的 142.09 亿美元，年平均出口总额为 370.16 亿美元。

（2）第 0 类农产品是中国最主要的出口农产品。第 0 类农产品在中国四大类农产品中出口额增长率最大，从 1996 年的 102.31 亿美元增长至 2015 年的 582.18 亿美元，总体增长率为 469.04%，年平均增长率为 24.69%。除此之外，第 0 类农产品还在中国四大类农产品出口总额中一直占有最大的比例，在 1996 年和 2015 年分别占比 68.46%和 80.03%，平均占比 77.12%。另外，第 4 类农产品在中国四大类农产品出口总额中始终占比最小，在 1996 年和 2015 年分别占比 2.52%和 0.95%，平均占比 1.16%。

（3）中国四大类农产品出口额变化趋势存在差异。第 0 类农产品出口额在 1996—2015 年间，除 1998、1999、2009 和 2015 年外，总体呈现出不断正向增长的趋势，并且在很大程度上决定了中国四大类农产品出口总额同期的变动趋势。第 2 类农产品在过去 20 年间出口额除个别年份略有回落外，总体是不断向上增长的，只是相对于第 0 类农产品，其增长率不高，年均增长率为 13.24%。第 1 类和第 4 类农产品出口额总体处于波动变化的状态中，尤其是第 4 类农产品，其出口额一度在某一值附近小幅波动；第 1 类农产品自 2008 年起开始连续小幅增长，并且有继续向上增长的趋势。

7.2.4 中国农产品进出口贸易中存在的主要问题

7.2.4.1 农产品出口反倾销问题

近 20 年来中国农产品出口持续快速增长，出口产品国际竞争力不断增强，与一些国家的贸易顺差拉大，从而引发对中国出口农产品反倾销案件的增加。多年来，中国部分农业企业在国际市场上参与竞争往往表现在一味压低价格，导致出口秩序混乱，和日本的农产品贸易关系就是典型的实例。日本是中国蔬菜出口的主要国家之一，蔬菜进入日本市场最初靠的是低廉的价格。靠此战略，中国在日本的市场份额很快超过了主要竞争对手——美国。随后情况发生变化，蔬菜在日本的市场份额虽然增大了，但出口蔬菜的年平均价格却下降了，即中国蔬菜在日本市场的份额增大了，但创汇却没有实现同等增长。

7.2.4.2　贸易规模与农产品丰歉相关性小

中国的粮食贸易活动是由国内贸易和国际贸易两套行政机构来开展各自的业务的，进出口决策环节多，经常出现严重滞后，导致国内农产品市场与国际农产品市场不能有效衔接，粮食进出口规模与当年国内粮食丰歉没有多少关联，有时甚至出现国内减产反而增大出口，国内增产反而增加进口的反常现象。从长远来看，这种情况不利于中国粮食产品国际贸易的深入发展。

7.2.4.3　贸易方式单一和贸易对象比较集中

国际贸易方式有易货贸易、现货贸易和期货贸易。在经济较为发达的国家中，这三种方式同时并存，并且主要以后两者为主，特别是期货贸易有后来居上之势。然而，在中国的农产品国际贸易活动中，前两者开展得较多，期货贸易进展不大，期货贸易的滞后，不利于农产品国内市场和国际市场的衔接，直接影响到农产品国际贸易的扩展。此外，中国出口贸易对象主要是日本、美国、俄罗斯及东南亚、欧盟的一些国家，进口则集中在美国、加拿大、澳大利亚及东南亚的一些国家，其他有发展潜力的广大地区开发力度不大。

7.2.4.4　农产品进出口贸易中的“绿色壁垒”限制

有的国家对中国的蔬菜出口设置限制或提出反倾销，中国已有多家蔬菜加工企业因为蔬菜产品农药、化肥残留超标，被欧洲国家取消了注册资格；同时，中国农产品出口遭遇退货或索赔事件正逐渐增多。目前在农产品进出口贸易中，以绿色壁垒为代表的新技术壁垒越来越多，其对中国的农产品出口影响也越来越大。

7.2.5 哈萨克斯坦农产品进口分析

7.2.5.1 哈萨克斯坦农产品进口的地区结构

哈萨克斯坦农产品的进口来源地前三位分别是美国、乌克兰和中国。此外，乌兹别克斯坦、巴西、德国、荷兰、波兰、印度等国家也是哈萨克斯坦农产品的主要进口来源地。从产品来看，哈萨克斯坦鱼及鱼制品、蔬菜及水果、糖、糖制品及蜂蜜等食物类农产品进口主要来自于美国、中国、印度、巴西、德国和乌克兰等；饮料、烟草及烟草制品主要从美国和中国进口；含油种子及油质水果主要从中国进口。

7.2.5.2 哈萨克斯坦农产品进口额及其变化趋势

独立后，哈萨克斯坦的经济不断发展，国民消费水平也逐渐提高，本国农产品已不能满足国内消费的需要，因此，哈萨克斯坦农产品进口量不断提高。

表 7-4 哈萨克斯坦四大类农产品进口额

单位：亿美元

农产品类别	1996	2001	2006	2011	2012	2013	2014	2015
第 0 类	3.42	3.99	13.23	33.01	34.61	37.72	35.68	27.47
第 1 类	1.51	0.66	2.40	4.36	4.88	5.37	4.90	3.84
第 2 类	0.66	0.62	2.25	2.69	3.37	3.16	2.46	2.03
第 4 类	0.30	0.50	0.61	1.82	1.57	1.51	1.46	1.50
总额	5.89	5.77	18.49	41.88	44.42	47.76	44.50	34.83

资料来源：根据 UN COMTRADE（联合国商品贸易数据库）整理计算。

由表 7-4 和图 7-3 可知，在 1996—2015 这 20 年间，哈萨克斯坦四大类农产品进口额及其变动趋势呈现出以下特征：

（1）哈萨克斯坦四大类农产品进口总额较低，但其增长率较高。在过去的 20 年间，哈萨克斯坦四大类农产品进口总额处于较低的水平，但其总体增长速率却处于较高的水平，从 1996 年的 5.89 亿美元增长至 2015 年的 34.83 亿美元，总体增长率为 491.34%，年平均增长率为 25.86%。在整个期间，进口总额最大值为 2013 年的 47.76 亿美元，最小值为 1999

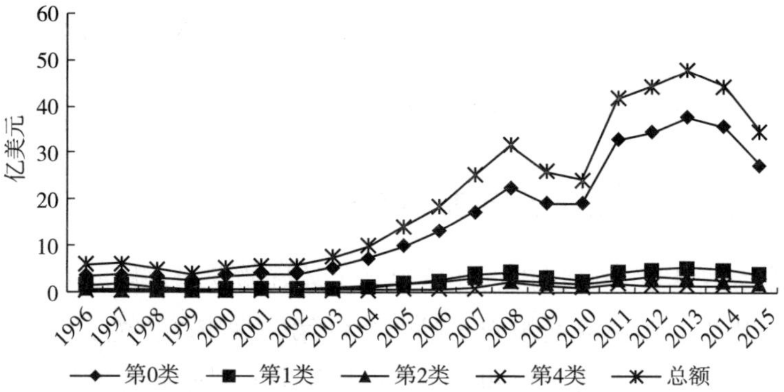

图 7-3　哈萨克斯坦四大类农产品进口额变化趋势

资料来源：根据 UN COMTRADE（联合国商品贸易数据库）整理计算。

年的 4 亿美元，年平均进口总额为 20.42 亿美元。

（2）第 0 类农产品是哈萨克斯坦最主要的进口农产品。第 0 类农产品在哈萨克斯坦四大类农产品进口额中增长最为迅速，从 1996 年的 3.42 亿美元增长至 2015 年的 27.47 亿美元，总体增长率为 703.22%，年均增长率为 37.01%；同时，第 0 类农产品在哈萨克斯坦四大类农产品进口总额中始终占有最大的比例，在 1996 年和 2015 年分别占比 58.06% 和 78.87%，平均占比 71.39%。相反，第 4 类农产品进口额在哈萨克斯坦四大类农产品进口总额中一直占有最小的比例，在 1996 年和 2015 年分别占比 5.09%和 4.31%，平均占比 5.36%。

（3）哈萨克斯坦四大类农产品进口额变化趋势存在差异。第 0 类农产品进口额在 1996—2008 年间出现持续上升的趋势，由图 7-3 的斜率可知，在此期间，其增长率也逐年增加，使得其进口额增长速度越来越快；在 2009—2015 年间，其进口额出现较为剧烈的振动，尤其是在 2010—2011 年度，进口额在上一年度出现下降的情况下急剧拉升，从 2010 年的 19.15 亿美元上升至 2011 年的 33.01 亿美元，增长率为 72.38%，远高于年均增长率。由于第 0 类农产品进口额在哈萨克斯坦四大类农产品进口总额中平均占比达到 71.39%，所以四大类农产品进口总额在同期的变化趋势与第 0 类农产品变化趋势趋同。在 1996—2005 年间，第 1 类、第 2 类和第 4 类农产品进口额变动趋势较为相似，均是在某一值附近小幅波动且上涨趋势不明显；在 2006—2015 年间，第 1 类、第 2 类和第 4 类农产品进口额均有较大波动，且波动方向存在不同，但总体均呈现出逐步上涨的趋势。

7.2.6 哈萨克斯坦农产品出口分析

7.2.6.1 哈萨克斯坦农产品出口的地区分布

哈萨克斯坦农产品出口近几年得到了较好的发展，从最近几年的情况看，亚洲仍然是哈萨克斯坦农产品出口的第一大市场，尤其是中亚地区，乌兹别克斯坦、塔吉克斯坦和吉尔吉斯斯坦分别是哈萨克斯坦农产品出口的前三大市场。阿塞拜疆、拉脱维亚、比利时、中国、德国、瑞典、乌克兰、印度等国家也是哈萨克斯坦农产品的主要出口国。近一两年，哈萨克斯坦开始向阿拉伯国家出口农产品，主要是绵羊和山羊等。从农产品种类来看，哈萨克斯坦谷物及谷物制品、面粉、植物油和鸡蛋主要出口到中亚、中国、印度、阿塞拜疆、拉脱维亚等国家和地区；生皮及皮革主要出口到中国和印度。

7.2.6.2 哈萨克斯坦四大类农产品出口额及其变化趋势

作为农业较发达的内陆国家，哈萨克斯坦自然气候条件较好，耕地面积辽阔。在苏联时期，其农业就基本实现了规模化、机械化生产，为其种植业和养殖业的发展奠定了较为坚实的基础，这也是哈萨克斯坦能够大量出口粮食类产品、动物及动物皮革的原因。

表 7-5 哈萨克斯坦四大类农产品出口额

单位：亿美元

农产品类别	1996	2001	2006	2011	2012	2013	2014	2015
第 0 类	6.50	4.23	9.86	16.23	26.76	23.20	21.42	16.94
第 1 类	0.47	0.26	0.47	0.81	1.18	1.43	1.54	1.55
第 2 类	1.88	1.19	2.53	1.86	3.61	3.75	3.76	3.04
第 4 类	0.01	0.03	0.13	0.33	0.52	0.46	0.54	0.46
总额	8.87	5.71	12.99	19.23	32.07	28.84	27.26	22.00

资料来源：根据 UN COMTRADE（联合国商品贸易数据库）整理计算。

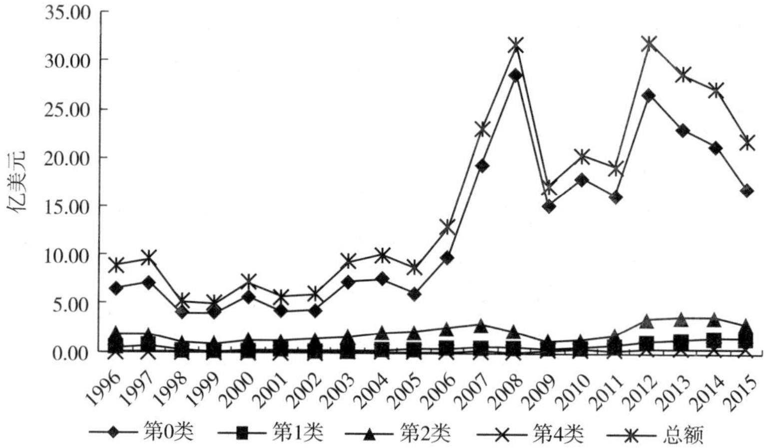

图 7 - 4　哈萨克斯坦四大类农产品出口额变化趋势

资料来源：根据 UN COMTRADE（联合国商品贸易数据库）整理计算。

由表 7 - 5 和图 7 - 4 可知，在 1996—2015 这 20 年间，哈萨克斯坦四大类农产品出口额及其变动趋势呈现出以下特征：

（1）哈萨克斯坦四大类农产品出口总额处于较低水平，且其增长率也较低。在 1996—2015 年间，哈萨克斯坦四大类农产品出口总额均处于较低水平，且其总体增长率也较低，从 1996 年的 8.87 亿美元增长到 2015 年的 22 亿美元，总体增长率为 148.03%，年平均增长率为 7.79%。在此期间，四大类农产品出口总额最大值为 2012 年的 32.07 亿美元，最小值为 1999 年的 5.08 亿美元，年平均出口总额为 15.55 亿美元。

（2）第 0 类农产品是哈萨克斯坦最主要的出口农产品。相对于其他 3 类农产品，第 0 类农产品是哈萨克斯坦四大类农产品中出口额增长较为快速的农产品，从 1996 年的 6.5 亿美元增长至 2015 年的 16.94 亿美元，总体增长率为 160.62%，年均增长率为 8.45%，高于四大类农产品出口总额的年均增长率。同时，第 0 类农产品在哈萨克斯坦四大类农产品出口总额中占比最大，在 1996 年和 2015 年分别占比 73.33% 和 77%，平均占比 79.21%。另外，第 4 类农产品在哈萨克斯坦四大类农产品出口总额中占比最小，1996 年和 2015 年分别占比 0.1% 和 2.09%，平均占比 0.96%。

（3）哈萨克斯坦四大类农产品出口额均呈现出向上增长趋势，但不同大类农产品变动幅度存在巨大差异。第0类农产品出口额在1996—2005年间处于相对较为平稳的波动上升状态，而在2006—2015年间则处于剧烈波动上升状态，尤其是在2006—2008年间，出口额急剧拉升，从2006年的9.86亿美元上升至2008年的28.72亿美元，年均增长率为97.16%，远高于整个期间的年均增长率。由于第0类农产品出口额在四大类农产品出口总额中占有很高的比例，使得四大类农产品出口总额的变动趋势在同期与第0类农产品的变动趋势趋同。第2类农产品在1996—2007年间先降后升，但变化幅度不大；在2008—2015年间处于持续波动状态，但波动幅度不是很大。第1类和第4类农产品出口额在整个期间的变化趋势相似，总体处于持续上升的状态，但是其增长率较低。

7.2.7 哈萨克斯坦农产品进出口贸易中存在的主要问题

7.2.7.1 出口农产品附加值较低

哈萨克斯坦出口的大部分农产品均属于初级农产品，技术含量较低，可替代性较强。面对日益严峻的贸易条件，哈萨克斯坦农产品出口不应当单纯依靠集中出口利用本国富庶简单生产要素所生产的产品，与此同时，自然资源短缺的现实也不允许粗放式贸易增长方式的再继续。因此亟须提高农产品深加工能力，延伸农业产业链，通过发展农产品加工技术，提升哈萨克斯坦农产品竞争力，扩大农产品出口规模。

7.2.7.2 农产品整体缺乏国际竞争力

哈萨克斯坦四大类22章具体农产品的国际市场占有率均低于1%，几乎不具备国际竞争力。国际竞争力不足是导致哈萨克斯坦农产品出口量少的主要原因。

7.3 中国与哈萨克斯坦农产品国际竞争力

在运用国际市场占有率和贸易竞争指数分析中国与哈萨克斯坦两国农产品国际竞争力时，用于计算各表中指数的原始数据均来自联合国贸易数据库中SITC编码制度下的Rev.3分类数据。

7.3.1 两国农产品国际市场占有率指数（*IMS* 指数）

国际市场占有率指数是反映国际竞争力结果的最直接和最简单的实现指标，可以表明一国产品在国际市场竞争中所具有的竞争实力，反映了国际竞争力的实现程度。因此，本研究选取 1996—2015 年间中国与哈萨克斯坦两国四大类农产品出口额数据并计算其国际市场占有率指数，对比分析两国农产品国际竞争力。

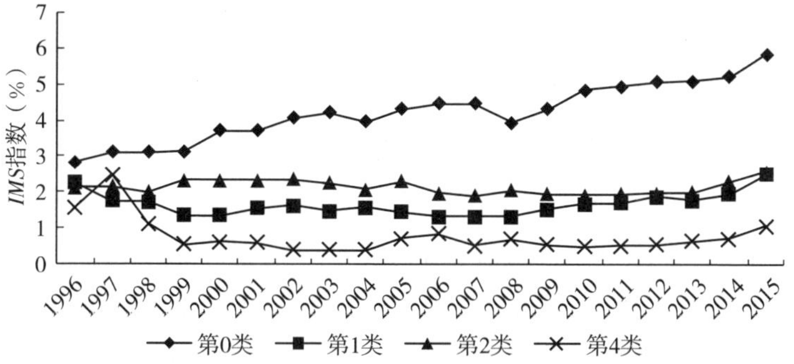

图 7-5 中国四大类农产品国际市场占有率指数

资料来源：根据 UN COMTRADE（联合国商品贸易数据库）整理计算。

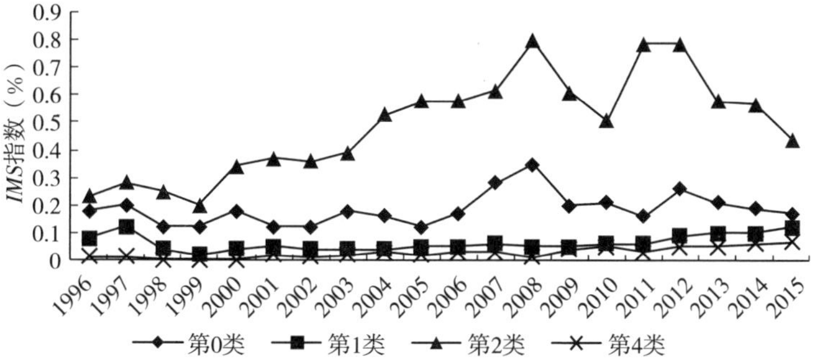

图 7-6 哈萨克斯坦四大类农产品国际市场占有率指数

资料来源：根据 UN COMTRADE（联合国商品贸易数据库）整理计算。

从图 7-5 和图 7-6 可以看出，在 1996—2015 这 20 年间，中国和哈萨克斯坦四大类农产品国际市场占有率呈现出以下特征：

（1）中国和哈萨克斯坦四大类农产品的国际竞争力均处于很弱的地位。由图可知，除 2013—2015 年间，中国第 0 类农产品的国际市场占有率略高于5个百分点外，其余年份四大类农产品国际市场占有率均低于5%；哈萨克斯坦在此20年间四大类农产品国际市场占有率均低于5%。根据学术界对国际市场占有率指数的界定，当 $IMS>20\%$ 时，产品国际竞争力很强；$10\%<IMS<20\%$ 时，产品国际竞争力较强；$5\%<IMS<10\%$ 时，产品国际竞争力一般；$IMS<5\%$ 时，产品国际竞争力很弱。表明中国和哈萨克斯坦四大类农产品的国际竞争力均很弱。

（2）中国四大类农产品相对于哈萨克斯坦而言具有更强的国际竞争力。在1996—2015这20年间，中国除第4类农产品外，第0类、第1类和第2类农产品国际市场占有率均大于1%，而同期哈萨克斯坦四大类农产品国际市场占有率均低于1%，且中国第4类农产品国际市场占有率略高于哈萨克斯坦第4类农产品国际市场占有率，表明相比哈萨克斯坦，中国四大类农产品均具有更强的国际竞争力。

（3）中国和哈萨克斯坦国内四大类农产品国际竞争力强弱有所不同。在中国，四大类农产品中第0类农产品的国际市场占有率最大（$IMS0>IMS2>IMS1>IMS4$），即相对来说，拥有最强的国际竞争力；在哈萨克斯坦，四大类农产品中第2类农产品的国际市场占有率最大（$IMS2>IMS0>IMS1>IMS4$），即其拥有最强的国际竞争力。

（4）中国和哈萨克斯坦四大类农产品国际竞争力变化趋势存在差异。由图可知，中国四大类农产品国际市场占有率总体变化趋势较为平稳，第0类农产品国际市场占有率呈现出不断上涨的态势，且上涨幅度较小；其余三大类农产品国际市场占有率均在某一值附近小幅波动。哈萨克斯坦第0类、第2类农产品国际市场占有率变动较为剧烈，表明该国这两大类农产品出口量很不稳定，变动幅度较大；其第1类和第4类农产品国际市场占有率不同年份存在小幅波动，变化趋势较为平稳。

表7-6　中国22章农产品国际市场占有率指数（%）

农产品类别（SITC Rev.3）	1996	2001	2006	2011	2012	2013	2014	2015
00活动物	4.97	3.94	2.33	2.82	2.72	2.68	2.57	3.01
01肉及肉制品	2.98	3.17	2.57	2.20	2.31	2.13	2.16	2.14
02奶产品和蛋类	0.24	0.26	0.39	0.33	0.36	0.28	0.29	0.35
03鱼及鱼制品	6.25	7.89	11.40	14.29	15.28	15.28	15.42	16.87

（续）

农产品类别（SITC Rev. 3）	1996	2001	2006	2011	2012	2013	2014	2015
04 谷物及谷物制品	0.83	2.42	1.92	0.99	0.88	0.88	0.84	0.83
05 蔬菜及水果	4.46	5.23	7.03	9.40	9.21	9.11	9.13	10.09
06 糖、糖制品及蜂蜜	2.53	1.94	2.41	3.17	3.26	3.75	4.32	5.20
07 咖啡、茶、可可粉及香料	1.78	2.26	2.39	2.43	2.47	2.93	3.10	3.61
08 动物饲料	1.52	1.54	1.62	3.12	3.95	3.32	3.88	3.68
09 混合食物制品	1.74	3.33	3.59	4.01	4.22	4.11	4.13	4.83
11 饮料	1.10	1.37	0.99	1.22	1.38	1.26	1.55	2.07
12 烟草及烟草制品	3.68	1.84	2.12	2.87	3.00	3.00	2.91	3.64
21 生皮及皮革	0.45	0.15	0.22	0.09	0.11	0.12	0.15	0.19
22 含油种子及油质水果	3.14	3.03	1.20	0.99	1.48	1.29	1.21	1.42
23 天然橡胶	0.44	0.71	0.71	3.09	3.17	1.11	1.36	2.06
24 软木及木材	1.29	1.41	2.86	1.59	1.92	1.93	1.77	1.60
25 纸浆与废纸	0.07	0.04	0.19	0.51	0.31	0.24	0.26	0.28
26 纺织纤维	2.80	3.97	5.68	9.22	9.53	6.93	7.67	9.38
29 未加工动植物原料	6.66	6.23	5.02	8.15	10.38	10.00	10.87	10.81
41 动物油脂	0.06	0.36	0.89	2.29	2.87	3.49	3.57	5.40
42 固态植物油脂	1.91	0.67	0.86	0.29	0.29	0.32	0.35	0.54
43 加工后的动物油脂类	0.65	0.31	0.79	1.20	1.11	1.29	1.71	2.17

资料来源：根据 UN COMTRADE（联合国商品贸易数据库）整理计算。

从表 7－6 可知，在 1996—2015 年间，中国四大类农产品的 22 章具体农产品的国际市场占有率，即国际竞争力呈现出如下特征：

（1）鱼及鱼制品（03）和未加工动植物原料（29）从具有一般的国际竞争力转变为具有较强的国际竞争力，成为中国国际市场占有率最高，国际竞争力最强的两种农产品。其中，鱼及鱼制品（03）除 1997、1998 和 2007 年外，其余年份国际市场占有率指数均呈现出正增长，总体增长幅度较大，从 1996 年的 6.25％增长至 2015 年的 16.87％，增长率为 169.92％。未加工动植物原料（29）在 1 996—2010 年间国际市场占有率指数波动下降，自 2011 年起开始不断上升，且幅度较大，总体处于不断上升趋势，国际竞争力也在持续加强。

（2）蔬菜及水果（05）、糖、糖制品及蜂蜜（06）、纺织纤维（26）和动物油脂（41）从具有很弱的国际竞争力转变为具有一般国际竞争力。其中，在1 997和1998年，蔬菜及水果（05）和纺织纤维（26）的国际市场占有率先后达到5%，并在此后一直保持在5%以上，成为具有一般国际竞争力的农产品。在2015年，蔬菜及水果（05）的国际市场占有率更是首次突破10%，进入具有较强国际竞争力的农产品行列。糖、糖制品及蜂蜜（06）和动物油脂（41）虽然长期处于国际竞争力很弱的状态，但其国际市场占有率均在不断上升，国际竞争力也在不断加强，并同时在2015年首次达到5%以上，进入具有一般国际竞争力的农产品行列。

（3）奶产品和蛋类（02）、谷物及谷物制品（04）、生皮及皮革（21）、纸浆与废纸（25）和固态植物油脂（42）的国际市场占有率均不到1%，几乎没有国际竞争力。活动物（00）和含油种子及油质水果（22）国际市场占有率不到5%，且总体处于不断下降的趋势，这表明其国际竞争力本身很弱并在持续减弱。相反，咖啡、茶、可可粉及香料（07）、动物饲料（08）、混合食物制品（09）、烟草及烟草制品（12）、天然橡胶（23）和加工后的动物油脂类（43）的国际市场占有率均不到5%，且总体处于不断上升的趋势，这表明其国际竞争力很弱，但在不断增强。肉及肉制品（01）、饮料（11）和软木及木材（24）的国际市场占有率相对来说比较稳定，均在某一值附近小幅波动，表明该三章农产品的国际竞争力很弱且持续处于这种状态。

表7-7 哈萨克斯坦22章农产品国际市场占有率指数（%）

农产品类别（SITC Rev. 3）	1996	2001	2006	2011	2012	2013	2014	2015
00 活动物	0.04	0.00	0.00	0.01	0.00	0.00	0.02	0.02
01 肉及肉制品	0.09	0.01	0.00	0.00	0.01	0.01	0.02	0.02
02 奶产品和蛋类	0.03	0.00	0.03	0.01	0.01	0.02	0.03	0.05
03 鱼及鱼制品	0.05	0.04	0.06	0.07	0.06	0.06	0.06	0.05
04 谷物及谷物制品	0.78	0.73	0.93	0.80	1.36	1.09	0.98	0.87
05 蔬菜及水果	0.04	0.02	0.07	0.01	0.02	0.01	0.01	0.02
06 糖、糖制品及蜂蜜	0.15	0.01	0.16	0.06	0.06	0.08	0.08	0.07
07 咖啡、茶、可可粉及香料	0.00	0.00	0.01	0.04	0.05	0.06	0.06	0.05
08 动物饲料	0.04	0.01	0.06	0.07	0.09	0.06	0.07	0.06
09 混合食物制品	0.05	0.01	0.02	0.08	0.10	0.10	0.09	0.09

（续）

农产品类别（SITC Rev. 3）	1996	2001	2006	2011	2012	2013	2014	2015
11 饮料	0.02	0.00	0.01	0.03	0.04	0.05	0.05	0.05
12 烟草及烟草制品	0.15	0.11	0.15	0.12	0.19	0.21	0.23	0.29
21 生皮及皮革	0.82	0.23	0.10	0.03	0.03	0.03	0.01	0.01
22 含油种子及油质水果	0.02	0.01	0.02	0.11	0.34	0.21	0.30	0.31
23 天然橡胶	0.00	0.00	0.00	0.00	0.00	0.00	0.00	0.00
24 软木及木材	0.01	0.02	0.00	0.00	0.00	0.00	0.00	0.00
25 纸浆与废纸	0.00	0.00	0.00	0.00	0.00	0.00	0.01	0.01
26 纺织纤维	0.45	0.48	0.93	0.21	0.28	0.32	0.20	0.18
29 未加工动植物原料	0.03	0.01	0.01	0.01	0.04	0.11	0.06	0.04
41 动物油脂	0.01	0.00	0.00	0.00	0.00	0.00	0.00	0.02
42 固态植物油脂	0.01	0.02	0.04	0.04	0.06	0.06	0.06	0.08
43 加工后的动物油脂类	0.00	0.00	0.00	0.01	0.02	0.02	0.03	0.03

资料来源：根据 UN COMTRADE（联合国商品贸易数据库）整理计算。

从表7-7可知，在1996—2015年间，哈萨克斯坦四大类农产品的22章具体农产品的国际市场占有率，即国际竞争力呈现出如下特征：

（1）哈萨克斯坦四大类农产品的22章具体农产品的国际市场占有率均低于1%，这表明，以国际市场占有率指数衡量，哈萨克斯坦22章具体农产品的国际竞争力很弱，甚至完全不具备国际竞争力。

（2）谷物及谷物制品（04）、纺织纤维（26）和烟草及烟草制品（12）的国际市场占有率处于哈萨克斯坦22章具体农产品的前三位，相对其国内其余农产品而言，具有更强的国际竞争力。其中，谷物及谷物制品（04）和烟草及烟草制品（12）的国际市场占有率除个别年份出现负增长之外，总体呈现出上升的状态，表明其国际竞争力虽然处于很弱的水平，但有不断增强的趋势。相反，纺织纤维（26）的国际市场占有率除个别年份出现正增长之外，总体呈现出下降的状态，这表明其国际竞争力本身处于很弱的水平，并且仍然在持续减弱。

（3）生皮与皮革（21）是过去20年间哈萨克斯坦22章具体农产品中国际市场占有率变化幅度最大的农产品。其国际市场占有率从1996年的0.82%下降至2015年的0.01%，下降率98.78%。表明其从具有很弱的国际竞争力转变为几乎不具备国际竞争力。

（4）活动物（00）、肉及肉制品（01）、天然橡胶（23）、软木及木材（24）、纸浆与废纸（25）、动物油脂（41）和加工后的动物油脂类（43）除个别年份具有非常小的国际市场占有率外，其余年份国际市场占有率均为0，表明这些农产品完全不具备国际竞争力。

7.3.2 两国农产品贸易竞争指数（*TC*指数）

贸易竞争指数是国际竞争力分析的一种有力工具，能够反映一国生产的产品相对于世界市场上供应的他国同种产品来说是否具有竞争优势；贸易竞争指数又称为“水平分工度指数”，表明各类产品的国际分工状况。所以贸易竞争指数还可以用来反映中国与哈萨克斯坦两国农产品相对于世界市场其他农产品主要出口国，是处于生产效率的竞争优势还是劣势以及优劣势的程度，从而说明其农产品国际竞争力状况及其变动趋势。本研究选择1996—2015年间两国四大类农产品进出口额数据并计算其贸易竞争指数，对比分析两国农产品的国际竞争力。

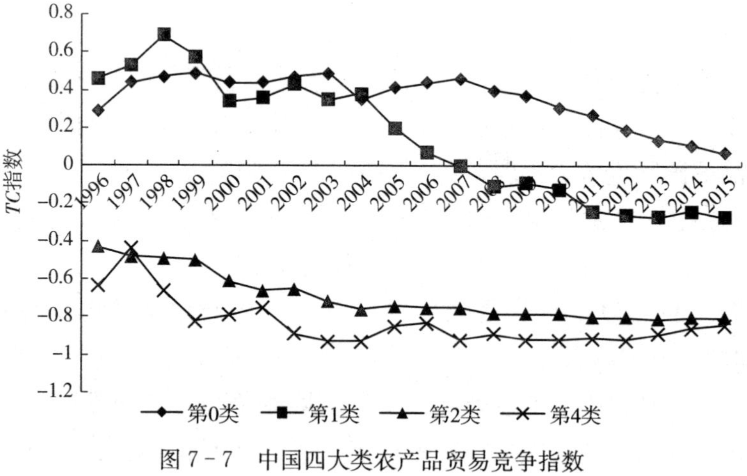

图7-7 中国四大类农产品贸易竞争指数

资料来源：根据UN COMTRADE（联合国商品贸易数据库）整理计算。

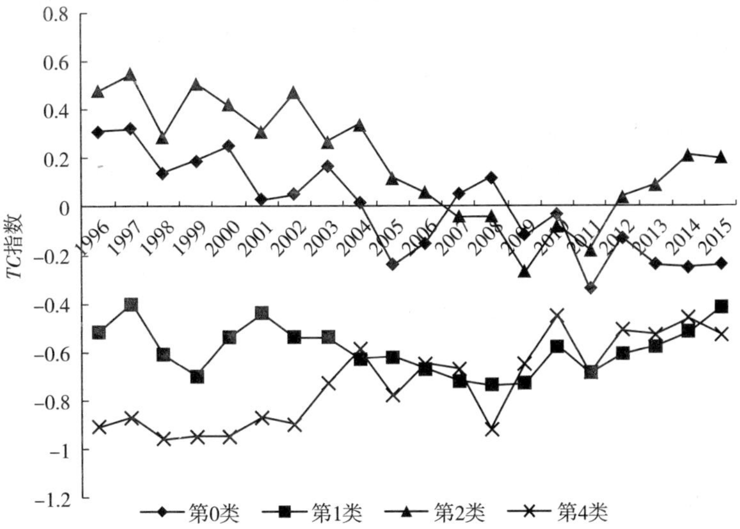

图 7－8　哈萨克斯坦四大类农产品贸易竞争指数

资料来源：根据 UN COMTRADE（联合国商品贸易数据库）整理计算。

从图 7－7 和图 7－8 可以看出，在 1996—2015 年这 20 年间，中国和哈萨克斯坦四大类农产品贸易竞争指数呈现出以下特征：

（1）总体而言，中国四大类农产品国际竞争力强于哈萨克斯坦四大类农产品国际竞争力。在过去 20 年间，中国第 0 类农产品的贸易竞争指数均大于 0，表明中国该类农产品一直处于净出口状态，其生产效率高于国际水平，具有较强的国际竞争力；中国第 1 类农产品在 2008 年以前也一直处于净出口状态，具有较强的国际竞争力。而同期哈萨克斯坦四大类农产品均没有始终处于净出口状态，表明其进出口贸易不稳定，生产效率低于国际水平，相对地缺乏国际竞争力。

（2）中国和哈萨克斯坦特定类别农产品的国际竞争力存在显著差异。对中国而言，第 0 类和第 1 类农产品具备较强的国际竞争力，尤其是第 0 类农产品，始终具备国际竞争力，而第 1 类农产品 1996—2007 年均具备较强的国际竞争力，在 2008 年，其由净出口转为净进口，不再具备国际竞争力。第 2 类和第 4 类农产品在过去 20 年间的贸易竞争指数均小于 0，表明在中国这两大类农产品的生产效率低于国际水平，中国一直处于净进口状态，缺乏国际竞争力。对哈萨克斯坦而言，第 0 类和第 2 类农产品相对来说具备较强的国际竞争力，尤其是第 2 类农产品，是哈萨克斯坦国内国际竞争力最强的农产品。第 1 类和第 4 类农产品贸易竞争指数均小于 0，表明其生产效率低于国际水平，本国该类农产品缺乏国际竞争力，需要依靠进口满足国内需要。

（3）中国和哈萨克斯坦四大类农产品国际竞争力变动趋势存在差异。中国第 0 类和第 1 类农产品具备国际竞争力，但总体均处于贸易竞争指数不断下降的趋势，尤其是第 1 类农产品，自 1999 年起连续 16 年贸易竞争指数处于负增长状态，且在 2008 年跌破 0 点，从此该类农产品进入净进口行列，不再具备国际竞争力。对于不具备国际竞争力的第 2 类和第 4 类农产品，其变化趋势较为平稳，贸易竞争指数始终在某一值附近小幅波动。而相对于中国，同期哈萨克斯坦四大类农产品国际竞争力变动趋势则显得不太平稳。其第 2 类农产品贸易竞争指数先降后升，在 2007—2011 年间处于净进口状态，不再具备国际竞争力，从 2012 年起，国际竞争力开始增强；而第 0 类农产品，在过去 20 年间其贸易竞争指数总体是波动下降的，该类农产品也从具备较强的国际竞争力转变为缺乏国际竞争力。至于第 1 类和第 4 类农产品，虽然波动幅度较大，但始终小于 0，表明其一直处于净进口状态，始终缺乏国际竞争力。

表 7-8　中国 22 章农产品贸易竞争指数

农产品类别（SITC Rev. 3）	1996	2001	2006	2011	2012	2013	2014	2015
00 活动物	0.82	0.82	0.68	0.20	0.08	0.15	−0.18	0.04
01 肉及肉制品	0.80	0.41	0.47	−0.07	−0.14	−0.32	−0.28	−0.41
02 奶产品和蛋类	0.15	−0.47	−0.50	−0.81	−0.84	−0.90	−0.92	−0.85
03 鱼及鱼制品	0.65	0.50	0.48	0.49	0.52	0.52	0.51	0.50
04 谷物及谷物制品	−0.66	0.31	0.26	−0.18	−0.55	−0.56	−0.64	−0.78
05 蔬菜及水果	0.82	0.69	0.68	0.55	0.45	0.46	0.41	0.39
06 糖、糖制品及蜂蜜	0.05	−0.08	0.07	−0.12	−0.20	−0.11	0.05	−0.02
07 咖啡、茶、可可粉及香料	0.73	0.70	0.65	0.47	0.41	0.45	0.40	0.37
08 动物饲料	−0.56	−0.31	−0.42	−0.21	−0.04	−0.18	−0.14	−0.30
09 混合食物制品	0.55	0.36	0.34	0.05	0.02	−0.03	−0.04	−0.15
11 饮料	0.80	0.54	0.04	−0.38	−0.40	−0.41	−0.30	−0.33
12 烟草及烟草制品	0.36	0.18	0.10	0.00	−0.02	−0.05	−0.14	−0.16

（续）

农产品类别（SITC Rev. 3）	1996	2001	2006	2011	2012	2013	2014	2015
21 生皮及皮革	−0.84	−0.97	−0.98	−0.99	−0.99	−0.99	−0.99	−0.99
22 含油种子及油质水果	0.19	−0.75	−0.87	−0.95	−0.95	−0.95	−0.96	−0.95
23 天然橡胶	−0.90	−0.91	−0.94	−0.85	−0.86	−0.88	−0.86	−0.87
24 软木及木材	−0.17	−0.71	−0.66	−0.87	−0.86	−0.89	−0.90	−0.90
25 纸浆与废纸	−0.98	−0.99	−0.98	−0.98	−0.99	−0.99	−0.99	−0.99
26 纺织纤维	−0.68	−0.57	−0.70	−0.61	−0.69	−0.65	−0.51	−0.43
29 未加工动植物原料	0.69	0.50	0.54	0.53	0.51	0.48	0.49	0.46
41 动物油脂	−0.98	−0.90	−0.75	−0.49	−0.26	−0.09	−0.09	−0.09
42 固态植物油脂	−0.63	−0.72	−0.84	−0.95	−0.96	−0.95	−0.93	−0.92
43 加工后的动物油脂类	0.06	−0.78	−0.71	−0.69	−0.71	−0.66	−0.65	−0.60

资料来源：根据 UN COMTRADE（联合国商品贸易数据库）整理计算。

从表7－8可知，在1996—2015年间，中国四大类农产品的22章具体农产品的贸易竞争指数，即国际竞争力呈现出如下特征：

（1）鱼及鱼制品（03）、蔬菜及水果（05）、咖啡、茶、可可粉及香料（07）和未加工动植物原料（29）的贸易竞争指数始终大于0，表明这几类农产品的国内生产效率高于国际水平，因此其具备较强的国际竞争力，始终处于净出口的状态。其中，鱼及鱼制品（03）和未加工动植物原料（29）的贸易竞争指数变动较小，一直在0.5附近小幅波动，表明其国际竞争力较为稳定；蔬菜及水果（05）和咖啡、茶、可可粉及香料（07）的贸易竞争指数除个别年份出现正增长外，总体是不断下降的，说明其虽然具有较强的国际竞争力，但其国际竞争力有减弱的趋势。

（2）活动物（00）、肉及肉制品（01）、奶产品和蛋类（02）、谷物及谷物制品（04）、糖、糖制品及蜂蜜（06）、混合食物制品（09）、饮料（11）、烟草及烟草制品（12）和加工后的动物油脂类（43）的贸易竞争指数均呈现出不断下降的趋势，且均是从最初的大于0逐渐下降到小于0，换言之，这几类农产品在一定时期内均处于净出口的状态，具有较强的国际竞争力，此后，由于本国该类农产品生产效率降低或者国际生产效率提高等原因，使得国内生产效率不再具有优势，从而转变为净进口的状态，缺乏国际竞争力。

(3) 动物饲料 (08)、生皮及皮革 (21)、含油种子及油质水果 (22)、天然橡胶 (23)、软木及木材 (24)、纸浆与废纸 (25)、纺织纤维 (26)、动物油脂 (41) 和固态植物油脂 (42) 的贸易竞争指数始终小于0，表明这几类农产品的国内生产效率低于国际水平，使得中国该类农产品一直处于净进口状态，缺乏国际竞争力。其中，生皮及皮革 (21)、含油种子及油质水果 (22)、纸浆与废纸 (25) 和固态植物油脂 (42) 的贸易竞争指数的绝对值都接近1，表明该类农产品净进口的程度越大，几乎不具备国际竞争力。

表7-9　哈萨克斯坦22章农产品贸易竞争指数

农产品类别 (SITC Rev. 3)	1996	2001	2006	2011	2012	2013	2014	2015
00 活动物	0.84	−0.84	−0.84	−0.94	−0.99	−0.98	−0.88	−0.69
01 肉及肉制品	0.23	−0.72	−0.99	−0.97	−0.96	−0.94	−0.83	−0.82
02 奶产品和蛋类	−0.59	−0.98	−0.87	−0.98	−0.97	−0.91	−0.87	−0.75
03 鱼及鱼制品	0.09	0.09	0.23	−0.04	−0.12	−0.06	−0.02	−0.13
04 谷物及谷物制品	0.89	0.82	0.71	0.66	0.78	0.75	0.74	0.72
05 蔬菜及水果	0.14	−0.17	−0.20	−0.95	−0.92	−0.94	−0.94	−0.91
06 糖、糖制品及蜂蜜	−0.67	−0.98	−0.71	−0.86	−0.84	−0.78	−0.81	−0.81
07 咖啡、茶、可可粉及香料	−0.95	−0.98	−0.97	−0.84	−0.81	−0.80	−0.76	−0.78
08 动物饲料	0.74	−0.58	−0.04	−0.01	0.06	−0.26	−0.18	−0.18
09 混合食物制品	−0.47	−0.80	−0.91	−0.76	−0.71	−0.72	−0.71	−0.70
11 饮料	−0.81	−0.85	−0.90	−0.78	−0.77	−0.72	−0.68	−0.59
12 烟草及烟草制品	−0.32	−0.30	−0.37	−0.57	−0.44	−0.42	−0.35	−0.30
21 生皮及皮革	0.97	0.95	0.90	0.86	1.00	0.93	0.73	0.05
22 含油种子及油质水果	0.35	−0.43	−0.40	0.65	0.61	0.57	0.73	0.71
23 天然橡胶	−0.87	−1.00	−1.00	−0.94	−0.97	−0.99	−0.98	−0.90
24 软木及木材	−0.78	−0.61	−1.00	−1.00	−1.00	−1.00	−0.99	−0.98
25 纸浆与废纸	−0.87	0.66	−1.00	−0.90	−0.80	−0.68	−0.62	−0.39
26 纺织纤维	0.79	0.73	0.55	0.49	0.46	0.65	0.55	0.40
29 未加工动植物原料	0.40	−0.58	−0.75	−0.81	−0.60	−0.32	−0.50	−0.61
41 动物油脂	−0.40	−0.81	−1.00	−0.90	−1.00	−0.91	−0.97	−0.47
42 固态植物油脂	−0.92	−0.86	−0.56	−0.65	−0.43	−0.47	−0.39	−0.51
43 加工后的动物油脂类	−0.95	−0.98	−0.99	−0.90	−0.79	−0.82	−0.70	−0.73

资料来源：根据UN COMTRADE (联合国商品贸易数据库) 整理计算。

从表7-9可知，在1996—2015年间，哈萨克斯坦四大类农产品的22章具体农产品的贸易竞争指数，即国际竞争力呈现出如下特征：

(1) 谷物及谷物制品 (04)、生皮及皮革 (21) 和纺织纤维 (26) 的贸易竞争指数在过去20年间始终大于0，表明哈萨克斯坦这几类农产品的国内生产效率高于国际水平，其一直处于净出口状态，具备较强的国际竞争力。其中，谷物及谷物制品（04）的贸易竞争指数变动较小，表明其国际竞争力较为稳定；生皮及皮革（21）和纺织纤维（26）的贸易竞争指数变动相对较大，且均是呈现出向下变动的趋势，表明这两类农产品的国际竞争力有减弱的趋势。

（2）活动物（00）、肉及肉制品（01）、鱼及鱼制品（03）、蔬菜及水果（05）、动物饲料（08）和未加工动植物原料（29）的贸易竞争指数总体呈现出不断下降的趋势，并且均是从大于0下降至小于0，这表明这些农产品在一定时期内是处于净出口状态的，具备较强的国际竞争力，后来由于生产效率变化等原因，导致其转变为净进口的状态，其国际竞争力也减弱甚至缺乏国际竞争力了。其中，活动物（00）、肉及肉制品（01）和蔬菜及水果（05）的贸易竞争指数的绝对值接近于1，说明与国际生产效率相比，这几类农产品的国内生产效率很低，几乎不具备国际竞争力。含油种子及油质水果（22）的贸易竞争指数从小于0转变为大于0，表明该农产品的国内生产效率提高，使得其由净进口转变为净出口状态，同时，国际竞争力也在很大程度上增强了。

（3）奶产品和蛋类（02）、糖、糖制品及蜂蜜（06）、咖啡、茶、可可粉及香料（07）、混合食物制品（09）、饮料（11）、烟草及烟草制品（12）、天然橡胶（23）、软木及木材（24）、纸浆与废纸（25）、动物油脂（41）、固态植物油脂（42）和加工后的动物油脂类（43）的贸易竞争指数始终小于0，说明这些农产品的国内生产效率始终低于国际水平，哈萨克斯坦一直处于对这些农产品的净进口状态，其不具备或缺乏国际竞争力。其中，天然橡胶（23）、软木及木材（24）、动物油脂（41）和加工后的动物油脂类（43）除极少数年份外，贸易竞争指数的绝对值均接近于1，表明这几类农产品国内生产效率非常低，不具备国际竞争力。

7.4　本章小结

本章根据UN Comtrade数据库中SITC一位和二位编码的农产品贸

易数据，对中国和哈萨克斯坦四大类农产品的进出口状况进行了分析；同时运用国际市场占有率指数和贸易竞争指数从四大类农产品整体和22章具体农产品两个角度出发对中国和哈萨克斯坦农产品国际竞争力进行了深入分析，得出如下主要结论：

（1）在1996—2015年间，中国农产品进出口贸易额增长显著，进口额和出口额均有了巨大提升；中国农产品进口增长速率远高于出口增长速率，使得中国农产品贸易从顺差转变为巨额逆差，且逆差额有持续扩大的趋势。哈萨克斯坦农产品进出口贸易额增长相对缓慢，且进口增长速率与出口增长速率不存在较大差别；与中国相似，哈萨克斯坦农产品贸易也从顺差转变为逆差，但逆差额尚处于较低水平。

（2）从四大类农产品整体的角度来看，以国际市场占有率和贸易竞争指数衡量，中国和哈萨克斯坦农产品均有很弱的国际竞争力；相比之下，中国四大类农产品的国际竞争力强于哈萨克斯坦四大类农产品的国际竞争力。

（3）从22章具体农产品的角度来看，以国际市场占有率和贸易竞争指数衡量，中国的鱼及鱼制品（03）和未加工动植物原料（29）从具有一般的国际竞争力转变为具有较强的国际竞争力，成为中国国际市场占有率最高，国际竞争力最强的两种农产品；蔬菜及水果（05）、糖、糖制品及蜂蜜（06）、纺织纤维（26）和动物油脂（41）从具有很弱的国际竞争力转变为具有一般国际竞争力；奶产品和蛋类（02）、谷物及谷物制品（04）、生皮及皮革（21）、纸浆与废纸（25）和固态植物油脂（42）的国际市场占有率均不到1%，几乎没有国际竞争力。哈萨克斯坦的谷物及谷物制品（04）、生皮及皮革（21）和纺织纤维（26）的贸易竞争指数在过去20年间始终大于0，表明哈萨克斯坦这几类农产品的国内生产效率高于国际水平，其一直处于净出口状态，具备较强的国际竞争力；活动物（00）、肉及肉制品（01）、天然橡胶（23）、软木及木材（24）、纸浆与废纸（25）、动物油脂（41）和加工后的动物油脂类（43）除个别年份具有非常小的国际市场占有率外，其余年份国际市场占有率均为0，表明这些农产品完全不具备国际竞争力。

第8章　中国与哈萨克斯坦农产品贸易竞争性与互补性分析

本书第7章根据UN Comtrade（联合国商品贸易数据库）SITC一位和二位编码的农产品贸易数据，对中国和哈萨克斯坦四大类农产品的进出口状况进行了分析；同时运用国际市场占有率指数和贸易竞争指数从四大类整体农产品和22章具体农产品两个角度出发对中国和哈萨克斯坦农产品国际竞争力进行了深入分析。为进一步深入探究中国与哈萨克斯坦农产品贸易关系，本章将根据UN Comtrade（联合国商品贸易数据库）SITC一位和二位编码的农产品贸易数据，选用显示性比较优势指数、出口产品相似度指数分析两国农产品贸易的竞争性特征，选用贸易互补性指数和产业内贸易指数分析两国农产品贸易的互补性特征，探究中国与哈萨克斯坦潜在的农产品贸易合作领域。

8.1　农产品贸易竞争性与互补性衡量方法

农产品贸易竞争性与互补性是双边贸易开展的重要现实基础，国内外关于农产品贸易竞争性与互补性的衡量方法集中于指数分析法，因此，本章拟采用相关重要指数指标对中国与哈萨克斯坦农产品贸易竞争性与互补性特征进行定量分析。

8.1.1　农产品贸易竞争性衡量方法

国内外关于贸易竞争性的衡量方法主要是利用出口相似性指数、显示性比较优势指数、相对贸易优势指数、国际市场占有率等指标进行定量分析。例如学者们有利用出口相似性指数分析了中国与东盟农产品贸易的竞争关系（孙林，2005），选用显示性比较优势指数分析了中国与“一带一路”国家农产品贸易的竞争性特征（何敏等，2016），利用相对贸易优势指数测算中国与东盟及其各国果蔬产品的相对比较优势（吕建兴，2011）；选用国际市场占有率定量说明了中国与 TPP12 国农产品贸易竞争性的特征（李慧，2016）。为进一步深入把握中国与哈萨克斯坦农产品贸易竞争性的特征，本章选用显示性比较优势指数和出口相似性指数来进行测算分析。

8.1.2 农产品贸易互补性衡量方法

国内外关于贸易互补性的衡量方法主要是利用贸易互补性指数、贸易强度指数、贸易特化系数、产业内贸易指数等指标进行定量分析。例如学者们利用贸易互补性指数分析农产品贸易的互补性（孙致陆等，2013）；引入贸易互补性指数、贸易强度指数对中国与东北亚主要国家之间的双边农产品贸易互补性进行实证分析（姚海华，2006）；利用贸易特化系数分析中国与哈萨克斯坦双边贸易中的产业内互补及产业间互补的特征（李钦，2010）；选用产业内贸易互补性指数对中国与中亚 5 国农产品贸易的互补性进行实证分析（李婷，2011）。对贸易互补性的研究，许多学者提出不同的指标体系对其进行评价，采用最多的是 Peter Drysdale 于 1967 年提出的贸易互补性指数。但由于贸易互补性指数的乘积原因，不能克服进出口的不对称性。为弥补贸易互补性指数的不足，大都采用产业内贸易指数对贸易互补性的研究进行补充。因此，本章采用贸易互补性指数和产业内贸易指数，对中国与哈萨克斯坦农产品贸易互补性特征进行定量分析，探究中国与哈萨克斯坦潜在的农产品贸易合作领域。

8.2 中国与哈萨克斯坦农产品贸易竞争性分析

为厘清中国与哈萨克斯坦两国农产品贸易竞争性关系，下面将基于显示性比较优势指数和出口产品相似度指数对其进行定量分析。

8.2.1 显示性比较优势指数分析

为衡量和分析产品或产业贸易比较优势，经济学家 Balassa（1965）

提出了显示性比较优势指数，该指数通常被用来衡量一国出口商品的竞争力。其公式表示如下：

$$RCA_{ij} = \frac{\frac{X_{ij}}{X_{tj}}}{\frac{X_{iw}}{X_{tw}}}。$$

其中 X_{ij} 表示国家 j 的 i 类商品的出口值，X_{tj} 表示国家 j 的出口总值，X_{iw} 表示世界上 i 类商品的出口总值，X_{tw} 表示世界出口总值。若 $RCA>1$，表示该产品或产业具有比较优势，其中若 $RCA>2.5$，表示该产品或产业具有极强的比较优势，若 $1.25\leqslant RCA\leqslant 2.5$，表示该产品或产业具有较强的竞争力。

从中国与哈萨克斯坦四大类农产品的显示性比较优势指数分析可知（图8-1、图8-2），中国与哈萨克斯坦具有比较优势的农产品存在较大差异。中国与哈萨克斯坦在第0类农产品类别上的 *RCA* 指数值均大于1，表明中、哈两国在该类农产品上均具有出口比较优势。中、哈两国在第1类、第2类、第4类上均不具有比较优势（除哈萨克斯坦的第2类产品在2006年的 *RCA* 指数值超过1以外）。两国一分位的四类农产品的 *RCA* 值在本国所处地位一致，即 $RCA0>RCA2>RCA1>RCA4$。从变化趋势分析可知，中国四大类农产品的 *RCA* 值较哈萨克斯坦的指数值变化趋势平稳，哈萨克斯坦四大类农产品的 *RCA* 值在个别年份波动大，这表明哈萨克斯坦国内农产品产量受自然环境影响大，农产品产量不稳定。

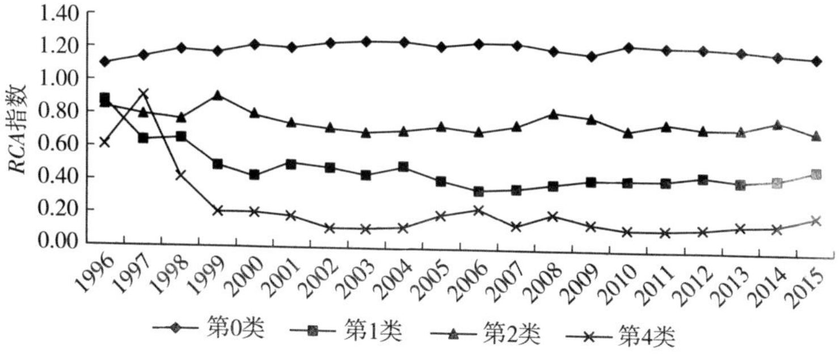

图8-1　中国四类农产品的出口显示性比较优势指数

资料来源：根据 UN COMTRADE（联合国商品贸易数据库）整理计算。

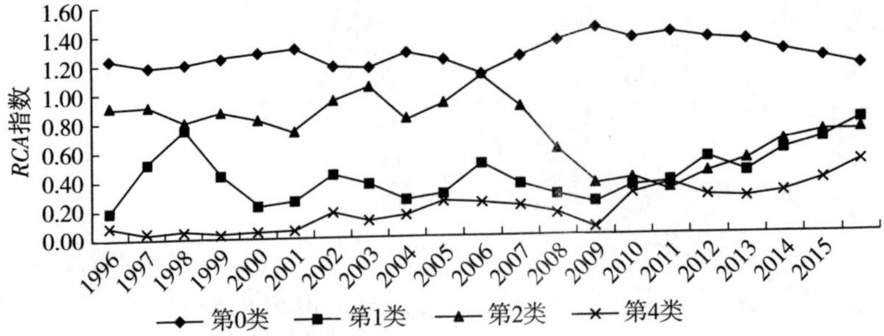

图 8-2 哈萨克斯坦四类农产品的出口显示性比较优势指数

资料来源：根据 UN COMTRADE（联合国商品贸易数据库）整理计算。

从中国 22 章农产品出口显示性比较优势指数（表 8-1）分析可知：

中国的活动物（00）、肉及肉制品（01）分别从 2003、2002 年开始，由具有比较优势的产品变为不具有比较优势的产品。谷物及谷物制品（04）的 *RCA* 值先增后减，自 2003 年以后不再具有比较优势，且 *RCA* 值呈现下降趋势。

奶产品和蛋类（02）、咖啡、茶、可可粉及香料（07）、动物饲料（08）、饮料（11）、生皮及皮革（21）、天然橡胶（23）、软木及木材（24）、纸浆与废纸（25）、加工后的动物油脂类（43）等章别的 *RCA* 值小于 1，不具有比较优势。糖、糖制品及蜂蜜（06）除 2015 年外、动物油脂（41）除 2015 年外、固态植物油脂（42）除 1997 年外，这三章农产品其余年份的 *RCA* 值均小于 1，说明这三章农产品不具有比较优势。烟草及烟草制品（12）除了 1996 年的 *RCA* 值大于 1 以外，其余年份均小于 1，不具有比较优势。含油种子及油质水果（22）除 1996、1999 年 *RCA* 值大于 1 外，其余年份均小于 1，且呈波动下降趋势，比较优势消失。

鱼及鱼制品（03）从 2001 年起 *RCA* 值大于 2.5，且呈波动上升趋势，表明该章农产品具有极强的国际竞争力。蔬菜及水果（05）的 *RCA* 值大于 1.25 ，具有较强的比较优势。混合食物制品（09）*RCA* 值变动幅度小，近 20 年的 *RCA* 值均大于或接近于 1，具有比较优势。纺织纤维（26）除 2004、2009 年外，其余年份 *RCA* 值均大于 1，且呈波动上升趋势，具有比较优势。未加工动植物原料（29）*RCA* 值大于 1.25，具有较强的国际竞争力。

表 8-1　中国 22 章农产品的出口显示性比较优势指数

SITC 编码	1996	2001	2006	2010	2012	2013	2014	2015
00	1.93	1.28	0.65	0.65	0.67	0.65	0.59	0.61
01	1.16	1.03	0.72	0.56	0.57	0.51	0.50	0.43
02	0.09	0.08	0.11	0.08	0.09	0.07	0.07	0.07
03	2.43	2.56	3.20	3.36	3.74	3.69	3.53	3.42
04	0.32	0.78	0.54	0.27	0.22	0.21	0.19	0.17
05	1.73	1.70	1.97	2.28	2.25	2.20	2.09	2.05
06	0.98	0.63	0.68	0.81	0.80	0.91	0.99	1.06
07	0.69	0.73	0.67	0.62	0.60	0.71	0.71	0.73
08	0.59	0.50	0.45	0.88	0.97	0.80	0.89	0.75
09	0.68	1.08	1.01	0.97	1.03	0.99	0.95	0.98
11	0.43	0.44	0.28	0.28	0.34	0.30	0.36	0.42
12	1.43	0.60	0.60	0.75	0.74	0.72	0.67	0.74
21	0.18	0.05	0.06	0.02	0.03	0.03	0.03	0.04
22	1.22	0.98	0.34	0.21	0.36	0.31	0.28	0.29
23	0.17	0.23	0.20	0.39	0.77	0.27	0.31	0.42
24	0.50	0.46	0.80	0.43	0.47	0.47	0.41	0.33
25	0.03	0.01	0.05	0.08	0.08	0.06	0.06	0.06
26	1.09	1.29	1.59	1.35	2.33	1.67	1.76	1.90
29	2.58	2.02	1.41	1.55	2.54	2.41	2.49	2.19
41	0.02	0.12	0.25	0.53	0.70	0.84	0.82	1.10
42	0.74	0.22	0.24	0.07	0.07	0.08	0.08	0.11
43	0.25	0.10	0.22	0.32	0.27	0.31	0.39	0.44

资料来源：根据 UN COMTRADE（联合国商品贸易数据库）整理计算。

从哈萨克斯坦 22 章农产品出口显示性比较优势指数（表 8-2）分析可知：

哈萨克斯坦的活动物（00）、肉及肉制品（01）、奶产品和蛋类（02）、鱼及鱼制品（03）、蔬菜及水果（05）、咖啡、茶、可可粉及香料（07）、动物饲料（08）、混合食物制品（09）、饮料（11）、天然橡胶（23）、软木及木材（24）、纸浆与废纸（25）、未加工动植物原料（29）、动物油脂（41）、固态植物油脂（42）、加工后的动物油脂类（43）等章别的各年份

RCA 值小于 1，均不具有比较优势。

谷物及谷物制品（04）各个年份的 *RCA* 值均大于 2.5，具有极强的国际竞争优势。纺织纤维（26）自 1996—2006 年，*RCA* 值呈波动上升趋势，2007—2015 年呈波动下降趋势，波动起伏大，但各年 *RCA* 值均大于 1，具有比较优势。

糖、糖制品及蜂蜜（06）2003—2006 年间的 *RCA* 值大于 1，但其余年份均小于 1，不具有比较优势。烟草及烟草制品（12）在 2001、2005、2006、2011、2013、2014、2015 年等年份的 *RCA* 值大于 1，表现为具有比较优势，但在其余年份均小于 1，起伏波动大，说明该章农产品的生产受自然环境的影响较大。生皮及皮革（21）的 *RCA* 值波动幅度大，从 1996 的 5.36 波动至 2015 年的 0.04，由极强比较优势下降至不具有比较优势。含油种子及油质水果（22）的 *RCA* 值波动幅度也相对较大，但是正向的波动，由 1996 年的 0.10 上升至 2015 年的 2.07，由不具有比较优势转变为具有较强的比较优势。

表 8-2　哈萨克斯坦 22 章农产品的出口显示性比较优势指数

SITC 编码	1996	2001	2006	2011	2012	2013	2014	2015
00	0.23	0.02	0.02	0.10	0.01	0.01	0.10	0.16
01	0.60	0.10	0.00	0.04	0.04	0.05	0.13	0.14
02	0.17	0.01	0.20	0.04	0.04	0.13	0.20	0.33
03	0.31	0.35	0.45	0.57	0.29	0.36	0.37	0.31
04	5.13	6.93	6.57	6.73	6.85	6.40	6.13	5.85
05	0.26	0.22	0.50	0.08	0.10	0.08	0.09	0.13
06	0.96	0.09	1.15	0.50	0.29	0.48	0.48	0.44
07	0.03	0.02	0.04	0.30	0.25	0.34	0.36	0.32
08	0.23	0.06	0.39	0.59	0.46	0.36	0.42	0.41
09	0.30	0.13	0.17	0.67	0.51	0.57	0.56	0.59
11	0.15	0.05	0.09	0.29	0.19	0.28	0.33	0.33
12	0.98	1.07	1.04	1.04	0.98	1.24	1.43	1.96
21	5.36	2.14	0.72	0.22	0.15	0.17	0.04	0.04
22	0.10	0.12	0.13	0.89	1.69	1.24	1.90	2.07
23	0.03	0.00	0.00	0.01	0.00	0.00	0.00	0.01

（续）

SITC 编码	1996	2001	2006	2011	2012	2013	2014	2015
24	0.08	0.23	0.00	0.00	0.00	0.00	0.00	0.01
25	0.01	0.02	0.00	0.01	0.01	0.03	0.04	0.05
26	2.95	4.50	6.51	1.77	1.41	1.86	1.23	1.21
29	0.20	0.12	0.05	0.11	0.23	0.65	0.36	0.27
41	0.03	0.01	0.00	0.04	0.00	0.03	0.02	0.11
42	0.04	0.21	0.26	0.30	0.28	0.32	0.41	0.55
43	0.02	0.03	0.01	0.08	0.12	0.11	0.17	0.23

资料来源：根据 UN COMTRADE（联合国商品贸易数据库）整理计算。

通过从整体四大类和具体 22 章别对比分析中国与哈萨克斯坦两国各自具有出口比较优势的农产品类别及其出口比较优势均存在较大差异，贸易存在较强的互补性。哈萨克斯坦在谷物及谷物制品、烟草及烟草制品、纺织纤维等土地密集型产品上具有出口比较优势，而中国在鱼及鱼制品、蔬菜及水果、纺织加工品等劳动和资本密集型产品上具有出口优势。不同的出口优势是因为各国的资源禀赋存在很大差异，哈萨克斯坦具有丰富的农业资源，特别是稀缺的土地密集型产品如粮食、棉花等所需的土地等资源，其自然资源条件也很适宜农业生产，但缺乏农业生产所需的技术和资金；而中国一直以来就是农业生产大国，由于人口的压力不得不在农业生产与加工技术上不断地创新突破，积累了丰富的资金和技术，建立了完备的工业体系，在劳动、技术和资本密集型农产品上也就有很强的比较优势，因此双边在农产品贸易中的竞争性较小，互补性强。

8.2.2　出口产品相似度指数分析

出口产品相似度指数最早由芬格和克瑞宁（Finger and Kreinin, 1979）提出，用于衡量两个国家在第三市场或世界市场上出口产品的相似性程度。其计算方法如下：

$$S^p(ij,w)=\left[\sum\min\left(\frac{X_{iw}^k}{X_{iw}}\right),\left(\frac{X_{jw}^k}{X_{jw}}\right)\right]\times 100\text{。}$$

式中，$S^p(ij,w)$ 表示 i 国和 j 国出口到市场 w 的产品相似度指数，i、表示所要比较的任意两国，w 表示第三国市场或者世界市场，X 表示出口，k表示产品。该指数在0到100之间。该指数越接近100时，表明两国出口到第三市场或世界市场的商品结构越相似，该指数越接近0时，表明两国出口到第三市场或世界市场的商品结构越不同。值得说明的是如果这个指数随着时间的推移而上升，则表明两国的出口结构趋于收敛，同时也意味着两国在第三市场上的竞争会更激烈；反之，如果这个指数随着时间的推移而下降，则意味着两国在第三市场上的专业化分工程度正在上升，两个国家的商品贸易关系是趋于互补的。

在世界市场上，中国与哈萨克斯坦整体农产品的产品相似度不高（图8-3），因为两国农产品相似度指数仅在30左右，最高的年份在1997年也仅达到36.04，因此可以认为双边彼此竞争关系微弱，或不存在竞争关系。从时间序列来看，中国与哈萨克斯坦农产品相似度指数有下降的趋势，表明中国与哈萨克斯坦农产品出口结构差异化明显，两国在世界市场上的专业化分工程度正在上升，在世界市场的竞争程度有所下降，双边农产品贸易关系趋于互补。

进一步分析可以发现，中国与哈萨克斯坦农产品相似度指数较低，是由哈萨克斯坦农产品出口结构单一造成的。长期以来，由于哈萨克斯坦特殊的农业资源禀赋和长期的农牧业生产结构，其出口的农产品极其单一。以2015年的贸易数据为例，谷物及谷物制品是其出口最重要的农产品，占农产品出口总额的61.46%以上。

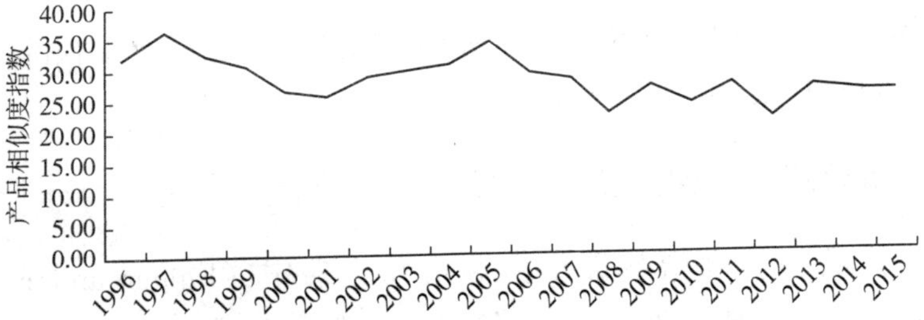

图8-3 中国与哈萨克斯坦农产品在世界市场上的产品相似度指数

资料来源：根据UN COMTRADE（联合国商品贸易数据库）整理计算。

从两国细分农产品的产品相似度指数分析可知（图8-4），中国与哈萨克斯坦在第0类农产品上的出口结构相似度最高，但最高值未超过30，其余三类的相似度则更低，表明两国农产品在世界市场上的竞争性小，互补性强。

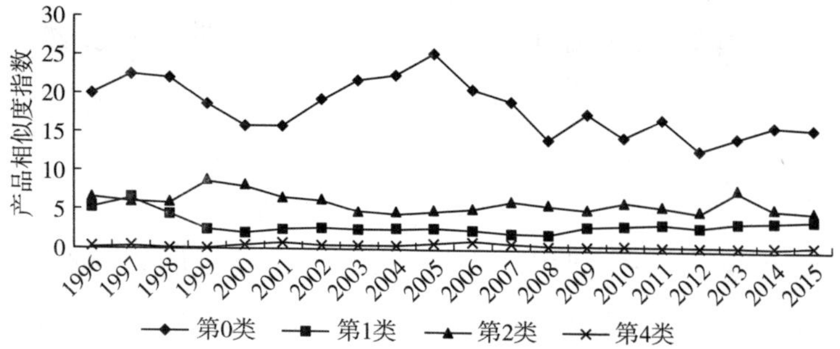

图8-4　中国与哈萨克斯坦细分农产品在世界市场上的产品相似度指数

资料来源：根据 UN COMTRADE（联合国商品贸易数据库）整理计算。

通过对中国与哈萨克斯坦整体及细分农产品在世界市场上的产品相似度指数对比分析可知，中国与哈萨克斯坦整体农产品的产品相似度不高，双边彼此竞争关系微弱，或不存在竞争关系，这是由哈萨克斯坦农产品出口结构单一造成的。长期以来，由于哈萨克斯坦特殊的农业资源禀赋和长期的农牧业生产结构，其出口的农产品极其单一。从时间序列来看，中国与哈萨克斯坦农产品相似度指数有下降的趋势，表明中国与哈萨克斯坦农产品出口结构差异化明显，两国在世界市场上的专业化分工程度正在上升，在世界市场的竞争程度有所下降，双边农产品贸易关系是趋于互补的。

8.3　中国与哈萨克斯坦农产品贸易互补性分析

为深入探究中国与哈萨克斯坦两国农产品贸易互补性关系，下面将基于贸易互补性指数和产业内贸易指数对其进行定量分析。

8.3.1　贸易互补性指数分析

贸易互补性指数主要衡量出口国的出口结构与目标市场进口结构的相关程度，以考察各国出口所具有的比较优势水平。它可以反映不同国家在产品结构和贸易结构上的匹配程度，还能计算出不同经济体贸易合作可能性的大小。单个产品（行业）贸易互补性指数的计算公式如下：

$$C_{ij}^{k}=RCA_{ix}^{k}\times RCA_{jm}^{k}$$

其中，RCA_{ix}^{k} 是用出口衡量 i 国在 k 类产品上的比较优势，RCA_{jm}^{k} 是用进口来衡量 j 国在 k 类产品上的比较劣势。它们分别的表达式如下：

$$RCA_{ix}^{k}=\frac{\frac{X_i^k}{X_i}}{\frac{X_w^k}{X_w}}\text{；}RCA_{jm}^{k}=\frac{\frac{M_j^k}{M_j}}{\frac{X_w^k}{X_w}}\text{。}$$

其中，X_i 表示一定时期内 i 国的出口额，X_w 表示同一时期世界的出口额，X_i^k 表示同一时期 i 国 k 类产品的出口额，X_w^k 表示同一时期全世界 k 类产品的出口额，M_j^k 表示同时期 j 国 k 类产品的进口额，M_j 表示同时期 j 国的总进口额。贸易互补性指数越大，说明贸易双方之间的经济吻合度越大，两国的贸易互补性越强；反之，两国的贸易互补性越小。通常来讲，$C_{ij}^{k}>1$，说明两国的贸易互补性强，指数越大，说明贸易关系越紧密；当 $C_{ij}^{k}<1$ 时，说明两国的贸易互补性比较弱，而且数值越小，说明贸易关系越不紧密。

从以中国出口衡量的 *TCI* 指数（图 8－5）可以看出，中国与哈萨克斯坦在第 0 类农产品上贸易互补指数大于 1，近 20 年来，贸易互补性强。第 1 类农产品 *TCI* 值从 1999 年以后就下降至 1 以下，两国在类农产品贸易上互补性逐渐由强转弱。第 2 类、第 4 类农产品的 *TCI* 值始终在 1 以下，且波动程度小，中、哈贸易互补性弱。从以中国进口衡量的 *TCI* 指数（图 8－6）可以看出，哈萨克斯坦与中国在第 2 类农产品贸易上互补性强，互补性指数波动幅度大，2011 年跌至 1.03。第 0、4、1 类的互补指数近 20 年来均低于 1，贸易互补性弱。

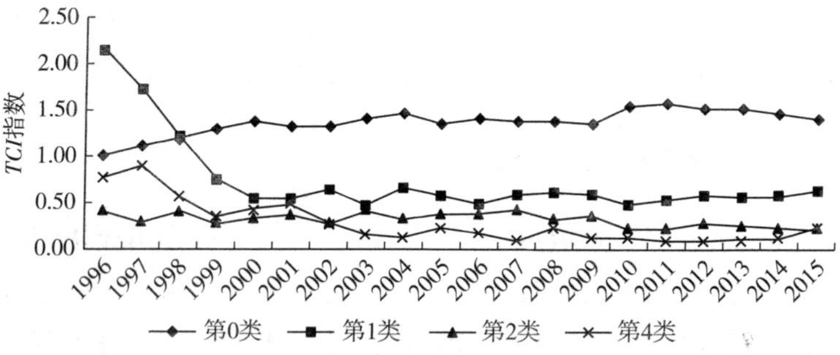

图 8－5　以中国出口衡量的四大类农产品贸易互补性指数

资料来源：根据 UN COMTRADE（联合国商品贸易数据库）整理计算。

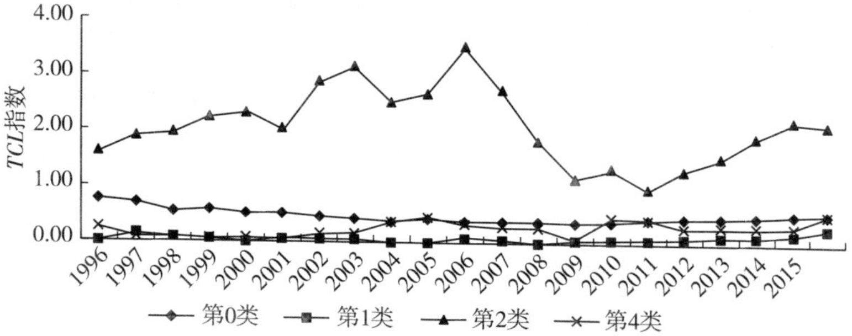

图 8-6　以中国进口衡量的四大类农产品贸易互补性指数

资料来源：根据 UN COMTRADE（联合国商品贸易数据库）整理计算。

从以中国出口衡量的 22 章农产品的贸易互补性指数分析可知（表 8-3）：

表 8-3　以中国出口衡量的 22 章农产品贸易互补指数

SITC 编码	1996	2001	2006	2011	2012	2013	2014	2015
00	0.06	0.23	0.12	0.98	0.92	0.70	0.58	0.34
01	0.65	0.64	0.62	0.53	0.65	0.52	0.43	0.38
02	0.09	0.14	0.22	0.15	0.16	0.11	0.11	0.10
03	0.94	0.74	0.64	1.00	1.00	0.92	0.83	0.87
04	0.14	0.53	0.43	0.16	0.13	0.12	0.11	0.10
05	0.51	0.53	1.05	3.78	3.62	3.89	3.92	3.48
06	7.15	5.11	3.20	2.44	1.97	2.09	2.73	2.81
07	1.10	1.67	1.24	0.93	1.03	1.32	1.17	1.18
08	0.03	0.10	0.14	0.22	0.29	0.29	0.33	0.28
09	0.84	1.22	2.59	2.31	2.25	2.07	1.91	2.03
11	0.92	0.25	0.33	0.32	0.35	0.32	0.37	0.34
12	4.13	1.19	0.95	1.27	1.33	1.34	1.21	1.71
21	0.02	0.00	0.00	0.00	0.00	0.00	0.00	0.00
22	0.09	0.29	0.07	0.02	0.11	0.06	0.05	0.06
23	0.10	0.04	0.03	0.09	0.13	0.02	0.02	0.03
24	0.52	0.42	1.03	0.31	0.43	0.33	0.19	0.14
25	0.00	0.00	0.00	0.01	0.01	0.00	0.01	0.00
26	0.55	0.90	2.12	0.64	0.88	0.40	0.38	0.62

（续）

SITC 编码	1996	2001	2006	2011	2012	2013	2014	2015
29	0.33	0.92	0.32	1.01	1.68	1.84	1.64	1.53
41	0.00	0.02	0.05	0.21	0.28	0.28	0.62	0.20
42	1.02	0.59	0.16	0.05	0.04	0.04	0.05	0.12
43	0.28	0.24	0.25	0.23	0.20	0.21	0.24	0.40

资料来源：根据 UN COMTRADE（联合国商品贸易数据库）整理计算。

从中国出口衡量的互补性指数可知，活动物（00）、肉及肉制品（01）、奶产品和蛋类（02）、鱼及鱼制品（03）、谷物及谷物制品（04）、动物饲料（08）、饮料（11）、生皮及皮革（21）、含油种子及油质水果（22）、天然橡胶（23）、软木及木材（24）、纸浆与废纸（25）、纺织纤维（26）、动物油脂（41）、加工后的动物油脂类（43）等类别的各年份 *TCI* 值均小于 1，表明中国与哈萨克斯坦贸易在这些农产品类别上互补性弱。鱼及鱼制品（03）除了在 2008、2009、2011、2012 年 *TCI* 指数值大于 1 以外，其余年份均小于 1，表明两国贸易互补性弱。

蔬菜及水果（05）的 *TCI* 值变化幅度大，自 2004 年以后均大于 1，且上升速度大，贸易互补性由弱变强。糖、糖制品及蜂蜜（06）、烟草及烟草制品（12）虽然各年份的 *TCI* 值均大于 1，贸易互补性强，但呈下降趋势，贸易互补性在减弱。咖啡、茶、可可粉及香料（07）除了 2011 年外、混合食物制品（09）除 1996 年外，其余年份的 *TCI* 值均大于 1，贸易互补性强。

未加工动植物原料（29）自 2011 年起，*TCI* 指数值大于 1，贸易互补性由弱变强。固态植物油脂（42）自 1998 年起，*TCI* 指数值小于 1，贸易互补性由强变弱。

从以中国进口衡量的 22 章农产品的贸易互补性指数分析可知（表 8－4）：

从以中国进口衡量的互补性指数可知，活动物（00）、肉及肉制品（01）、奶产品和蛋类（02）、鱼及鱼制品（03）、蔬菜及水果（05）、糖、糖制品及蜂蜜（06）、咖啡、茶、可可粉及香料（07）、动物饲料（08）、混合食物制品（09）、饮料（11）、烟草及烟草制品（12）、天然橡胶（23）、软木及木材（24）、纸浆与废纸（25）、未加工动植物原料（29）、动物油脂（41）、固态植物油脂（42）、加工后的动物油脂类（43）等类别

的各年份 *TCI* 值均小于 1，表明两国贸易在这些农产品类别上互补性弱。

生皮及皮革（21）的 *TCI* 指数值起伏波动大，从 1996 年的 10.27 下降至 2015 年的 0.13，自 2007 年由贸易互补性由强转弱。含油种子及油质水果（22）整体呈波动上升趋势，自 2011 年起，*TCI* 值大于 1，贸易互补性增强。

谷物及谷物制品（04）、纺织纤维（26）存在互补性。但纺织纤维（26）的 *TCI* 值变化幅度大，虽然各年份的值均大于 1，但波动幅度大，整体呈下降趋势，贸易互补性逐渐减弱。

表 8-4　以中国进口衡量的 22 章农产品贸易互补性指数

SITC 编码	1996	2001	2006	2011	2012	2013	2014	2015
00	0.04	0.00	0.00	0.02	0.00	0.00	0.04	0.04
01	0.08	0.04	0.00	0.01	0.01	0.02	0.05	0.07
02	0.01	0.00	0.04	0.01	0.01	0.08	0.13	0.13
03	0.15	0.25	0.32	0.31	0.14	0.18	0.19	0.16
04	7.93	2.38	1.31	1.06	2.13	2.06	2.38	3.57
05	0.04	0.06	0.12	0.03	0.03	0.03	0.04	0.05
06	0.83	0.06	0.43	0.23	0.15	0.23	0.19	0.22
07	0.00	0.00	0.00	0.03	0.03	0.04	0.05	0.05
08	0.48	0.04	0.27	0.32	0.21	0.18	0.22	0.26
09	0.06	0.05	0.05	0.27	0.21	0.25	0.25	0.35
11	0.01	0.00	0.01	0.09	0.06	0.09	0.09	0.13
12	0.64	0.37	0.32	0.33	0.32	0.42	0.56	0.91
21	10.27	6.85	2.27	0.63	0.43	0.45	0.13	0.13
22	0.08	0.67	0.37	3.71	9.18	6.67	10.05	10.22
23	0.09	0.00	0.00	0.03	0.02	0.00	0.00	0.01
24	0.06	0.50	0.00	0.00	0.01	0.01	0.01	0.02
25	0.01	0.07	0.00	0.04	0.06	0.11	0.14	0.21
26	16.59	17.24	37.68	7.61	7.61	6.13	2.95	2.62
29	0.09	0.07	0.01	0.03	0.08	0.23	0.13	0.10
41	0.07	0.03	0.00	0.03	0.00	0.01	0.01	0.06
42	0.13	0.23	0.46	0.39	0.41	0.42	0.43	0.70
43	0.00	0.02	0.00	0.06	0.08	0.07	0.14	0.19

资料来源：根据 UN COMTRADE（联合国商品贸易数据库）整理计算得来。

通过中国与哈萨克斯坦两国农产品进出口互补性的对比分析可知，整体大类中，中国出口与哈萨克斯坦进口存在互补性的农产品只有第 0 类，哈萨克斯坦出口与中国进口存在互补性的农产品也仅有第 2 类。从具体章别来看，中国出口与哈萨克斯坦进口存在互补性的农产品包括：蔬菜及水果（05），糖、糖制品及蜂蜜（06），咖啡、茶、可可粉及香料（07），混合食物制品（09），烟草及烟草制品（12），未加工动植物原料（29）；哈萨克斯坦出口与中国进口存在互补性的农产品包括：谷物及谷物制品（04）、生皮及皮革（21）、含油种子及油质水果（22）、纺织纤维（26）。无论是在整体大类还是具体章别上分析可知，中国与哈萨克斯坦的贸易互补性较弱，有待进一步挖掘。

8.3.2 产业内贸易指数分析

产业内贸易指数间接反映了产业间贸易在两个国家间贸易当中所占的比重。两国之间的产品贸易若以产业间贸易为主，体现是在资源禀赋差异的基础上互通有无，资源禀赋差异所产生的比较优势成为两个国家贸易发展的主要原因。为了直观反映两国的各类农产品贸易的互补性，本章通过产业内贸易指数从产业内贸易方面直接分析两国的各类农产品贸易互补情况。现在研究产业内贸易水平当中，通常利用的是 Grubel and Lloyd 建立的产业内贸易指数（GLI），计算公式为：

$$GLI = 1 - \frac{|X_{ij}^{k} - M_{ij}^{k}|}{X_{ij}^{k} + M_{ij}^{k}}$$

其中，X_{ij}^{k} 为 i 国 k 类别产品对 j 国的出口额；M_{ij}^{k} 为 i 国 k 类别产品从 j 国的进口额。当 GLI 指数值处于 0～0.5 之间时，则表明 i 国与 j 国在该类别产品上以产业间贸易为主；当 GLI 指数值处于 0.5～1 之间时，则表明 i 国与 j 国在该类别产品上以产业内贸易为主。当 $GLI=0$ 时，即有 $X_{ij}^{k}=0$ 或 $M_{ij}^{k}=0$，表明该类农产品的全部贸易都为产业间贸易；$GLI=1$ 时，即有 $X_{ij}^{k}=M_{ij}^{k}$，表明该类农产品的全部贸易都为产业内贸易。GLI 指数值越低，则表明 i 国与 j 国的产品贸易多为产业间贸易，贸易的互补性也就越高。

从以中国出口衡量的四类农产品的产业内贸易指数（图 8－7）可以看出，除第 0 类、第 1 类、第 4 类的个别年份外，其他年份的四类农产品产业内贸易指数均小于0.5，说明中、哈贸易以产业间贸易为主，贸易互补性强，竞争性弱。从以中国进口衡量的四类农产品的产业内贸易指数（图8-8）可以看出，除第1类1995、1997、2002、2014、2015年，第2类2009、2010、2011年，第4类2009、2013年的*GLI*指数大于0.5外，其余年份均小于0.5，说明哈、中贸易以产业间贸易为主，贸易互补性强，贸易潜力大。

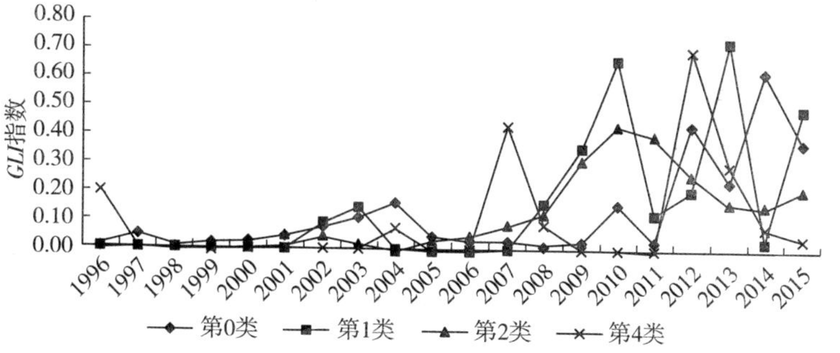

图8-7 以中国出口衡量的四大类农产品产业内贸易指数

资料来源：根据UN COMTRADE（联合国商品贸易数据库）整理计算，第4类农产品2000年、2001年的进口和出口贸易数据缺失。

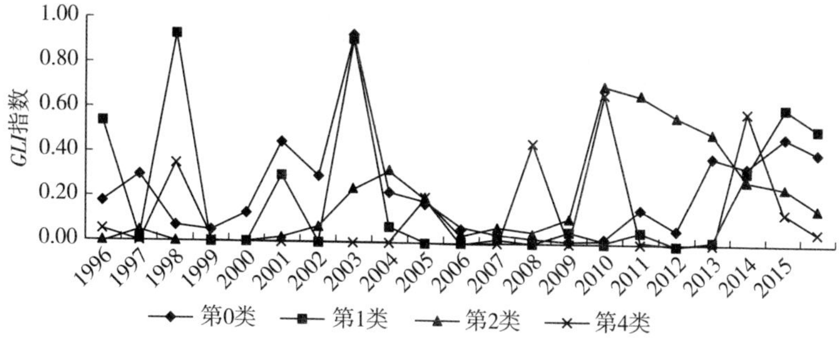

图8-8 以中国进口衡量的四大类农产品产业内贸易指数

资料来源：根据UN COMTRADE（联合国商品贸易数据库）整理计算得来，第4类农产品1999年、2001年的进口和出口贸易数据缺失。

从以中国出口衡量的22章农产品产业内贸易指数分析可知（表8-5）：

从以中国出口衡量的*GLI*指数可知，活动物（00）、肉及肉制品（01）、奶产品和蛋类（02）、蔬菜及水果（05）、糖、糖制品及蜂蜜（06）、混合食物制品（09）、烟草及烟草制品（12）、生皮及皮革（21）、天然橡胶（23）、纸浆与废纸（25）、纺织纤维（26）、动物油脂（41）、固态植物油脂（42）、加工后的动物油脂类（43）1996—2015年的*GLI*指数值均小于0.5，表明中、哈在这些类农产品上以产业间贸易为主，贸易互补性强。

除了鱼及鱼制品（03）在2003、2015年，谷物及谷物制品（04）在2010年，咖啡、茶、可可粉及香料（07）在2013、2014年，饮料（11）在2010、2013、2015年及软木及木材（24）在1998年的*GLI*指数值大于0.5外，这五类二分位农产品其余年份的*GLI*值均小于0.5，整体上都是以产业间贸易为主，贸易的互补性强。

动物饲料（08）在2007、2011、2014、2015年，含油种子及油质水果（22）在2003、2007、2010、2013年，未加工动植物原料（29）在2005、2006、2009、2010、2011、2012年的*GLI*指数大于0.5，其余年份均小于0.5，说明两国在这三类二分位农产品贸易上仍以产业间贸易为主，贸易潜力巨大。

表8-5　以中国出口衡量的22章农产品产业内贸易指数

SITC编码	1996	2001	2006	2011	2012	2013	2014	2015
00	—	—	0.00	—	—	0.00	0.00	0.00
01	0.01	0.00	0.00	0.00	0.00	0.00	—	0.00
02	—	—	0.00	0.00	0.00	0.00	0.00	—
03	0.11	0.00	0.43	0.20	0.11	0.11	0.11	0.51
04	0.00	0.00	0.00	0.48	0.05	0.06	0.02	0.02
05	0.00	0.03	0.00	0.00	0.07	0.00	0.22	0.19
06	0.00	0.00	0.00	0.03	0.07	0.24	0.27	0.21
07	0.00	0.00	0.00	0.36	0.40	0.99	0.89	0.15
08	—	0.00	0.00	0.67	0.24	0.41	0.56	0.80
09	0.00	0.00	0.00	0.00	0.00	0.00	0.00	0.01
11	0.00	—	0.00	0.00	0.21	0.72	0.08	0.50
12	0.00	0.00	0.00	—	—	—	0.00	—
21	0.00	0.00	0.00	0.00	0.00	0.00	0.00	0.00
22	0.00	—	0.31	0.00	0.00	0.52	0.24	0.01
23	—	0.00	0.00	0.00	0.00	0.00	0.00	0.00
24	0.00	0.01	0.00	0.00	0.01	0.00	0.00	0.18

（续）

SITC 编码	1996	2001	2006	2011	2012	2013	2014	2015
25	0.00	0.02	0.00	0.00	0.00	0.00	—	—
26	0.00	0.04	0.00	0.15	0.23	0.32	0.16	0.14
29	0.09	0.05	0.63	0.80	0.13	0.03	0.05	0.47
41	0.00	—	0.00	—	0.00	0.00	0.00	0.00
42	0.00	—	0.00	0.00	0.00	0.00	0.00	0.00
43	—	—	0.00	0.00	0.00	0.00	0.17	0.00

资料来源：根据 UN COMTRADE（联合国商品贸易数据库）整理计算，表中“—”是因为在数据库中未查到该类别农产品的进口和出口贸易额。

从以中国进口衡量的 22 章农产品产业内贸易指数分析可知（表 8-6）：

从以中国进口衡量的 *GLI* 指数可知，活动物（00）、肉及肉制品（01）、蔬菜及水果（05）、混合食物制品（09）、烟草及烟草制品（12）、生皮及皮革（21）、天然橡胶（23）、纸浆与废纸（25）、纺织纤维（26）、动物油脂（41）1996—2015 年的 *GLI* 指数值均小于 0.5，表明中哈在这些类农产品上以产业间贸易为主，贸易互补性强。

除了奶产品和蛋类（02）在 1996 年，鱼及鱼制品（03）在 2004、2015 年，谷物及谷物制品（04）在 2011 年，糖、糖制品及蜂蜜（06）在 2014 年，咖啡、茶、可可粉及香料（07）在 2013、2014、2015 年，软木及木材（24）在 1997，固态植物油脂（42）在 2009 年，加工后的动物油脂类（43）在 2007 年的 *GLI* 指数值大于 0.5 外，这八章二分位农产品在其余年份 *GLI* 值均小于 0.5，整体上均是以产业间贸易为主，贸易的互补性强。

动物饲料（08）在 2000、2001、2002、2005、2007、2009、2012、2013、2014、2015 年这 10 个年份的 *GLI* 指数值大于 0.5，中哈两国双边贸易在该类别农产品上的互补性较弱。饮料（11）在 1996、2003、2010、2013、2014 年，含油种子及油质水果（22）在 2004、2005、2006、2007、2010、2012 年，未加工动植物原料（29）在 2001、2005、2008、2011 年的 *GLI* 指数大于 0.5，其余年份均小于 0.5，说明中国与哈萨克斯坦在这三章二分位农产品贸易上仍以产业间贸易为主，贸易潜力巨大。

通过对比分析中国与哈萨克斯坦农产品产业内贸易指数可知，中国与哈萨克斯坦从四大类与22章农产品（除个别农产品个别年份的*GLI*指数大于0.5外）的贸易均以产业间贸易为主，这表明两国双边农产品贸易的互补性强，双边贸易间存在着较大的贸易潜力。两国农产品贸易以产业间贸易为主的原因主要是由于两国在农业生产的自然禀赋和技术上存在较大差异，中国地域辽阔，农业资源丰富，农业种植类型和品种较哈萨克斯坦更加丰富多样。中国农业生产、加工的技术先进，劳动生产率高，农产品产业链长，农产品分工较哈萨克斯坦更趋专业化。

表8-6　以中国进口衡量的22章农产品产业内贸易指数

SITC编码	1996	2001	2006	2011	2012	2013	2014	2015
00	—	—	0.00	0.00	—	0.00	0.00	0.11
01	0.00	0.00	0.00	0.00	0.00	0.00	—	0.32
02	0.74	—	0.00	0.00	0.00	0.07	0.03	0.07
03	0.41	0.02	0.03	0.28	0.02	0.23	0.27	0.63
04	0.38	0.00	0.07	0.98	0.08	0.04	0.01	0.03
05	0.34	0.00	0.00	0.00	0.03	0.00	0.02	0.05
06	0.00	0.00	0.00	0.03	0.10	0.17	0.58	0.45
07	0.00	0.00	0.00	0.47	0.45	0.97	0.74	0.80
08	—	0.80	0.03	0.10	0.94	0.71	0.74	0.83
09	0.00	0.00	0.00	0.00	0.00	0.00	0.01	0.11
11	0.50	0.00	0.09	0.00	0.18	0.89	0.50	0.17
12	0.00	0.00	0.00	0.00	0.00	0.00	0.00	0.14
21	0.04	0.00	0.00	0.00	0.00	0.00	0.00	0.34
22	0.00	0.00	0.69	0.00	0.75	0.37	0.22	0.04
23	—	0.00	0.00	0.00	0.00	0.00	0.00	0.00
24	0.00	0.02	0.00	0.00	0.00	0.00	0.00	0.00
25	0.00	0.00	0.04	0.00	0.00	0.00	0.00	0.00
26	0.04	0.15	0.00	0.23	0.48	0.27	0.26	0.21
29	0.01	0.85	0.18	0.99	0.31	0.18	0.25	0.36
41	—	—	—	—	0.00	0.00	0.00	0.02
42	0.00	—	0.00	0.00	0.00	0.00	0.00	0.00
43	—	—	0.00	0.00	0.00	0.00	—	0.00

资料来源：根据UN COMTRADE（联合国商品贸易数据库）整理计算，表中“—”是因为在数据库中未查到该类别农产品的进口和出口贸易额。

8.4　本章小结

本章根据 UN Comtrade 数据库中 SITC 一位和二位编码的农产品贸易数据，采用显示性比较优势指数、出口产品相似度指数、贸易互补性指数、产业内贸易指数，从贸易竞争性与互补性两方面对 1996—2015 年中国与哈萨克斯坦农产品贸易发展进行了深入分析，得出以下几点主要结论：第一，从整体大类和具体章别分析可知，两国各自具有出口比较优势的农产品类别及其出口比较优势均存在较大差异，中国在鱼及鱼制品、蔬菜及水果、纺织加工品等劳动和资本密集型产品上具有出口优势，哈萨克斯坦在谷物及谷物制品、烟草及烟草制品、纺织纤维等土地密集型产品上具有出口比较优势，双边贸易存在较强的互补性；第二，在世界市场上，中国与哈萨克斯坦整体农产品的产品相似度不高，双边彼此竞争关系微弱或不存在竞争关系，造成双边农产品贸易结构单一；但从时间序列来看，中国与哈萨克斯坦两国农产品相似度指数有下降的趋势，双边农产品出口结构差异化明显，农业生产与农产品加工专业化分工程度逐步提升，在世界市场的竞争程度有所下降，双边农产品贸易关系趋于互补；第三，通过贸易互补性指数对两国贸易分析可知，中国与哈萨克斯坦进出口贸易存在互补性的农产品集中于第 0 类和第 2 类，双边贸易互补性较弱，有待进一步挖掘；第四，中国与哈萨克斯坦的贸易均以产业间贸易为主，双边农产品贸易互补性强，贸易潜力大。

第 9 章　中国对哈萨克斯坦农产品出口贸易潜力分析

作为中国的重要接壤邻国，哈萨克斯坦与中国地缘文化相似、农业资源互补，两国自建交以来一直保持着密切的农业合作关系，农产品贸易往来频繁。连续多年来，中国一直是哈萨克斯坦重要的农产品出口市场和农产品进口来源地，哈萨克斯坦也是中国在中亚国家的第一大农产品贸易伙伴。然而，与两国在能源、矿产和金属初加工品等进入发展快车道的明星产业合作不同，中国与哈萨克斯坦农业合作长期处于较低水平，农产品贸易占双方贸易总额的比重非常低，规模远远落后于其他经济领域，与两国的市场规模极不相称，潜力巨大（李根丽等，2017）。中国该如何挖掘与哈萨克斯坦农产品的贸易潜力？哪些因素促进或阻碍了中国与哈萨克斯坦农产品贸易潜力的发挥？面对竞争日益激烈的国际贸易新格局，又该采取哪些措施突破农产品贸易壁垒，提高贸易效率？这些既是“新丝绸之路经济带”战略进入实务阶段面临的任务，也是本章研究的重点内容。

9.1　农产品贸易潜力测算方法及样本选取

基于对贸易潜力的不同理解，当前研究农产品贸易潜力的方法主要包括指数分析法、引力模型和恒定市场模型（CMS 模型）。其中，引力模型扩展形式的估算方法衡量特定样本下各变量平均水平决定的理论贸易值，无论研究对象是具体的商品贸易还是国家间的要素流动均可进行实证模拟分析，适用范围最为广泛。扩展贸易引力模型因其在涉及大量数据、空间经济活动中的效果都十分显著，已经成为众多学者在研究国际贸易问题中经常采用的基准模型（李文霞等，2017）。基于研究目标和数据可获性，本章依然选择扩展贸易引力模型和面板数据进行实证分析。

9.1.1 扩展贸易引力模型

引力模型（Gravity Model）是应用广泛的空间相互作用能力模型，即用来分析和预测空间相互作用能力的数学模型。贸易引力模型（或引力方程）以牛顿经典力学中的万有引力公式为基础，经 Tinbergen（1962）和 Poyhonen（1963）对其在经济学领域发展、延伸后提出的一个比较完整且简便的经济学模型。这个模型认为两个经济体之间的双边贸易流量与它们各自的经济规模（一般用 GDP 来表示）成正比，与它们之间的距离成反比（百度百科）。该模型在以后很多学者的实证分析方面得到了成功的印证。同时，随着经济地理学家的关注，贸易引力模型被广泛应用于各类文献之中。

贸易引力模型的基本形式为：

$$X_{ij} = A(Y_i Y_j)/D_{ij} \qquad (1)$$

X_{ij} 表示国家 i 对国家 j 的贸易额，A 是常数，Y_i 表示国家 i 的国内生产总值（GDP），Y_j 表示国家 j 的国内生产总值（GDP），D_{ij} 表示两国之间的地理距离，通常用两国经济中心或首都之间的距离表示。

为了使贸易引力公式线性化和避免数据残差的非正态性和异方差现象，在实际研究中一般采用引力模型的对数形式，并引入新的解释变量对传统贸易引力模型进行拓展，其数学表达式为：

$$\ln X_{ij} = \beta_0 + \beta_1 \ln Y_i + \beta_2 \ln Y_j + \beta_3 \ln D_{ij} + \beta_4 \ln O_{ij} + \varepsilon_{ij} \qquad (2)$$

式（2）中，$\ln X_{ij}$ 、$\ln Y_i$ 、$\ln Y_j$ 、$\ln D_{ij}$ 分别是 X_{ij} 、Y_i 、Y_j 、D_{ij} 的对数形式，O_{ij} 是影响两国双边贸易额的其他变量的向量集合，包括人口规模、地区经济组织、国家政策等，β_0 是常数项，β_1 、β_2 、β_3 、β_4 是待估计参数，ε_{ij} 为随机扰动项。

国际贸易理论中的生产要素禀赋理论和区域经济一体化理论都表明，自然地理因素和社会地理因素都会对国际贸易产生显著的影响。考虑到中国与哈萨克斯坦两国国情、数据的可获得性和可度量性，本章在选择影响中国农产品贸易影响因素的过程中不仅考虑贸易双方的经济规模、空间距离等传统影响因素，还根据中哈农产品贸易特征分别选择不同的影响因素来进行分析。

9.1.2 面板数据模型

面板数据（panel data）指的是在一段时间内跟踪同一个体的数据。它既有横截面的维度（n 位个体），又有时间维度（T 个时间），也被称为时间序列横截面数据，是目前学术界在贸易引力模型中最常见的分析方法。面板数据构建的模型通常分为三种：分别是混合估计模型（Pooled model）、固定效应模型（Fixed effect model，FE）和随机效应模型（Random effect model，RE）。

9.1.2.1 混合估计模型

混合回归的基本假设是不存在个体效应，即无论从时间上还是横截面上不同个体均不存在显著的差异。这种情况下，可以直接将面板数据混合在一起构建混合估计模型。利用普通最小二乘法（OLS）来估计参数。混合回归模型方程可以写为：

$$Y_{it} = \alpha + \beta X_{it} + \varepsilon_{it} \tag{3}$$

其中，X_{it} 为不包括常数项的解释变量，α 为不随时间 i、t 而变化的截距，β 为待估计参数，ε_{it} 为随机扰动项。由于面板数据的特点，虽然通常假设不同个体之间的扰动项相互独立，但同一个体在不同时期的扰动项之间往往存在自相关。因此，对标准误的估计应该使用聚类稳健标准误（cluster-robust standard error）。

9.1.2.2 固定效应模型

若模型的截距随时间序列或横截面的不同而不同，则可以考虑在模型中添加虚拟变量的方法来估计参数，这种模型被称为固定效应模型。因考察的固定效应不同，固定效应模型又可分为个体固定效应、时间固定效应和个体时间效应三种。

（1）个体固定效应模型。当模型的截距随个体的不同而不同时，则应建立个体固定效应模型。个体固定效应模型可以表示为：

$$Y_{it} = \beta X_{it} + \alpha_i + \varepsilon_{it} \tag{4}$$

模型包括了所有可观测的影响，并且设定了一个可估计的条件均值。其中 $\alpha_i = Z_i'\alpha$，（Z_i 不可观测），固定效应模型将 α_i 视为回归模型中每一个个体各自不同的常数项，且 α_i 与 X_{it} 相关。

（2）时间固定效应模型。当模型的截距项随截面时间的不同而不同时，则应建立时间固定效应模型。时间固定效应模型可表示为：

$$Y_{it}=\beta X_{it}+\lambda_t+\varepsilon_{it} \tag{5}$$

其中，上式中，λ_t 为第 t 期独有的截距项，是第 t 期对被解释变量 Y 的效应，被称为时间固定效应（陈强，2010）。

（3）个体时间固定效应。如果某些遗漏变量对时间固定但是随个体变化，同时其他变量对个体固定但是随时间变化，则应建立个体时间双向固定效应。个体时间固定效应可以表示为：

$$Y_{it}=\beta X_{it}+\alpha_i+\lambda_t+\varepsilon_{it} \tag{6}$$

9.1.2.3　随机效应模型

若观测到的个体异质性可以被假定为与包含在模型中的变量无关，则可以考虑在模型中通过误差项分解的方法来估计参数，建立随机效应模型。随机效应模型可以表示为：

$$Y_{it}=\beta X_{it}+\alpha+\mu_i+\varepsilon_{it} \tag{7}$$

随机效应模型假设 μ_i 与解释变量 X_{it} 不相关，扰动项由（$\mu_i+\varepsilon_{it}$）组成，$\mu_i \sim N(0,\sigma_\mu^2)$，$\varepsilon_{it}$ 为混合随机误差项，服从 $\varepsilon_{it} \sim N(0,\sigma_\varepsilon^2)$。

9.1.3　样本选取及数据来源

本章选取哈萨克斯坦和2015年与中国农产品贸易进口和出口都排在前50名的19个国家及部分“丝绸之路经济带”沿线国家等共计28个国家作为实证分析对象，除哈萨克斯坦外，其他27个国家包括日本、美国、韩国、泰国、越南、马来西亚、德国、印度尼西亚、俄罗斯、英国、加拿大、新加坡、澳大利亚、意大利、西班牙、荷兰、印度、巴西、法国、吉尔吉斯斯坦、巴基斯坦、伊朗、阿塞拜疆、亚美尼亚、格鲁尼亚、土耳其和沙特阿拉伯。这些国家与中国的农产品贸易规模大，有利于对中国农产品国别贸易潜力的测算，而且遍布世界各大洲，在政治、经济、文化方面与中国差异较大，具有很好的代表性。由于中国与中国香港的农产品贸易绝大多数属于转口贸易，因此在研究中不予考虑（胡求光等，2008）。本章选取的回归样本为1998—2015年共18年的面板数据，有效样本为504

个，样本数据结构为短面板数据。

中国与贸易伙伴国的农产品贸易数据来自联合国贸易数据库（UN Comtrade Database），中国与贸易伙伴国的 GDP 和人口规模、贸易伙伴国的农村人口比重和商品贸易占 GDP 的比重来源于世界银行世界发展指标数据库；中国与贸易伙伴国的地理距离由 Google earth 软件测量而得；中国与贸易伙伴国是否有共同海陆边界根据世界地图判断；中国与贸易伙伴国加入 APEC 年份来源于亚太经合组织官方网站；中国与贸易伙伴国经济自由度指数来源于世界经济自由度报告。依据联合国国际贸易标准分类 SITC（REV. 3），本章研究的农产品主要包括 SITC 分类中的第 0 类（食品及活动物）、第 1 类（饮料及烟类）、第 2 类（非食用原料）中的21～26章及 29 章和第 4 类（动植物油、脂及蜡）所涉及的产品。

9.2 中国农产品出口贸易影响因素

9.2.1 扩展贸易引力模型与变量选择

考虑到中国与哈萨克斯坦两国国情及数据的可获得性和代表性，本章在借鉴相关文献的基础上选择中国与主要农产品贸易伙伴国的经济规模、人口规模、地理距离以及贸易伙伴国的农村人口比重、商品贸易占 GDP 的比重、经济自由度指数等为解释变量，同时引入中国与其贸易伙伴国是否有共同海陆边界、是否同属于 APEC 成员等虚拟变量作为解释变量，来研究各因素对中国出口贸易伙伴国农产品贸易流量的影响。

本章建立的拓展贸易引力模型如下所示：

$$\ln X_{ij}^t = \beta_0 + \beta_1 \ln(Y_i^t Y_j^t) + \beta_2 \ln(P_i^t P_j^t) + \beta_3 \ln D_{ij} + \beta_4 AD_{ij} + \beta_5 APEC_{ij}^t + \beta_6 \ln AP_j^t + \beta_7 \ln S_j^t + \beta_8 \ln F_j^t + \varepsilon_{ij} \quad (8)$$

其中，i 表示中国，j 表示中国的农产品贸易伙伴国，X_{ij}^t 表示中国对贸易伙伴国 j 在 t 年的农产品出口额，β_0 表示总体均值截距项，β_j 为各解释变量的回归系数，ε_{ij} 为随机扰动项。各解释变量含义、预期影响方向及理论说明如表 9－1 所示。

表 9-1　拓展贸易引力模型变量含义及预期影响方向说明

变量	含义	预期符号	理论说明
$Y_i^tY_j^t$	i 国与 j 国在 t 年的 GDP 乘积	+	进出口国经济规模越大，农产品需求与供给能力越强，中国出口贸易伙伴国的农产品贸易流量越大
$P_i^tP_j^t$	i 国与 j 国在 t 年的人口总数乘积	+/−	一方面，人口的增加可以深化国内分工，减少对中国农产品的潜在需求；另一方面，人口增加会创造需求，增加对中国农产品的进口
D_{ij}	i 国与 j 国首都之间的地理距离	−	地理距离属于“阻抗因子”，贸易双方地理距离越远，贸易成本越大，开展农产品贸易的阻力也越大
AD_{ij}	i 国与 j 国是否有共同海陆边界	+	贸易双方有共同的海陆边界能有效降低运输成本和交易成本，促进中国农产品出口贸易发展
$APEC_{ij}^t$	i 国与 j 国在 t 年是否都是 APEC 成员	+	贸易双方同属于 APEC 成员能共享贸易优惠政策，降低贸易成本，有利于中国农产品出口贸易的发展
AP_j^t	j 国 t 年的农村人口比重	−	贸易伙伴国农村人口比重越大，经济发展水平相对越落后，潜在进口需求越小，越不利于中国农产品出口贸易发展
S_j^t	j 国 t 年的商品贸易占 GDP 的比重	+	贸易伙伴国商品贸易占 GDP 的比重越大，经济发展对外依赖程度越大，与中国开展双边贸易的机会越多
F_j^t	j 国 t 年的经济自由度指数	+	贸易伙伴国经济自由度指数越高，贸易自由化程度越高，贸易“隐性成本”越低，越有利于中国农产品出口贸易发展

9.2.2　中国农产品出口贸易影响因素分析

模型的估计方法对模型结果的真实有效性会产生很大影响，因此，必须慎重的加以选择。在使用面板数据进行实证分析时，混合回归（pooled regression）、固定效应回归（fixed effect model，FE）和随机效应回归（random effect model，RE）这三种方法各有利弊。本章利用 Stata 软件分别用混合回归模型、固定效应模型和随机效应模型对中国与哈萨克斯坦及其他贸易国农产品贸易总量层次上的回归方程进行了统计检验（表 9-2），结果显示：在混合回归模型和固定效应模型中，虽然 F 检验的 P 值为 0.000 0，固定效应模型明显优于混合回归模型，但由于未使用稳健标准误，该检验并非有效。进一步通过 LSDV 法检验的结果显示，大多数

个体虚拟变量的 P 值小于 0.1 的显著性水平，因此拒绝使用混合回归，选择固定效应回归模型进行估计。Hausman 等学者认为随机效应模型优于固定效应模型，如果将模型的个体影响设定为固定影响，在估计模型时会损失较多的自由度，尤其是对于“短而宽”的面板数据，本章采用的28 个贸易伙伴国 18 年的数据符合短面板数据的特征。而且固定效应模型默认不随时间变化而变化的自变量不会对因变量造成影响，因而不允许非时变变量出现在模型中，而距离这一非时变变量在本章的模型中具有十分重要的理论意义，不可省去。考虑到上述因素及可能存在异方差及序列相关问题，本章选择适合面板线性回归的随机效应 FGLS 模型进行估计，最终得到无偏、有效且一致的估计量。

表 9-2　基于扩展贸易引力模型的面板数据回归估计结果比较

	混合 OLS	固定效应	随机效应
	系数（T 值）	系数（T 值）	系数（Z 值）
$\ln(Y_i^tY_j^t)$	0.744 2（13.37）***	0.858 9（8.04）***	0.648 5（12.04）***
$\ln(P_i^tP_j^t)$	0.297 7（1.73）*	−2.654 6（−2.19）**	0.279 7（1.47）
$\ln D_{ij}$	−0.241 3（−1.21）		−0.100 4（−0.40）
AD_{ij}	1.120 3（2.48）**		1.254 1（2.67）***
$APEC_{ij}^t$	0.654 0（2.41）**		0.801 6（2.68）***
$\ln AP_j^t$	0.191 4（2.12）**	1.119 0（2.10）**	0.310 8（2.39）**
$\ln S_j^t$	0.844 0（4.27）***	0.820 9（1.66）	0.734 8（1.88）*
$\ln F_j^t$	2.364 8（1.90）*	2.463 5（1.90）*	3.226 1（2.36）**
cons	−17.163 8（−2.13）**	9.547 9（0.61）	−20.899 7（−2.13）**
R-squared	0.847 1	0.702 8	0.839 6
样本数量	504	504	504
回归组数	28	28	28
F 统计量或 wald chi2（8）	57.16	50.74	605.20
Prob>F	0.000 0	0.000 0	0.000 0

注：***、**、* 分别表示 1%、5%、10%的显著水平。

资料来源：根据 UN COMTRADE（联合国商品贸易数据库）整理计算。

9.2.2.1　总量层次的中国农产品出口贸易流量影响因素分析

由表 9-3 的模型回归结果可以看出，扩展贸易引力模型解释变量的回归系数符号与预期一致，F 值显著水平为 0.000 0，R 方为 0.839 6，表明模型线性关系明显，具有较好的拟合优度。所选变量中，除了贸易双方人口总数乘积对数和地理距离对数未通过 10%显著性水平检验外，贸易双方的 GDP 乘积对数、是否有共同海陆边界、是否都是 APEC 成员、贸易伙伴国农村人口比重对数、商品贸易占 GDP 的比重对数和经济自由度指数对数均通过检验，对中国农产品出口哈萨克斯坦及主要贸易国产生显著影响。

表 9-3　总量层次的中国农产品出口贸易引力模型回归结果

变量	系数	标准差	Z 统计值	P 值
$\ln(Y_i^tY_j^t)$	0.648 5	0.053 9	12.04	0.000
$\ln(P_i^tP_j^t)$	0.279 7	0.189 9	1.47	0.141
$\ln D_{ij}$	−0.100 4	0.248 3	−0.40	0.686
AD_{ij}	1.254 1	0.469 5	2.67	0.008
$APEC_{ij}^t$	0.801 6	0.299 1	2.68	0.007
$\ln AP_j^t$	0.310 8	0.130 1	2.39	0.017
$\ln S_j^t$	0.734 8	0.391 2	1.88	0.060
$\ln F_j^t$	3.226 1	1.364 5	2.36	0.018
cons	−20.899 7	9.805 2	−2.13	0.033
R-squared		0.839 6		
样本数量		504		
Wald chi2（8）		605.20		
Prob>F		0.000 0		

资料来源：根据 UN COMTRADE（联合国商品贸易数据库）整理计算。

（1）经济规模对中国农产品出口哈萨克斯坦及主要贸易国具有重要影响。由回归系数符号可以看出，中国与哈萨克斯坦及主要贸易国的经济规模对中国农产品出口贸易具有显著的促进作用。在其他条件不变时，中国与哈萨克斯坦及主要贸易国的 GDP 每增加 1%，中国农产品出口贸易总量将增 0.648 5%。可见，传统引力模型的三个变量中，农产品双边贸易国的经济规模对中国农产品出口贸易的影响最为显著。GDP 是衡量一个国家或地区总体经济状况的综合指标，体现了出口国的供给能力和进口国的需求能力。贸易双方GDP的增长不仅能带动国内生产和消费的增长，也能显著促进两国农产品贸易，有利于中国农产品出口。虽然一些研究表明，在经济全球化背景下，各国国民收入的提高和居民消费的多样化都促使人口增加创造的需求效应明显大于其国内分工深化，对国际贸易产生积极的促进作用。且地理距离越远，贸易成本越高，贸易阻力也越大。对于具有消费时限性的农产品，地理距离对两国农产品贸易的限制作用更加明显。但本模型中贸易双方人口总数和地理距离并没有通过10%显著性水平的统计检验，其对中国农产品出口贸易并不产生重要影响。

（2）是否海陆相邻和是否都是APEC成员对中国农产品出口哈萨克斯坦及主要贸易国影响显著。中国与贸易伙伴国是否海陆相邻和是否都是APEC成员都在1%的显著性水平上通过统计检验，且系数为正，表明中国与贸易伙伴国海陆相邻和同为APEC成员对中国农产品出口贸易具有重要的促进作用。多数农产品是具有生命力的碳水化合物，易于腐败，不耐保存。中国与贸易伙伴国领土接壤或临海一方面能有效降低运输成本和时间成本，同时还因文化相通减少了了解消费者偏好的调查成本和谈判时的信息交流成本，能有效促进两国双边贸易的增长。APEC自成立以来就在推动区域和全球范围的贸易投资自由化和便利化、开展经济技术合作方面不断取得进展，为加强区域经济合作、促进亚太地区经济发展和共同繁荣做出了突出贡献。APEC不仅有利于促进中国对外经贸关系，还能有效降低各成员之间的关税和非关税壁垒，有利于贸易便利化和投资自由化措施的实施。

（3）贸易伙伴国农村人口比重、商品贸易占GDP的比重和经济自由度指数对中国农产品出口哈萨克斯坦及主要贸易国具有重要影响。贸易伙伴国农村人口比重、商品贸易占GDP的比重和经济自由度指数分别在5%、10%和5%的显著性水平上通过统计检验，且系数全为正，表明贸易伙伴国农村人口比重越高、商品贸易占GDP的比重越大和经济自由度指数越高，中国农产品出口贸易值越高。农村人口比重的系数符号与预期相反，可能是因为农村人口比重越大，农业劳动力越丰富，该国农业生产水平相对较高，开展对外贸易的可能性较大，从而有助于从中国进口农产品。商品贸易占GDP的比重反映了一国经济增长对外依赖程度，商品贸易占GDP的比重越大，国际贸易在国民经济中的地位越突出。贸易伙伴国商品贸易占GDP的比重越高，经济发展对国际贸易的依赖程度越严重，贸易伙伴国对中国农产品的需求也越大。贸易伙伴国经济自由度指数通过了5%显著性水平的统计检验，系数为正，与预期一致。市场化程度是经济发展的一个重要目标，在一个经济自由的社会里，政府的决策是开放透明、机会平等、没有暗箱操作的。具有较高经济自由度的国家能为其贸易伙伴国提供较低的税负和便利的金融服务等，为贸易双方创造宽松的贸易环境，创造合作机制，有利于双边贸易的发展。

9.2.2.2　分类层次的中国农产品出口贸易流量影响因素分析

借鉴梅燕（2005）和刘晓波（2009）对农产品的分类标准，本章将中国与贸易伙伴国的农产品分为大宗类、动物类、食品类、园艺类和其他类（表9-4），并参照总量层次的估计方法，用分类贸易额代替总贸易额，在更细分的层面对中国出口贸易流量的影响因素进行了分析。表9-5中模型1～5分别代表大宗类、动物类、食品类、园艺类和其他类农产品的回归结果。

表9-4　农产品贸易中的农产品分类（SITC. REV3）

一、大宗类	二、动物类	三、食品类	四、园艺类	五、其他类
04 谷物及制品	00 活动物	09 杂项食品	05 水果及蔬菜	23 生橡胶
06 糖、蜂蜜及制品	01 肉及制品	11 饮料	07 咖啡、茶、可可、调味品及制品	24 软木及木材
08 饲料	02 乳制品及禽蛋	41 动物油脂	12 烟草及制品	25 纸浆及废纸
22 油籽及果实	03 鱼及制品	42 植物油脂		29 动植物原料
26 纺织纤维	21 生皮及皮革	43 加工后动植物油脂		

由结果可以看出，中国与贸易伙伴国的GDP乘积对数都在1%的置信水平上通过了显著性检验，且系数为正。GDP对五类农产品影响程度从大到小排序分别为：动物类、食品类、其他类、园艺类和大宗类。中国与贸易伙伴国的人口总量仅对大宗类农产品和其他类农产品产生显著正向影响，对另外三类农产品的影响不显著。大宗类农产品作为人类生存的必需品，其贸易额与中国和主要贸易国的人口总量密切相关。其他类农产品

主要是非食用的动植物原料和木质农产品，受进出口国的供给和需求拉动作用明显。中国与贸易伙伴国是否海陆相邻仅对食品类农产品和园艺类农产品影响显著，而中国与贸易伙伴国是否同为 APEC 成员对动物类农产品和食品类农产品贸易产生重要影响。可见，是否海陆相邻对生鲜类农产品影响显著，而与亚太经合组织成员的贸易是中国动物类和食品类农产品出口的重要组成部分，APEC 在引导和协调中国与贸易伙伴国之间动物类和食物类农产品贸易中具有积极的促进作用。贸易伙伴国农村人口所占比重仅对动物类、食品类和园艺类农产品影响显著，除了动物类农产品外，贸易伙伴国的经济自由度指数对大宗类、食品类、园艺类和其他类农产品出口都具有重要影响。与预期不符的是，中国与贸易伙伴国的地理距离并未对中国各分类农产品的出口额产生影响。

表 9-5　分类层次的中国农产品出口贸易引力模型回归结果

变量	模型 1	模型 2	模型 3	模型 4	模型 5
$\ln(Y_i^tY_j^t)$	0.592 9 (3.98)***	1.012 5 (7.16)***	0.968 7 (5.73)***	0.776 2 (8.70)***	0.901 0 (7.62)***
$\ln(P_i^tP_j^t)$	0.763 2 (2.56)**	−0.441 3 (−1.07)	−0.190 2 (−0.49)	0.126 1 (0.51)	0.720 9 (3.80)***
$\ln D_{ij}$	−0.361 2 (−0.75)	0.005 0 (0.01)	0.614 7 (1.08)	0.377 5 (0.93)	−0.516 7 (−1.32)
AD_{ij}	1.552 5 (1.33)	0.953 5 (1.06)	2.866 1 (2.38)**	2.419 3 (2.88)***	0.817 8 (1.03)
$APEC_{ij}^t$	0.253 3 (0.48)	2.038 6 (2.84)***	1.346 3 (2.61)***	0.633 2 (1.31)	0.781 9 (1.48)
$\ln AP_j^t$	0.474 1 (1.50)	0.554 6 (2.01)**	0.588 0 (1.82)*	0.521 8 (2.61)***	0.287 7 (1.19)
$\ln S_j^t$	1.014 9 (1.30)	1.100 6 (1.30)	0.717 5 (0.83)	0.582 5 (1.19)	0.662 1 (1.23)
$\ln F_j^t$	6.623 1 (1.91)*	5.087 8 (1.58)	5.410 3 (1.81)*	5.369 3 (2.32)**	6.194 7 (3.09)***
cons	−40.925 7 (−2.01)**	−29.942 0 (−1.39)	−39.060 9 (−2.01)**	−34.964 7 (−2.40)**	−39.323 8 (−3.08)***

（续）

变量	模型 1	模型 2	模型 3	模型 4	模型 5
R-squared	0.635 6	0.688 6	0.716 5	0.711 9	0.762 7
样本数量	504	504	504	504	504
Wald chi2（8）	160.09	187.27	119.23	143.27	225.59
Prob$>F$	0.000 0	0.000 0	0.000 0	0.000 0	0.000 0

注：***、**、*分别表示 1%、5%、10%的显著水平；括号内为 Z 值。
资料来源：根据 UN COMTRADE（联合国商品贸易数据库）整理计算。

9.3　中国对哈萨克斯坦农产品出口贸易潜力测算

9.3.1　农产品贸易潜力概念

潜力就是潜在的能力和力量，即内在的没有发挥出来的力量或能力。中哈两国农产品贸易潜力是指中国与哈萨克斯坦的农产品贸易值是否达到最大的潜在值。本章中的潜在模拟值是通过扩展贸易引力模型回归得到的贸易理论值。由于国际贸易调节各国市场的供求关系，发挥比较优势，促进生产要素的充分利用，提高生产技术水平，优化国内产业结构，最终提高国民福利水平，促进经济发展。因此，研究农产品贸易潜力能有效促进世界经济的健康发展。本章在扩展贸易引力模型的基础上，获得被解释变量的一个预测值，把它看作两国农产品双边贸易额在自然状态下应该达到的理论值。一般情况下，计算贸易潜力的方式有两种：一是通过计算贸易潜力差，即实际出口额减去理论出口额；二是贸易潜力比，即实际出口额除以理论估计出口额。贸易潜力值大于 0 或者贸易潜力比大于 1 时，表明中国与哈萨克斯坦的农产品贸易过剩；贸易潜力值小于 0 或者贸易潜力比小于 1，表明中国与哈萨克斯坦的农产品贸易不足，农产品出口仍有很大的上升空间。贸易潜力值越小，意味着贸易潜力越大（江奕，2015）。借鉴多数学者的研究经验，本章选择第二种方法来测算中国对主要贸易伙伴国农产品出口贸易潜力。

本章借鉴刘青峰和姜书竹（2002）对于贸易潜力类型的分类方法，将中国与哈萨克斯坦及主要贸易国农产品贸易潜力分为三种类型：第一种，“潜力再造型”：即实际值与理论估计值的比大于等于 1.2。这种贸易伙伴与之扩大贸易规模的现有潜力已经用完，需要开发一些新因素才能有效促进贸易发展；第二种，“潜力开拓型”：即实际值与理论估计值的比大于等于0.8且小于1.2。中国与这些贸易伙伴的双边贸易潜力还未充分发挥，还有一定的空间去扩大双方的贸易量；第三种，“潜力巨大型”：即实际值与理论估计值的比小于0.8，双边贸易的潜力几乎没有发挥出来，提升的空间很大。

9.3.2 总量层次的中国农产品出口哈萨克斯坦贸易潜力测算

采用上文中选择的随机效应模型对中国与贸易伙伴国农产品的双边贸易潜力进行估算，结果见表9-6。由表9-6可以看出，中国出口哈萨克斯坦农产品贸易潜力值在2003年及以前一直大于1，处于贸易过度状态，2004年及以后出口贸易潜力值则一直小于1，处于贸易不足状态。其中，中国出口哈萨克斯坦农产品贸易潜力值有4年大于1.2，属于潜力再造型，有4年潜力值大于0.8小于1.2，属于潜力开拓型，还有10年潜力值小于0.8，属于潜力巨大型，整体来看，中国对哈萨克斯坦农产品出口贸易潜力处于先下降后保持平稳的趋势，2006年后中哈农产品双边贸易虽然得到了快速发展，但中国对哈萨克斯坦农产品出口在2006年后的实际贸易额依然远小于理论贸易额，潜力巨大。

表9-6 1998—2015年中国对哈萨克斯坦农产品出口贸易潜力

年份	1998	1999	2000	2001	2002	2003	2004	2005	2006
贸易潜力值	4.86	1.44	1.00	1.05	1.46	1.35	0.94	0.95	0.38
年份	2007	2008	2009	2010	2011	2012	2013	2014	2015
贸易潜力值	0.45	0.44	0.58	0.46	0.39	0.35	0.40	0.39	0.54

资料来源：根据UN COMTRADE（联合国商品贸易数据库）整理计算。

9.3.3 分类层次的中国农产品出口哈萨克斯坦贸易潜力测算

表9-7显示了1998—2015年中国与哈萨克斯坦分类农产品贸易潜力值。可以看出，中国出口哈萨克斯坦的大宗类、食品类和园艺类农产品都由贸易过度转变为贸易不足。中国出口哈萨克斯坦的大宗类农产品自2003年后由贸易潜力再造型迅速变为贸易潜力巨大型，而食品类农产品

自 2005 年后由贸易潜力再造型变为贸易潜力开拓型，2007 年后变为贸易潜力巨大型，园艺类农产品自 2005 年后由贸易潜力再造型变为贸易潜力巨大型。这三类农产品中，食品类农产品 2005 年前的贸易潜力值都远远大于 1，双方贸易潜力已经得到充分发挥，处于严重的贸易过度状态。而 2007 年后，这三类农产品贸易潜力值都小于 0.8，属于潜力巨大型，需要进一步开发其潜力。中国出口哈萨克斯坦的动物类农产品贸易潜力值波动较大，但除了 6 个特殊年份外，中国与其的贸易潜力值都小于 1，处于贸易不足状态。且在贸易不足的年份中，除 2000 年外，中国出口哈萨克斯坦动物类农产品的贸易潜力值都小于 0.8，属于贸易潜力巨大型。中国出口哈萨克斯坦其他类农产品贸易潜力值在波动中趋于下降。除 1998、2001、2003 和 2004 年外，中国出口哈萨克斯坦的其他类农产品贸易潜力值都小于 1，处于贸易不足状态。在贸易不足的年份中，除 2000 年和 2005 年外，中国出口哈萨克斯坦的其他类农产品贸易都属于潜力巨大型，双边贸易增长空间很大。总体来看，中国出口哈萨克斯坦的大宗类、食品类和园艺类农产品都由贸易过度彻底转变为贸易不足，动物类和其他类农产品贸易潜力虽有波动，但总体也由贸易潜力再造型和贸易潜力开拓型转变为贸易潜力巨大型。

表 9-7　1998—2015 年中国与哈萨克斯坦分类农产品出口贸易潜力

	大宗类	动物类	食品类	园艺类	其他类
1998	45.17	76.61	132.04	5.09	6.08
1999	3.86	7.10	46.24	2.18	0.15
2000	2.48	0.88	25.91	1.48	0.90
2001	1.54	1.08	29.44	1.38	2.67
2002	6.20	0.55	18.36	1.52	0.64
2003	4.18	0.21	12.10	2.10	1.73
2004	0.66	3.69	10.74	1.74	1.37
2005	0.67	5.71	4.48	1.34	0.84
2006	0.28	1.00	1.11	0.33	0.63
2007	0.31	0.57	1.01	0.47	0.34
2008	0.08	0.21	0.69	0.56	0.27
2009	0.21	0.27	0.61	0.73	0.64

（续）

	大宗类	动物类	食品类	园艺类	其他类
2010	0.16	0.20	0.46	0.52	0.57
2011	0.08	0.10	0.27	0.43	0.37
2012	0.04	0.09	0.27	0.35	0.17
2013	0.05	0.09	0.27	0.41	0.12
2014	0.07	0.08	0.27	0.39	0.07
2015	0.05	0.09	0.37	0.53	0.46

资料来源：根据 UN COMTRADE（联合国商品贸易数据库）整理计算。

9.4 本章小结

本章基于扩展贸易引力模型从两个层次分析了中国农产品出口贸易流量的影响因素，并对中国出口哈萨克斯坦农产品贸易潜力进行了测算。研究结果表明：中国与贸易伙伴国经济规模、是否有共同海陆边界、是否同为 APEC 成员以及贸易伙伴国农村人口比重、商品贸易占 GDP 的比重、经济自由度指数对总量层次上的中国农产品出口贸易有显著的正向影响。在分类层次上，除贸易双方经济规模外，其他变量对中国农产品出口贸易的作用存在较大差异。中国对哈萨克斯坦农产品出口贸易潜力在 2003 年及以前处于贸易过度状态，2003 年后则处于贸易不足状态。整体来看，中国对哈萨克斯坦农产品出口贸易潜力处于先下降后保持平稳的趋势，在 2006 年后的实际贸易额依然远小于理论贸易额，潜力巨大。中国出口哈萨克斯坦的大宗类、食品类和园艺类农产品都由贸易过度彻底转变为贸易不足，动物类和其他类农产品贸易潜力虽有波动，但总体也由贸易潜力再造型和贸易潜力开拓型转变为贸易潜力巨大型。

第 10 章　加强中国与哈萨克斯坦农业合作的对策建议

在世界经济一体化背景下，中国政府提出的“一带一路”倡议为中国和哈萨克斯坦开展双边农业合作提供了难得的机遇，上海合作组织等国际性和区域性组织也为两国的农业合作提供了机制的支撑和保障。当前，中国和哈萨克斯坦在政治上维持着友好的双边关系，资源禀赋、农业阶段、贸易基础等方面具有合作的经济学特征，处于农业合作的黄金时期，开展农业合作能够实现优势互补，互惠双赢。本章将从农业政策、农业科技、农业投资以及农产品贸易四个方面提出加强中国与哈萨克斯坦农业合作的对策建议。

10.1　农业政策沟通

农业政策方面的沟通是中国与哈萨克斯坦农业合作中最重要的内容之一。中国和哈萨克斯坦农业政策的沟通涉及的主体不仅有两国政府、研究机构、农业部门，高等院校、企业、农民等也充当了重要角色。本节从农业资金投入、农业投资优惠政策、农业资源保护等方面，为中国和哈萨克斯坦农业政策沟通方面提出政策建议。

10.1.1　加大农业资金投入，确保合作项目顺利实施

中国和哈萨克斯坦都投入了大量的资金用于农业补贴以及农业基础设施的建设和完善。不同的是，中国正在积极调整农业产业结构，促进农村地区各产业的融合，农村地区正在积极创建现代农业产业园区，以工代农，推动一二三产业协同发展。哈萨克斯坦则是通过建立农产品供销合作社、农产品加工合作社，提供在制造过程中所需的资源和材料等来支持农

产品生产商的相关农业活动。

中国和哈萨克斯坦农业合作项目需要大量的资金支持，两国政府需要增加国家财政对合作项目的支持力度，鼓励各类金融机构提供信贷支持，同时利用丝路基金和国际金融机构资金，为两国的农业合作项目提供融资便利。中国政府要加大相关银行对中国和哈萨克斯坦农业合作重点项目的金融支持力度，支持哈萨克斯坦金融机构发行人民币债券，支持双方金融机构以同业拆借和银团贷款形式为两国农业合作项目提供资金。哈萨克斯坦要鼓励商业性金融机构在贷款金额、担保条件、贷款利率、贷款期限等方面，为两国农业合作项目提供优惠。两国可共同创新金融保险产品，研究制定国内银行对企业海外土地风险融资的制度和保险产品。

10.1.2　出台农业投资优惠政策，实现投资主体的多元化布局

目前，中国政府主要通过实行企业境外所得税抵免优惠、实施递延纳税政策、减征企业所得税来吸引外资。哈萨克斯坦为吸引外资也做出了巨大努力，其税收政策主要侧重于农业关税和投资优惠政策的调整，针对外国投资者的相应税收优惠政策也较为完善。在中国和哈萨克斯坦农业合作项目中，投资主体一般为涉农企业，两国的国有企业由于规模大、资金雄厚、政府扶持力度大，一直占据着直接投资的绝对主导地位，但民营以及中小型企业具有产权明晰、机动灵活、成本低等优势，正日益成为推动中国和哈萨克斯坦农业合作的主力军。

中国和哈萨克斯坦需要完善农业投资优惠政策，实现投资主体的多元化。一方面，中国和哈萨克斯坦应该为跨国农业企业制定优惠政策，在号召本国企业“走出去”的同时，吸引外国企业到本国来投资建厂，从而更好地促进中国和哈萨克斯坦两国企业的沟通与协作。两国可就本国农业企业自身特点和优势制定相关优惠政策，具体包括：第一，减少企业税收。通过减少税收的方式，为从事农业机械生产、农产品加工等领域的企业减少税收负担；第二，提高企业补贴力度。对于开办合资、合作或独资的企业，两国应当适度提高这些企业的补贴力度；第三，实行较为宽松的企业注册制度，降低注册门槛费用，吸引更多企业参与到两国农业合作；第四，制定外来劳动力的最低生活标准，保障外来劳动力的切身利益。另一

方面，中国和哈萨克斯坦要扶持民营企业对外投资合作，实现投资主体的多元化布局。两国政府应该颁布专门的《民营企业对外投资法》，在法律法规的指导下，联合各部门对民营企业的境外活动展开监督和考评，并切实解决民营企业在参与两国农业合作过程中遇到的困难。

10.1.3　加强两国农业资源保护，实现农业可持续发展

中国和哈萨克斯坦的农业政策十分重视从环境保护的角度培育农业的可持续发展能力。两国都建立了相应的草原、植被、自然资源保护区，实施禁牧禁伐以及人工造林政策，保护水资源、林业资源和草原资源。中国的可耕地面积十分有限，政府部门为调节农业的可持续发展和农民短期收益之间的冲突，对各项农业补贴的方向进行了调整，对自觉进行农业生态保持的农民予以奖励。哈萨克斯坦也加大了对符合绿色农业、有机农业和生态农业等现代农业作业方式农民的补贴和奖励。

关于农业资源保护政策方面的合作，未来两国可就绿色农业方面展开交流，共同制定并出台相关农业政策，提高农业资源的利用率。具体可从以下几方面着手：第一，用农村劳动力资源代替其他投入物，在降低生产成本的同时，达到增收和解决中国和哈萨克斯坦农民就业的双重效果；第二，两国应该严格限制农药和化肥等有害物品的使用，采用环保型技术解决农产品生产过程中出现的问题，在保证两国农产品品质的同时创造生态效益，实现农业的可持续发展；第三，中国和哈萨克斯坦应积极对本国农业进行合理的结构调整，按照比较优势原理，根据国际市场的需求和自身的实际情况对产业结构进行调整，增加对方稀缺的农副产品的输出，以增强贸易的互补性。

10.2　农业科技合作

在“一带一路”倡议框架下，农业一直是两国重点且优先合作的领域之一，先进农业技术和管理经验的交流合作是深化中国和哈萨克斯坦农业合作的重要途径，也是开展农业经贸、农产品加工以及农业企业投资的重要基础。根据当前中国与哈萨克斯坦农业科技合作现状和主要掣肘，主要从以下几个方面提出对策建议。

10.2.1 建立双边农业合作机制，完善多边科技合作制度

双边农业合作方面，近些年，中国政府部门、国有企业以及高校、科研机构与哈萨克斯坦签订多个双边农业合作政府性文件，领域涉及种植业、畜牧业、水产养殖、水土保持、生态保护等方面，极大地促进了两国农业科技的交流与合作。但是总的来看，缺少能够从世界角度和国家层次统筹协调、沟通磋商的合作机制，这样不利于两国灵活应对国际农业市场环境的复杂变化，也不利于对各合作主体有效率、有秩序地进行农业科技转移和创新。所以中国和哈萨克斯坦应该加强农业合作的顶层设计，建立公平对等的农业合作长效机制。可以签订两国间农业合作谅解书、备忘录，建立关于农业科技合作的高层对话机制，定期根据合作中重大问题调整合作协议内容，从而保障双方农业科技合作的可靠性（朱新鑫等，2017)。还可以组建中国和哈萨克斯坦农业科技合作工作组，主要职责是跟踪、了解和研究并介绍两国科技政策和框架计划内容及发展情况，协助中国科研机构和企业寻找哈萨克斯坦合作伙伴，向两国科研人员提供对方国家农业计划、政策的咨询服务。

多边农业合作方面，当前中国和哈萨克斯坦共同参与了上海合作组织（SCO）和中亚区域经济合作计划（CARWC）等多边合作机制，除此以外，哈萨克斯坦还参加了多个其他区域性合作机制。不同合作机制具有不同的合作内容和合作框架，机制运行的交叉性、国家身份的多重性使两国农业合作的协调难度增大，合作力度削弱，给中国和哈萨克斯坦农业科技合作造成一定的掣肘和影响。可以从两个角度解决这个问题：一是根据农业技术的比较优势，在不同机制中选择侧重不同领域技术的合作；二是把某几个有利于当前农业发展的合作机制作为重点经营对象，在机制内确定具体的合作内容、合作章程、合作领域、合作项目、操作规则等。总之，需要两国间建立完善的农业科技管理机制、利益协调和平衡机制，搭建有效率的合作平台，增进互信，推动农业科技合作战略升级。

10.2.2 加大资金支持力度，重视复合人才培育

农业技术转移具有明显的外部效益性，国家间农业技术合作的外部性更为突出，政府作为外部经济的“天然保护者”应担负起相应的经济职

能。但是，哈萨克斯坦财政支农支出占 GDP 的比例偏低，而且科研机构使用的科研设备落后，更新能力差，这必然会影响两国科技合作进展。所以，在两国农业科技合作中需要中方加大科技转移资金支持力度或者是争取第三方金融机构的支持。一方面，可以加大中国国家开发银行、中国农业发展银行、中国进出口银行对两国农业合作重点项目的金融支持力度（于敏等，2017）。另一方面，充分利用丝路基金，尽力争取世界银行、联合国粮农组织等国际性金融机构的资金支持，设立“中国-哈萨克斯坦农业科技合作促进委”对大型农业科技合作项目资金进行管理，创建互惠、公开、透明的科技合作环境。

人才是第一生产力。在对哈萨克斯坦农业科技合作中，一个既精通俄语或哈萨克斯坦语又掌握农业技术的人才，往往在很大程度上决定着双边技术合作和项目引进与扩散的成败，即语言的沟通和技术交流起着关键性作用（佟光霁等，2013）。两国中这样的复合人才比较缺少，但又被“走出去”企业迫切需要，因此，在进行农业技术合作之前，需要优先培育和引进复合型人才。一是扩大当前哈萨克斯坦在中国农林院校学习的留学生规模，在设立奖助学金的同时，建立严格的毕业考核制度，保障所培育人才的价值；二是组织相关农业科技合作项目专家团队进行两国政治、习俗、文化等差异的学习和培训，促进农业科技合作的顺利开展；三是提升哈萨克斯坦农业技术接受者（农民、农场主或者农业企业）的思想认识和能力素质，为农业技术的扩散打下坚实基础。

10.2.3　创新农业技术合作模式，构建多梯度技术转移体系

经过中国和哈萨克斯坦多年的交流和合作，两国建立了多种形式的科技合作关系，逐步形成了以科技会议（论坛）及人才交流为平台，以科研项目为载体，以科技合作基地与示范园建设为支撑的农业科技合作模式。目前，两国建成和拟建的双边和多边科技合作基地共有 14 个，农业科技示范园区有 2 个以及若干农业科技合作项目，合作成效显著（马惠兰等，2017）。

创新合作模式的主要思路是将当前的科研项目、示范园区、合作基地以及科技会议有机连接起来，达到“1＋1＞2”的效果。有两种可操作性模式：一是基于“项目-人才-基地”的联合实验室模式，是指选取技术实力雄厚、农业科技与我国互补性强、合作基础好的大学或科研机构，利用

其已有的试验设施条件，建立联合研发实验室，组建研发战略联盟；二是基于技术研发-集成-推广示范为导向的农业科技试验示范中心等模式，主要职能包括促进农业“走出去”战略的实施，实现科技成果国际转化；收集所在国的农业技术法规及相关政策资料，搜集农业科学技术产品的需求信息，为中国农业“走出去”提供资讯（程长林等，2017）。

构建多层次技术转移体系，就是按“援助＋合作＋经贸”的梯度建立农业科技国际合作项目库。在项目前期，建立综合技术示范推广基地、联合工程实验室、科技信息共享平台，用于推动科技合作试点扩大工作的开展；进入运行阶段后，则通过共建科技园区、国际技术转移中心等项目，依靠市场行为支撑持续发展。同时，不断健全农业科技国际合作的协力机制，逐步推动政府与社会、公益性与经营性力量的互补互利，最终形成政府主导公益性特派、市场力量主导经营性合作、民间力量主导亲情性援助的多元化项目格局（曹玉娟等，2015）。

10.2.4 完善相关配套政策，推动企业科技合作

农业国际合作需要政府和市场的相互配合，政策是推动农业国际合作的催化剂，市场是促进农业科技转移的动力。但是，中国和哈萨克斯坦农业政策缺少有效沟通和衔接，缺乏总体规划和政策协调力度，并且哈萨克斯坦农业政策笼统，稳定性不强，所以配套农业政策的不协调、不完善成为影响两国农业科技合作的重要因素。双方政府需要出台切实有效的农业科技合作措施，为农业科技转移的各利益相关主体提供便利和分担风险，包括提供咨询服务与优惠政策，建立技术合作风险补偿专项资金和协助打造一条贯穿农业技术转移全过程的产业体系。

企业代表着市场，当前市场经济正在逐步缩小政府在国际科技合作中的行动空间，企业在技术转移、扩散与交易空间方面的作用在日益放大，并将成为农业科技国际合作的主力军，所以应大力鼓励和支持中国资本雄厚、技术先进的农业企业“走出去”。一方面中国以政策“推力”推动中国的农业科技示范企业跨境投资，落实税收减免补贴、高新技术优惠等便利政策，另一方面，哈萨克斯坦以资源“拉力”吸引中国大型企业在境外创建农业技术示范园和联合研究等，颁布互惠互利的土地、劳动力政策，为企业投资提供农业资源上的便利。

10.3　农业投资合作

发展农业开放型经济，扩大农业投资合作是“丝绸之路经济带”倡议的重要内容。农业投资合作有助于完善区域农产品供应链，调整农业产业结构，降低生产成本，还能在一定程度上保障粮食安全。苏联解体后，哈萨克斯坦在经济、社会等方面都经历了很多挫折，但随着政局的逐步稳定，该国积极谋求经济转型，吸引外资的能力逐渐显现。2006 年以来，中国在哈萨克斯坦的直接投资活动持续活跃，保持了高速的增长。到 2015 年，中国对哈萨克斯坦的直接投资存量总额达到 50.95 美元，是 2006 年的 18.45 倍。根据目前中国与哈萨克斯坦农业投资合作现状和存在的问题，提出以下几个方面的建议。

10.3.1　充分做好农业投资行业市场调研，把握投资需求

中国与哈萨克斯坦的投资合作主要是中国对哈萨克斯坦进行农业投资。在开展农业投资合作前，对计划投资的国家和行业进行深入的市场调研，把握东道国企业和市场的投资需求，充分评估项目的投资收益与潜在风险是十分必要的，即中国需要充分考虑哈萨克斯坦的农业投资需求。

现阶段，在种植业发展领域，哈萨克斯坦有提高土地生产效率和土地利用率的投资需求，具体表现在谷类作物的种植、储存和深加工、农业机械的引进和更新换代等方面。另外，哈萨克斯坦蔬菜瓜果进口量较大，蔬菜瓜果生产是该国未来投资引进的重点行业，存在较大的投资潜力。在畜牧业方面，哈萨克斯坦有发展牲畜养殖的巨大潜力，在肉类、奶类等产品的加工方面也存在投资需求。哈萨克斯坦的主要地形是草原和平原，森林植被少见，森林资源非常珍贵，因此林业资源也是该国未来引进投资的重点领域。在渔业领域方面，该国渔业生产主要是水产养殖，渔业产品的加工方面也存在较大的投资需求。

10.3.2　加大农业投资政策支持力度

两国政府应在农业对外投资上发挥主导作用，充分利用宏观政策调

控，为农业企业开展投资合作提供公共支持。首先，在财政投入上要加大农林水事务支出，加强农业基础设施建设，不断改善农业生产条件；第二，要积极引导农村土地流转，促进土地向种田能手及农业企业合理流动，发展农业规模经济，提高产业化经营水平，提高农业现代化水平，培育农业企业基础优势，发展农业投资合作的后备力量；第三，在金融支持政策上，推动金融机构支持农业对外投资合作，积极争取信贷支持涉农企业境外投资开发；第四，要加强保险机构保险产品开发和创新，通过为农业企业提供短期信用保险等方式，有效提高农业投资企业保险保障水平；最后，在投资便利化方面，要积极落实政府各部门的推进对外投资管理方式改革的政策意见，积极推进境外投资项目备案制，放松外汇管制。具体来看，要着力研究消除农业投资障碍和农产品贸易壁垒的方案；加强同投资东道国海关、口岸过境监管合作；积极推进双边投资保护协定和避免双重征税协定谈判，保护境外投资企业的合法权益。

10.3.3 建立中国与哈萨克斯坦农业投资合作办公室

两国要充分认识农业合作，特别是农业投资领域的合作在丝绸之路经济带建设中的战略作用。因此，双方应加强政策沟通，提高政府工作效率，这就需要加强组织建设，建立中国与哈萨克斯坦农业投资合作办公室，该机构应主要负责以下五项工作：

第一，联系双方负责农业、财政、商务、税务、海关等的政府部门，为两国企业开展农业投资提供更加便利的公共服务；第二，要加强信息网络建设，组织专门研究队伍，加强双方在农业投资政策、法律、市场、项目、咨询、风险预警与防控等信息的收集、研究；第三，协调涉及农业投资领域的相关部门，根据两国农业产业特点和发展优劣势，制定农业投资合作中长期发展战略，编制中国与哈萨克斯坦农业投资合作指南，确定农业投资合作的具体领域、目标和具体内容，完善相关配套政策和措施；第四，建立农业投资项目库，对农业投资企业进行定点跟踪服务，积极争取政府扶持基金，并统筹丝路基金、亚投行等各路资金，为两国农业企业开展农业投资合作提供融资支持和补贴扶持；第五，加强相关行业协会以及境外投资企业商会组织建设，制定行业规范和投资准则，防止恶性竞争，建立有关农业政策、农业技术、市场需求等信息公众共享平台等。

10.3.4　促进两国农业龙头企业开展投资合作

首先，要积极推动两国具有资金、技术、管理等优势的龙头企业到对方国家开展农业投资和开发，从事当地优势农产品的种植、加工、销售和贸易等活动；鼓励企业向农业产业链产前和产后两端拓展投资合作，与当地农场、农户开展订单农业；企业也可以与当地科研机构开展合作，建立农业科技园、示范园等。其次，政府应择优选取一批有发展前景的中小型农业企业给予重点政策扶持，鼓励其加快引进新设备、新技术、新工艺，促进其精细化加工生产，有效的提高农产品附加值，形成农业市场竞争优势，拓展农产品产业链，不断增强市场竞争力，适时推动其境外投资发展。最后，定期组织企业参加境内外农业投资研讨会、洽谈会，农产品、农业机械等展销会、招商会并建立论坛共同探讨农业投资经验，促进行业交流，了解双方吸引外资的合作项目，关注行业动态，促进两国农业企业优势的互补和转化。

10.4　农产品贸易合作

哈萨克斯坦是中国在中亚的主要贸易国，1995 年起，中国与哈萨克斯坦双边农产品贸易发展迅速，两国间进出口贸易总额不断扩大，从 1995 年的 1.37 亿美元增加至 2016 年的 3.76 亿美元，在不考虑通货膨胀和汇率的情况下，平均每年增长 11.38%。自 2012 年，两国间贸易剪刀差逐渐缩小，双边贸易趋向平衡稳定发展。目前，两国农产品双边贸易虽然发展态势良好，但仍存在许多问题，为更好地推进两国农产品贸易合作的发展，两国还需做出许多努力（韩敬敬、魏凤，2017）。

10.4.1　充分发挥两国农产品比较优势，扩大贸易规模

虽然近年来中国与哈萨克斯坦农产品贸易规模不断扩大，但仍然处在总量少，规模小的阶段。2015 年，中国农产品出口总额为 701.8 亿美元，而出口到哈萨克斯坦的农产品总额仅为 2.46 亿美元，不足出口总额的 1%。两国农产品贸易也呈现出产品结构单一的特征，两国出口的农产品大多数都是初级产品，类型简单，加工程度低，产品附加值不高。

中国与哈萨克斯坦比较优势农产品是相互交叉的，中国的劳动密集型农产品具有出口比较优势，哈萨克斯坦的资源密集型产品具有比较优势。从哈萨克斯坦的角度看，应充分考虑国内的土地资源禀赋优势，引进并发展土地密集型农产品，建立土地密集型农产品生产基地，在推动本国农业发展的同时也缓解中国土地资源的紧张。而从中国的角度看，应该充分利用技术优势，促进初级农产品逐步转变为深加工产品，提高出口农产品的产品附加值。同时，还应该不断提高两国的贸易便利化程度以扩大双边的农产品贸易规模，第一，加强双边过境运输设施建设，包括建设新欧亚大陆桥、建设“中国-中亚-西亚”经济走廊、哈萨克斯坦国际物流大通道等；第二，扩大两国边境贸易口岸，如扩大“霍尔果斯边境贸易区”规模等；第三，建立区域内政策协调机制，如建立两国农产品贸易便利化委员会等。

10.4.2 建立有效机制应对农产品贸易壁垒

哈萨克斯坦为保护本国农业，采取了关税和非关税壁垒。粮油棉等大宗农产品的特殊性，决定了哈萨克斯坦对农产品市场的开放程度是有限的。2014 年，哈萨克斯坦所有进口商品平均加权关税税率为 10.30%，但农产品进口关税税率为 15.63%，农产品关税高于总体水平的 50%以上（沈琼，2016）。同时，哈萨克斯坦的非关税贸易限制指数也呈现不断增长的态势。

中国与哈萨克斯坦应该建立起有效的机制来应对农产品关税和非关税壁垒。一方面，两国要互相了解对方动向，对彼此的关税、配额、农药残留超标、重金属超标和违反添加剂使用标准等方面的信息要及时收集和分析，建立有效的风险预警和防范机制。另一方面，由于两国对进口农产品的质量要求逐渐提高，促使两国贸易，需要推动国内农产品质量安全体系的建设。两国应根据彼此对农产品质量和食品安全卫生要求，结合国内生产水平，构建科学、合理的质量卫生标准以及完整的监督制度和进出口检疫检查制度，加大对生产条件、生产流程、工艺水平及出口产品的检验力度，严格禁止不达标的农产品进出口。例如，中国农业部 2016 年提出的构建统一的追溯管理信息平台、技术标准与规章制度，就能实现农产品来源可追溯、责任能追究、动向能追踪、信息能获取，为农产品出口提供有力的保障（米尔江·达吾提汗，2017）。

10.4.3　借助多边机制深化两国农产品贸易合作

近年来，中国与哈萨克斯坦陆续加入了一些国际性或区域性的组织来拓展农业国际合作，对农产品贸易影响较大的是上海合作组织和世界贸易组织。

上海合作组织是政府间的国际性组织，在农业国际合作中不断发挥平台作用，在各成员国间已经初步形成了多边合作机制。借助上海合作组织，中国和哈萨克斯坦的农产品贸易合作已经取得了长足的进步。在上海合作组织框架下，两国在维持现有合作水平的基础上，应该积极寻求农产品贸易方面的协商与谈判，争取早日签订双边农产品贸易框架协议，建立长期有效的农产品贸易合作机制，推动两国农产品双边贸易进一步发展。

另外，作为世界贸易组织的成员，中国和哈萨克斯坦应该在遵守 WTO 规则的前提下，逐步调降关税和非关税贸易障碍，消除在双边贸易中的歧视待遇，不断规范两国的农产品贸易合作环境，充分利用两个市场、两种资源，努力达成互惠互利协议，加深两国农产品贸易合作程度。

10.4.4　加强政府间交流，推动两国合作规划实施

1992 年 1 月以来，中国与哈萨克斯坦已经建交 26 年，一直保持着良好的双边关系。1996 年 7 月，两国元首确定了“中哈面向 21 世纪的睦邻伙伴关系”。2011 年 6 月，两国发表《中哈关于发展全面战略伙伴关系的联合声明》，确定两国发展为全面战略伙伴关系。两国政治上的友好交往为两国的农业双边合作提供了坚实的基础，加强两国政府间的交流，为双边农产品贸易提供一个稳定的政治环境是十分重要的。

“一带一路”倡议提出后，中国与哈萨克斯坦的农业合作成效显著。2016 年 9 月，中国与哈萨克斯坦签署《关于“丝绸之路经济带”建设与“光明之路”新经济政策对接合作规划》，明确了两国在贸易领域的合作，将在充分发挥两国优势和潜力的基础上，推动投资贸易发展，拓展互利共赢的发展空间，提升在国际市场上的联合竞争力。2017 年 6 月，两国元首共同签署《中华人民共和国和哈萨克斯坦共和国联合声明》，提出了拓展合作领域的 22 项具体措施，进一步规划了两国关系发展蓝图。此外，

两国还签署了《毗邻地区合作规划纲要（2015—2020 年）》等 10 多项政府部门间合作协议。确保两国合作协议的履行，推动两国合作项目实施，能为双边农产品贸易提供有力的政策支持，从而极大地促进两国双边农产品贸易的发展，使两国的农产品贸易合作水平提升至更高的层次。

10.5　中国与哈萨克斯坦农业合作展望

中国与哈萨克斯坦在农业资源、农产品贸易等方面具有很强的互补性，两国在农业政策沟通、农业投资、农业科技和农产品贸易等方面的合作有着巨大的发展潜力。分析两国农业双边合作中的积极因素可以发现，两国的农业双边合作具有广阔的发展前景。

（1）两国农业双边合作具有良好的发展态势。近年来，中国与哈萨克斯坦在农业基础设施建设、农作物良种繁育、农业机械生产、农业技术推广以及农产品加工等方面开展了广泛的合作，开发建设了“中哈霍尔果斯国际边境合作中心”和“中哈现代农业产业创新示范园”等双边合作工程。同时，许多中国的农业企业也纷纷在哈萨克斯坦投资建厂，进行海外农业生产。显然，两国的农业双边合作正呈现出良好的发展态势，这使两国对未来农业合作关系的进一步深化充满信心与热情。

（2）两国政府保持着友好的政治关系。中国与哈萨克斯坦自 1992 年建交起，双方政府在地区事务和国际事务上一直具有广泛的共识和利益，不存在任何悬而未决的政治问题，两国间友好的政治关系不断发展。2011 年，两国政府发表联合声明，确立了全面战略伙伴关系。友好的政治关系为两国双边农业合作的顺利开展奠定了坚实的政治基础。

（3）两国农业双边合作是难得的历史机遇。在经济全球化和区域经济一体化的趋势下，中国提出“一带一路”合作倡议，在建立亚洲、欧洲和非洲之间的沟通交流之路的基础上，将丝绸之路沿线的生产和贸易进行统筹和优化，实现区域农业一体化的共同发展，使丝路国家在农业发展方面互惠互利，合作共赢，共同发展，共同进步。哈萨克斯坦也提出“光明之路”新经济政策，致力于推进哈萨克斯坦国内基础设施建设，保障经济持续发展和社会稳定，促进区域经济一体化进程。“一带一路”倡议与“光明之路”政策的提出，为中国与哈萨克斯坦的农业双边合作带来了难得的历史机遇。此外，上海合作组织、联合国粮农组织、世界贸易组织等多多边合作机制也为两国开展农业双边合作提供了良好的平台。

然而，中国与哈萨克斯坦的农业双边合作也存在许多挑战，包括大国因素的消极影响、农业投资的敏感性、农产品贸易壁垒等。因此，中国与哈萨克斯坦应该借助众多积极因素的推动，在充分发挥各自农业比较优势、优化农业资源配置、提高农业资源利用效率的基础上，采取积极措施应对当前存在的合作困难，从而建立更加紧密的农业双边合作关系，在不断推动两国农业发展的同时，促进区域农业竞争力的提高。

参 考 文 献

阿不都斯力木·阿不力克木，居来提·色依提．哈萨克斯坦农业投资环境分析［J］．世界农业，2012（08）：94-99.

阿里索夫，等．气候学教程［M］．北京：高等教育出版社，1957.

白石．我国种植业结构调整问题研究［D］．北京：中国农业科学院，2009.

曹玉娟，杨起全，赵延东．新周边形势下中国-东盟农业科技国际合作的广西实践［J］．中国科技论坛，2015（3）：155-160.

陈曦，等．哈萨克斯坦土壤现状及其利用［M］．北京：中国环境出版社，2017.

陈欣怡．哈萨克斯坦农业发展现状［J］．世界农业，2013（12）：155-158.

程长林，任爱胜，柳荫，等．"一带一路"背景下中国农业科技国际合作现状与模式研究［J］．农业展望，2017，13（8）：107-111.

邓纯宝，孙天石，张兴海．苏联农产品市场现状及其预测研究（三）中苏农产品贸易发展前景［J］．辽宁农业科学，1991（6）：12-16.

冯海发．中国农业政策支持体系［J］．中国猪业，2015（3）：9-10.

高明．中国农业水资源安全管理［M］．北京：社会科学文献出版社，2012.

顾尧臣．哈萨克斯坦有关粮食生产、贸易、加工、综合利用和消费情况［J］．粮食与饲料工业，2008（2）：45-47.

韩敬敬，魏凤．中哈农产品贸易比较优势、互补性和增长潜力分析［J］．世界农业，2017（12）：134-141.

何敏，张宁宁，黄泽群．中国与"一带一路"国家农产品贸易竞争性和互补性分析［J］．农业经济问题，2016（11）：51-60.

胡基红．信贷配给与我国的农村金融改革［J］．农村经济与科技，2012，23（7）：75-77.

胡汝骥，等．中亚（五国）干旱生态地理环境特征［J］．干旱区研究，2014，31（1）：1-12.

胡汞学，霍学喜．中国水产品出口贸易影响因素与发展潜力——基于引力模型的分析［J］．农业技术经济，2008（3）：100-105.

胡颖，李道军．哈萨克斯坦农业政策支持水平、结构特征与改革取向［J］．世界农业，2015（2）：81-84.

见闻．中国农业科技与世界先进水平差距已缩小为7年［J］．北京农业，2006（3）：44.

蒋黎，朱福守．我国主产区粮食生产现状和政策建议［J］．农业经济问题，2015，（12）：17－24.
金碚．稳中求进的中国工业经济［J］．中国工业经济，2013，（8）：5－17.
金恩斌，崔文．中国服务业发展的动因及其影响的实证研究［J］．延边大学学报（社会科学版），2013，46（1）：133－137.
李根丽，魏凤．中国与俄罗斯、哈萨克斯坦农产品贸易特征分析［J］．世界农业，2017（11）：138－145.
李慧，祁春节．中国与TPP12国农产品贸易竞争性与互补性研究［J］．统计与决策，2016（1）：110－112.
李会忠．中国主要农作物省级区域比较优势实证分析［D］．北京：清华大学，2006.
李均力，包安明，胡汝骥，等．亚洲中部干旱区湖泊的地域分异性研究［J］．干旱区研究，2013（6）：941－950.
李钦，许云霞．增长源泉、结构变迁与贸易互补——对中哈贸易发展的多视角分析［J］．国际商务对外经济贸易大学学报，2010（3）：46－51.
李婷，李豫新．中国与中亚5国农产品贸易的互补性分析［J］．国际贸易问题，2011（1）：53－62.
李文霞，杨逢珉．我国农产品出口贸易潜力研究［J］．统计与决策，2017（03）：134－137.
梁留科．产业互补与合作：丝绸之路经济带核心区发展战略［M］．北京：科学出版社，2015.
梁朔．农村劳动力结构变化对中国农业生产率的影响研究［D］．济南：山东大学，2016.
刘昌龙．投资哈萨克斯坦农业的影响因素、风险及对策研究［J］．世界农业，2014（10）：49－55.
刘姬．哈萨克斯坦农业发展与土地改革［J］．世界农业，2017（6）：104－108.
刘青峰，姜书竹．从贸易引力模型看中国双边贸易安排［J］．浙江社会科学，2002（6）：16－19.
刘小波，陈彤．中国农产品出口哈萨克斯坦的结构与比较优势分析［J］．农业经济问题，2009（3）：81－86.
刘燕平．哈萨克斯坦土地资源管理［J］．国土资源情报，2008（5）：27－28.
刘燕平．哈萨克斯坦国土资源与产业管理［M］．北京：地质出版社，2009.
刘源．2016年全国草原监测报告［J］．中国畜牧业，2017（8）：18－35.
龙爱华，邓铭江，李湘权，等．哈萨克斯坦水资源及其开发利用［J］．地球科学进展，2010（12）：1357－1366.
路亚洲．全球化背景下中美农业科技合作模式与机制研究［D］．北京：中国农业科学院，2012.

吕建兴，刘建芳，祁春节．中国-东盟果蔬贸易互补性与竞争性研究［J］．东南亚纵横，2011（2）49－54.
吕立才，庄丽娟．农业国际合作的成就、问题及对策［J］．管理研究，2011，31（9）：37－40.
马惠兰，刘英杰，牛新民，等．中国与哈萨克斯坦农业合作研究［M］．北京：中国农业出版社，2017.
梅燕．贸易自由化进程中中国与欧盟农产品贸易发展潜力研究［D］．杭州：浙江大学，2006.
米尔江·达吾提汗．中国新疆与哈萨克斯坦农产品贸易研究［D］．乌鲁木齐：新疆大学，2017.
潘青友．中国与东盟贸易互补和贸易竞争分析［J］．国际贸易问题，2004（7）：73－75.
秦路，楼一平．援非农业技术示范中心：成效、问题和政策建议［J］．国际经济合作，2016（8）：49－54.
邱鸿文．我国林业的发展及现阶段发展的对策［J］．南方农业，2017（3）：77－78.
全世文，于晓华．中国农业政策体系及其国际竞争力［J］．改革，2016（11）：130－138.
沈琼．“一带一路”战略背景下中国与中亚农业合作探析［J］．河南农业大学学报，2016，50（01）：140－146.
施发启，尹艳林．中国经济五十年结构调整不平路［J］．上海证券报，2006，（10）.
石玉波．我国水资源面临的形式与挑战［J］．中国经济信息，2007（6）：28－29.
石玉林．关于我国土地资源主要特点及其合理利用问题［J］．资源科学，1980，2（4）：1－10.
宋洁，夏咏．哈萨克斯坦农业投资环境分析［J］．生产力研究，2013（4）：131－134.
宋梦．俄白哈关税同盟背景下中国应对哈萨克斯坦经贸政策调整的对策研究［D］．乌鲁木齐：新疆财经大学，2013.
宋梦．美韩日财政支农政策体系建设的做法与启示［J］．北方经贸，2013（11）：91.
孙林．中国与东盟农产品贸易竞争关系——基于出口相似性指数的实证分析［J］．国际贸易问题，2005（11）71－76.
孙涛．中日农产品技术合作研究［D］．延吉：延边大学，2010.
孙新章．中国农业发展格局的演变特征与趋势［J］．中国人口·资源与环境，2010，20（12）：107－111.
孙致陆，李先德．经济全球化背景下中国与印度农产品贸易发展研究——基于贸易互补性、竞争性和增长潜力的实证分析［J］．国际贸易问题，2013（12）：68－78.
汤毅．我国渔业资源开发利用现状与对策［J］．黑龙江畜牧兽医，2017（4）：43－44.
佟光霁，智建伟．创新中俄农业科技合作模式及对策选择［J］．理论探讨，2013（4）：85－88.

王海燕．哈萨克斯坦的经济改革与发展［J］．欧亚经济，2001（11）：21－27．
魏后凯．中国城镇化进程中两极化倾向与规模格局重构［J］．中国工业经济，2014（3）：18－30．
魏后凯．新常态下中国城乡一体化格局及推进战略［J］．中国农村经济，2016（1）：2－16．
魏锴．中国农业技术引进研究［D］．北京：中国农业大学，2013．
吴清华．农村基础设施的农业生产效应研究——以灌溉设施和农村公路为例［D］．武汉：华中农业大学，2014．
吴文景，李睿宇，蔡一冰．论我国森林资源质量变化和现状［J］．中国林业产业，2016（1）．
夏晓平，李秉龙，隋艳颖．中国畜牧业生产结构的区域差异分析——基于资源禀赋与粮食安全视角［J］．资源科学，2010，32（8）：1592－1600．
夏咏．中国与哈萨克斯坦农业经贸合作研究——兼论新疆的地位和作用［D］．乌鲁木齐：新疆农业大学，2010．
肖骏，郭晴．借鉴国际经验的中国与联合国粮农组织合作策略研究［J］．世界农业，2014（11）．
邢伟．欧盟的水外交：以中亚为例［J］．俄罗斯东欧中亚研究，2017（3）：90－102，157－158．
熊顺贵．基础土壤学［M］．北京：中国农业大学出版社，2005．
亚太森林恢复与可持续管理组织．哈萨克斯坦共和国林业发展报告［M］．北京：中国林业出版社，2017．
杨易，张倩，王先忠，等．中国农业国际合作机制的发展现状、问题及政策建议［J］．世界农业，2012（8）：41－44．
姚海华．东北亚一体化视角下的中蒙贸易关系演化分析［J］．国际贸易问题，2010（8）：47－52．
余海波．我国生猪养殖业的发展现状、存在的问题及对策建议［J］．饲料广角，2014（11）：24－27．
于敏，柏娜．新形势下中哈农业合作面临的机遇与挑战［J］．农业展望，2017（7）：103－108．
袁正东．我国家禽养殖业现状与发展趋势［J］．中国家禽，2011，33（3）：1－3．
张驰．哈萨克斯坦农业及农业机械化［J］．湖南农机，2013（10）：34－35．
张方慧．安倍政府对哈萨克斯坦经济外交研究［D］．北京：外交学院，2017．
张丽萍，李学森，阿依丁，等．哈萨克斯坦受损草地生态系统可持续管理模式［J］．新疆畜牧业，2013（1）．
张建伟．西北五省与丝路前段国家农业投资合作契合度研究［D］．杨凌：西北农林科技大学，2016.
张庆萍，朱晶．俄、乌、哈三国农业投资环境比较研究［J］．国际经济合作，2014（1）：56-62.
张树亮．近 20 年来我国养羊业的发展分析［J］．畜牧与饲料科学，2014，35（1）：100-103.
张锁良，宋宇轩．我国畜牧业存在的问题对策以及未来的发展趋势［J］．家畜生态学报，2014（11）：6-10.
张伟庆．关于对林业生产结构与调整的分析［J］．黑龙江科技信息，2016，（25）：275-275.
张熠，邢继俊，王锦标．中国-欧盟农业科技合作历程及展望［J］．世界农业，2013（3）：12-17.
赵常庆．列国志：哈萨克斯坦［M］．北京：社会科学文献出版社，2015.
赵常庆．哈萨克斯坦农业与土地改革问题研究［J］．新疆师范大学学报（哲学社会科学版），2017（1）：71-77.
赵广永．新常态下我国养牛生产发展展望［J］．饲料工业，2015，36（1）：1-3.
赵谦．反哺农业法律概念浅析［J］．改革与战略，2012，28（5）：113-116.
赵晓迪，赵荣．哈萨克斯坦林业发展现状［J］．林业科技情报，2015，47（3）：1-5.
赵玉明．中亚地区水资源问题：美国的认知、介入与评价［J］．俄罗斯东欧中亚研究，2017（3）：79-89，157.
郑智，杨帆，沈荫株，等．迈向农业国际合作大国［J］．农产品市场周刊，2009（40）：32-33.
中国驻哈萨克斯坦大使馆经济商务参赞处．对外投资合作国别（地区）指南——哈萨克斯坦［M］．北京：商务部出版社，2016.
周立三．中国农业地理［M］．北京：科学出版社，2000.
周雯雯．列宁新经济政策与家庭承包制的比较研究．［J］．商业文化，2011（6）：384.
朱晓华，邓宝义．我国产业结构对经济增长影响的实证分析［J］．企业经济，2013（7）：132-136.
朱振亚，罗水香．我国经济作物产出的宏观形势分析：1983—2014［J］．农业经济，2017（1）：44-46.
朱新鑫，杨晓林，刘维忠．丝绸之路经济带背景下中国新疆与中亚五国农业科技合作路径探析［J］．农业经济，2017（4）：14-16.
邹正．我国土地资源相关立法初探［D］．北京：中央民族大学，2008.
A. Lara，P. W. Kelly，B. Lynch. The International Cost Competitiveness of the Irish Pig Industry［J］. Rural Economy Research Series No. 8，Teagasc，Rural Economy Research Center，19 Sandymount Avenue，Dublin.. 2001：1-2，62.

Balassa, B. Trade Liberalization and Revealed Comparative Advantage [J]. Manchester School of Economics and Social Studies, 1965, 33 (2): 99-124.

Changping Chen, Stanley M. Fletcher, Ping Zhang, Dale H. Carley. Competitiveness of Peanuts: United States versus China [J]. Research Bulletin, 1997 (7): 4-5, 430.

Dukhovny, Schutter. Water in Central Asia: Past, Present, Future [J]. CRC Press Reference, 2011 (25).

F. S. Thorne. Measuring the Competitiveness of Irish Agriculture (1996—2000) [R]. Rural Economy Research Center, Ireland, 2004: 13-17, 19.

Hao Liu. The Competitiveness of Canada's Poultry Processing Industry. A Thesis for the Degree of Master of Science [D]. McGill University, Canada, 2004: 9, 11, 22-72.

Larry Martin, Randall Westgren, and Erna van Duren. Agribusiness Competitiveness across National Boundaries [J]. American Journal of Agricultural Economics, 1991, 73 (5), Proceedings, Issue 1456-1464.

Mark de Broeck, Kristina Kostoal. Output Declinein Transition: The Case of Kazakhstan [R]. IMF Working Paper WP/98/45, International Monetary Fund, 1998.

Miramon, Isabelle D. C. An Assessment of the Competitiveness of the Canadian Poultry Processing Industry [D]. University of Guelph (Canada), 1991: 6-7, 14-27, 38-39, 59-60.

Mueller N D, West P C, Gerber J S, MacDonald G K, Polasky S and Foley J A. A Tradeoff Frontier for Global Nitrogen Use and Cereal Production Environ [J]. Res Lett, 2014 (9).

Porter M. E. The Competitive Advantage of Nations [M]. New York: Free Press, 1990.

Poyhonen B P. A Tentative Model for the Volume of Trade between Countries [J]. Weltwirtschaftliches Archiv, 1963, 90: 93-99.

Richard Pomfret. The Economies of Central Asia [M]. New Sersey: Princeton University Press, 1995: 89-90.

Tinbergen, J. (1962). Shaping the World Economy; Suggestions for an International Economic Policy [EB/OL]. Books (Jan Tinbergen). Twentieth Century Fund, New York. Retrieved from http: //hdl. handle. net/1765/16826.

UNDP. Water Resources of Kazakhstan in the New Millennium (A Series of UNDP Publication in Kazakhstan) [R]. 2004.

图书在版编目（CIP）数据

中国与哈萨克斯坦农业比较研究 / 魏凤等编著 . —
北京：中国农业出版社，2018.6
ISBN 978-7-109-24128-2

Ⅰ. ①中…　Ⅱ. ①魏…　Ⅲ. ①农业生产－对比研究－
中国、哈萨克斯坦　Ⅳ. ①F323②F336.13

中国版本图书馆 CIP 数据核字（2018）第 103230 号

中国农业出版社出版
（北京市朝阳区麦子店街 18 号楼）
（邮政编码 100125）
责任编辑　闫保荣

北京万友印刷有限公司印刷　　新华书店北京发行所发行
2018 年 6 月第 1 版　　2018 年 6 月北京第 1 次印刷

开本：700mm×1000mm　1/16　　印张：20.5
字数：300 千字
定价：50.00 元